KB202172

도원철학산고

● 충북 청원 내수보통학교 졸업사진(1940년) (맨 뒷줄 오른쪽에서 다섯 번째가 저자)

● 범어사에서 하안거를 끝내고(1954년) (맨 오른쪽 양복 입은 사람이 저자)

● 속리산 법주사에서 어머님을 모시고(1957년)

● 성균관 대성전 앞에서(1958년)

● 맏아들 인모의 돌 때(1960년)

● 성균관 명륜당에서 6대 종단 대표들과(1965년)

● 독일 국제 학술대회 출국 때 김포공항에서(1966년)

● 박사학위 수여식장에서(1975년 2월)

● 1974학년도 학위수여식 날 이정호 선생과 함께(1975년 2월)

● 성균관대 유학과 졸업생 사은회에서(1977년 12월)

● 한국정신문화연구원에서(1979년 5월)

● 파주 자운서원에서(1970년대 후반)

● 한국정신문화연구원 원장 시절(1983년)

● 일본 쯔쿠바대학 高橋進 교수 접견(1983년 12월)

● 미국 하버드대학 뚜웨이밍 교수 접견(1983년 12월)

● 第5차 대학 총 · 학장 간담회(1985년 3월)

● 광릉 내 평화복지대학원 행사를 마치고(1988년 5월) (왼쪽부터 이병주, 저자, 유치웅, 이병도, 조용욱, 이희승, 남광우 선생)

● 광개토왕비 앞에서(1994년 7월)

● 단천정사 연경당에서 연찬회를 마치고(1998년 5월)

● 尙事會 회원과 함께 단천정사에서(1998년)

● 가족사진(2004년)

● 국조단군 추모탑비 준공식(2006년)

● 율곡인권상 시상식(2007년)

● 하서사상 국제학술대회에서(2009년 11월)

● 장성 필암서원에서(2009년 11월)

● 담양 소쇄원에서(2009년 11월)

유교문화연구총서 12

도원철학산고

류승국 지음

儒教文化研究所
성균관대학교 동아시아학술원

|序|

이 책은 내가 학문 활동을 하면서 경우에 따라 또는 주위의 요구에 의하여 써온 글들을 주로 모은 것이다. 대부분 남의 요청에 의한 것이고, 사전事典 원고로부터 대담, 강연에 이르기까지 내용이나 주제도 다양하다. 다만 한 가지 특징이 있다면, 이 글들은 내가 철학을 공부하고 사색하며, 많은 사람들과 교유하는 가운데 현실에 대해 고민한 것을 엮은 것들이라는 점이다. 내 신변잡기류의 글은 없다. 내용을 하나하나 살펴보니 문득 지난 60여 년 동안의 학문하는 역정의 크고 작은 발자취가 드러나 있다.

제1부는 3장으로 구성되었다. 제1장은 동양사상의 가치와 역할에 대해 살펴보고 이것을 현대에 어떻게 되살려 나가야 할 것이냐 하는 문제들로 되어 있다. 이 가운데 '도덕적 가치와 동양사상', '동양사상과 성誠' 같은 것은 글은 짧지만 나름대로 중요한 의미를 담았다고 하겠다. 제2장은 한국사상사에서 저명한 사상가들의 철학세계와 시기별로 중요한 문제들에 대해 조망眺望한 것들이다. 한국사상사의 주류主流와 거봉巨峯들의 사상적 본령을 짧은 글에 담으려고 노력하였다. 고운사상孤雲思想의 본질이라든지 세종대왕의 정신세계, 퇴율사상의 근

본문제, 우암학尤庵學의 춘추대의 등은 한국사상사의 중추를 이루는 것들이며, '춘추정신과 주체성'의 문제는 조선조 사상사, 정신사를 일관하는 중요한 맥락을 새로운 시각에서 의미화한 것이라 하겠다.

제3장은 현대 사회가 나아가야 할 길을 한국사상과 관련하여 논술한 것이다. 지난날 내가 한국정신문화연구원 원장 재직 당시 기고했던 글들과 강연 요지 등을 정리한 것이다.

제2부는 4장으로 되어 있다. 고문헌 자료에 대한 해설과 함께 내가 요청을 받아 작성한 글들을 엮어 본 것이다. 제1장은 임신서기석壬申誓記石으로부터 『사문대의록斯文大義錄』에 이르기까지 한국의 고문헌 자료에 대해 해제를 붙인 것이고, 제2장은 각종 서문, 추천사 및 하사賀辭 등을 모은 것이다. 제3장은 서평·강연·대담 등으로, 이 가운데 '한국철학의 어제와 오늘'은 청송聽松 고형곤高亨坤 선생과 대담을 통해 한국철학사의 주된 흐름을 짚어보고, 광복 이후 한국 철학계의 연구 동향까지 일별一瞥한 것이다. '한국 청년에게 고함'이란 글은 한국의 미래를 짊어진 청년들에게 평소 당부하고 싶은 말들을 적은 것이다. 우리 청년들이 일독一讀 하기를 바라는 마음이다. '삼현일장三顯一藏'은 가시적인 것만을 선호하고 비가시적인 것은 경시하거나 소홀히 하는 현대인들에게 『주역周易』의 이치를 빌려 비가시적인 정신세계의 소중함을 강조한 것이다. 제4장은 주위 분들로부터 부탁을 받고 지은 비문류의 글들을 모은 것이다. 비문 형식의 글이기는 하지만, 비문 주인공의 생애와 정신세계를 조망하면서 나의 철학적 관점을 부여한 것이 적지 않다.

부록은 '사우록師友錄'이라는 제목을 붙였다. 내가 학문 하는 과정에서 여러 스승님과 익우益友를 만나 소중한 인연을 맺었는데, 이것을 잊을 수 없어 그 분들로부터 얻은 말씀을 모아 보았다.

이번에 출간되는 네 번째 책을 마무리 하면서 이제 구순九旬을 바라보는 나의 인생 역정을 되돌아보니 지난날 학문의 길에서 친절선도親

切善導해주신 선생님들이 여러분 계시다.

그 가운데 인격적으로나 학문적으로 특별히 잊을 수 없는 선생님으로, 일찍이 6·25 이전 성균관대학에서 중국철학과 경학經學을 가르치셨던 원해願海 주병건朱柄乾 선생과 동교東喬 민태식閔泰植 선생이 계셨다. 정직하고 꼿꼿하셨던 주 선생과 인자 관후寬厚한 민 선생의 모습을 잊을 수 없다. 학산鶴山 이정호李正浩 선생의 『주역』 강의는 나의 평생 학문의 씨앗이 되었다. 내가 정역正易을 사사師事한 학산 선생의 총명예지와 청아한 모습이 언제나 선연하다.

6·25 직후 서울대학에서 근세 서양철학과 변증법 논리를 가르치신 열암洌巖 박종홍朴鍾鴻 선생의 참신한 강의와 진중한 모습은 사표師表로서 나에게 깊은 인상을 심어주었고, 현상학과 불교 유식철학唯識哲學을 강의하신 고형곤 선생은 초예쇄탈超詣灑脫한 정신세계를 보여주셨다. 소박하신 손명현孫明鉉 선생의 희랍 철학과 서양 고대 철학사 강의도 깊은 인상을 주었다.

또한 동국대학에서 김동화金東華 선생의 불교학 강의와 김잉석金芿石 선생의 화엄철학 강의, 김영수金映遂 선생의 불교원전 강독은 나의 불교 이해의 기본이 되었다. 그리고 대학 교단은 아니었지만, 다석多夕 류영모柳永模 선생은 공·사간 강론에서 기독교 및 유·불·도를 통해 차원 높은 경지를 보여 주셨다. 평생을 통하여 학문의 바다에서 내가 성장할 수 있도록 이끌어 주신 선생님들의 은공恩功을 결코 잊을 수 없다.

학문이란 궁극적으로 자기 성숙이요, 진정으로 자기 자신이 되는 것이다. 원효대사가 "일심의 근원으로 돌아온다"(歸還於一心之源)라 하고, 퇴계 선생이 "성경현전이 모두 결과적으로 나를 위한 학문이다"(聖經賢傳 果皆爲吾之學矣)라 하고, 율곡 선생이 "집착이 없는 실체를 깨달아 체득한다"(覺得無着實處)라 하였듯이 동서의 철학과 종교가 본래적 자아로 돌아와야 할 것이다. 여기서 우리는 일부一夫 김항金恒

선생이 이른바 "천지는 일월日月이 아니면 빈 껍질이요, 일월은 지극한 사람〔至人〕이 아니면 헛된 그림자이다"(天地匪日月空殼 日月匪至人虛影)고 한 말을 깊이 성찰하여야 할 것이요, 『중용』에 이른바 "진실로 지극한 덕이 아니면 지극한 도를 이루지 못한다"(苟不至德 至道不凝焉)고 한 성구聖句를 잠시도 잊을 수 없는 것이다. 성誠은 하늘의 도道요 성誠 되도록 노력하는 것은 사람의 도라고 하였다(誠者 天之道也 誠之者 人之道也).

이 책에 실리는 글들을 다시 살피며 옛일을 회고하다 보니 자연스럽게 글의 해제 형식이 되었다. 일후日後 나의 비망기備忘記로 여기고 반관자성反觀自省하는 자료로 삼고자 한다. 그동안 이 책을 네 권의 거질巨帙로 출간하기 위해 자초지종 애써준 성균관대 유학·동양학부 교수 여러분에게 감사하며, 특히 유교문화연구소 학술총서로 간행해준 최일범 소장과 글의 수집으로부터 교정, 교열에 이르기까지 정성을 다한 최영성 교수에게 고마운 마음을 표하는 바이다.

2009년 己丑 歲暮에

단천정사丹川精舍 연경당研經堂에서 저자 씀

| 차례 |

제2부 | 고문헌 해설 및 雜藁

제1부 전통사상과 현대

제1장 전통사상의 근본문제

Ⅰ. 도덕적 가치와 동양사상

1. 문제의 제기

우리나라는 급격한 사회변동의 소용돌이 속에서 가치관의 혼란과 갈등을 심각하게 겪고 있다. 전통적 문화규범과 서구 문화규범이 서로 충돌하여 신·구 가치관이 동시에 혼재함으로써 도덕적 판단이나 방향 감각이 흐려지고 있다.

오늘날 국제 경쟁사회에서는 민족적 역량이 두 가지 측면으로 집약된다. 하나는 국민경제를 성장시키는 일이요, 다른 하나는 민족의 정신적 도덕의식의 방향을 뚜렷이 설정하는 문제이다. 양자의 균형 있는 발전이 바람직함에도 그것이 원만한 균형을 이루지 못한 것이 현실이다. 정신적 가치관의 혼란을 초극하여 새로운 가치체계를 정립함이 절실히 요청된다.

2. 동양도덕의 특질

동양도덕을 사상적으로 논하기에 앞서 동양의 역사적 배경과 사회구조를 이해하여야 할 것이다. "타고난 천성은 서로 가깝지만 습관은 서로 멀다"[1]고 한 공자의 말과 같이 인간의 본질은 동·서가 다를 바 없고 고금의 차이도 있을 수 없다. 그러나 그 습속과 문화적 양상은 서로 다르다.

도의사상은 생활과 분리시켜 생각할 수 없고, 평실명백平實明白한 일상성에서 그 원리와 규범을 찾을 수 있다고 본다. 도의사상을 문화적 실천 측면에서 고찰할 수 있고 철학적 보편성과 종교적 신성성으로서의 원리와 규범에의 측면에서 추구할 수도 있다.

동양도덕의 본질은 동양사회의 특수성과 전통성 속에서 고찰할 때에만 그 구명이 가능하다고 본다. 청조 고증학자들은 주대周代 이전의 중국 상고대의 역사를 고증하기 어렵다하여 부정하였지만 1898년부터 은허殷墟에서 다량의 갑골甲骨 사료가 출토되어 은왕조(B.C. 14세기)의 역사와 문화의 모습을 알게 되었다. 우골牛骨과 귀갑龜甲에 문자를 기록한 사료 내용은 중요한 사건의 기록과 함께 국가 중대사를 상제나 조상신에게 묻는 복사卜辭들이 대부분이다. 십여만 편에 달하는 갑골복사에는 역曆, 천상天象, 조선제祖先祭, 기년제祈年祭, 왕의 순행, 정벌, 수렵狩獵, 기생祈生 등 여러 방면에 걸쳐 은대문화와 사회구조가 나타나 있다.

고대 농경사회에서 인간의 생명을 최대한 위협하는 것이 기근과 질병이었다. 기근은 풍흉豐凶을 결정짓는 것으로, 흉년이 들면 굶어 죽는 수밖에 도리가 없다. 풍년과 흉년은 하늘에서 비를 풍족히 내려주느냐에 달려 있다. 그러나 비를 오게 하는 것은 인력으로 되지 않는 상제上帝의 권한에 속하는 것이었다. 즉, 인간의 의지로 판단하는 것이 아니라, 신에 의하여 좌우되는 것으로 생각하였으니,[2] 상제의 의지를 믿고 경외하는 것을 가장 존엄한 것으로 여겼다. 현대인이 생각하는 강우强雨의 관념과는 전혀 다르다. 상고대인이 절대 신성시하였던 신앙이었다.

1 『논어』, 「陽貨」 "性相近也 習相遠也."

2 『書經』, 「洪範」, 〈稽疑〉 참조.

갑골복사에 보면 이 상제사상 뿐 아니라 은왕조 6백년간 17세대에 이르는 30명의 왕들의 이름이 기록되어 있다. 은나라 시조 탕왕湯王 이전의 원조遠祖 6대까지도 소급하여 기록되어 있다. 이는 조상 숭배의 관념이 농후했고 제사가 성했음을 시사하는 것이라 할 수 있다.

은왕조는 씨족공동체로부터 발전하여 부족연합의 신정국가神政國家를 이루어 인륜 공동체를 형성하였다. 이것이 주대에 이르러 '천天'이라 불렀고 주대의 종법사상宗法思想과 봉건사회의 원형을 이루었다.

공자에 이르러 천의 의미를 한갓 초월적 지배자로서만 아니라 천의 본질이 인간에 내재한 것으로 보아 인간자아를 긍정하고 그 신성성을 인간자아에서 찾게 되었다.[3] 나의 덕을 통하여 하늘을 만날 수 있고 나에게 있는 천명을 따르는 것이 하늘을 섬기는 길이라고 보았다. 중국의 윤리사상에서의 명덕론明德論은 여기서 발단하는 것이다.

따라서 '도덕'이란 숙어는 그 발생의 구조에 있어 덕의 작용으로서 유래한 길인 것이다.[4] 공자의 "하늘에 죄를 얻으면 빌 곳이 없다"[5]고 한 이 하늘은 고대 상제관념과 역사적으로 연유가 있다. 덕을 밝히는 것과 천을 숭배하는 것은 밀절密切한 연관이 있다고 보아야 한다. 『중용』의 '천명지위성天命之謂性'이나 송대의 성리사상은 일관되게 그러한 본질을 머금고 있는 것이라 할 수 있다.

중국사상의 양대 조류로 유교의 인본사상과 노장의 자연주의를 들 수 있다. 『도덕경』의 원형을 살펴보면 '도덕'이 아니라 '덕도德道'로 되어 있다.[6] 덕에서 유래하는 도임을 알게 한다. 이 덕은 인간의 자연한 본질을 의미한다. 감각적 관능적 오류와 인간의 미숙한 지성을 부

---

3 『논어』, 「述而」 "天生德於予."

4 『중용』, 제27장 "苟不至德 至道不凝焉."

5 『논어』, 「八佾」 "獲罪於天 無所禱也."

6 최근 중국 長沙 漢墓에서 발굴된 것.

정하고, 무지無知·무욕無欲·무명無明·무위無爲를 통하여 박실자연樸實自然한 진실재眞實在를 회복하고자 하는 것이다.

불교에서 일체의 만유가 불성을 지니고 있다고 한 것은 자아의 각성과 해탈을 가능하게 하는 근거이다. 자성自性이 미타彌陀요, 자심自心 부처라고 하는 것도 모두 인간 내면의 주체에 철저하려는 것이라 하겠다. 그러나 유·불·도 삼교의 차이를 말하면 불교는 심식론心識論이다. 따라서 추상적 관조의 세계, 세속을 해탈하는 공空의 철학이 발달하였다. 도교는 박실자연의 철학이요 실재實在의 사상이라 하겠다. 유교사상은 객관적 실존론이나 주관적 심식론의 관점이 아니라 내외를 겸섭한 인간의 차원을 본령으로 삼는 데 그 특징이 있다. 불교에서는 '각즉불覺卽佛'이라 하여 '각'을 본령으로 삼으며, 노장은 '복귀어박(復歸於樸)'이라 하여 '박'을 끌어안는 것을 요체로 삼는다. '현소포박見素抱樸'이니 '포박자抱樸子'니 하는 것은 그 특징을 단적으로 제시한 것이라 하겠다.

동양사상의 사고 유형과 특징은 음양사상에서 찾을 수 있다. 동양의 고전인 주역사상이 음양의 원리로 구성되었고 갑골복사에도 음양사상이 드러나 보인다. 음과 양은 서로 상반되는 것이면서도 서로 머금어 분리할 수 없는 '상수적相須的 상반相反'이라 하겠다. 예를 들면 양은 부父·의義를 나타내고, 음은 모母·이利를 나타내는 것이다. 부와 모, 의와 이는 엄격히 구별되면서도 서로 떠날 수 없는 상관관계에 있는 것이다. 이 부잡성不雜性과 불리성不離性은 송대 성리학의 논리구조요, 나아가 동양철학의 특성을 나타내는 것이라 하겠다.

최선의 상태는 음과 양이 조화를 이룬 중화中和의 경지이다. 이 중화사상은 동양도덕의 근본을 이루는 것이다. 천·지·인 삼재三才 중 천을 양陽·상上이라 한다면, 지는 음陰·하下라 하고, 인은 음양이 조화된 중中으로 상징한다. 인간을 중 또는 태극·인극이라 하여 인간 존중의 중도사상이 그 중핵을 이룬다고 하겠다. 『주역』 진괘震卦에 보면,

종묘와 사직을 지키는 것을 군주君主(祭主)의 사명으로 삼았다. 또『예기』「제통祭統」편에는 "건국 신위는 우측으로 사직을, 좌측으로 종묘를 세운다"(建國之神位 右社稷而左宗廟)고 하여, 종묘와 사직을 좌양음우左陽陰右로 설명하였다. 이것은 사직의 신이 토지와 곡물인 땅의 것이라면, 종묘의 조상신은 조상숭배의 상천上天과 관계있기 때문이다. 이를 주관하는 인군人君이 음양을 조화하는 중앙에 위치하는 것도 이 중화사상을 나타내는 인간주체 사상이라 하겠다.

3. 근대화와 전통정신

동양의 장구한 정신사에서 외래사상의 접근에 따른 두 가지 큰 충격이 있었다. 하나는 불교의 전래요 다른 하나는 근세 서학의 전래이다. 불교의 전래는 사상적 측면에 지대한 영향을 미쳤으나, 서학의 전래는 사상뿐만 아니라 정치적 경제적 군사적 침투로 말미암아 제도의 변혁에까지 영향을 미쳤으며, 가치의 충돌을 자아내게 하였다. 8·15 광복 이후에는 건국과 더불어 서구의 민주주의 이념과 법제를 수입하였던 만큼 서구 근대사상의 거센 물결에 휩쓸려 동양의 문화 전통이 부정 내지 붕괴되어 가는 급격한 사회변동을 일으켰다.

오늘날 우리들은 국내외적으로 여러 가지 고난과 혼란이 거듭되는 전환기에 처해 있다. 과거 전근대적 농본사회로부터 근대적 산업사회로 이행하면서 능률의 극대화와 조직의 합리화를 기하려는 현대 과학기술문명 사회에서는 제도의 변혁과 아울러 가치관 내지 의식구조의 변혁을 동시에 요구하게 된다. 이는 후진사회의 피할 수 없는 당면과제이다. 이 같은 현대적 상황에서 전통적 도덕관을 그대로 답습할 수 없는 것은 시대적 도전에 적응할 수 없기 때문이라 하겠다. 사회변혁에 따르는 가치의식의 전환은 산업사회 자체를 효율적으로 달성시키려는 기본자세로서 필요한 것일 뿐 아니라, 현대사회에서 산업사회를 지향하거나 탈산업사회를 지향하든지 간에 산업과 도의는 불가분의 관계에 있다. 도덕적 인간완성은 국가발전에서 궁극적으로 지향하는 내용 그 자체라 하겠다.

새로운 가치관 내지 도덕의식이 요청된다 하여, 어떤 특정한 윤리학자의 사상이나 외래사상을 수입하여 행동강령으로 강행할 수는 없다. 우리의 전통 속에 내재한 정신적 요인을 분석하여 기능적인 측면을 현대적으로 연결 재창조할 때에만 우리의 도덕관으로 뿌리를 내릴 수 있다고 하겠다. 외래의 새로운 사상이라 할지라도 우리의 처지와 대중의 심상心象에 연결되고 수용될 수 없다면 그것은 역동성을 발휘할 수 없는 것이다. 산업사회의 특징이 과학화 기술화에 있는 것이요, 조직의 체계화에 있는 만큼 모든 것이 합리주의적 사고방식에 의해 처리되게 마련이다. 그러나 테크놀로지가 지배하는 기계화 사회에서는 인간성의 결여를 회복할 길이 없다.

오늘날 능률의 논리와 인간의 정서 사이에 놓인 괴리현상과 소외문제 등은 산업사회에 따르는 사회문제라 아니할 수 없다. 물질생활을 편리하게 하는 물량적 측면에 만족을 준다고 하더라도 그것이 곧 인간에게 평화와 행복을 가져다주는 것은 아니다. 부를 축적하려는 실리추구가 근대 산업사회의 특징이라고 한다면, 인간을 존중하고 자유와 평화를 애호하는 정신은 인간의 도덕성에서 유래한다고 하겠다.

근대정신이 어떠한 특수한 소수의 자유보다 최대 다수의 행복을 추구하고, 더 나아가 만인의 자유를 보장할 것을 원칙으로 삼는 만큼 진정한 의미의 개인주의가 바람직한 것으로 여긴다. 그러나 누구에게도 예속되지 않는 독립된 개인의 자주성과 자유를 존중하면서도 자각과 자율이 수반된 것이어야만 한다. 그리고 자유의 선용善用이 전제되어야 하며 더 나아가서는 선의지善意志에서 연유하는 행동이어야 한다.

사회적으로 이기적 소위所爲와 이타적 소위가 있는 것은 인간 심성에 이욕심利慾心과 선의지 즉 '인심'과 '도심'이 있기 때문이라고 본다. 경제와 도의는 이利와 의義의 문제로 집약할 수 있는 만큼 양자 관계에 대한 고찰이 요망된다.

4. 도덕적 가치관의 전망

인간 상호간의 불신과 사회적 부조리는 합리적 과학의 힘만으로는 치유될 수 없다. 인간성 회복은 도덕적 선의지의 계발과 도야로부터 이루어진다고 할 것이다. 도의사상은 일상적 생활과 유리될 수 없는 것이다. 그러나 보편적 원리가 없이 편의주의로 사는 것은 도덕적 행위가 될 수 없다.

율곡 이이는 말하기를 "도의 병립할 수 없는 것은 시是와 비非이며, 일을 처리함에 함께 취할 수 없는 것은 이利와 해害이다. 한갓 이해가 급하다 하여 시비의 소재를 돌아보지 않는다면 일을 처리함에 있어서 정당성〔義〕에 어긋나며 또한 시와 비만 생각하여 이해의 소재를 살피지 않는다면 변화에 대처하는 방편〔權〕에 어긋난다. 방편에는 정규定規가 없으니 의宜에 합合함이 귀하다. 중을 얻고 의에 합한 즉 시와 리가 그 가운데에 있는 것이다. 진실로 국가를 편안케 할 수 있고 백성에게 이롭게 되는 일이라면 다 행할 수 있는 일이요, 나라를 편안케 하지 못하고 민족을 보호할 수 없는 일이라면 다 해서는 안 되는 일이다"[7]라고 하였다. 의와 리를 모순대당矛盾對當 관계에서 '대對'로만 파악하는 것이 아니라 상호 보완의 중화의 원리로 파악했던 것이다.

그런데, 이 같은 판단은 범인凡人에게는 용이한 일이 아니다. 그것은 선량한 마음씨와 상황을 판단할 수 있는 통찰력을 가지고 덕성과

---

7 『율곡전서』 拾遺 권5, 「時務七條策」 "竊謂道之不可竝者 是與非也 事之不可俱者 利與害也 徒以利害爲急 而不顧是非之所在 則乖於制事之義 徒以是非爲意 而不究利害之所在 則乖於應變之權 然而權無定規 得中爲貴 義無常制 合宜爲貴 得中而合宜 則是與利在其中矣 苟可以便於國 利於民 則皆可爲之事也 苟不能安其國保其民 則皆不可爲之事也 君子豈有難斷之事乎."

지성이 조화를 이룰 수 있을 때에만 가능한 것이요, 단순한 양심이나 합리적 오성悟性만으로는 성취될 수 없는 것이라 하겠다.

서양 중세나 동양의 전통 속에 보이는 금욕주의적 생활은 산업발전에 지장을 초래하였다. 근대의 욕구개방주의는 그 사회적 부작용을 해소할 길이 없어 보인다. 모든 종교가 그렇듯이, 금욕적 관점에서 현대사회의 약점을 보완하기 위해 종교의 힘으로 심령을 구제하고 사회정화를 기하려 하지만 현실적 세력을 광구匡救하기에는 스스로 그 한계를 느끼지 않을 수 없다. 우리의 자각된 심성과 행동이 개인에 한정되거나 관념에만 머물러서는 사회개혁에 영향을 미칠 수 없다. 선류善類가 많아지고 그 힘이 꺼지지 않도록 조직화되고 제도화되어야 한다.

조선 후기 실학의 태두 반계 유형원은 인정仁政은 반드시 토지의 개혁을 통한 경제의 안정으로부터 시작된다고 하였다.[8] 경제의 불균형은 백사百事가 와해되는 까닭이라고 하여 맹자의 말을 인용 강조하였다. 일찍이 맹자는 "민은 항산恒産이 없으면 항심恒心이 있을 수 없다"[9]고 하였다.

율곡 이이는 "정치는 때를 아는 것이 귀하고 일은 실實을 힘쓰는 것이 귀하다"[10]고 하였으며 "사건이 완만한 때에는 원리로부터 현실을 말하지만 일이 급할 때에는 사실로부터 모순을 해결하여 원리로 돌아가야 한다"[11]고 하였다.

종교를 중심으로 한 가치관과 물질과학을 중심으로 한 가치관은 하늘과 땅의 양극화 현상을 심화시켰다. 이 모순관계를 어떻게 융해할

---

8 『반계수록』 권1, 「田制」

9 『孟子』 「梁惠王 上」 "無恒産 而有恒心者 惟士爲能 若民則無恒産 因無恒心 苟無恒心 放辟邪侈 無不爲已."

10 『율곡전서』 권5, 「萬言封事」 "政貴知時 事要務實."

11 『율곡전서』 권25, 『聖學輯要』, 爲政第四下, 〈識時務章〉 "治道 亦有從本而言 亦有從事而言 從本而言."

것인가. 이것이 현대의 중요한 과제라 하지 않을 수 없다. 종교와 과학의 양극을 매개하는 것은 무엇인가. 여기에 인간의 차원이 부각되지 않을 수 없다. 모든 종교는 신으로부터 인간에게로 그 방향을 바꿔야 할 것이다. 신은 백성의 주인이라 하지만, 『춘추좌씨전』에서와 같이 '백성은 신의 주인'(民, 神之主)이라고 하는 사상도 있음을 재음미해야 할 것이다. 신학이 인간화함으로써 비로소 그 진정한 의의를 갖는다 하겠다. 이같이 신의神意가 인간에 내재하고 물질이 인간으로 승화하여 천지의 요소가 일신에 화육化育하는 의미에서의 온전한 인간이라야 할 것이다. 이 같은 인간은 이미 개체를 넘어서 타와 공동체를 형성하는 자아이며, 자신의 독립과 아울러 남과 협조 신뢰할 수 있는 자아라야 할 것이다. 이것이 다름 아닌 자아의 완성과 사회의 완성을 이룩하는 방향이다.

이러한 의미에서 동양의 고유한 인간관 내지 인도주의 사상에 대한 성찰이 필요하다. 나아가 그 방법론상의 문제에서 앞서 말한 음양론 및 중화사상中和思想에 대한 재음미, 재발굴은 현대 도의사상 정립에 지대한 의의를 가진다고 하겠다. (1977. 12)

Ⅱ. 동양사상과 誠

머리말

최근에 윤성범尹聖範 교수의 저서 『한국적 신학』이 '성誠의 해석학'이라는 부제를 갖고 출간되었다. 이후로 신학계뿐만 아니라 일반 학계의 큰 관심을 모으고 있는 줄로 안다. 특히 신학계에서는 다소 격한 논쟁까지 불러일으키고 있음을 본다. 필자는 이러한 논쟁에 참여하여 발언하고자 하는 의사는 없다. 그 까닭은 유학의 '성' 개념을 신학과 연관시킨다는 이중적인 어려운 작업일 뿐만 아니라 신학은 필자의 전공이 아니기 때문이다. 이 글은 다만 유학사상 속에 파악되어 온 '성' 개념의 역사적 전개 양상과 그 본질적 의미를 살펴보고, 이러한 성의 사상적 의미가 갖는 현대적 의의에 관하여 언급함으로써, 성의 본의와 유학의 근본정신에 대한 온당한 이해에 참고가 되고자 하는데 목적이 있다.

1. '誠' 개념의 역사적 전개

『설문해자』에 의하면, '성誠'은 '言' 자와 '成' 자로 이루어졌으며 '言'에서 의미를 취하고 '成'에서 발음을 취한 것이라 한다. 그러나 『설문』을 보면 '成' 자는 '戊'와 '丁'의 결합으로서 '戊'는 '茂'와 통하며 초목이 무성함을 뜻한다. '丁'도 초목의 싹이 돋아난다는 뜻이다. 음뿐 아니라 성수成遂, 성취의 의미를 내포하는 것이다. 따라서 '誠'은 '言'과 '成' 양쪽에서 의미를 취하는 것이라 볼 수 있다.

'誠' 자가 고전 가운데 가장 먼저 보이는 예로, B.C. 8세기 무렵의 『상서』 「태갑太甲」에 "鬼神無常享 享于克誠"이라 한 것과 『주역』 건괘乾卦 「문언전」에 "閑邪存其誠"이라 한 말을 찾아 볼 수 있다. 그러나 「태갑」 편은 금문今文에 없는 위고문僞古文에 속하는 것이므로 성립 연대에 대한 이론이 있고, 『주역』의 「문언전」도 공자 이전으로 거슬러 올라갈 수는 없다. 또한『논어』「자로」편에 "誠哉 是言也"라 한 것이 있지만, 여기서는 '진실로'라는 부사적 개념이었고, 성의 개념이 실체적 명사로 쓰이게 된 것은『중용』에 와서 더욱 뚜렷해진다고 할 수 있다.

상대上代에 '성'이란 어휘가 없었다고 하여 그 개념이 없었던 것은 아니며,『중용』에 와서 갑자기 생긴 것도 아니다.『설문』에 보면 성은 고대에서는 윤允, 신信, 경敬의 뜻으로 되어 있다. 은대 사람들은 천신天神을 최고 권위를 가진 주재자로 여겼으니 이를 '제帝'라고 하였다. 천상의 '제'는 인간 세상의 왕王과 같다. 여기의 '제'는 상제라 일컫고 다섯 가지의 권능을 가지고 있다. 모두 인간에게 지대한 영향을 미치는 것이다.

> 첫째는 비를 내리게 명령할 수 있고
> 둘째는 기근饑饉을 내리고
> 셋째는 복우福祐를 내릴 수 있고
> 넷째는 길상吉祥을 내릴 수 있고
> 다섯째는 재화를 내릴 수 있다.

은의 상제는 소극적으로 재화와 기근과 불하우不下雨를 할 수 있고 적극적으로는 복우와 풍년을 내릴 수 있다. 이것은 모두 농경사회에서 우량雨量의 다소가 생사에 지대한 영향을 주었기 때문이다. 이 상제는 천상과 지상과 지하를 모두 주재할 수 있다고 믿었다. 이 신의에 따라 행동을 결단했다. 이 신의를 인식하는 방법이 귀갑龜甲의 복사卜辭이다.

갑골문자(B.C 14~12세기)에 보이는 '윤允' 자는 사람이 회고하는 모습을 형상한 것이다. 언행상고言行相顧, 성찰省察, 독실篤實의 뜻으로 쓰인다. 이때의 성찰은 신의에 대한 것으로 그 언행을 서로 돌아본다는 의미이다. 곧 '윤' 자는 '성' 자와 의미가 통하는 글자이다. 주대周代의 금문金文(B.C 11세기)에 나타나는 '덕' 자도 사람이 하늘로부터 얻은 것(人所得乎天者)으로 이해된다. 『서경』에 '惟皇上帝 降衷下民'이라 하여 상제가 그 성질을 하민의 마음 속에 내려 주셨다고 하였으니, 은대의 상제관은 초월적 실재요, 주대의 천명이나 덕관은 신의의 내재적 실재이다.

주대(B.C 10세기) 초기의 천명·천덕은 공자(B.C 6세기)에 와서 "하늘이 나에게 덕을 낳아 주었다"(天生德於予)로 나타났다. 천과 자아自我가 상호 교응하는 덕의 본질을 공자에 와서는 충신忠信이라는 개념으로 표현하였다. 이 충신의 개념이 『중용』의 성誠으로 이어진다. 율곡 이이는 "자기의 최선을 다하는 것을 충이라 하고, 독실하게 하는 것을 신이라 하며, 충은 허망함이 없는 것이요, 신은 속이지 않는 것이라 한다면, 『논어』에서 말하는 충신이나 『중용』의 성이 어찌 그 의미가 다르겠는가"라 하였다. 다시 말하면 은대의 상제 개념이 주대에 가서 천명 또는 천덕의 개념으로 변하고 공자에 이르러 이 덕이 천인관계에서 구체적으로 구현되어 인간의 내재적 개념으로 나타났다는 것이다. 그리고 덕의 본질을 충신忠信[12]으로 설명하였다. 이 덕이나 충신의 개념은 다시 자사子思의 '성'으로 변천하였다고 할 수 있다. 따라서 윤리적 차원을 넘어서 종교적 의의까지 내포하였다고 할 것이다.

특히 성의 개념이 자사의 『중용』에 와서 강조되는 이유는 다음과 같이 풀이된다. 공자 이래로 유학의 근본 개념인 인·의 또한 성과 직결되는 것으로서, 종래의 인·의의 개념이 추상화되어 현실성이 약해질 때 인·의의 실질적 활력이 요구되었고, 여기에서 자사 이래로 성의 개념이 대두하여 유학의 중심사상으로 그 위치를 확립하게 되었던

12 여기서 '충'은 군주에 충성한다는 뜻이 아니라, 인간의 본래성을 말한다.

것이다. 또한 『강희자전康熙字典』에 보이는 바와 같이 '성'자는 信也·敬也·純也·無僞也·眞實也·審也 등으로 각 고전에서 다양하게 그 의미를 나타내고 있다.

2. 誠과 天道

성의 개념이 충·신, 덕과 통하는 것이라 할 때, 그것은 천명, 천, 상제에로 그 사상적 연원을 소급할 수 있다. 그러므로 그 의미가 윤리적이고 인간적인 데 그치는 것이 아니라 초월적이요, 종교적 주재 또는 철학적으로 존재론적 세계관을 내포하고 있는 것이다. 여기에 『중용』에서 "誠者, 天之道也, 誠之者, 人之道也"라 하여 성에 천도와 인도의 양면으로 언급하는 까닭이 있는 것이다. '성자誠者'의 성이 명사로 존재를 가리킨다면 성지자誠之者의 '성지'는 동사로 생성을 지시한다고 할 수 있다.

특히 『중용』의 '성' 자에 대하여 주자는 "진실무망을 말한다"(眞實無妄之謂)고 하였다. 또 그 주석에서 "귀신의 실리實理를 가리켜 말한 것"이라 하여[13] 리理의 면을 말하고 있다. 율곡 이이는 "성은 하늘의 실리實理요 마음의 본체이다"[14]고 하여 천과 인의 근원인 실리요, 그 본체로서의 성을 인식하고 있다. 유교가 인본주의를 넘어 초월적 천天을 인간에 내재화하였음은 『중용』에서 '천명지위성天命之謂性'이라 하여 성性을 하늘이 명한 것으로 본 데서도 명백하다. 또한 "성이라는 것은 스스로 이루는 것이다. …… 성이라는 것은 사물의 종시終始이니 성이 아니면 물物이 없게 된다"[15]라 하여 성은 자성自成하는 근원적 존재이고, 물(세계)의 종시이며 근원이 되는 본체의 개념으로 파악된

13 『中庸』, 제20장 註 "指鬼神之實理而言."

14 『율곡전서』 권21, 『聖學輯要(三)』 "誠者 天之實理 心之本體."

15 『중용』, 제25장 "誠者, 自成也. …… 誠者 物之終始 不誠無物."

다. 이러한 천도로서의 성은 "천리의 본연한 것을 온전히 하여 힘쓰지 않아도 적중하게 되고 유의하지 않아도 얻게 되며 중도를 따르게 된다"[16]라 하여 천리의 본연이요, 존재 자체로 이해되고 있다. 성은 『중용』에서 근본 개념으로 확립되고 있으며, 송대의 성리학에서도 수양론의 근본명제로 크게 중요시되어 왔고, 율곡사상에서도 중심사상으로 받아들여지고 있다.

『중용』에서는 '천하의 지성만이 능히 그 성품을 다하고 천지의 화육化育에 참찬參贊할 수 있다'고 하였으며, '천하의 지성至誠이라야 화化할 수 있다'(唯天下至誠 爲能化)라 하고, 지성의 도는 '앞을 알 수 있고'(可以前知), '신神'과 같다고 하여 천도로서의 성이 발휘할 수 있는 무궁한 조화와 초월적 능력이 언급되고 있음을 본다. 또한 '自誠明, 謂之性. …… 誠則明矣'라 하고 '고명배천高明配天'이라 하여 성에 명明의 성격을 부여하고 있으며, '지성무식至誠無息 불식즉구不息則久'에서 성에 구원한 성격이 내포되어 있음을 보여주고 있다. 율곡은 주염계周濂溪의 '성무위誠無爲'라는 말을 미발未發로 해석하면서,[17] 미발지중未發之中의 본체로서 성을 해명하였으며, 천이 화육化育하는 근거로서의 실리를 성이라 하였으며,[18] 천도로서의 '실리實理의 성'을 명언하였다. 또한 성인聖人도 "천리를 따라 온전함을 얻는다(純乎天理而得誠之全者)"[19]라 하여 최고의 가치요, 근원으로서 제시하였던 것이다.

---

16 『율곡전서』 拾遺 권6, 「四子言誠疑」 "全其天理之本然 而不勉而中 不思而得 從容中道."

17 『율곡전서』 권12, 「答安應休」 "誠無爲者 未發也."

18 『율곡전서』 拾遺 권6, 「誠策」 "天以實理而有化育之功."

19 앞의 책.

3. 誠과 人道

유학이 천을 간과하거나 망각하고 존립할 수 없는 만큼 또한 인간을 떠나서 성립할 수 없다. 『중용』에서 성지자誠之者를 인도人道라 하여 천도인 성자誠者에 대조시키고 있으며, 율곡도 성에는 실리지공實理之功과 실기심지성實其心之誠이 있음을 말하여 성의 인간적 형태로서 실기심지성을 제시하고 있는 것이다.[20] 성誠, 즉 진실무망眞實無妄한 것은 천도이지만 진실무망하고자 하는 것은 인도요, 천도는 천연이연자天然而然者이나 인도는 유위이연자有爲而然者이다. 그러므로 천도로서의 성이 본체론적 개념이라면 인도로서의 성은 수양론적 개념이라 할 수 있다. 율곡은 인도의 성인 성지자誠之者의 일은 "修其人事之當然, 而擇善固執, 思而得, 勉而中"[21]이라고 하였으며, 맹자가 말하는 '반신이성反身而誠'함도 성지자誠之者의 '성', 즉 인도로서의 성으로 보고 있다.

인도로서의 성은, 그 근본정신이 경敬의 개념에서 가장 잘 나타나고 있다. 성자誠者의 의미 속에 경의 뜻이 내포되었음은 앞에서도 보았지만, 특히 천도로서의 본체론적 성에 대하여 인간적 수양론의 핵심을 이루는 것은 '경'이다. 정명도程明道가 "성誠은 하늘의 도이며 경敬은 인사人事의 근본이다. 경은 용用이지만 경敬하면 성誠)게 된다"[22]라 하여 인도로서의 성을 특히 경으로 밝히고 있다. 경敬은 경警과 통하며 경외敬畏의 뜻이 있다. 경은 우러러본다는 뜻이 포함되어 있다. 또한 정이천程伊川도 "함양涵養에는 경을 써야 한다"[23]고 하였고 정명도는 "사람의 이치를 밝히는 것은 '경'일 뿐이다"[24]고 하였고, 퇴계 이황과

---

20 『율곡전서』 拾遺 권6, 「四子言誠疑」
21 앞의 책
22 『二程遺書』, 권11 "誠者 天之道 敬者 人事之本 敬者 用也 敬則誠也."
23 『이정유서』, 권18 "涵養須用敬."

율곡 이이도 "경은 성학聖學의 끝과 시작이다"고 하여 인도의 근본 태도로서 '경'을 밝혔다.

율곡은 천도로서의 성과 인도로서의 경을 대조하여 "성誠이 아니면 천리의 본연함을 보존할 수 없고, 경敬이 아니면 일신의 주재함을 검속할 수 없다"[25]라 하면서, 동시에 성과 경을 체용적 표리관계로 보아 "성은 경의 근원이다. 경은 성의 공功과 상반된다"[26]라 하여 성·경을 직결시키고 있음을 이해할 수 있다.

4. 天人의 관계와 誠

천도를 따라 이행하는 것이 인도이므로 천도와 인도의 양자는 분리와 대립으로서가 아니라 일관과 조화로서 파악하는 데 유학의 근본 성격이 나타난다고 하겠다. 천은 인간의 내면 속에 성性으로 부여되어 있고 이를 덕이라고도 한다. 물론 유학에서 천을 주관적으로만 이해하여 실재로서의 천을 부인하는 것은 아니지만, 인간을 떠나서는 천을 인식할 수 있는 방법이 없는 것이다. 공자가 "사람이 도를 넓힐 수 있는 것이지 도가 사람을 넓히는 것은 아니다"[27]라 한 말에서도 인人과 도道가 동일한 것은 아니지만, 도는 인을 매개로 하여 실현될 수 있음을 언급하고 있다. 따라서 맹자는 사천事天(하늘을 섬김)을 "존기심存其心 양기성養其性"하는 데 두었고 입명立命을 "요절하는 것과 장수하는 것은 두 가지가 아니다. 수신함으로써 이를 기다린다(殀壽不貳 修身以俟之)"고 하여, 하늘을 섬기고 명을 받는 것이 존심양성하며 수신하는

---

24 『이정유서』, 권2 "只明人理 敬而已矣."

25 『율곡전서』 拾遺 권6 「四子立言不同疑」 "非誠 無以存天理之本然 非敬 無以撿一身之主宰."

26 앞의 책 "誠者 敬之原也 敬者 反乎誠之功也."

27 『논어』, 「衛靈公」 "人能弘道 非道弘人."

데 있다는 인도의 측면을 강조하였던 것이다.

그러나 유학의 인도가 근취저신近取諸身을 말하고 진인사盡人事를 말한다 하여 인간 중심주의로 오해해서는 안 될 것이다. 유학에서 위기, 수신, 진심을 말할 때의 인격 내지 주체적 인간은 이미 천리를 중심에 확보하여 천명을 순수順受하는 진정한 주체이며, 존천리存天理 알인욕遏人欲하는 결단과 지향을 내포한다. 신의 존재 여부에 대하여 율곡은 "성실함이 있다면 신이 있으며, 성실함이 없다면 신이 없다"[28]라 하여 성을 통해서만 신의 실재를 파악할 수 있다고 하였다. 이처럼 참된 주체를 통한 천도의 실현은 곧 천도와 인도가 일관하는 유교의 근본정신이며, 성은 여기서 천도와 인도를 접촉 매개시키는 핵심적 계기로 제시되어 왔다. 성에 실리와 실심의 양면이 체용으로 파악되고, 천의 화육지공化育之功과 인의 감통지효感通之效가 성을 통하여 이루어지는 것이며, 성이 최고의 가치로서 성지전자誠之全者를 얻으면 성인聖人이라 한다. 성을 통한 인격의 완성은 또한 자기 완성만 아니라 사물과 세계의 완성을 이루게 되는 것이니, 『중용』에서는 "성이라는 것은 스스로 자신을 완성할 뿐만 아니라 사물도 완성시켜 주니 … 내외를 합일 시키는 도이다. 그러므로 때에 따라 조치함에 적절하다"[29]라 하여 "자신을 바르게 하고 사물도 바르게 하며",[30] "천지와 더불어 그 덕을 합하고 일월과 더불어 밝음을 합하고 … 하늘에 앞서나 하늘이 (그 사람의) 뜻을 거스리지 아니하고 하늘에 뒤따라도 하늘의 때를 받들게 된다"[31]라는 '대인大人'의 인격도 성에 근원하는 것이

---

28 『율곡전서』 拾遺 권4, 「鬼神死生策」 "有其誠則有其神 無其誠則無其神."

29 『중용』, 제25장 "誠者 非自成己而已也 所以成物也 …… 合內外之道也 故時措之宜也."

30 『맹자』, 「盡心 上」 "正己而物正者."

31 『周易』 乾卦文言 "與天地合其德, 與日月合其明 …… 先天而天弗違, 後天而奉天時."

라 보는 것이다.

성은 인간의 근원인 동시에 천도의 본질로서 초월성과 내면성의 두 계기를 이루는 것이다. 성이 없으면 물도 없고 동함도 없으므로, 성은 천과 인과 물을 일관하는 추뉴樞紐가 된다고 하겠다. 또한 성은 지성무식至誠無息의 구원성久遠性을 갖는 동시에 '시조지의時措之宜'로서 현실성과 역사성을 그 핵심 속에 내포하는 것으로, 인과 의의 양면이 모두 성에 근원되어 있으며 실實이라는 '성'의 개념으로 수렴되고 있음을 볼 수 있다.

맺음말

유교가 학문이나 윤리의 체계를 넘어 종교적 본질을 내포하고 있는 동양의 전통사상이요, 우리 민족이 역사적으로 장구한 기간에 유교적 정신과 문화 속에 생활하였던 사실은 현재와 장래에 있어서 우리의 사상과 신앙이 유교를 간과하고 몰이해한 상태에서는 올바른 자세를 확립하기가 어렵다고 생각된다. 오늘날 유교는 전통사상으로서 기독교를 비롯한 다양한 종교와 병존하고 있다. 그런데 서로가 이해하는 처지가 아니라 자기 주장과 상대방에 대한 비판에 급급한 것이 현실이라면, 여기에 종교의 진정한 미래성이 발현되고 있다고 보기가 어려울 것이다. 우리가 가져야 할 참된 정신 자세 내지 신앙적 태도가, 세속적이고 물질적 욕망을 벗어나 천상적 진리를 실현하여 나와 이웃을 구원하고자 한다면, 겸허하고 성실한 태도로 진정한 자아의 실현과 동시에 이웃에 대한 이해와 사랑이 있어야 할 것이다. 이웃에 대한 참된 사랑이 없이는 자아의 완성과 구원도 불가능할 것이다. 다른 사람의 말을 이해할 수는 없으나 하늘의 말씀은 이해한다는 태도 속에는 모순이 놓여 있다. 하늘의 말씀도 사람을 통해서 열려지며, 도가 사람을 떠나서 있는 것은 아닐 것이다. 그러므로 최치원崔致遠(857~?)도 "도는 사람에게서 멀지 않으며 사람에게는 다른 나라가 없다. 그러므로 우리나라 사람이 불교를 하고 유교를 하는 것이 필연적이다"[32]고 하여 신앙의 다양성을 시인하고 진리의 보편성을 인간의 현실 속에서 이해하는 관용의 지혜를 보여주었던 것이다. (1973. 5)

---

32 최치원, 「眞鑑禪師碑銘」 "夫道不遠人 人無異國 是以 東人之子 爲釋爲儒 必也."

Ⅲ. 인도주의와 유학사상

(一)

자기를 상실하고 주체적 독립을 할 수 없는 불안과 공포로 덮인 절박한 현실 속에서 세계 인류가 헤매고 있음은 숨길 수 없는 실정이다. 시기와 불신과 모순과 갈등 속에 허덕이고 있는 인간상이 바로 우리들 자신이다. 원자력과 평화, 그리고 사상의 문제는 과학이나 정치 또는 철학의 문제라기보다, 현대인이 공통적으로 느끼는 우리 세기의 최대 관심사요, 또 그것을 문제 삼는 주체 자체 즉, 인간의 문제로 돌아가야 할 문제라 생각된다.

예부터 인간 존재의 이해를 위해서 이성적 존재니 정치적 존재니 사회적 존재니 하여 유형을 나누어 말해 왔지만, 역시 생존자로서의 구체적인 사람의 문제가 보다 시급하고 선행되어야 할 바라 할 것이다. 우리가 애끓듯 영위하는 삶을 통하여 고통하고 신음하는 현실의 소용돌이 속에서 위기와 평화를 모두 책임져야 할 인간 자신에 대한 반성을 요구하는 의미에서 오늘날 인간개조의 문제가 절규되고 있는 것이다.

(二)

오늘날 개조되어야 할 인간, 타락된 인간 존재를 전환轉換시켜야 한다고 새삼스럽게 강조하는 것을 보면, 고금동서를 통하여 어진 이〔賢〕가 요청되고 이토록 성자를 갈망하던 때가 과거에 없었음을 느끼게 된다. 본래 유교에서는 '인간개조'라는 용어를 사용하지 않는다. 인간의 본성을 말하고 또 명덕明德을 밝혀 회복시켜야 한다고 한다.

공자는 일찍이 제자들에게 사람은 마땅히 군자가 되어야 한다고 강조하였고 그 요도要道로써 인仁을 말하였다. 그러기에 '인仁이란 사람이다'[33]고 하여, 사람의 개념과 '인'의 개념을 동일시하였다. '인'이 무엇인가. 이것은 바꾸어 사람이 무엇인가 하는 것이 된다. 『논어』에서는 전체 58장에 걸쳐 '인'을 말하였다. 여러 제자들이 인에 대해 질문하였을 때, 사람에 따라 대답의 내용이 다를 뿐 아니라, 또 같은 사람이라 할지라도 때와 장소에 따라서 설명을 달리하였다. 이를 보면 인을 인간성 구성의 전요소全要素로 파악하였음을 알 수 있다. 그렇기 때문에 불인不仁한 사람은 사람이 아니고 금수禽獸에 가까운 것이 되고 말며, 성인成人은 곧 성인成仁이라고 해서 인의 완성으로 생각하는 것이다.

인간을 혹은 생물학적 혹은 심리학적 면에서 살필 수도 있고, 본질적인 각도에서 이해할 수 있다. 공자는 인간을 상·중·하로 구분하여 생각하였던 것 같다. 중인 이하는 더불어 말할 수가 없다고 하였다.[34] 구체口體 위주의 생리生理, 혈지지인血氣之人을 가장 하층에 놓아 그 중에서 천한 것으로 여긴다. 그보다 한층 나은 사람을 선비라고 하여 의리지인義理之人이라고 한다.

삶보다 더 중한 것이 있기 때문에 구차하게 살려고 하지 않고, 죽음보다 더 싫어하는 것이 있기 때문에 환난도 감히 피하려 하지 않는다. 이 마음은 오직 현자賢者만의 것이 아니라 사람마다 다 소유하고 있다. 다만 이것을 잃어버려서 만종萬鍾 벼슬이라면 예의를 분별치 않고 받는 결과를 초래하게 되는 것 뿐이다.[35] 가장 상위의 사람은 성명지인性命之人이라고 한다.

공자는 오십에 천명을 알았다고 하였다.[36] 여러 제자들에게 '인'을

---

33 『중용』, 제20장 "仁者 人也."

34 『논어』, 「雍也」 "中人以上 可以與語上也 中人以下 不可以與語上也."

35 『孟子』, 「告子 上」 "生亦我所欲 所欲有甚於生者 故不爲苟得也 死亦我所惡 所惡有甚於死者 故患有所不辟也 … 是故所欲有甚於生者 所惡有甚於死者 非獨賢者 有是心也 人皆有之 … 萬鍾則不辨禮義而受之."

36 『논어』, 「爲政」 "五十而知天命."

말하였으나 그것은 역시 인의 일부분이어서 인의 현상을 설했을 따름이지 결코 '인' 자체를 빠짐없이 말한 것은 아니다. 길고 복잡하게 설명했다 해도 본질을 드러내기는 어려운 것이다. 인은 역시 인간 최고의 지점인 전체 개념인 것이다. 공자가 평생을 두고 역설하였던 것은 참된 인간에 관한 것이요, 참된 인간성의 자각은 자기 자신의 불인성不仁性을 각성해 가는 것이다. 그렇기 때문에 인간의 본성과 천도에 관해서는 말을 하지 않았고[37] 또 자공에게는 그 소신을 밝히기도 하였다. 즉 공자는 말하기를, "나는 말을 하지 않으련다"고 하였을 때 자공은 "부자께서 말씀을 하시지 않으면 저희들은 무엇으로 선생님의 도를 전술傳述하오리까"라고 하였다. 공자는 "하늘이 무슨 말을 하시더냐. 사시가 말 없는 가운데 돌아가고 만물이 성장하니 하늘이 무슨 말을 하시더냐"[38]라고 하였다.

매양 말이 앞시는 사마우司馬牛에게는 궁행躬行을 종용한 바도 있다. 사마우가 인을 물었을 때 공자는 "어진 자는 그 말이 무겁게 나오느니라"고 하였다. 다시 묻기를 "무겁게 나오면 인이라고 할 수 있겠습니까?"라 하니, 공자는 "실행이 어려우니 말을 어찌 쉽게 할 수 있으랴"[39]라고 하였다. 자기가 하는 말에 책임과 실천을 생각하지 않을 때 그 말은 경솔해지고 실언이 되고 마는 것이다.

"하늘이 무슨 말을 하시더냐"라고 한 공자가 일찍이 냇가에 앉아 흘러가는 물을 보고서 "가는 것이 이와 같구나, 밤낮을 쉬지 않는구나!"라고도 하고,[40] 제자들에게 "나의 도는 하나로 꿰었다"[41]라고도

---

37 『논어』, 「公冶長」 "夫子之文章 可得而聞也 性與天道 不可得而聞也."

38 『논어』, 「陽貨」 "子曰 予欲無言 子貢曰 子如不言 則小子何述焉 子曰 天何言哉 四時行焉 百物生焉 天何言哉."

39 『논어』, 「顔淵」 "司馬牛問仁 子曰 仁者其言也訒 曰其言也訒 斯謂之仁矣乎 子曰 爲之難 言之得無訒乎."

40 『논어』, 「子罕」 "子在川上曰 逝者如斯夫 不舍晝夜."

말한 바 있다. 증자는 이것을 '충서忠恕'라고 하였다. 충이란 진기盡己한 성실이요, 서는 추기推己하는 진실인 것이니, 충은 일신의 수양을 이름이요, 서는 사회생활의 대인 관계에서 상대방을 용서해 주는 마음을 이름이다. 흐르는 냇물에서 대자연의 유행하는 이치를 보았고 이에 따라서 전 생애를 일이관지한 것이라 할 수 있다. 송대의 정명도程明道는 다음과 같이 말하였다. "배우는 사람은 마땅히 먼저 인을 인식해야 한다. 인이라고 하는 것은 나와 물物이 혼연하게 융합해서 합치됨이니, 예의지신의 덕성이 모두 다 인이다. 이 이치를 인식하였으면, 성경誠敬을 내 마음속에 깊이 간직할 따름이다"[42]라고 하였다. 인이 여물일체與物一體의 가능한 본질이요 여러 가지 덕이 우러나오는 근원으로서, 이것을 충분히 인식하고 체득하게 될 때, 비로소 물아일체物我一體의 경지가 열리는 것이며, 이것은 오로지 성경으로만 가능할 뿐이라는 것이다. 우리는 새로운 인간을 이해하기보다 새로운 인간이 되어야 함이 현실의 절실한 요청이다.

인간은 자각하는 본래아本來我와 자각되어야 할 자기를 아울러 지니고 있는 존재이다. 극복하는 것도 극복되는 것도 자기인 까닭에 인의 자각은 자기를 깨우쳐 가는 계기가 되는 것이며, 본래적인 자아로의 복귀라는 과정이 된다. 자기를 극복함은 안일하게 이루어지는 것이 아니다. 먼저 괴로움을 겪어야 하며,[43] 예로 돌아가야 하는 것이다. 공자의 수제자 안연顔淵이 인을 물으니, 공자는 "자기 자신을 극복하여 예로 돌아가는 것이 인이 된다"고 하면서 "예가 아니면 듣지도 말고 보지도 말고 말하지도 말고 행동하지도 말라"고 방법을 제시해 준 바

---

41 『논어』, 「里仁」 "吾道一以貫之."

42 『二程遺書』, 권2 "學者須先識仁 仁者 混然與物同體 義禮知信 皆仁也 識得此理 以誠敬存而已."

43 『논어』, 「雍也」 "先難而後獲."

있다.[44] 사실적 행위의 부분적 부정은 가능하지만 자기 스스로를 완전히 부정한다는 것은 용이한 일이 아닐 것이다. 비본래적 자아를 떠나서 영원으로 비약, 초월하는 수련과정이기도 하다. 공자는 지조가 있는 선비와 어진 사람은 구차스럽게 살기 위해서 인을 해치는 일이 없고 오히려 일신을 희생시켜서라도 인을 성취하는 것이라고 하여,[45] 인의 최고 경지를 말하였다. 이것은 한갓 독존하는 인간에서가 아니라 천인미분天人未分의 호흡 속에서 가능하다는 것이다. 자기를 심화한 끝에 천을 발견하고, 천명을 하는 사람은 주체성이 확립된 군자라는 것이다.

본질로서 인간에게 주어진 것을 유학에서는 성性이라고 한다. 하늘이 나에게 부여하고 내가 받은 것을 인성이라고 한다(天命之謂性). 인성 속에는 하늘의 요소가 깃들어 있으므로 인간의 본성 즉 자기 속을 파고 연구해야 천天을 알게 된다는 것이며, 이 본성대로 따르는 것을 도道라고 하였다(率性之謂道). 하늘이 부여한 본성을 어기는 것은 타락의 길로 가는 것이며, 어기지 않도록 이 도를 닦는 것이 교육이라는 것이다(修道之謂教). 『중용』 주석에서는 "대개 사람은 자기에게 본성이 있음을 알면서도 그것이 하늘에서 나온 것임을 알지 못하고, 매사에 도 있음을 알면서도 그것이 본성에 말미암은 줄을 알지 못하며, 성인의 가르침을 알면서도 그것이 나의 고유한 것을 말미암아 마름하는 것임을 모른다"[46]고 한다. 도의 대원大原이 하늘에서 나왔다고 한 동중서董仲舒의 말은 이러한 취지를 나타낸 것이다. 즉 교육은 도리를

44 『논어』, 「顏淵」 "顏淵問仁 子曰 克己復禮爲仁 一日克己復禮 天下歸仁焉 爲仁由己 而由人乎哉 顏淵曰 請問其目 子曰 非禮勿視 非禮勿聽 非禮勿言 非禮勿動 顏淵曰 回雖不敏 請事斯語矣."

45 『논어』, 「衛靈公」 "志士仁人 無求生以害仁 有殺身以成仁."

46 『중용』, 第1章註 "蓋人知己之有性 而不知其出於天 知事之有道 而不知其由於性 知聖人之有教 而不知因吾之所固有者裁之也."

열어주고, 도리는 인간의 본성을 위해서, 인성은 천을 알기 위함이니 일련의 관계를 갖고 있는 것이다. 『중용』에 의하면 "성誠은 하늘의 도요 '성'하고자 노력하는 것은 사람의 도이다"[47]고 하여 '성'에다 천인의 합일점을 두었다. 즉 천명지위성天命之謂性의 '성'도 성경誠敬을 매개로 이해되며, 천도 알게 된다는 것이다.

이렇게 볼 때 인仁·성性·성誠은 천·인의 본질을 일관하는 다른 이름에 불과하다. 이것을 체득한 자를 군자라고 해석해 왔다. "사람들이 알아주지 않는다고 해고 노여워하지 않으면 또한 군자답지 않느냐?"[48]라 함은 어지러운 속세를 도피하여 고독하게 살아가는 소극적인 은자를 의미함이 아니다. 천명을 알지 못하면 군자라고 할 수 없는 그러한 적극적인 군자인 것이다. 시시각각 숨 가쁘게 결단을 요청해서 육박해 들어오는 현실 앞에 서 있는 현대인은 의연히 군자로서 명대로 가는 자세를 취해야 할 것이다. 타락하고 불인해지는 원인이 이목구비의 후천적인 악습으로 말미암은 물욕교폐物慾交蔽의 소치라고 할 때, 또한 인을 이루고 초극할 수 있는 근거가 선정과 성리로 천을 밝히는 데 있다면, 군자는 희로애락의 중절中節로서 이것을 용감하게 실천해 가는 사람이지만, 이러한 태도야말로 위기에 당면한 인간으로서 임사臨事 이전에 누구나가 가져야 할 기반이라고 믿는다.

(三)

과연 이러한 기반은 누가 어떻게 실현할 수 있을까. 이것은 어느 한 사람의 정치적 책임 문제도 아니요, 어느 특정 단체의 윤리적 수양문제만도 아니다. 전인류에게 공통으로 부과된 과제요 책임이라 하겠다.

---

47 『중용』, 제20장 "誠者 天之道 誠之者 人之道."

48 『논어』, 「學而」 "人不知而不慍 不亦君子乎."

개인은 국가와 사회를 형성하며, 개인 중에는 치자治者도 있고 피치자도 있고 종교인도 있다. 치자의 자의恣意로 움직일 수 있는 국가와 사회도 아니며, 피치자가 원하는 대로 움직여지는 치자도 아니요, 반드시 종교인의 의사를 존중하는 사회도 아니다.

선善을 실현하기 위한 영도領導를 감수하려는 피치자의 자세와 선을 원하는 피치자의 본성을 아끼는 치자의 심적 준비는 국가사회에 권선징악勸善懲惡하는 기풍을 진작하는 동기가 될 줄로 안다. 양자의 이러한 향선向善하는 마음은 각기 자신에게 있는 것이니, 그 자신들을 일깨워주는 위력偉力을 분담한 것이 곧 종교라고 생각된다. 따라서 구체적인 덕목을 실천하는 데 급급하기에 앞서 본질로서의 각개의 주체 확립에 이바지함이 요청된다고 하겠다. 이는 군자가 되기를 염원하였던 공자가 전 생애를 통해서 천명을 받들어 제자를 가르친 강령이기도 하다. 단순한 신앙이나 학문 위주가 아니라, "독실하게 믿으면서도 학문을 좋아한다"[49]고 할 때의 '신信'이요 '학學'은 공자의 교학이라고 믿는다. (1966. 5)

---

49 『논어』, 「泰伯」 "篤信好學 守死善道."

Ⅳ. 동아시아의 평화와 유교의 역할

머리말

인간은 서로 존경받고 자유롭고 평화롭게 살아가기를 바란다. 물질적으로 풍요롭고 정신적으로 안정된 사회에서 질 높은 문화를 누리며 행복하게 살아가기를 원하는 것이다. 오늘날 인간은 과학의 발달로 물질적으로 풍요롭고 인간의 수명도 예전보다 많이 연장되었고 문명의 혜택으로 편리하게 살고 있다. 하지만 다른 한편으로 내일을 예측할 수 없는 불안과 갈등을 감내하기 어렵게 되었음도 사실이다. 전 지구촌에는 전쟁과 폭력과 기아와 질병이 끊이지 않고 환경의 오염은 생물들이 생존할 수 없을 만큼 심각해지고 있다.

또한 오늘날 인류는 밀접한 국제관계 속에서 상호 의존적 관계로 살 수 밖에 없게 되었다. 좋은 일이나 궂은 일이거나 간에 공동으로 책임지고 해결하지 않으면 안 되는 지구가족으로서 한솥밥을 먹지 않을 수 없게 되었다. 국수주의나 패권주의는 도도하게 흐르는 세계사적 민주화·합리화·인간화의 물결을 막아낼 수 없게 되었다. 우리는 인류의 역사가 지금까지 살아온 방식과는 전혀 다른 모습으로 새로운 삶을 살아야 할 인류 문명의 일대 전환기에 처해 있는 것이다.

1. 동아시아 漢文文化圈의 이상적 社會像

동아시아라 함은 한국·중국·일본·월남 등 한문을 사용하는 문화권을 말한다. 이 한문 문화권에 속하는 동아시아 사람들은 오랜 역사와 독특한 문화를 가지고 있다. 동아시아에서는 예로부터 바람직한 이상적 사회가 있다. 바로 공자(B.C. 551~479)가 말한 대동사회大同社會이다. 이 대동사회는 동방에서 역대로 전통시대의 성군聖君들이 희구하였을 뿐만 아니라 중국의 근대혁명을 일으킨 손문孫文(1866~1925)도 그의 삼민주의三民主義의 이론에서 대동사회를 가장 바람직한 이

상상理想像으로 말하였다. 이 대동사회는 민주주의를 근본으로 하는 장개석蔣介石이나 공산당 혁명의 주도자인 모택동毛澤東도 가장 이상적인 것으로 고취했다. 한국에서도 조선 전기에 율곡栗谷 이이李珥(1536~1584)는 선조 임금에게 올린 『성학집요聖學輯要』에서 정치의 철학과 실재적 공효功效를 대동사회 건설에 두었다. 그 내용은 대개 다음과 같다.

> 이 세상에 대도大道가 행할 때에는 온 천하가 공정, 공평하게 되어 현명하고 능력 있는 사람을 선출해서 정치하게 하고 교육으로 신의를 강습하게 하여 사회적으로 사람들이 화목하게 한다. 그러므로 사람들이 자기 어버이만 친애하지 않고 남의 노인도 친애하며, 자기 자식만을 사랑하는 것이 아니라 남의 자식들도 사랑한다. 노인들에게는 안심하고 삶을 미칠 수 있게 하고, 젊은이들은 나라에서 등용하는 바가 있게 하며, 어린이들은 잘 성장하게 하고 홀아비, 홀어미, 아비 없는 고아들, 자식 없는 고독한 노인, 병든 이와 장애자들 모두 나라에서 요양하도록 하며, 남자는 직업이 있고 여자는 시집갈 때가 있게 한다. 경제적 재화를 개발하지 않고 버리는 것은 미워하지만 그것은 자기만을 위하는 것이 아니며, 노동력이 자신에서 나오지 않는 것을 미워하지만 반드시 자기만을 위해서 일하는 것은 아니다. 즉 경제개발과 노동은 자기만을 위한 것이 아니라 다른 사람과 사회를 위해서도 해야 하는 것이다. 그리하여 남을 모략중상함이 일어나지 않으며 강도와 절도, 남을 상하게 하는 어지러운 도적들이 생겨나지 않는다. 그러므로 밖의 문을 닫지 않고도 살 수 있으니 이를 일러 '대동'이라 한다.[50]

---

50 『禮記』, 「禮運」 "昔者仲尼與於蜡賓, 事畢, 出遊於觀之上. 喟然而嘆. 仲尼之嘆蓋嘆魯也. 言偃在側, 曰, 君子何嘆? 孔子曰, 大道之行也, 與三代之英丘未之逮也, 而有志焉. 大道之行也, 天下爲公, 選賢與能, 講信, 修睦. 故人不獨親其親, 不獨子其子,

이와 같은 이상사회는 사람들이 모두 대도를 알아서 행동할 때 가능하다는 대전제가 있다. 이와 반대로 대도가 행하지 않는다면 "사람들이 지나친 욕심과 경쟁으로 자기가 잘 되기 위하여 남을 죽이고 빼앗게 되니, 심지어 자식이 아비를 죽이고 신하가 임금을 죽이며 대낮에 강도짓을 하여 급기야는 사람이 사람을 잡아먹게 될 것"이라고 장자莊子(B.C. 370?~290?)는 말하였다. 맹자孟子(B.C. 372~289)도 사람이 사람답지 않고 불인不仁과 불의不義가 심해지면, 자기 집 개나 말은 살찌워도 다른 사람들이 굶어 죽는 것을 관계하지 않으며, 사람이 사람을 잡아먹게 되는 것이므로 이를 걱정하여 교화에 힘쓰게 되는 것이라고 하였다.

그러면 이 대도란 무엇인가? 대도란 생명이요 진리이며, 사람들이 마땅히 행해야 할 길인 것이다. 오늘날 인간의 생명을 무시하고 재물을 아끼며, 진리를 무시하고 폭력과 사기를 행하며, 평화보다는 승리를 가치 있게 여기며, 정상적인 도리를 행하지 않고 수단과 방법을 가림이 없이 현실적 실리만을 가지려 한다. 이것이 바로 오늘날 우리가 살고 있는 현실세계의 실상인 것이다.

이 대동사상은 유교 경전인『예기禮記』「예운禮運」편에 있는 장구章句로서, 공자가 노나라의 사회상을 탄식하며 요순堯舜(B.C. 2333~2183)의 대동의 정치를 사모한 것이다. 오늘날 우리에게 귀감이 되는 것이 아닐 수 없다.

2. 현대 문명의 명암과 유교의 역할

종교를 중심으로 하는 가치관과 과학을 중심으로 하는 가치관은 결

使老有所終, 壯有所用, 幼有所長, 矜寡孤獨廢疾者皆有所養. 男有分, 女有歸. 貨惡其弃於地也不必藏於己, 力惡其不出於身也, 不必爲己. 是故謀閉而不興, 盜竊亂賊而不作, 故外戶而不閉, 是謂大同."

국 하늘과 땅의 문제로 양극화한 현상을 빚어낸다. 이 모순관계를 어떻게 융해할 것인가가 현대의 중요한 과제라 하지 않을 수 없다. 종교와 과학의 양극을 매개하는 것은 무엇일까? 여기에 인간의 차원이 부각되지 않을 수 없다. 모든 종교는 신으로부터 인간에게로 그 방향을 바꾸어야 할 것이다. '신은 민民의 주主'라고 하겠지만, '민은 신神의 주主'라고 하는 사상이 있음도 알아야 할 것이다. 신학이 인간화하는 것을 문제 삼지 않으면 안 된다.

우리는 과학의 힘에 의하여 살고 있다. 그러나 과학이 아무리 인간에게 고마운 것이라고 할지라도 인간 이상의 것일 수는 없다. 과학의 위대함은 인식해야 하지만 일체의 과학문명은 인간화함으로써 비로소 그 진정한 의의를 갖는다고 할 것이다. 신神과 인간이 관계 있고 물질이 인간으로 승화하여 천·지의 요소가 일신一身에 화육化育하는 의미에서의 인간이라야 할 것이다. 이러한 인간은 이미 개체를 넘어서 타와 공동체를 형성하는 자아라 할 것이다. 이것이 다름 아닌 공자의 인도仁道라 하겠다.

오늘날 세계평화는 국제간의 상호 독립과 의존관계가 어떠한 원리에 의해서 이루어지는가 하는 것이 문제이다. 유교는 과거 아시아 제민족諸民族에 있어서 국제관계를 형성하는 원리였으니, 신·의를 기본으로 화이부동和而不同 즉 독립과 공영이 이루어지도록 국제 교류를 하였던 것이다. 이것을 춘추사상春秋思想이라 한다.

3. 세계화 시대에 유교의 經常과 權變

모든 사상의 유형과 내용은 다르다 할지라도 인간은 하나이다. 진리는 인간의 본성을 떠나서 존재하지 않는다(道不遠人). 시대는 변해도 인간성은 변하지 않는다. 공자는 사람의 본성은 서로 근사近似한 것이고 습관과 풍속은 서로 다른 것(性相近 習相遠)이라고 하였듯이, 사회는 변한다 할지라도 인간성은 변하지 않는다. 그러나 역사가 변하므로 도가 존재하는 양상도 달라져야 한다. 그러므로 공자는 제도와 정책은 손익損益하는 법을 알아야 한다고 하였으며, 시중時中의 도를 강조하였던 것이다.

율곡 이이는 「만언봉사萬言封事」에서, 정치는 때를 아는 것이 귀하고 일은 실實을 힘쓰는 것이 긴요하다고 하였으며(政貴知時, 事要務實), 사건이 완만한 때에는 원리로부터 현실을 말하지만(從本而言), 일이 급할 때에는 사실로부터 그 모순을 해결하여 원리로 돌아가야 한다(從事而言)고 하였다. 사건을 처리함에 율곡은

> 도의 병립할 수 없는 것은 시是와 비非이며, 사事의 함께 할 수 없는 것은 이利와 해害이다. 한갓 이해利害가 급하다 하여 시비의 소재를 돌아보지 않는다면 제사지의制事之宜에서 어긋나며, 또한 시비를 생각하여 이해의 소재를 살피지 않는다면 응변지권應變之權에서 어긋난다. 권權에는 정규定規가 없으니 중中을 얻고 의宜에 합하면 시是와 이利가 그 가운데 있는 것이다. 진실로 국가를 편안하게 하고 민중에게 이로우면 다 행할 수 있는 일이요, 나라를 편안케 하지 못하고 민중을 보호하지 못하는 것이라면 다 해서는 안 되는 일이다.[51]

고 하였다. 백성을 근본으로 하여 백성을 위해서 정책이 수립되어야 하며, 그 정책을 수립함에 의義와 이利를 고려하여 상황에 알맞도록 중용을 취할 수 있어야 한다고 했다. 그러나 그 결단이 어려울 때에는 만인의 여론이 소중하며 위정자는 공론과 여론을 소중히 알아야 한다

---

51 『율곡전서』 拾遺 권5, 「時務七條策」 "道之不可竝者, 是與非也. 事之不可俱者, 利與害也. 徒以利害爲急, 而不顧是非之所在, 則乖於制事之義. 徒以是非爲意, 而不究利害之所在, 則乖於應變之權. 然而權無定規, 得中爲貴, 義無常制, 合宜爲貴, 得中而合宜, 則是與利在其中矣. 苟可以便於國, 利於民, 則皆可爲之事也. 苟不能安其國保其民, 則皆不可爲之事也."

고 하였다.[52]

맺음말

유교사상에 정치의 삼대 원리가 있으니 정덕正德·이용利用·후생厚生이다. 이용은 물질이 풍요해서 생활하는데 부족함이 없는 것이요, 후생은 인간의 생체生體와 생명을 보호하고 정치적으로 인격을 소중하게 여기며 사회적으로 보장하는 민주화, 사회복지 제도를 의미하는 것이라 하겠다.

그러나 더 중요한 것은 정덕의 차원이다. 동양 재래의 사상은 정덕을 중히 여기되 이용·후생이 되어야 한다고 하고, 우리나라 실학파 학자들은 이용과 후생을 통하여 정덕을 이루게 해야 한다고 하였다. 때에 따라 우선 순위는 있지만 세 가지 가운데 하나라도 빠져서는 안 된다고 하였다.

오늘날 근대화의 목표가 첫째 경제적으로 풍요해지는 것이요, 둘째 정치적 사회적으로 민주화가 이루어지는 것이요, 셋째 사회복지 제도가 원만하게 마련되게 하는 것이다. 이것을 선진국형의 이상이라고 본다. 그러나 후기 산업사회의 모순된 제문제들은 동양에서 말하는 '정덕'을 갖지 않는다면 이 모순은 해결될 수 없을 것이다. 이것은 동양인의 지혜인 동시에 우리 인류의 이상이다. 도덕적으로 건전하고 물질적으로 풍요하며 인간이 존중되는 평화세계를 건설해 가는데 이바지해야 할 것이다. 유교사상은 인도주의 정신을 근거로 하여 중화사상中和思想으로 현대의 비인간화 현상과 상호 갈등을 지양하여 높은 차원으로 발전시켜가야 할 것으로 본다.

---

52 『율곡전서』 권25, 「聖學輯要(七)」 "人各有智, 故愚者亦有一得. 苟能悉取衆智, 合爲一智, 而在我衡鑑, 精明得中, 則天下雖廣, 運之掌上, 事機雖煩, 決之建瓴矣."

사람이 불인不仁하다면 예가 있은들 무엇에 쓰며
사람이 불인하다면 악이 있은들 무엇에 쓰리오.
진실로 지극한 덕이 아니면 지극한 도가 이루어지지 않는다.
양 극단을 검토하여 그 적중適中함을 민民에게 쓸 지니라.
중화를 이루면 천지가 제자리를 잡고 만물이 생육生育할 지니라.

人而不仁 如禮何 人而不仁 如樂何 (『論語』, 「八佾」)
苟不至德 至道不凝焉 (『中庸』, 27)
執其兩端 用其中於民 (『中庸』, 6)
致中和 天地位焉 萬物育焉 (『中庸』, 1)

V. 효와 학교교육

한국은 근대화의 물결에 따라 산업사회를 지향하여 경제적 물량주의를 강조하고, 교육이념 역시 과학 기술 문명의 개발 위주로 바뀌었다. 전근대사회의 가치관에 입각한 충효사상은 사회변동과 더불어 부정적 경향을 띠게 되었다. 더구나 8·15 광복 이후 미국의 실용주의 교육사상이 도입된 뒤 교육은 더욱 효율적 가치관에만 치중하여 인간교육, 덕성교육에 대한 관심은 제2차적인 것이 되고 말았다.

재래의 전통적 교육관은 덕德은 본이요 재財는 말이라 하여[53] 도덕 위주의 교육을 강조한 데 비하여 현대 산업사회에서는 재화를 중시하고 능률의 극대화를 최상의 목표로 삼고 있다. 사고의 합리화와 과학기술의 발전은 필요불가결한 것이므로 한국 교육의 근대화도 과학화·민주화를 이탈할 수는 없다. 아프리카·아시아 등 후진국이 제창하는 공통적 슬로건은 과학화의 문제, 민주화의 문제인 것이다. 중국 5·4운동 당시의 슬로건도 역시 과학화·민주화였다. 그러나 고도로 성장한 선진 산업사회에서는 오히려 인간의 사회화로부터 탈피하려 하고 있으니, 즉 기계문명 속에 매몰되어 가는 인간성을 다시 회복하려는 인간화의 문제가 더욱 요청되는 것이다.

과학 기술은 사회를 조직화하고, 생활의 규모를 기계화하는 반면 인간의 창의력과 자발적 자유정신을 감소시키고 있다. 문화의 획일성과 합리적 보편성이 강조되는 만큼 자국의 특유한 전통과 문화유산의 계승 발전이란 제2차적인 것이 되고 만다. 그러나 오늘날 산업사회가 가져오는 모순은 갈수록 확대되어 현대인의 공통 관심 대상이 되고 있다. 공해의 증가. 도덕관념의 타락, 자원의 고갈, 폭력의 자행 등 이

53 『大學』 제10장 "德者 本也 財者 末也."

같은 현상은 전 세계적으로 그 해독이 만연되어 가고 있다. 이는 현대 문명의 한계를 드러내는 것이다. 과학의 진보가 인간을 행복하고 평화롭게 만들려고 하였으나 도리어 세계평화를 저해하는 모순을 빚어내게 되었다. 개인주의와 물질적 과학주의는 철학적으로 소유와 존재의 관념을 혼동하게 만들었다. “사람을 너 자신이나 타인에게나 목적으로 대할 것이요 다만 수단으로서 대하지 말라”는 칸트의 도덕률에 말한 바와 같이 사람을 자기중심적인 이용대상으로 평가하지 말라는 가치관념은 현대 사회에서는 찾아보기 어렵게 되었다.

우리의 교육이념은 근대 서구사회의 장점을 취하는 동시에 그 단점을 예방, 보강할 수 있는 점을 우리의 본래의 것에서 재발굴 재창조해 나가야 할 것이다. 우리의 전통사상 속에 내재한 신뢰와 협동을 중히 여기고 순수한 인간애로 연대의식을 형성하여 나가는 공동체적 의식을 각성함으로써 이기주의, 물질주의로 남을 수단화하는 현대인의 약점과 갈등과 분쟁 속의 현대인과 현대 사회의 병리를 치유하는 자원으로 개발해 나가야 할 것이다.

한국에서 충효의 사상은 민족공동체를 유지해 온 전통정신이라 하겠다. 일반적으로 효는 가정윤리요 충은 국가윤리라고 말한다. 그러나 효의 사상이나 충의 관념이 시대에 따라 변천하여 왔으며 충효의 기본정신과 충효란 말은 어느 시대, 어느 사회를 막론하고 최고의 가치관으로 일관하여 자기 동일성을 유지해 왔다.

우리나라에서는 전통적으로 충효 교육을 중요한 기본 교과로 삼아 왔다. 고구려의 태학과 경당扃堂 등에서 독서한 내용으로 오경, 삼사三史, 『문선文選』, 자학字學 등 문·사·철을 공부했는데, 그 중에서도 철학인 오경이 주과목이요, 오경사상은 한마디로 말하면 인의사상이라고 할 수 있다. 공자는 육경을 산정刪定하였다 하거니와 공자사상의 중심 개념을 말하면 인효仁孝와 충신忠信이라 할 수 있다. 신라 진흥왕 시대의 화랑도의 정신을 집약하면 효·제·충·신이라고 『삼국유사』에서 말한 바 있다.[54] 청년교육의 지침으로서 원광법사圓光法師는 세속오계世俗五戒를 말하였으니 사군이충事君以忠·사친이효事親以孝·교우이신交友以信·임전무퇴臨戰無退·살생유택殺生有擇이라 하여 충·효·신·용·의 등 충효사상을 강조하였다. 또 신라 국학에서나 고려 국자감에서 교과 내용이었던 『논어』와 『효경』은 상·중·하 삼품에서 공통으로 필수과목이었으니 '충'(『논어』)·'효'(『효경』) 사상이 근간을 이루었음을 알 수 있다.

'충'이 군주에게 충성함을 뜻하는 것은 대개 한대 이후에 강조된 것이고, 『논어』나 기타 고전에서 보이는 충의 본의는 글자 그대로 '中心'이다. 즉 속마음에 허위나 가식이 없는 진실한 본심을 말한다. 충은 대자관계對自關係가 제일의적第一義的이요, 임금이나 타인에게 충성을 다하는 대타관계對他關係는 제이의적이다. 충은 신하가 임금에게 충직·충성·충간忠諫하는 뜻도 있지만 군주가 백성을 사랑하는 것도 '충'이라 하였다.[55] 충은 자기주체인 동시에 만인 공통의 주체라 하였다. 이 '충'만이 진정한 연대의식과 공동체로서의 일치감을 조성할 수 있다고 하겠다. 『춘추좌씨전』에서는 개인의 일을 가지고 공공을 해치는 행위를 불충이라고까지 하였다.[56]

효는 자녀가 부모에게 드리는 성의이다. 그러나 살아 있는 부모뿐만 아니라 돌아가신 부모와 조상에게 드리는 정성을 효성이라 한다. 대효大孝라 함은 조상을 낳게 한 하늘에게까지 성의가 미치는 것을 말함이며, 이 대효는 성자聖者 중에서도 대성大聖이라야만 할 수 있다고 하였다. 윤리적 차원을 넘어서 종교의 영역에까지 이르러야 한다고 보는

54 『삼국유사』, 塔像篇, 「彌勒仙花未尸郎眞慈師」 "眞興王 …… 擇人家娘子美艶者 捧爲原花 要聚徒選士 教之以孝悌忠信 亦理國之大要也."

55 『춘추좌씨전』, 桓公 6년조 "上思利民 忠也."

56 『춘추좌씨전』 文公 8년 11월조 "以私害公 非忠也."

것이다. 효는 부자 사이의 상하관계에 해당하는 말이요, 형제간에는 우애라 하며 효라고는 하지 않는다. 그러므로 존경하는 마음이 있어야 한다. 친애하는 정신과 존경하고 경건하게 대함이 있어야 한다. 현대인에게는 사랑〔愛〕은 있지만 공경함〔敬〕은 부족하다고 하겠다. 공자는 "개나 말이라도 모두 사랑하고 기르거늘, 부모를 섬김에 공경함이 없다고 하면 무엇으로 견마와 구별하겠느냐"고 하였다.[57] 친애하고 존경함으로써 높이는 마음이 생기게 되고 스스로가 겸양하는 태도를 갖게 된다. 효의 본질은 겸손하고 근면하여 어른을 높이고 받드는데 있다. 효하는 형제는 우애가 있다. 불효한 형제가 우애가 있을 수 없는 것이다. 효심은 자율적인 것이요, 자율적인 인간성의 신성한 노출이다. 그러므로 부모의 육신과 함께 부모의 뜻을 받드는 것을 참다운 효라고 한다. 양체養體와 양지養志를 다하여야 참다운 효이다. 유교에서는 양체보다도 양지, 즉 이념을 더욱 강조하여 효성을 바친다. 유교에서는 양체와 양지를 겸비하는 것을 이상으로 하지만 세간에서는 양지보다 양체에 치중하는 경향이 있다.

신라 경덕왕 때 김대성金大城은 현생의 부모를 위하여 불국사를 창건하였고, 전생의 부모를 위하여 석굴암을 창건하였다고 하였으니,[58] 불교에서도 지극한 효성을 엿볼 수 있으며, 이승의 부모와 눈에 보이지 않는 전생의 부모를 위하는 불교적 효의 특징을 볼 수 있다. 효는 씨족사회에서는 가족윤리로 공동체의식을 공고히 하였으며 부족국가시대에는 국가윤리로 확산되어, 효에 충의 개념을 내포한 국가공동체의식을 고취해 왔던 것이다.

오늘날 사회윤리로서의 효는 사회공동체의식으로서의 신 개념을 내

57 『논어』, 「爲政」 "子游問孝 子曰 今之孝者 是謂能養 至於犬馬 皆能有養 不敬 何以別乎."

58 『삼국유사』, 孝善篇, 「大城孝二世父母」 참조.

포한 것으로 확산되어야 할 것이다. 따라서 현대의 바람직한 효는 일찍이 『예기』 「제의」 편에서 말한 바와 같이 "거처함에 단정하지 않으면 효가 아니며, 임금을 섬김에 충성되지 않으면 효가 아니며, 관리가 되어서 공손하지 않으면 효가 아니며, 친구 사이에 신의가 없으면 효가 아니며, 전쟁에 임하여 용감함이 없다면 효가 아니다"[59]라 하여 개인윤리와 사회윤리 전반에 걸쳐 효의 개념이 확대되어 있음을 알 수 있다. 즉 바람직한 인간상을 효자라 한 것이요, 비인도적 비인간적 행위를 불효라고 규정한 것이다. 그러므로 『효경』에서는 "'인'이라는 것은 사랑하는 것이요, '예'라는 것은 실천하는 것이요, '의'라는 것은 마땅하게 하는 것이요, '신'이라는 것은 미덥게 하는 것이요, '강强'이라는 것은 힘쓰는 것이요, 악樂이라는 것은 스스로 도리에 따름으로 생겨나고, '형刑'이라는 것은 스스로 거슬려서 짓게 된다"[60]라 하여 인과 예와 신과 강과 악과 형이 모두 효를 기준하여 성립하는 것이라 하였으니, 효를 백행百行의 근원이라고 한 까닭이 여기에 있다고 하겠다.

현대 민주주의 사회에서의 바람직한 시민상을 말하면 효의 마음씨를 가진 자만이 성실하고 책임이 있고 능력이 있어 자기의 완성과 사회의 완성을 가능하게 하는 것이라 하겠다. 이러한 차원에서 우리의 학교교육을 반성하여 볼 때 효의 적극적 개념은 계발하지 않고 소극적이고 역기능적 측면만 지적하고 부정하려는 경향이 있었음은 부인하기 어렵다. 초·중·고등학교 교재에 효사상의 부정적 측면만이 제시되어 있는 것은 교육적 기능을 다하였다고 볼 수 없다. 지성적 인간과 더불어 정서가 도야된 적성의 인간을 전인적으로 육성해야 할 것이다.

---

59 『예기』 「祭儀」, "居處不莊 非孝也 事君不忠 非孝也 莅官不敬 非孝也 朋友不信 非孝也 戰陣無勇 非孝也."

60 『효경』, "仁者 仁此者也 禮者 履此者也 義者 宜此者也 信者 信此者也 强者 强此者也 樂自順此生 刑自反此作."

이와 같이 인간교육을 성취하기 위해서는 학교교육뿐만 아니라 가정교육과 사회교육에서 상호 유대적인 풍토를 조성하여 친애와 신뢰와 존경과 협동정신을 배양하고, 봉사적 정신을 함양해야 할 것이다. 교과에서 윤리·도덕 과목 뿐 아니라 국어나 사회 과목 내지 자연과학에 이르기까지 전통적 사유의 장점과 소재가 인용 설명되어야 할 것이다.

한편, 피교육자에게만 효사상을 요구할 것이 아니라 교육자 자신의 태도와 행동과 이념이 피교육자로 하여금 신뢰와 존경과 순종이 우러나도록 적극적으로 솔선수범해야 할 것이다. 효의 교육은 효의 덕목을 가르치는데 그치지 않고 효의 정신과 그 본질을 이해하게 하여 자율적 자발적 행위가 되도록 선도해야 할 것이다. 효의 정신은 인간성의 노출인 만큼 고금과 동서의 구별이 있을 수 없다. 인간의 순수한 선의지는 변함이 없기 때문이다. 그러나 인간 주체의 선의지(덕성)는 상황에 따라 적의適宜하게 나타나야 하므로 현실에 대한 판단력(지성)을 가져야 할 것이다. 이를 '시중時中의 도'라고 하거니와, 불변적 인간성과 상황의 가변성을 통찰하는 능력이 있어야 현대의 윤리적 행위를 가능하게 할 수 있다. 이같이 항수恒數와 변수가 변증법적으로 창의성을 발휘하는 것이 진정한 의미에서 현대의 윤리이며, 효사상이라고 할 것이다. (1977. 5)

제2장 한국사상의 역사적 성찰

Ⅰ. 삼국시대의 사상과 문화

삼국시대라 하면 고구려·백제·신라의 삼국을 말하지만 삼국시대가 형성되기 이전에 중국의 부족들이 동방 동부사회를 침략함에 따라 우리의 전통 사회는 동요하기 시작하였다. 더 나이가 위만조선 시대와 한사군 시대를 걸쳐 고대 한국사회는 이러한 외민족의 충격을 받게 되었고 이에 투쟁을 하였다. 이와 함께 고구려·백제·신라 삼국 자체는 자체대로 성장함에 따라 서로 공격하고 침략하는 전국시대戰國時代를 형성하였다. 내적으로 자국 간에, 자부족自部族 사이에 투쟁을 하여야 했고, 또한 조선족과 중국계열의 식민정책에 대한 투쟁을 동시에 해야 했던 어려운 시기에 삼국시대는 부족들이 성장해왔던 것이다.

따라서 이와 같은 내우외환뿐만 아니라 삼국간 자체에서의 전국시대에 모든 민족적인 종족의식이 각성되기 시작하였고 또 부족들의 난관을 극복하고 자기 부족을 수호하기 위하여 많은 지혜와 용기와 국민을 단결하는 동료의식을 고취하게 되었다. 그 시대는 상당히 오랜 기간을 두고 성장하면서 철기문화를 자기 나라의 것으로 소화하고 응용하는 시대라고 볼 수가 있다.

농기구라든지 병기 같은 것들이 농경사회에서 경제를 발전시키며 대외對外 방어를 강화할 수 있어 그 시대를 발전시킬 수 있는 중요한 요인이라고 볼 수 있다. 뿐만 아니라 삼국시대는 고대로부터 내려오는 고대신앙, 토속신앙 내지 원시신앙이라고 하는 원형적 의미뿐 아니라 유교사상, 불교사상 그리고 도교사상 들이 접근하게 되는 것이다. 따라서 고대 우리나라의 민족 신앙에 외래 사상을 가미하여 보다 차원 높은 한국사상을 정립해 가는 시기라고 할 수 있다.

우리는 삼국문화의 성장과정을 여러 측면에서 고찰할 수가 있다. 고구려는 외래사상에 저항하기 위하여 이들과 대결하면서 나름대로의 고유한 문화를 형성시켜 왔다. 원래 압록강 부근 산곡山谷에 자리 잡은 고구려는 풍부한 자원도 없을 뿐 아니라, 중국이나 남방족들의 침략을 받으면서 경제적 측면이라든지 국방의 측면에 있어서도 대단히 어려운 환경에 처해 있었다. 그러므로 이를 극복하기 위하여 보다 용감하고 씩씩한 기상을 애당초부터 길러왔던 것이 그 특징이다. 남방의 백제문화나 신라문화와 비교할 때 고구려의 문화는 웅건하고 씩씩한 남성적 문화이다. 이에 비하여 신라의 문화는 온유하고 은혜로우며 신앙과 더불어 성장한 여성적 문화라고 할 수가 있다. 우리가 고구려의 고분벽화를 보더라도 상당히 웅건한데 비하여 신라의 석굴암이나 여러 불상 조각 등을 보더라도 대단히 유연하고 섬세하며 여성적인 기상을 가지고 있다. 물론 신화자체도 그렇다. 동명왕東明王 탄생은 어렵고 저주의 속에서 자라나지만 신라 박혁거세의 탄생은 신성하고 평화로운 탄생이었다. 이런 것도 그 민족의 성장을 상징하는 것이라고 할 수가 있다.

고구려의 문화적 특징을 말한다면, 우선 벽화에서 보는 바와 같이 중국 고대의 영향을 받으면서 특별히 우리나라의 씩씩한 본래 모습을 잘 발휘하고 있다. 고분벽화에 나오는 사신도四神圖가 여러 가지 있으나 만주 집안현 통구通溝에 수도를 정했던 고구려 초기의 벽화를 보면 평양으로 도읍을 옮긴 뒤의 벽화보다 더욱 질박하고 씩씩한 모습이다. 후기의 사신도는 세련된 감이 있지만 4, 5세기 경의 벽화는 더욱 질박하고 수식이 없는 원형적 모습을 잘 나타내고 있다. 현무도玄武圖는 얼핏 보면 거북이와 뱀이 서로 싸우는 형상이다. 그러나 기실 싸우는 것이 아니다. 이 둘은 음과 양으로서 음양이 조화를 이루고 있는 것이다. 우리나라가 고대의 점법占法에서도 음양을 강조하였고, 음양의 중화사상中和思想이 고대 사고방식의 특징임에 비추어 볼 때 고구려 시대에도 그것을 잘 나타낸 것이다.

이와 같이 고구려 시대의 벽화가 가지는 의미는 고구려의 기상을 볼 수 있을 뿐 아니라, 음양을 동서남북으로 보아 소음小陰과 소양小陽, 태음太陰과 태양太陽으로 사신도四神圖가 형성되는 것이다. 따라서 중앙에 있는 대왕의 시신을 보호하기 위하여 동서남북 사방에 있는 청룡·백호·주작·현무의 신들은 잡귀를 막아주고 시신을 보호하는 수호신이라고 할 수가 있다.

광개토대왕 비문 속에서도 한국의 웅비하였던 영광의 역사를 잘 증명할 뿐만 아니라 우리 고대사상의 원형을 볼 수가 있다. 이 비문 내용에 황룡黃龍과 거북이 나온다. 동명왕이 적에게 쫓겨 남으로 달아날 때 앞에 강이 놓여 건널 수가 없으므로 내가 황천皇天의 아들이고 우리 어머니는 하백여랑河伯女郎인데, 내가 여기를 급히 건너야 할 테니 다리를 놓으라고 물귀신에게 소리를 치니 거북이들이 떠서 동명왕을 건너게 하였다고 한다. 또 그가 왕위에서 물러나서 하늘로 올라갈 때 황룡이 와서 업고 승천하였다고 하여 용과 거북이 등장한다. 이렇게 음양이 잘 조화를 이룰 때 진리라고 보는 것이다. 우리가 파고다공원의 비석을 보더라도 비신碑身 가운데 주인공의 발자취가 기록되어 있고 거북이가 밑을 받치고 위에는 용틀임이 갓을 이룬 것을 볼 수 있다. 음양의 중간은 인간이요, 주인공이며 하늘과 땅 그리고 중간에 있어서의 인간이라는 의미를 내포한다.

광개토대왕비 뒷면을 보면 이 비를 수호하기 위하여 많은 부족을 능 옆으로 이주시키고 잘 수호하라는 명령을 내리고 법제를 만들었다는 내용이 있다. 만일 이를 매매하는 자는 엄벌에 처한다고 하였다. 이것은 조상숭배 관념, 조국의 관념 더 나아가 주권을 수호한다는 것과 관련된 것이라고 볼 수가 있다.

이와 같이 고구려 시대의 사상은 어떻게 하면 자국의 번영을 위하여 모든 국민을 단결시키고 보다 활동적인 인간을 형성할 수가 있는가 하는 문제를 많이 생각하였던 것이다. 여기서 제일 중요한 것은 고구려 소수림왕 2년(372)에 이미 대학을 세우고 인재를 양성하기 시작했다는 내용이 『삼국사기』에 기록되어 있으며 또 경당扃堂이라는 것이 있어서 사회의 청년들을 교육하고 훈련하며 거리마다 큰 회당會堂을 짓고 많은 청년들이 모여 글 읽고 활쏘기를 연습한다는 신라의 화랑도 비슷한 것이 일찍부터 발전되었던 것이다.

광개토왕비에서 '이도여치以道輿治'란 말이 있다. 이 '輿' 자는 '수레 여'로서 『동국여지승람東國輿地勝覽』에서도 '輿' 자를 쓰고 있다. '여치輿治'라 하여 세상을 다스리는 것이 대단히 중요하다. 유교·불교·도교가 이때 이미 들어와 있었지만 이 도道 속에 우리나라 재래의 신비한 고신도古神道가 들어 있는 것이다. 이때는 삼교가 토착화하기 이전이며 우리나라 나름의 도가 있었다고 볼 수 있는 것이다.

최치원崔致遠 같은 학자는 "우리나라에 현묘한 도가 있었다(國有玄妙之道)"고 하여 '도'를 말하였다. 이 도가 고대의 고신도로 올라가면 서로 통한다고 볼 수 있다. 이것이 바로 음양사상에 입각하고, 또 고대 신앙과 관련되는 신비한 사상이라고 볼 수 있다.

백제의 사상과 문화를 보면, 백제는 그 민족이 본래 부여족夫餘族의 하나로서 고구려와 대결하여 남하한 민족인데 원래 선주민先住民이 있었다. 여러 부족들이 살고 있던 마한馬韓 사회를 정복해 가면서 성장하였기 때문에, 입지조건이 신라나 고구려와는 다르다. 일단 이동하여 기성의 부족, 기성의 민족을 정복하면서 북으로는 고구려와 남으로는 신라와 대항하면서 성장하지 않으면 안 되었으므로 상당히 곤란한 처지에 있었다. 그러므로 백방으로 지혜를 모아 나름대로 최선을 다하여 국가와 민족을 발전시켜 왔던 것이다.

백제는 일찍부터 중국 남조南朝와의 교섭이 있었다. 북방계의 씩씩한 문화를 받은 고구려와 달리 남방의 난숙하고 섬세한 문화를 수용하였던 것이다. 중국문화에 일찍부터 접한 백제는 고구려나 동남단에 위치한 신라보다 학술적으로 대단히 발전해 있었다. 그 실례를 든다면 백제의 고도古都인 공주나 부여, 위례성을 발굴하면 지하 유물 속에 반드시 명문銘文이 나온다. 1970년대 초에 발굴된 무령왕(재위 A.D 501~523)의 능에서 지석誌石이 나왔는데, 그 지석을 통해서 고대사의 여러 가지 중요한 사실을 실증할 수가 있다. 특히 일본의 문화는 백제에서 전달해 주었음을 증명할 수 있다. 왕인王仁·아직기阿直岐가 일본에게 비로소 한문漢文과 유교 및 기타 학술문화를 전해주었다. 왕인과 아직기는 일본 학술의 시조라고 일본인 자신들이 말할 뿐 아니라, 『일본서기』·『고사기』에도 자세히 기록되어 있다. 현재 일본 사람들 가운데 일부는 이를 부정하려는 생각이 있으나, 무령왕릉의 지석 등을 통해서 사실이 확실하게 고증된다.

백제시대의 한·일 간 연대를 비교하여 동일한 사건을 가지고 『삼국사기』와 『일본서기』에 기록된 것을 살펴보자. 가령 백제의 근초고왕이 죽은 연대는 『일본서기』에는 A.D 225년이고 『삼국사기』에는 A.D 375년으로 되어 있다. 120년의 차이가 난다. 근구수왕의 죽은 연대를 보더라도 『일본서기』와 『삼국사기』에서 또 120년의 차이가 있다. 침류왕의 경우나 진사왕의 경우에도 한국과 일본의 기록에서 120년의 차이가 난다. 또 백제의 아신왕阿莘王이 죽고 전지왕腆支王이 일본에서 돌아와 왕이 되는 역사적 사실을 보면, 왕인이 일본 응신천황應神天皇 16년 2월에 일본에 와서 도도치랑자道菟稚郎子라는 사람의 스승이 되어 모든 전적을 가르쳐 통달하지 않은 것이 없다고 하였다. 전지왕에 대하여 『삼국사기』에서 '전지왕'이라 한 데 비하여 『일본서기』에서는 직지왕直支王이라 하였다. 직기直支는 곧 아직기이니, 결국 전지는 직지왕 아직기라 할 수 있다. 그런데 120년의 차이가 나므로 같은 기록이 아닌 것으로 알고 있던 것이다. 120년 올라간 연대가 중국의 기록과 우리의 기록은 일치하는데 일본만 두 갑자의 차이가 난다. 두 갑자라면 120년 올라간다. 이는 연대를 늘린 것이라고 밖에 볼 수가 없는 것이다.[1] 일본의 기록은 120년을 내려 보아야만 된다. 그래야만 우리의 기록과 일치하게 되는 것이다.

그리고 아직기가 일본에 왔다는 기록이 있다. "이 해에 아직기를 본국에 돌려보내 왕위를 계승케 하였다." 그런데 아직기가 일본에 왜 갔는가하는 기록이 있다. 삼국사기에 "아직기는 아화왕阿華王의 원자元子로서 아화왕 재위 3년에 태자가 되고 6년에 왜국에 볼모로 잡혀갔다. 14년에 왕이 죽으니 돌아와 왕이 되었다"고 하여 한국과 일본 기록이 증명되는 동시에, 우리 문화가 일찍이 일본에 건너갔다고 하는 것을 실증하는 것이다. 지금까지는 이전 사료가 없는 줄 알고 모든 국사國史에서도 다루지 않았다.

일본의 다카마스총高松塚을 보면 동쪽 벽과 서쪽 벽에 모두 여인상이 있다. 기원전 1세기가 넘는 것으로 복장이 모두 한 옷으로 길게 되어 있다. 그리고 한국에서 발견된 사신도使臣圖의 벽화는 삼국시대에 중국에 들어갔던 사신들을 그려놓은 그림이다. 각국의 사신들 가운데 백제의 사신과 일본의 사신의 그림을 비교해 보면 백제 사신은 의관이 정제하여 한국문화와 일본문화에 현격한 차이가 있었음을 보여준다. 이 벽화가 적어도 양나라 때의 것이라고 한다면 이런 것을 통해서도 우리의 고대문화와 사상이 얼마나 우수했던가를 알 수 있는 것이다.

---

1 관련 도표는 류승국, 『한국유학사』, 성균관대학교 유교문화연구소, 2008, 85쪽 참조.

Ⅱ. 儒·佛·道 思想의 사회적 기능

오늘날 우리 민족의 사상 속에는 그것을 형성하여온 여러 외래사상의 요소들이 포함되어 있다. 원래 우리 민족에게는 외래의 여러 사상을 받아들이기 이전부터 고유한 생활양식과 원형적 사고방식이 있었다. 그러나 삼국시대 이전부터 문자의 수입을 비롯하여 일정한 중국의 여러 사상이 들어왔고, 삼국시대에는 중국을 통하여 인도의 사상인 불교가 전래되었다. 이 중에서 특히 유·불·도 사상 뿐 아니라 생활습관, 정치제도 등에 지대한 영향을 미쳐온 것이다.

그러나 성격상 이질적인 삼교가 우리 민족의 사상으로 흡수된 점에서 이들의 본질과 우리의 원형적 사고방식 속에 서로 통하는 점이 있음을 알 수 있다. 이 삼교는 각 시대에 따라 그 영향력에 다소간의 차이가 있었다. 불교는 삼국통일을 전후한 시기에 가장 높은 경지에 있었다. 원효元曉·의상義湘·원측圓測 등의 고도高度한 불교사상은 오늘날에도 국내외의 학자들에 의해 연구되고 있다.

고려시대에 접어들면서는 도참圖讖과 풍수지리의 사상을 중심으로 한 도교가 가장 강력한 영향을 미쳤다고 하겠다. 태조 왕건의 훈요십조訓要十條나 연등회燃燈會·팔관회八關會 등은 풍수가인 도선道詵의 영향을 많이 받은 것이며, 고려 4백여 년을 통한 외민족의 침략과 내우內憂를 극복하고 민족보존을 위하여 신비주의적 타율적 신앙인 도교적 요소가 상하를 통하여 팽배했던 것이다. 불교의 경우도 고려불교는 신라의 학문적 이론불교에 비하여 신비적 체득불교體得佛教가 그 특징이다.

여말 이래로 조선조에 들어서면서 송대유학이 전래되어 주자학이 정통사상으로 채택되어 사회전반에 걸쳐 유교의 문화를 형성하게 되었다. 유교가 들어오기 이전에도 중국인은 우리나라를 청구국靑丘國·군자국君子國이라 일컬었고, 청구국의 민족성을 유순하고 순박하다는 의미의 '유박柔樸'이라고 하였다. 이것은 바로 도교에서 이른바 인위적 조작이 없는 유순하고 순박한 사상–도교사상의 핵심인 자연自然을 가리키는 말이다. 이 '자연'은 형이상학과 형이하학이 일원화되어 있는 것이다. 대상적 자연뿐만 아니라 인간주체 또한 자연이다. 이를 내단內丹(인간)과 외단外丹(대상세계)로 설명하기도 한다. 인간이 순수한 자연의 경지에서 보이고 들리는 것이 자연의 진면목이요 진리이다. 유박사상은 바로 우리의 고유사상 속에 도가道家와 같은 요소가 있음을 말해주는 증거이다.

이밖에 군자국이라는 칭호가 『삼국사기』와 『한서漢書』에도 있다. 또 『산해경山海經』에 말하기를 "해동에 군자국이 있는데 그 나라 사람들은 의관을 차리고 칼을 찼으며 사양하기를 좋아하여 다투지를 않았다"[2]고 했으며, 『논어』에도 공자가 동방 사람들을 군자라고 일컬은 적이 있다. 민족의 습성 속에 고래로 겸양하는 미덕이 있음을 엿볼 수 있게 한다.

공자의 사상은 인도주의이다. 인仁을 중심으로 한 윤리성이 내포되어 있다. 또 그 속에는 강인한 인간의 주체성이 강조되고 있다. 유교사상은 합리성을 중시하여 이성에 따른 절도를 강조한다. 이것을 예법禮法이라고 한다. 공자사상의 유입에 따라 합리주의적 요소를 지닌 예법이 이 땅에 전파되었다. 재래의 순장법殉葬法이 삼국시대 중엽까지도 계속되어 왔으나, 유교의 예법사상에 의하여 점차 폐지되었다. 예를 들면 고구려 동천왕, 신라의 지증왕 때에 순장의 관습을 비례非禮라 하여 금지한 사실을 들 수 있다. 유교가 들어오기 이전에 한국 고대사회에서는 친족내혼親族內婚을 하였으나 유교의 영향으로 바꾸어지게 되었다. 『춘주좌씨전』에 "남녀동성男女同姓이면 그 족속이 번성하

---

2 『산해경』, 「海外東經」 "有君子國 其人衣冠帶劍 互讓不爭."

지 않는다(其族不蕃)"고 하였는데, 이는 예법으로 금지하기 이전에 우생학적 사실을 알고 있었음을 말해준다고 하겠다. 조선조 세종 이후로 『주역대전周易大全』과 『성리대전性理大全』이 연구되면서 더욱 동성불혼의 원칙이 전통을 이루어 오게 되었다.

현대사회에서는 적자생존適者生存 투쟁의 관점에서 사회를 바라보고 있으나, 유교의 정치사상은 정의正義, 덕, 의로움을 강조하였다. 즉 존왕천패尊王賤覇의 사상이 바로 이것이며, 이후 우리나라 정치철학의 제일원리가 되어 왔다. 성군과 폭군의 구별이 여기서 갈라진다.

불교사상은 유심적唯心的이다. 우리의 마음가짐에 따라 외계의 사물이 달라져 보인다. 사람의 마음속에는 불성佛性이라는 순수하고 무한無限한 가능성이 있으며, 중생과 부처와 법은 하나라고 하였다. 불가에서는 깨달음이 그 본령을 이룬다. 불가에서는 마음의 청정淸靜을 추구한다. 불교사상은 인간성의 계발, 사회적 평화의식의 고취에 큰 구실을 하였다. 그러므로 마음이 맑으면 국토가 맑고 마음이 흐리면 국토가 흐리게 된다는 것이다. 불국토의 건설은 인심의 정화와 불심에 따라 가능하게 된다. 신라·고려를 통하여 호국護國 불교사상은 단순한 호국이 아니요 호법護法을 통하여 호국이 이루어진다는 의미이다. 호법은 파사현정破邪顯正이다. 파사를 통한 호법이므로 이는 불국토의 건설과 연계되는 것이라 하겠다.

불교는 예술·종교·사상의 세계, 즉 내적인 세계에 큰 영향을 끼쳤다. 여기에 중요한 점은, 불교는 정신적으로 사회에 영향을 주는 기능을 살려야 하며, 직접적인 현실참여는 모순을 드러내게 된다는 점이다. 신라나 고려 말에 있어 불교로 홍한 나라들이 불교의 타락으로 쇠망한 사실이 이를 증명하는 것이다. 조선조가 유교로 건국하였지만 말기에 가서 유교로 쇠망하였다. 어느 종교나 사상이든지 그 사회발전에 건전한 영향을 줄 때는 기능적 역할을 하지만, 타성에 물들고 침체하였을 때는 도리어 사회발전을 저해하는 역기능적 역할도 하게 됨을 알 수 있다.

도교는 본래 자유주의적 실재론이다. 사람은 인위적인 요소를 제거한 뒤에야 마음속으로 참다운 자연을 느끼게 된다. 즉 인위적인 '억지'가 없어야 하며 민인 공통적이고 순수한 자연스러움이 있어야 한다. 그래야 참다운 실지實地와 연결된다. 따라서 이와 같은 자연에 대한 태도는, 자연을 있는 그대로 관찰하려는 입장을 취하여, 천문·지리·음양·의약醫藥 등 여러 자연과학적 영역에 큰 영향을 주었다. 예를 들면 고려시대의 태복감太卜監·태사국太史局·서운관書雲觀·복원궁福源宮, 조선시대의 관상감觀象監·소격서昭格署 등이 그러한 것이다. 현재 서울 삼청동·소격동은 이러한 관서官署가 있었던 곳이다.

이상에서 살핀 바와 같이 유교는 정치·사회·교육 등의 면에 큰 영향을 주었고, 불교는 예술·종교·사상 면에 영향을 주어 심전心田의 청정淸淨, 평화주의를 길러 주었고, 도교는 자연과학적인 측면에서 많은 영향을 주었다. 그러나 이 삼교는 성격이 서로 이질적이라 하겠다. 이 같은 이질적인 요소를 어떻게 한국사상에 수용, 섭취하는가에 대하여 고운孤雲 최치원崔致遠(857~?)은 다음과 같이 말하였다. "진리가 사람에게서 멀리 있지 않으므로 이방인異邦人이 따로 없다. 이런 까닭에 동방 사람들이 유교를 하고 불교를 하는 것은 필연적이다"[3]고. 인간구조의 내면성을 철학적·종교적 차원에서 설명하는 것이라 하겠다. 당시 당나라는 세계제국이자 문화국으로 신라를 외방인시外方人視하는 경향이 없지 않았다. 이에 대하여 인간의 존엄성과 주체성, 그리고 평등성을 가지고 논파한 것이라 하겠다.

이뿐만 아니라 최치원은 우리나라는 예로부터 현묘한 도가 있어서 이를 풍류도라 한다고 하였다. 이 풍류도는 현묘하여 공자의 충효사상

---

3 「眞鑑禪師碑銘」 "夫道不遠人 人無異國 是以 東人之子 爲釋爲儒 必也."

이나 노자의 무위사상無爲思想이나 불교의 선악관이 내포되어 있어 모든 생명을 감화시킨다고 하였다.[4] 이와 같이 인간의 평등성과 한국 전통문화의 고유성을 논증하여 외래의 여러 종교사상을 섭취, 수용할 가능성과 민족사 발전에 기능적 역할을 할 수 있다는 논리적 근거를 제시하고 있다.

이렇게 형성된 전통사상은 계발이 가능한 인간의 본질에 근거를 두고 있으므로, 여러 가지 문제를 안고 있는 현대사회에 더욱 새로운 활력소가 된다. 현대의 지성인은 발전이 가능한 '나'라고 하는 주체를 살려 모든 진리를 체득함으로써 '우리'라는 확장 개념으로 나아가며, 현재와 미래를 통하여 무한한 발전을 추구해야 할 것이다.

(《유림월보》, 1975. 6. 25)

4 『삼국사기』 권4, 「신라본기」, 진흥왕 37년조 "崔致遠鸞郎碑序曰 國有玄妙之道 曰風流 設敎之源 備詳仙史 實乃包含三敎 接化群生 且如入則孝於家 出則忠於國 魯司寇之旨也 處無爲之事 行不言之敎 周柱史之宗也 諸惡莫作 諸善奉行 竺乾太子之化也."

Ⅲ. 孤雲思想의 본질과 현대적 의의

(一)

금번 고운 최치원 선생의 연고지인 이 고장에서 함양문화원 주최로 고운선생 학술대회를 개최함을 충심으로 축하하는 바이다. 선생의 탁월한 문학과 사상, 그리고 생애를 현대적으로 재조명하여 그 의의를 천명하게 된 것은 혼란한 현대사회에서 뜻깊은 일이며, 이번 학술대회가 많은 성과를 거둘 수 있기를 기대하는 바이다.

최치원 선생은 우리나라 유구한 역사와 전통에 있어서 그 정체正體를 밝히는 데 없어서는 안 될 존재이다. 전통이라 함은 우리 자신을 긍정하고 우리의 사회와 문화를 아끼고 신뢰하는 마음으로부터 문제되는 것이라 하겠다. 기계적으로 무자각하게 유지 반복함이 아니라 보호해야 할 정당한 것으로 믿어지는 가치의식이다. 그러므로 전통사상은 스스로 그 정당성을 자각하고 이를 계승하여 단절시킬 수 없다는 주체성을 가질 때 형성되어지는 것이며, 조상들의 문화유산 속에 담긴 얼과 정신을 재발견하고 재창조함으로써 항상 새롭게 계승되어야 할 것이다. 신라 말 최치원 선생을 통하여 한민족 고대사가 밝혀질 수 있게 되었으며, 또한 최치원 선생으로 말미암아 한민족의 문화 본질이 계승 발전하게 되었다.

(二)

고운 최치원(857~?)은 신라 경문왕 8년(868) 12세에 당나라에 유학하여 18세 때 마침내 과거에 급제하여 선주宣州 율수현위溧水縣尉가 되고 승무랑承務郎 시어사侍御史 내공봉內供奉에 올라 자금어대紫金魚袋를 하사받았다. 이 때 황소黃巢의 반란이 있자 병마도통兵馬都統 고병高騈의 종사관으로서 「토황소격문討黃巢檄文」을 지어 격서檄書 한 장으로 난적亂賊을 항복하게 하여 반란 진압에 큰 공을 세우고, 그 명문이 중국 천하에 알려지게 되었다.

헌강왕 10년(884), 28세 때 당나라를 떠나 본국으로 돌아왔으나, 신라는 이미 형세가 기울어지고 있는 때라 중앙의 관직을 받았으나 국정의 문란함을 개탄하고 외직을 청하여 태산군大山郡·부성군富城郡·천령군天嶺郡(함양) 등 여러 고을의 태수를 지냈다. 그러나 난세가 계속되자 벼슬을 버리고 유랑하다가 만년에는 가야산 해인사에서 정현사定玄師와 도우道友를 맺고 기거를 함께 하며 여생을 마쳤다.

그가 귀국할 때 그곳의 벗 고운顧雲이란 자가 송별시를 지었는데 "열두 살에 바다를 건너와 그 문장으로 중국을 감동시켰도다"라는 구절이 보인다. 『신당서』「예문지藝文志」에 말하기를 "최치원의 『사륙집四六集』 1권과 『계원필경』 20권이 있다"고 하였고, 그 주석에서 "최치원은 고려 사람으로 빈공급제賓貢及第하여 고병의 종사관이 되어 그 이름이 중국에서도 이와 같이 높았다. 문집 30권이 세상에 남아 있다"고 하였다.

최치원의 사상과 학술은 이해하기 어려울 만큼 수준이 높아, 설명하는 이에 따라 그 평이 상이相異하게 나타나고 있다. 최치원은 시와 문장과 글씨가 뛰어나 신이神異한 경지에 도달하였음도 주지의 사실이지만, 그는 사상가 철학자로서 독보의 경지를 개척하였다. 즉 불교·유교·도교 등 당시의 사상 전반에 대하여 능통할 뿐 아니라, 각 종파의 이질적인 교리와 논리를 통일적으로 종합하여 종횡무진 융합하였다. 그러므로 그의 철학적 안목과 기반은 과연 어떠한 것인가 고구考究할 필요가 있다고 하겠다.

일반적으로 불교학자는 불교의 관점에서 제반 사상을 평가하기 쉽고, 유가학파는 유가의 관점에서 제반 사상을 평가하기 쉬운데, 최치원은 제삼의 차원에서 모든 사상과 학술을 분석, 종합하였다. 고려 현종 11년(1020)부터 공자묘孔子廟에 종사從祀되어 지금껏 향사享祀를 드리고 있지만, 때로 유학자들은 그를 문학인이나 선인仙人 혹은 불교학자로 평하여 윤리성이 희박한 것으로 간주하기도 하였다. 그러나 이 같은 평은 재고할 필요가 있다. 최치원은 〈고의古意〉라는 시에서 "여우가 미녀로 화化하고 삵쾡이가 서생書生으로 변한다 해도 이는 어렵지 않지만 본심을 잃지 않는 것이 어려운 것이다. 참과 거짓을 분별하고자 하면, 마음의 거울을 갈고 닦는 것을 보소서"라고 하였다.[5] 이같이 마음을 보존하는 것과 심경心鏡을 연마하는 것은 다름아닌 윤리와 철학을 우위에 둔 것이라 하겠다.

최치원은 유·불·도 사상의 특이성을 논술함과 더불어 모든 사상의 공통적 기반을 말한 바 있다. 「난랑비서鸞郎碑序」를 보면 "가정에 들어오면 효도하고 나라에 나아가서는 충성하는데 이것은 공자의 가르침이며, 무위無爲의 일에 처하고 말없는 가르침을 행하는 것은 노자의 종지이며, 제악諸惡을 짓지 말고 제선諸善을 받들어 행하라 함은 석가의 교화이다"라고 하였다. 이와 같이 유교는 충효 또는 인효仁孝의 유위사상有爲思想으로 보는 반면, 노장은 무위無爲·무명無名의 사상으로 그 특징을 들었으며, 불교는 선善과 자비의 신행信行으로 그 특성을 말하였다.

그러나 교리와 양식에 차이가 있으며 현상이 다르다 할지라도 도의 근원을 말하면 사람에게서 멀리 떠나 있지 않다고 하였다. 즉, 인간의 마음에 내재한 본질을 진眞이라 하였으며, 이는 인자한 마음이므로 그 도는 종파간의 공통된 보편성이라고 보았다. "도는 사람에게서 멀리 떨어져 있지 않으므로 누구에게나 도가 있으며, 따라서 이방인異邦人도 따로 없는 것이다. 그러므로 우리 동인東人이 불교도 할 수 있고 유교도 할 수 있다"고 하였다.[6] 이와 같이 사람은 누구에게나 도가 내

5 『최문창후전집』, 24쪽, 「古意」 "狐能化美女 狸亦作書生 誰知異類物 幻惑同人形 變化尙非艱 操心良獨難 欲辨眞與僞 願磨心鏡看."

6 『최문창후전집』, 123쪽, 「眞鑑禪師碑銘」 "夫道不遠人 人無異國 是以 東人之子 爲釋

재하므로 이방인이 따로 없다고 한 것은 논리적으로 보편 타당한 것이라 하겠고, 특히 동인을 의식하여 '위석위유爲釋爲儒'라 한 것은 고운사상 연구에서 주의해야 할 문제라고 하겠다. 여기서 인류 공동체 의식과 더불어 한민족의 주체적 자각인 '동인의식東人意識'에 관한 문제가 제기되는 것이다.

(三)

최치원의 『사산비명四山碑銘』 및 표表·기記를 자세히 보면 동인(고조선, 한국인)에 관한 특이한 견해를 읽을 수 있다. 「희양산曦陽山 지증대사智證大師 비문」을 보면 불교가 우리나라에서 번성하는 이유를 논술하고 있는데, 그 이유는 유교나 도교의 경우도 마찬가지라고 하고 있다. 동방지인東方之人은 천성이 유순하여 다른 삼방(서·남·북방)의 제족諸族과는 다르므로 공자가 중국에서 도가 행하지 않은 것을 개탄하여 뗏목을 타고 바다 건너 동쪽으로 가고 싶다고 한 말이 그럴 듯하다고 『한서』 「지리지」에 말한 것을 인용한 한 뒤 "동방족의 유순한 성원性源은 석가의 자비의 교해敎海에 이르게 하니, 마치 돌을 물에 던지는 것 같이 거리낌 없고, 비가 모래에 스며드는 것 같이 잘 흡수되어 동방 군자지향君子之鄕에 적의適宜하다"고 하였다.[7] 최치원은 불교뿐 아니라 유교의 인효사상仁孝思想도 성품이 유순한 동방의 태평인인太平仁人에게는 물 흐르듯 융합되어 군자의 기풍을 격양激揚한다고 「대숭복사비大崇福寺碑」에서 말하였다.

최치원은 「난랑비서」에서 우리나라는 예부터 현묘한 도가 있었으니 이를 풍류風流라고 하며, 이 풍류도에는 유·불·도 삼교가 내포되어 모든 생명들을 감화시킨다(包含三敎, 接化群生)고 하였다. 외래사상이

爲儒 必也."

7 『최문창후전집』, 168쪽, 「智證和尙碑銘」.

전래하기 이전부터 신비한 도가 있었으므로 외래사상을 섭취함에 이 도가 바탕이 되었음을 말한 것이다.

「해인사 선안주원벽기善安住院壁記」를 보면, 중국 고기록에서 동방지인東方之人을 평가한 것을 인용하였다. 즉, 『예기』「왕제王制」편에서 동방을 '이夷'라 하고, 또 『후한서』에서 "이夷는 저柢(뿌리를 박음)이다. 어질고 살리기를 좋아함이 만물이 땅에 뿌리를 박고 나오는 것과 같음을 말한 것이니, 동이족은 천성이 유순해서 쉽게 도로써 이끌 수 있다"고 하였는데, 최치원은 이에 대해 '이'를 '제齊'라고 하였다. 즉 '이'를 평이라는 뜻으로 여겨 제화齊化할 수 있는 방법을 말한 것이라고 하였다.[8] 또한 『이아爾雅』의 말을 이끌어 동방을 태평국이라 하고, 태평국의 사람들은 어질다고 한 말을 인용하였다.

『상서尙書』의 우이嵎夷를 양곡暘谷이라 한 것은 동방을 가리키는 것이다. 최치원은 우리나라는 일승월성日昇月盛하고 수순풍화水順風和하므로 하늘과 땅의 혜택을 입어 인물과 진리가 나온다고 하였다.[9] 그러므로 '도불원인道不遠人'이지만 화기和氣와 준풍俊風과 욱일旭日이 모두 동방으로부터 나오고 이 영성靈性이 동방에 군자국을 탄생케 하였으며, 특별히 범왕가梵王家를 세우게 된 것이니, 무염대사無染大師 같은 이가 그런 분이라고 하였다.[10] '동인지자東人之子'라고 한 말은 이런 연유와 의미를 함축한 것임을 알 수 있다.

최치원은 동방을 일컬어 인향仁鄕 또는 군자지향君子之鄕, 동방세계東方世界라고 하였다. 또 "동방 제후국으로 외수外守하는 나라 가운데 우리보다 위대한 곳이 없다"(東諸侯之外守者, 莫我大也)고 하였으며,[11]

---

8 『최문창후전집』, 76~77쪽, 「善安住院壁記」.
9 『최문창후전집』, 77쪽, 「善安住院壁記」.
10 『최문창후전집』, 93~94쪽, 「無染和尙碑銘」.
11 『최문창후전집』, 168쪽, 「智證和尙碑銘」.

동인의 성품을 가리켜 '성자유순性茲柔順' 또는 '종선여류從善如流'라 하였다.[12] 동인이 가진 진리를 '현묘지도'라고 하였다. 다시 말해서 도가 사람에게 있고 사람 중에도 동인은 인인仁人이며, 이 동방의 어진 사람은 현묘지도를 가지고 있다고 한 것이다. 최치원의 동인의식 내지 동인관東人觀이 과연 이와 같은 것인가를 이하에서 고찰하기로 한다.

(四)

최치원이 인용한 중국 고문헌은 대부분 사서류史書類와 경서류經書類들이다. 그런데 이보다 상대上代로 소급되는 자료로, 1898년부터 발굴되기 시작한 3500년전 갑골문이라든지, 기원전 10세기에서 7~8세기에 이르는 금문金文 등을 참고하여 보면 위의 사실을 증빙할 수 있는 것들이 많다. 중화민국 고궁박물관故宮博物館에 소장된 종주종宗周鍾(B.C 10세기 경), 중앙연구원 소장 소신속구小臣謎段 등의 금문金文 기록을 보면 '동인東人'이라는 말이 나오는데, '동이東夷'라는 표현 대신 '동인'이라 기록한 것이다. 이 '동인'을 중국 사람들은 '동이'라고 고쳐 읽는다. 또한 귀갑복사龜甲卜辭나 녹두각사鹿頭刻辭 등을 보면 '인방人方'으로 되어 있음을 볼 수 있다. 이보다 더 올라가 은나라 무정武丁 연간의 갑골복사에 보면 '인人'으로만 되어 있다. 이 때 '인'은 사람이라는 뜻이 아니라 인방족人方族이라는 부족 이름을 쓴 것으로, 이는 다른 나라들을 고방苦方·마방馬方·호방虎方 등으로 지칭하는 것을 통해서도 구별할 수 있다.

중국의 갑골학자 동작빈董作賓의 저서 『갑골문단대연구례甲骨文斷代研究例』를 보면 "인방이 곧 이방夷方이며 이방은 동이東夷이며 '이'는 곧 동방지인東方之人이라"고 하였다. 『후한서』「광무제기光武帝記」

---

12 『최문창후전집』, 142쪽, 「大崇福寺碑銘」.

20년 추조秋條를 보면 '동이는 한국인韓國人'이라고 하였다. 또 중국의 갑골학자 노간勞榦은 '人'이 人→夷→仁으로 발전되었다고 하여 다음과 같이 말하였다.

> 우리들은 동방 사람들을 항상 '동이'라고 부른다. '이夷'자와 '인仁'자는 통용된다. '인仁'자와 '인人'자는 한 근원에서 나왔다. 그러므로 한어漢語에서 인人이라 일컫는 것은 그 근원이 동방에서 나왔다. …… 만약 동이들이 문화적으로 선진先進이고 먼저 '인人'자를 사용하였다고 하면, 후대에 와서 서방西方에서 기원한 부족들이 이를 차용하여 전인류를 가리키는 명사名詞로 쓰게 되었다고 할 수 있다.[13]

유교의 사상은 '仁'으로 대표할 수 있다. "仁者人也"(『중용』, 제20장), "仁也者人也"(『맹자』, 「盡心 下」)라 하여, '人'이 '仁'보다 선행함을 알 수 있는데, '仁'은 인방문화人方文化에서 원류源流한다고 할 수 있다. 공자가 숭앙하는 순임금은 동이 사람이라고 맹자가 말한 바 있는데, 이제 이것을 갑골학에서 증명하게 된 것이다.

도가道家의 본질은 유교의 인문주의와는 달리 자연주의 사상이다. 즉 인간의 선행과 옳은 판단도 상대적인 것이고, 자연의 상도常道는 아니라고 본다.[14] 도리어 인간자아의 주체까지도 부정하여 무욕無欲·무지無知·무위無爲·무명無名의 상태에 이르러 파악되는 자연을 그 본질로 한다. 따라서 부정의 논리, 초월의 철학이 성립된다. 자연무위自然無爲를 통하여 실박實樸이 드러나므로 허무주의나 염세주의와는

---

13 勞榦, 『中國文化論集』 제2권(臺灣: 中華大典編印會, 1965), 394쪽 "我們常常把東方的人稱爲東夷 而夷字和仁字是通用的 仁字和人字也是出於一源 那麽漢語中 '人'的稱謂 甚至於還有出於東方的可能 …… 假若夷人先成文化的先進 夷人先用了人字作爲全人類的名類 西方後起的部族 可能再爲借用的."

14 『노자』, 제2장 참조.

다른 것이다. 박樸을 품으면 만사가 제자리를 잡게 되고 도가의 유순柔順과 겸하謙下의 삼보三寶가 발견되는 것이다.[15] 이 박실자연樸實自然의 '박'은 노자사상의 중핵中核이며, 이 '박'의 원천이 동부족에 있음을 알 수 있다.

『산해경』에 "청구의 나라에 구미호九尾狐가 있고, 유박柔樸한 백성이 있는데, 이곳은 영토嬴土의 나라이다."[16]고 하여, 청구국 사람의 사상이 '유박'으로 대표된다고 하였다. 또 한나라 때 춘추학자春秋學者 복건服虔은 청구국을 고증하되 "청구국은 해동 3백리에 있다"고 하였다. 노나라에서 지도상으로 3백리 되는 거리를 점검하면 유일하게 요동반도가 해당한다. 『산해경』에서는 청구국을 언급하고 있는데 청나라 때 고증학자들은 이를 황당한 내용의 위서僞書라 여겼다. 그러나 갑골복사에서 『산해경』의 내용이 논증되었다. 즉, '대황동경'조의 사방풍명四方風名이 갑골에서 고증되었으며, 동조同條의 '왕해王亥'도 갑골문에서 나와 그 신빙도를 높이게 되었다. 이렇게 볼 때 청구국은 주대周代 이전의 오래된 나라로 그 사상이 '유박'을 근본으로 하였으며, 이 사상이 점차 중국으로 파급되었음을 알 수 있다.

(五)

과학기술의 발달을 배경으로 하는 현대 사회는 인간의 운명을 위한 두 가지 가능성을 보여준다. 하나는 인간해방의 가능성이고, 다른 하나는 인간조정人間調停의 가능성이다. 실리추구에 바탕을 둔 무제한의 욕구개방은 사회 구성원간의 갈등과 반목을 불러일으켰다. 또한 변증법적 논리에 바탕을 둔 현대의 투쟁의 철학은 이러한 갈등과 반목을

---

15 『노자』, 제32장, 제67장 참조.

16 『山海經』 第十四, 「大荒東經」 "有青邱之國 有狐九尾 有柔樸民 是維嬴土之國."

조장하고 있다.

과학의 발달이 인간 사회에 순기능을 하여 선용善用되는가 아니면 역기능을 하여 악용되는가 하는 문제는 과학 자체의 문제가 아니라 인간의 차원이다.

모든 종교는 나름대로의 역사, 문화, 혈통을 주체로 하여 유일자唯一者 하나님에게로 귀일하는 것이다. 생명의 근원(야훼, 알라, 하느님, 부처님)은 하나이지만 그 현상이 다를 뿐이다. 모든 종교 현상은 그 계통은 다르지만 하나의 근본에서 만날 수 있다. 인간의 관점에서 보면, 아버지로서의 신이 지존경외至尊敬畏의 최상이지만, 신의 처지에서 보면 자식으로서의 대중이 참으로 소중하다. 『춘추좌씨전』에서는 이를 "신은 백성의 주인이며 백성은 신의 주인이다"고 하였다.

각 종파의 초월적인 신관神觀으로부터 인간의 심성에 내재한 천성神觀으로 귀일할 때 종교간의 화해가 이루어질 것이다. 하늘(종교)과 땅(경제적 재화)이 인간의 차원에서 승화되고 화해되어야 할 것이다.

최치원의 사상은 유·불·도 사상이 전래하기 이전의 원형을 밝혀 역사적으로 외래사상의 수용 가능한 소지를 밝혔으며, 논리적으로 사상과 진리의 보편성을 인간 본원本源의 바탕에 두었음을 알 수 있다. 이것은 오늘날 종교간의 갈등인 이슬람과 기독교간의 무자비한 테러와 전쟁을 완화하며 화해하는 원리가 될 것이며, 자유민주주의와 사회평등주의를 화합, 통일하는 철학이 될 것인 바, 고운 최치원의 차원 높은 사상과 문예는 재천명되어야 할 것이다. 인류 문명사적 대전환의 시대를 맞아 세계화시대, 지구촌 인류평화를 이루는 새로운 문화창조에 이바지할 수 있음을 믿어 의심치 않는다. (2006. 10)

Ⅳ. 世宗大王의 政治理念과 自主精神

세종대왕은 몸소 지은 《월인천강지곡月印千江之曲》에서 부처님의 공덕을 찬양하여 "높고 높은 석가모니 부처님의 그지 없고 가이 없는 공덕을 이 세상이 다할 때까지 어찌 말로 다할 수 있으리요"라 하였지만, 세종대왕의 업적과 위대한 정신이야말로 영세토록 길이 잊을 수 없을 것이다.

세종대왕은 여말선초 민족의 간난艱難한 역사를 계승한 지 28년밖에 되지 않아 내정의 수습과 외환의 방비가 미비한 때에 22세의 젊은 나이로 보위寶位에 올랐다. 재위 32년간 내정과 외치, 문물제도의 창설, 민족문화의 창달에 찬란한 업적을 남겼지만, 그 중에서도 정음正音의 창제는 민족문화의 획기적인 업적이라 하겠다. 우리가 이같은 업적에 대하여 찬양을 드림은 물론이지만, 그 이면에 정초定礎한 세종대왕의 위대한 정신과 이념을 이해하는 것이 더욱 중요한 일이라 하겠다.

세종대왕의 정치이념을 한 마디로 요약하자면 애민사상愛民思想이요 인간존중의 철학이라 하겠다. 「훈민정음」의 어제서문御製序文에서 "나라의 말씀이 중국의 한자와 달라 어리석은 백성들이 하고자 하는 말이 있어도 그 뜻을 펴지 못함을 어여삐 여겨 정음을 창제하였다"고 한 바와 같이 어리석은 대중을 긍휼히 여기는 애민사상이 근본을 이루고 있음을 알아야 할 것이다. 여기서 '애민'이라 함은 제왕의 위치에서 하민을 사랑한다는 봉건군주들의 애민이 아니라, 인간 세종이 인간을 사랑하는 인간성의 발로라 하겠다.

조선조 건국이 배불숭유排佛崇儒의 정책으로 유교의 철학이 그 주류를 이룬다 하겠지만, 세종대왕은 유교 일색의 벽유僻儒가 아니었다. 유교의 진수와 정화精華를 깊이 체득하고 이해하였을 뿐만 아니라 불교와 도교에 대해서도 깊은 이해와 통찰을 지녔다. 《월인천강지곡》의 수준 높은 경지는 그 누구도 따를 수 없다고 하겠거니와, 유자들의 거센 반대에도 그 소신을 관철한 것 등은 범인의 안목으로 이해하기 어려울 정도이다. 도교에 대해서도 풍수 등 샤만적 요소는 배격하였지만 과학적 요소에 대해서는 남다른 견해를 가지고 있었다.

『세종실록』의 교서教書를 보면, 백성의 궁핍한 상황이나 질병, 환과고독鰥寡孤獨의 불우한 자, 또는 죄수와 노비에 이르기까지 인휼仁恤한 마음으로 대하여 최선을 다하는 인도정신에 철저함이 나타나 있다. "내가 차마하지 못하는 바이다"(予所不忍), "내가 안타까워 하는 바이다"(予所憫焉) 등의 문구가 자주 나옴은 이를 엿보게 한다. 유교나 불교, 도교가 그 교리를 달리하지만, 인간의 본래면목本來面目을 드러내는 데서는 공통된 원리가 있으니, 이를 체인體認·체득한 것이 세종대왕의 철학이요 인도정신이라 하겠다. 세종대왕의 정치이념은 인습적 교조주의가 아니라, 주체에서 우러난 자주정신이요 모방이 아닌 창의정신이라 할 수 있다.

세종대왕의 정치철학은 공자의 인정仁政을 실천하는 데 주력하였다. 인간 존중이나 애민사상이 관념의 차원에 머물렀던 것이 아니라 실제의 정치에 반영되어야 했던 것이다. 본래 '인仁'이라 함은 육체적 생태적 인간으로부터 의리적 성리性理의 인간에까지 포괄되는 전인사상全人思想인 만큼, 관념적 형이상학적 인간성의 문제로부터 구체적 생활의 영역에까지 침투되어야 했던 것이다. 세종대왕의 사상은 정신적 측면과 물질적 측면을 쌍전雙全하는 것이라 하겠다. 정신적으로 도의적 윤리세계의 건설과 물량적物量的인 경제생활의 풍요를 어느 한 면도 소홀히 하지 않는 중화사상中和思想이 그 특질을 이루고 있다. 유학에서 이른바 내성외왕內聖外王의 도를 다하려 했던 것이다.

세종대왕의 정치 업적은 '내성'과 '외왕' 두 면으로 고찰할 수 있다. 정신적 인간학적 진리 추구의 방향과 구체적 현실의 경제생활을 주안으로 하는 농업정책과 국민 보건위생을 고려하는 의약정책이나 환·과·고·독과 폐질자廢疾者를 위한 사회정책 그 어느 한 면도 소홀히 하지 않고 용의주도하게 완급을 따져서 정책에 반영하였다. 우리가 오늘날 산업 과학 기술시대에 합리적 사고와 정신을 훈련하여 과학화하고 인권 평등을 전제로 한 민주화운동이 근대정신의 요체라고 한다면, 세종대왕은 인권존중과 합리적 사유를 실제로 실천한 근대정신의 선구라고 하지 않을 수 없다.

세종대왕은 왕위에 오른 뒤 집현전集賢殿을 부활 강화하고 명실공히 학자들의 연구기관인 왕립아카데미를 마련하여 신진 권위 학자들을 우대하고 학술을 연구하게 하며, 국가 생활에 필요한 저술을 편찬하게 하였다. 세종대왕은 왕권보다도 진리를 숭상하고 원리의 탐구에 정열을 기울였으니, 현직 집현전 관학자들에게 베푸는 사가독서賜暇讀書의 제도라든가, 백관윤대법百官輪對法 등은 그 실례이다. 정치는 제도나 물질도 중요하지만 이를 운용하는 인간의 의지나 마음씀이 더욱 중요하다. 인간은 재능적으로 유능한 인재와 도의적으로 선의지善意志가 계발된 현인도 있는데, 세종대왕은 이를 겸비한 인재를 등용하여 정사를 담당하게 하였던 것이다. 과거을 통한 등용과 더불어 도천법道薦法을 마련하여 절의가 있고 직언하며 학술이 탁월한 자를 추천하라고 각 도의 관찰사에게 명했던 것이다.

세종대왕은 내정에서 정치·경제·사회·문화·윤리·예술·과학에 이르기까지 정확하고 철저하게 하였을 뿐만 아니라, 외치에서도 영토를 확장하여 국방을 튼튼히 하였다. 북으로 육진 사군六鎭四郡을 두고 국경을 확정하였으며, 남으로 왜구를 막아 군사적 강경책으로 또는 회유책으로 나라의 안전을 도모하게 하였으니, 세종 원년 대마도對馬島를 정벌한 것이라든지 삼포三浦를 개항한 것 등이 그 실례이다. 이같이 문무를 겸비하여 현실적 정책에 만전을 기한 것도 내성외왕의 도를 실천한 것이라 하겠다.

정책 결정의 원칙을 말하자면, 안민安民과 보국保國을 주안목으로 하여 전통의 계승과 민족문화의 창달을 기하였다. 그 방법을 말하면

두 가지 차원에서 고려하였으니, 첫째는 실리의 추구요 둘째는 정의의 구현이었다. 세종대왕은 실리를 추구한다고 하여 정의를 망각하지 않았으며, 정의를 숭상한다 하여 맹목적으로 실리를 저버리지도 않았다. 이 두 가지가 원만하게 마땅함을 얻고 중용을 이룰 때 가장 진선진미眞善眞美한 것으로 생각하였다. 국경을 두만강으로부터 용성龍城으로 후퇴하려 할 때, 세종대왕은 조종祖宗의 국토를 척지촌토尺地寸土라도 버릴 수 없는 것이 계지술사繼志述事의 대의요, 장강長江의 험지險地를 이용하는 것이 대리大利라고 하여, 이利와 의義를 겸전하는 것이 그 요령이라 하였다. 그리고 이같은 지혜를 여론을 모아 중지衆智를 종합하려 하였으니, 정직하고 기탄 없는 의견을 진술할 것을 요망하는 교서와 경연經筵 대화를 실록에서 자주 볼 수 있다.

세종대왕은 유학을 종宗으로 하여 유학의 원리를 가지고 정치를 하였지만 고루하고 편협한 유학자상儒學者像이 아니요, 보수적이고 복고적 인습적 유자도 아니었다. 적극적이고 진취적이었으며 전통을 계승하면서도 변법개혁變法改革의 혁신정책을 펼쳤던 것이다. 특히 그 진실하고 공정한 자세는 감탄할 뿐이다. 춘추관에서 『태종실록』의 거의 편찬하였을 무렵 세종대왕이 일람一覽하고자 하였다. 이에 맹사성孟思誠은 "대왕께서 보신다 하더라도 고칠 수는 없고, 편찬하기 전에 열람했다는 말만 들을 것이오니 보시지 않는 것이 좋겠습니다"고 하였다. 이에 세종대왕은 그 말을 옳게 여겨 보지 않았다고 하니 그 당시의 군신君臣이 얼마나 정대한 임금이며 신하인가를 엿보게 한다. 또 세종대왕이 경연에서 "사관史官이 집필할 때 임금의 잘한 것은 것은 기록하고 잘하지 못한 것은 기록하지 않는 일은 옳지 않다"고 한 것을 보면 심법의 정대함이 국가와 민족의 복이 되는 것이라고 아니할 수 없다.

세종대왕의 인도정신은 오늘날 도의의식이 타락하고 신의가 없어진 산업기술 사회에서 본받아야할 귀감이며, 그의 자주정신과 개척적 창의성은 현대가 요구하는 바람직한 문화의식이라 하겠다. 특히 국민경제에 있어 기본적으로 항산恒産을 확보하게 한다든지, 정치적으로 인권을 옹호하여 노비나 천민이라 할지라도 이를 천민天民이라 하여 생生의 권리를 누리게 하였다든지, 죄수라 할지라도 남형濫刑·사형私刑·태형笞刑을 금하고 사형수에 대해서도 삼복제三覆制를 실시한 것 등은 기본적 인권을 보장하려는 근대정신의 선구일 뿐만 아니라 인류사에 빛나는 대선각자임을 확실히 보여주는 바라 하겠다.

세종대왕의 모든 사상은 대왕 자신의 인간성에서 노출되는 주체적 창의정신이라 하겠다. 어느 계층을 막론하고 종교적 교리나 이데올로기적 교조教條를 떠나서 순수한 인간성의 계발을 통한 상호 신뢰와 협조의 공동체의식을 환기하는 것은 반목과 갈등으로 점철된 현대사회의 병리를 치유하는 대도大道라 할 것이다. 세종대왕의 정치이념은 정신과 물질의 양극화 현상을 순수한 인간성에서 주체적으로 파악하려는 것이었다. 이 주체는 주관과 구별되는 자아自我이며, 주체에 대한 주체이므로 사회적 성격을 갖는 동시에 남의 주체를 해치지 않는 상호의존적 자주정신을 의미하는 바라 하겠다. (1975. 10)

V. 조선조 성리학의 특성과 현대적 의의

1. 유학사상사에서의 성리학의 위치

성리학은 중국 송대의 정주程朱를 중심한 유학사상으로 철학적 성격을 갖는 만큼, 청대의 실학이나 당대의 문학, 한대의 훈고학과는 그 성격이 다르다. 성리학은 위·진·남북조시대의 노장사상과 수·당시대의 불교에 자극을 받아 한대 이후 1천 여 년간의 침체기를 지나 선진先秦 유교경전 사상을 이론적으로 체계화하여, 노老·불佛과 다른 유학의 특성을 천명한 것이다.

송대 성리학은 고려 충렬왕 16년(1290) 우리나라에 전래한 이래 조선 말기까지 상하 6백 여 년에 걸쳐 한국의 학술사상과 가치관의 근본을 이루어왔다.

일반적으로 성리학은 현실사회 구조와 역사의 변천과는 무관한 추상적인 학문으로 여긴다. 또한 전근대적 신분사회의 계층의식을 강화하고, 편협하고 배타적인 봉건도덕을 수식하는 철학이며, 관료 지배체제를 옹호하고 합리화하는 이데올로기로 여기는 경향이 농후하다. 그러나 유학의 본령이 인권을 옹호하고 남의 인권을 존중하는 인도주의 정신에 입각하여 있으며, 자유와 평등과 평화의식이 그 바탕을 이루고 있음을 잊어서는 안 될 것이다. 천명사상天命思想은 제왕이 백성들을 지배하는 원리로 악용되기도 하였지만, 인간 누구이든지 간에 천명을 가지고 있으므로 제왕의 폭정에 저항할 수 있는 이론적 기초가 부여되어 있음을 알아야 할 것이다. 성리학은 이러한 원리를 심화하고 보편화한 것이 특징이다. 인간주체를 떠나서는 성리학은 성립할 수 없고 자기를 상실한 성리사상性理思想은 반성리학적이다.

2. 한국성리학의 역사적 조명

중국 성리학이 한국에 수용 발전되는 과정에서 우리의 사회적 여건과 역사적 사실성을 도외시하고는 한국 성리학의 핵심을 이해하였다고 할 수 없다. 한국사의 변동에 따라 성리학의 중심과제도 변천되어 왔다. 한국의 처한 상황이 중국이나 일본과 다르고 역사적 여건이 상이하므로, 한국의 처지에서 한국의 문제를 해결하기 위한 사상이니 만큼 중국 성리학이나 일본 성리학의 발전 양상과는 스스로 다른 바가 있다.

여말의 노·불의 타락과 정치적·경제적·군사적인 침체는 사회 전반에 걸쳐 새로운 기풍의 진작과 정신적 쇄신을 절실히 요구하였던 만큼, 주자학의 건전하고 윤리적이며 합리적인 정신은 새로운 학문으로 환영받게 되었다. 여말선초의 역사적 전환기에 처하여 성리학자들은 혁신파의 천명론과 보수파의 강상론綱常論으로 대결을 보았으며, 조선 건국 이래 정암 조광조에 이르기까지의 15세기의 성리학은 훈구파勳舊派(事功派)와 재야사림파의 대결로 이어졌는데, 의리사상에 입각하여 왕패론王霸論으로 부각되어 이학理學 내지 도학道學의 형성을 보게 되었다.

16세기 성리학은 퇴계 이황과 율곡 이이를 중심으로 그 전성기를 이루었다. 퇴계는 정치적 갈등과 사회적 혼란상을 바로잡는 가치관의 정립에 노력하여, 천리와 인욕을 준엄하게 구별하고 인재의 양성에 심혈을 기울였다. 율곡은 도학자 정암 조광조의 일진一進과 퇴계의 일퇴一退를 거쳐 다시 현실의 중흥에 힘을 다하였다. 이처럼 각 시기마다 관점들이 다르고 이론체계가 스스로 다르게 나타난 것이다.

임병양란 이후로는 현실의 세계로 눈을 돌려 새로운 역사의식을 갖게 되었다. 민족의 자주의식과 실학사상의 대두를 보게 된 것이다. 성리학은 절의사상으로 대의명분大義名分을 고취하여 정열과 의지의 방향으로 전환하게 되었으며 인물성人物性의 동同·부동론不同論이 대두되었다. 지난날 16세기 성리학이 천天과 인人의 관계가 주요 과제이었음에 비하여 17~18세기 이후로는 인人과 물物의 세계로 방향을 돌리게 되었던 것이다.

18세기 이후, 서학의 전래와 서세의 동점에 따라 성리학은 이론적으로 서학과 대결하는 한편, 정치적으로 서양의 세력에 대항하려는 의식을 갖게 되었다. 그리하여 성리사상은 리학파나 기학파를 막론하고 실학적 의미를 부각시켰다. 기학파는 물론이요 리학파 역시 추상적인 리를 말하는 것이 아니라 실리實理로서 '리지실理之實'을 강조하였으며 민족주의 의식과 척사위정斥邪衛正 사상이 중심과제로 부각되었다. 구한말에 서구 열강의 침투와 일본의 침략은 성리학의 과제가 조국의 수호와 의병운동으로 집약되도록 하였다. 한국의 성리학은 내우외환의 민족적 수난사와 더불어 그 문제의식도 변천되어 왔던 것이다.

요컨대, 성리학 수용 초창기로부터 퇴계·율곡에 이르기까지 약 3백년 동안 성리학은 본질 추구의 상아탑을 쌓아올려 용用으로부터 체體를 구하였다. 그리고 퇴계와 율곡 이후로는 이를 현실에 조명하여 정치·교육·윤리·문화 등 전반에 걸쳐 활용하였다고 하겠다.

3. 조선조 성리학설의 특질

정암이 '위기지학爲己之學'을 강조하고, 회재晦齋(이언적)가 '도는 인사의 이치일 뿐'이라 하고, 퇴계가 '체찰體察과 존양存養은 우리 성리학의 종지'라 하고, 율곡이 '도학은 본래 인륜의 이치를 다하는데 있다'라 한 것과 같이 인간자아의 주체를 반성하는 학문이라는데 성리학의 한국적 특징이 있다. 한국 성리학이 자아의 성찰을 통하여 스스로 자기를 반성하며 자발적으로 재생할 수 있는 소질을 지니고 있는 만큼, 과거의 일시적 사건으로서 그치지 않고 자기 탈피의 영원상永遠相을 지니고 있는 것이라 하겠다. 한국 성리학이 중국 성리학과 다른 점을 말하자면, 중국의 성리학은 주염계의 '리理'나 장횡거의 '기'나, 소강절의 '수數'나, 정자의 천리·인욕론에서 보듯이 모두 천인관계를 주로 하여 객관적·우주론적 경향이 있다. 이에 비하여 한국 성리학은 주체적 인성론으로 일보 전진하여, 인간의 내면적 성실성을 통하여 진리를 주체적으로 파악하려 하였다. 한국 성리학이 정주학 일색으로 협애狹隘한 감을 주지만 반면에 그 초점을 심화하여 세계성과 보편성을 추구했던 것이다. 한국 성리학에서 우주론(리기론)보다 인성론四七論이 중심 과제로 다루어졌다든가, 주자학이 심화하여 분파적 발달을 본 것 등은 그 실증이라 하겠다.

4. 성리학의 현대적 의의

인간본성 자기본성을 추구하여, 감성적 요소와 이성적 요소를 종합적으로 전인적으로 겸비한 심성정론心性情論은 단순히 이성적인 것이 아니라 그것을 '성리'라고 부르게 되는 소이가 있다.

인간본성은 '인욕'과 달라 순수한 인의仁義의 인간 추구인 만큼, 자주성과 더불어 타를 긍정하며 불의를 배격하는 원리가 내재한다. 그러므로 개인의 자립과 더불어 타를 성립시켜 주는 공동의 주체인 것이다. 이는 자의 자립과 타의 독립을 긍정하는 원리인 만큼, 그 초점이 개인으로부터 민족과 인류로까지 일관된 데 그 특징이 있다. 인도仁道 즉 인도人道에 근원을 두고 타를 인정하는 중화中和의 원리를 이론적으로 다룬 것이 다름 아닌 성리학이라고 하겠다. (1976. 11)

【附】 성리학이란

중국 송宋나라 때부터 명明나라에 걸쳐 성행한 유학의 형이상학적 학설. 이학理學·도학道學·성명학性命學이라고도 하며, 이 학설을 대성한 정호程顥·정이程頤와 주자朱子의 성을 따서 정주학程朱學 또는 주자학이라고도 한다. 고대로부터 중국사상의 주류를 이루어 온 유학은 크게 선진유학先秦儒學·한당유학漢唐儒學·송명유학宋明儒學·청대유학清代儒學으로 나눌 수 있다. 선진유학, 즉 상대유학上代儒學은 종교·철학 등으로 분화되지 않은 단지 도덕사상이었으며, 이를 대표하는 인물이 공자孔子와 맹자孟子이다. 공자는 춘추시대의 혼란한 사회를 바로잡고자 각 나라를 돌아다니며 인仁·예禮를 주창했으나 뜻대로 되지 않자 고향으로 돌아가 제자들에게 육경六經(詩·書·禮·樂·易·春秋)을 가르치며 세상을 바로잡을 도리를 널리 폈다. 이처럼 선진시대의 유학이 인간의 도리와 사회의 도덕 실천을 강조한 학문이었다면, 한당시대의 유학은 경전의 수집과 정리, 어구의 주해에 힘쓴 이른바 훈고 사장訓詁詞章의 학문이었다고 할 수 있다. 또한 송·원·명나라 시대 유학은 정치·종교·사회의 변천에 따라 노老·불佛 사상을 가미하여 이론적으로 심화시켜 철학적 체계를 확립한 시기였다. 이어서 청나라 시대에 이르러서는 전대前代의 형이상학적 이론이 공허한 관념론에 그친 데 반하여 고증학이 발달하고 서구 과학사상의 영향을 받아 실사구시實事求是의 학풍이 일어났다. 이런 유학사의 흐름 속에서 송나라 시대에 성리학이 완성되어 이론유학을 형성하였다.

성리학은 북송의 정호가 천리天理를 논하고, 그 아우 정이가 성즉리性卽理를 논한 것을 근거로 하여, 주희朱熹가 주돈이周敦頤·소옹邵雍·장재張載 등의 여러 학설을 집대성하여 철학적 체계를 세운 것이다. 이 성리학에 대해 심즉리心卽理를 주창한 육구연陸九淵과 명나라 왕수인王守仁의 학설을 양명학陽明學이라고 하는데, 이 역시 성리학에 포함되지만 일반적으로 성리학이라 하면 주자학만을 가리킨다. 성리학의 주요 내용은 태극론太極論·리기론理氣論·심성론心性論·성경론誠敬論으로 구분할 수 있다. 태극론과 리기론은 자연의 존재 법칙인 천도天道(宇宙)를 다룬 순수철학이며, 심성론과 성경론은 인간성을 다룬 윤리학이다.

태극론 '태극'이란 용어는 성리학 이전에 『주역』의 「계사전繫辭傳」에 나온다. 태극은 우주만물의 근원이며 본체로서 양의兩儀, 즉 음·양을 낳고 양의는 사상四象을 낳고 사상은 팔괘八卦를 낳고 이 팔괘에서 만물이 생긴다고 했다. 송나라 성리학의 비조鼻祖인 주돈이는 이 우주관에 오행설五行說을 더하여 『태극도설太極圖說』을 정립했다. 이 우주관에 따르면 '무극이태극無極而太極'으로, 태극의 본체는 무성무취無聲無臭이며 우주 만물의 조화의 근본이라고 했다. 주자는 이를 해석하여, 태극 외에 무극이 있는 것이 아니어서, 태극만 논하고 무극을 말하지 않으면 태극이 경험적인 한 물질이 되어 만물 조화의 근본이 될 수 없으므로, 무극과 태극을 따로 떼어서 생각할 수 없으며, 유有의 극치는 무無이며 무는 곧 절대적인 유라고 하였다. 소옹은 도道가 곧 태극이라고 했다. 만물의 근원인 이치를 도 또는 도리道理라고 한다면, 태극은 곧 태초부터 영원까지, 극미極微에서 극대極大까지 항존하는 이치라고 했다. 태극은 이치이므로 공간적인 대·소, 시간적인 장長·단短이 있을 수 없으며, 천지가 그대로 태극이며, 만물 하나하나가 모두 각각 한 태극이라고 주자는 말했다. 태극의 리理는 단순히 관념적이며 정적靜的인 것이 아니라 동動과 정靜의 두 기운을 동시에 내포하며 만물을 생성하는 근원이라고 했다. 주돈이의 『태극도설』과 『통서通書는 역학易學을 근본으로 한 것으로 후대 성리학 연구의 바탕이 되었다.

리기론 리기설은 정이에 이르러 더욱 강조되었다. 리·기는 이미 원시유교 경전에도 산견散見되나 그 개념이 송나라 시대에 이르러 독특한 성격을 띠게 되었다. 원시유교에서는 리·기가 한 사물에서의 조리條理·사리事理와 같이 좁은 의미로 사용되었으나, 송나라 시대에는 정호가 우주에서는 오직 천리뿐이라고 주장할 정도로 그 개념이 확대되었고, 리에 대한 이해가 송나라 철학의 중심이 되다시피했다. 그래서 리일원론·기일원론·리기이원론 등의 학설이 나왔으며, 장재는 '청허일대清虛一大'라 하여 기에 치중했고, 정호는 '독득지비獨得之秘'라 하여 리에 치중했다. 정이는 정호보다 이론을 자세히 전개하여 리기이원론의 단서를 열었고, 주자에 이르러 리·기 문제를 크게 다루어 리기

이원론이 성립되었다. 정이에 이르러서는 리기의 설이 상대적인 개념으로 뚜렷해졌고, 이 학설의 정통을 주자가 이어받았다. 이에 태극·리기·심성·함양涵養 등의 개념이 점차 체계화되었다. 리기설은 우주와 인간의 생성과 구성을 리·기의 두 원칙에서 통일적으로 설명한 이론이다. 『주역』에 "일음일양一陰一陽을 도라고 한다"고 했는데, 정이는 음양의 원인이 되는 것이 도라고 했다. 즉, 도를 기의 현상 속에 존재하는 원리로 보고 새로운 우주관을 세운 것이다. 이 도가 곧 리·기이다. 기는 만물 생성의 질료적質料的인 것으로 형이하자形而下者이고, 리는 음양이 작용하게 하는 이치 즉 형이상자形而上者이다. 이것이 리와 기의 본질적인 차이이다. 주자는, 천지의 사이에는 만물을 생성시키는 리가 보이지 않는 형이상으로 존재하며, 한편 만물을 생성하는 도구로서의 기가 경험적인 대상 즉 형이하로서 존재한다고 보았다. 또한 인간과 만물이 탄생함에 있어 반드시 리를 받은 뒤에 성性이 있고, 기를 받은 뒤에 형形이 있다고 했다. 그러나 리와 기는 따로 떨어져 있는 것이 아니라 한 사물에서 분리할 수 없는 하나로서 존재한다고 했다.

심성론 리기론이 우주의 이치를 설한 것이라면 심성론은 인간에 관한 문제를 다룬 것이다. 사람은 우주 안의 존재인 만큼 리기론과 심성론은 상호 관련을 지니고 있다. 소옹은 "마음이 태극"(心爲太極)이라고 했고, 장재는 "마음은 성과 정을 통괄한다"(心統性情)고 했다. 정이의 우주관은 곧 인성론에 작용하여 리는 인간에 들어와 성이 되고 기는 인간에 들어와서 재才가 된다고 했다. 리는 혼연渾然한 본체여서 순선무악純善無惡하고, 따라서 사람의 성은 다 선하여 악은 없다고 했다. 기는 청탁淸濁이 있고 정편正偏이 있다. 그래서 사람의 재才에 지智와 우愚가 있고 현賢과 불초不肖가 있다고 했다. 정호는 『주역』「계사전」에 있는 말을 인용하여 "형상으로 보이지 않는 것을 도라 하고 형상으로 드러난 것을 기器라고 한다"고 했으며, 하늘의 도는 음과 양이며 땅의 도는 유柔와 강剛이며 사람의 도는 인仁과 의義이므로, 천天·지地·인人 삼재가 음·양, 유·강, 인·의로 다르지만 도는 한결같다고 했다. 그래서 인을 통달하면 자연과 내가 일치하게 된다는 것이다. 주자는 인성人性을 본연지성本然之性과 기질지성氣質之性으로 나누었다. 본연지성은 순리純理이며 순선純善이며 차별이 없으나, 기질지성은 타고난 기질에 따라 청탁이 있고 정편이 있으므로 반드시 착하지 않으며 악할 수도 있다고 했다. 또 정(情)은 반드시 악한 것은 아니지만 때로 악할 수도 있는데, 기질을 맑게 타고난 사람은 그 정이 선하지만, 탁하게 타고난 사람은 악하게 된다고 했다. 성선性善·성악性惡에 대해서는 예로부터 논란이 있었다. 맹자는 성선설을 주장했고 고자告子는 성무선무악설性無善無惡說을 주장하여 정론定論이 없었으나, 송대에 이르러 정이가 '성즉리'를 주장하여 성은 이치이므로 절대선이라고 했다. 따라서 사람의 재才는 그 기질의 청탁, 지우에 따라 천차만별한 가변적인 것이므로, 탁한 것은 청한 것으로, 우자愚者를 지자智者로 바꿀 수 있다고 했다. 여기서 인간의 노력이 필요하다는 이론이 성립되는 것이다. 이런 학설을 이어받은 주자 역시 본연지성은 성자聖者나 범부凡夫가 똑같이 소유하는 진선진미盡善盡美한 것이고, 기질지성은 청탁과 지우가 있으므로 가변적인 것이라고 규정하였다. 그러므로 인간의 노력 여하에 따라 성자가 될 수 있고 타락할 수도 있는, 스스로의 책임이 생기며, 인간의 윤리성·도덕성의 문제가 제기되는 것이다. 송나라의 성리학은 자연에 관한 리기론, 인간의 본질에 관한 심성론, 인간의 윤리문제를 통해 인간이 지녀야 할 당위규범으로서 성誠과 경敬을 제기했다. 학자에 따라 그 지론에 다소의 차이가 있기는 하나 공통적인 실천적 요체로 인정하였다.

성경론 성리학에서 우주론과 인생론은 분리할 수 없는 관계이며 필경 일반 존재의 진리는 인간 존재의 문제 구명究明에 귀착된다. 진정한 자아를 인식하고 자연의 진리를 깨닫고 자신의 생명을 실현함에 있어 우주를 문제 삼는 것이 아니라 본래의 자아를 발견해야 한다는 결론에 이른다. 주돈이는 그것을 정靜에서 찾아야 한다고 했고, 정호는 성誠을, 정이와 주자는 경敬을 말했는데 이는 모두 인仁·의義에 귀일한다. 즉, 인·의의 인식은 결국 성·경을 통해 가능하다는 것이다.

한국의 성리학 고려 중기 이후에 안유安裕(安珦)가 원나라에서 성리학을 받아들인 뒤 백이정白頤正·우탁禹倬·이색李穡·정몽주鄭夢周 등에 의해 발전되었고, 조선시대에는 서경덕徐敬德·이황李滉·이이李珥에 이르러 절정을 이루었다. 이 시대의 성리학은 송나라의 성리학을 능가하여, 중국의 학자들이 밝히지 못한 것을 명백히 하고 새로 개척한 경지도 많았다. 우리나라의 유학은 성리학과 밀접한 관계를 갖고 있었으며 오늘에 이르기까지 수백 년동안 학문 연구의 중심을 이루어 왔다. 그러나 조선시대 성리학이 절정에 이르렀을 때 서경덕·이황·이이는 서로 의견을 달리했다. 즉 이황을 중심으로 하여 리理를 강조하는 영남지방 주리파主理派와 이이를 중심으로 하는 기호지방의 주기파主氣派, 그리고 양론을 절충하는 학파 등 세 갈래로 갈렸다. 서경덕 중심의 유기학파唯氣學派는 기일원론을 주장했고 이황은 리기이원론理氣二元論을 주장했으나 리 쪽에 치중하였고, 이이는 리기일원론을 주장하였다. 서경덕의 기일원론은 송나라 장재의 기론氣論에서 영향을 받았다고는 하나 그 인식의 경지는 깊고 논리는 특이했다. 즉 형이상학적 관념론에 그치지 않고 격물치지格物致知에 힘써 이치를 인식, 체득하는 데 그 특징이 있었다. 56세 때 병이 깊어 위독해지자 제자를 불러 이르기를 "성현의 말씀은 이미 선유先儒가 자세히 주석을 하였으니 더 첩상疊床할 것은 없고, 아직 설파하지 않은 것을 후세에 전하겠다"면서 병상에서 쓴 것이 「원리기原理氣」, 「이기설理氣說」, 「태허설太虛說」, 「귀신사생론鬼神死生論」 등이다. 이 논문은 단편적이긴 하나 우리나라는 물론 동양사상사에 불멸의 공적을 남긴 것이다. 그는 리기를 논하기 전에 우주의 본체로서 일원적 요소를 '기'라 할 것인지 '리'라 할 것인지, 바꾸어 말하면 형질적인 본질로 말할 것인지, 형질이 없는 리의 세계라 할 것인지, 이 점에서 주자와는 달리 장재의 청허일대淸虛一大의 기와 통한다고 했다. 그러나 리기를 상대적으로 논함에 있어 기가 아니라, 리·기의 분화 상태 이전을 원리기로 설한 점이 다르다.

한편 이황은 50여 년동안 주자학의 심오한 리기심성의 원리를 철저하게 규명하여 주자철학의 체계를 확립하였다. 주자의 저서에 대한 훈고訓詁 해석과 『사서언해四書諺解』, 『주자서절요朱子書節要』, 『심경부주心經附注』 등을 통해 자신의 학설을 유감없이 천명하여 송나라의 성리학이 조선에서 꽃이 핀 감이 없지 않았다. 특히 이황은 이단적異端的인 학설을 비판, 논척論斥함으로써 후배 유학도들을 바르게 인도하였다. 이황은 리·기를 엄격히 구분하여, 리는 기에 섞이지 않고 원두처源頭處에 있다고 강조하고, 기대승奇大升의 리기일원론을 반박하는 글을 썼다. 사단四端은 리가 발한 것이고(理之發) 칠정七情은 기가 발한 것이라(氣之發)는 주장을 세워 사칠일원론을 반대하고 호발설互發說을 주창했다. 이것이 이른바 퇴고왕복서한退高往復書翰 토론의 요점이다. 이것이 이이에 이르러 다시 문제가 되어 기대승의 학설을 인정하고 보충 설명하여 이황의 설에 대립하고 기발이승일도설氣發理乘一途說을 주장하게 되었다. 이이 학설의 요점은 리기설 즉 리의 작용과 기의 작용, 리·기의 관계, 이통기국설理通氣局說 등이다. 이통기국에 관해서는 종래 선유들이 논하지 않은 것을 이이 자신이 총체적으로 정리한 독창적이다. 여기서 이와 같은 성리설이 윤리설을 형성하여 인심도심人心道心의 설이 나오게 되었다. 이러한 이황·이이의 성리학은 인간성의 문제를 철학적으로 추구하는 동시에 관념적 학문에서 벗어나 현실에 영향을 줌으로써 후일 실학사상으로 도약하는 기초를 이루었다고 할 수 있다. (『학원대백과사전』, 1961)

Ⅵ. 退栗思想의 근본문제

1. 퇴계의 저술과 성리학의 근본문제

송대 성리학이 우리나라에 전래한 뒤 퇴계 이황이 탄생하기까지는 약 2백년의 시간적 거리가 있다. 정암 조광조 이후 퇴계·율곡이 탄생한 16세기는 성리학의 전성기였고 조선 유학계에 군현群賢이 배출된 황금시대였다. 그 심원한 철학사상과 고매한 정신세계는 세계 철학사, 정신사에도 불멸의 업적을 남겼다고 할 것이다. 퇴계와 율곡은 성리학 절정기의 두 거봉으로 이후 퇴계학파, 율곡학파라 할 정도로 조선 사상계에 양대 축을 이루었을 뿐만 아니라 해외에까지 전파되었다. 퇴계의 성리학은 일본에 건너가 일본 학술 사상과 정치·교육 등에서 교학사상의 연원을 이루었으며 일본 문화를 순화하게 하였다. 율곡의 철학사상은 율곡 생존 당시부터 그 명성을 중국에까지 드날려 동방의 천재적 철인으로 그 빛을 발하였다.

16세기는 조선조가 건국한 지 1백여 년이 지난 시기이다. 태종·세종 조에 이루어 놓은 찬란한 문물제도는 조선왕조의 반석이 되었으나, 세조의 왕위 찬탈과 연산군의 혹정 이래로 정치가 문란하게 되었으며, 1498년 무오사화를 비롯하여 약 50년간에 걸쳐 거듭되었던 사대사화四大士禍는 민족의 정기를 저상沮喪케 하였고 사회적 혼란과 경제적 피폐를 초래하였다. 그 뿐만 아니라 내적으로는 사대부들의 정쟁과 분열이 심하였으며 외적으로는 북방의 호족胡族과 남방의 왜적倭賊이 조선의 변경을 침노하여 외침의 기세가 엿보이던 때였다. 정암 조광조는 일찍이 국가의 기강을 바로잡고 국가 정책을 혁신하려 하였으나 반대 세력의 공작으로 좌절되고 말았다.

퇴계가 출생하기 3년 전에 무오사화(1498)가 일어났고 45세 때에는 을사사화(1545)가 일어나기까지 수많은 사림이 화를 입었다. 퇴계는 생애의 대부분을 사화의 와중에서 보냈다. 퇴계가 50세 이후 말년에 이르러 도산陶山으로 은퇴하게 된 동기는 소극적으로 현실을 버렸다는 뜻이 아니다. 오탁汚濁한 정쟁의 소용돌이 속에서 섞이지 않고, 겸선兼善이 불가능하다면 독선獨善을 취하며, 더 나아가 인재를 양성하고 의義와 리利가 혼돈된 사회 풍조에서 무엇이 옳고 그른가를 분명히 하여 학술적으로 진리를 밝히며, 가치 체계를 바로잡으려는 적극적 의지와 굳은 각오를 엿보게 한다.

퇴계는 서울에서 벼슬할 때에도 늘 고향에 돌아가고자 하였고 고향에 돌아가면 다시 국사를 걱정하였다. 군자가 은거하는 것은 범인이 은거하는 것과는 다른 뜻이 있으며, 비록 은퇴한다 하더라도 숨은 공부가 있어야 한다고 제자들과 문답한 바 있다. 이 숨은 공부는 다름 아니었다. 학문과 교육과 교화를 통해서 진리의 표준을 높이 내걸고 사회를 광정匡正하려는 적극적인 의지를 담은 것이었다.

현재 전하는 『퇴계선생문십』을 보면 『문집』 49권, 『별집』 1권, 『외집』 1권, 『속집』 8권이 있다. 이밖에도 『자성록自省錄』 1권, 『사서삼경석의四書三經釋義』 1권, 『역학계몽전의易學啓蒙傳疑』 1권, 『송계원명이학통록宋季元明理學通錄』(본집 11권, 외집 1권) 등 많은 저술을 남겼다. 이 많은 저술들은 퇴계의 학술 사상을 연구하는데 모두 중요한 것들이다. 퇴계의 학문은 방대하여 문학·철학·역사학·교육학·정치학 등 제반 분야에 걸쳐 있지만, 저술 중에서 철학사상과 관련된 것들을 살펴보면, 철학적 성격을 가진 논저로는, 「천명도설天命圖說」 및 동 후서後敍, 기대승과의 「사단칠정리기논변」, 「전습록논변」, 「벽이단서논변」(「심무체용변」·「백사시교의」), 『사서삼경석의』 등이다. 퇴계의 인격과 학문하는 태도 및 방법을 살피는 데 중요한 논저로는 『자성록』, 『주자서절요朱子書節要』 및 같은 책 서문, 『심경석의心經釋義』, 『고경중마방古鏡重磨方』, 『송계원명이학통록』, 「연평답문발延平答問跋」 등을 들 수 있다.

위에 든 저술 가운데 어느 것이 주저主著냐를 묻는다면 학자에 따라 다르게 선정할 수 있다. 종래 우리나라 학자들은 『성학십도聖學十圖』와 「무진육조소戊辰六條疏」를 주저요 역저力著라 하였다. 퇴계의 문묘종사文廟從祀를 청하는 상소를 보면 "이황은 자품이 초매超邁하고 충양充養이 깊고 크며 …… 『성학십도』와 「무진육조소」로 조화의 근원을 천명하였다"[17]고 하였다. 그러나 철학적 측면에서 본다면 퇴계의 사칠변증四七辨證과 관련한 서한과 「천명도설」을 들지 않을 수 없다.

일본의 학자들은 퇴계의 『자성록』이 가장 감명 깊고 영향을 많이 끼친 책이라고 한다. 「주자서절요 서문」을 읽고 감명을 받은 나머지 신명神明 같이 존경한다는 학자도 있고, 「천명도설」을 읽고 감명 받은 학자도 있어 각기 그 관점과 시각을 달리하기도 한다. 특히 유교와 불교를 넘나들었던 학자들 중에서는 『연평답문』과 퇴계의 발문을 읽고 유교의 본령으로 되돌아와 안착한 실례도 있다.

퇴계의 방대한 저술 가운데 주저를 쉽게 말하기는 어렵다. 다만 주요 저술을 고를 때 그의 철학이 집약되어 있는 저술이 무엇인가를 파악하는 것이 중요하다. 양의 다과多寡에 관계 없이 그 철학의 본령이 담긴 저술이어야 한다. 순서상으로 퇴계의 주저가 무엇인가에 앞서 퇴계의 근본철학이 무엇인가를 이해할 필요가 있으니, 퇴계철학의 근본정신과 관점이 잘 드러나 있고, 진리를 인식하는 논리와 체득하고 수행하는 방법에 관한 내용을 담은 것이 어느 것인지를 살펴야 한다. 그런 다음 퇴계가 저술한 제1차 자료를 가지고 그 철학 체계와 논리를 파악하여 객관적 보편성과 타당성을 담보하고 있는지를 분석해야 한다. 그러나 논리는 관점에 따라 얼마든지 다르게 나타날 수 있다. 관점이 다르면 전개되는 논리와 내용도 달라진다. 그렇기 때문에 철학사상의 밑바탕을 이루는 관점을 이해하여야 하는 것이요, 그 관점이 성립

---

17 『太學志』, 「文廟從祀上疏」 참조.

되는 입각지立脚地 자체에 대한 반성이 요구된다. 그러므로 철학사상의 체계를 온당하게 이해하려면 논리 과정을 이해함과 동시에 철학의 본령을 이루는 궁극적 전제가 되는 관점의 이해가 선행되어야 하는 것이다.

이렇게 볼 때 퇴계 철학사상의 근본이 무엇이며 그 대전제를 이루는 궁극적 관점이 무엇인가를 알아야 하겠다. 다시 말하면 퇴계가 주장하는 진리가 무엇이며, 어떻게 그것을 알 수 있으며〔認識論〕 어떻게 체득할 수 있는가〔修養論〕가 문제라 하겠다. 퇴계의 저술이 많이 있지만 그 중요한 저술들은 대개 50대 이후에 이루어졌다. 50대의 저술로는, 예를 들면 「천명도설후서天命圖說後敍」, 「연평답문발」, 『주자서절요』, 『역학계몽전의』 등이 있다. 퇴계는 선철先哲의 유문遺文을 정독한 뒤 그 글들 가운데 중요한 것을 '절요節要'라는 이름으로 엮어 참고서로 만들었으며, 또한 선유先儒의 중요 저술에 남긴 사상적 본령을 파악하여 서序나 발跋 등을 붙여 후학들이 공부하는 데 길잡이가 되도록 배려하였다.

퇴계는 대개 육십대 이후에 가서 자신의 철학적 주장을 분명하게 드러냈다. 제자들과 사단칠정 리기분속理氣分屬을 연찬하는 과정에서 이론적으로 심화되었고 이단에 대한 배척도 강렬하였다. 60대 후반으로부터 세상을 떠날 때까지 적극적으로 자신의 사상을 드러내어 퇴계 철학의 본령을 천명하였으니, 이것은 「무진육조소」와 『성학십도』에 응축되었던 것이다.

퇴계철학의 근본처를 말하자면 퇴계가 주장하는 궁극의 원리가 무엇인가를 알아야 한다. 퇴계는 일찍이 자신의 철학 체계에서 가장 난해하고 중요한 문제라고 하면서 다음과 같이 말한 바 있다.

> 대개 예와 지금 사람의 학문과 도술道術에 차이가 있는 까닭을 깊이 생각하여 보면 다만 리理를 알기 어렵기 때문이다. 이른바 '리' 자를 알

기가 어렵다고 한 것은 대략 개괄적으로 알기가 어렵다는 말이 아니고 참으로 알고 오묘한 것을 이해하여 십분 한 곳에까지 이르는 것이 어렵다는 것이다. 만약 능히 모든 이치를 연구하여 십분 이해하는 데까지 이르러 투철하게 낱낱의 사물을 통투通透할 수 있다면, 지극히 허虛하면서도 지극히 실實하고 지극히 무無하면서도 지극히 유有하여, 움직여도 움직임이 없고 고요해도 고요함이 없어 맑고 맑은 경지에서 털끝만큼도 더할 수 없고 털끝만큼도 감할 수 없으니 능히 음양·오행·만물·만사의 근본이 되면서도 음양·오행·만물·만사 속에 구속되지 않는다. 어찌 기와 섞어 리와 기를 일체一體로 삼아 한 물건이라고 생각할 수 있겠는가.[18]

여기서 우리는 '리'를 가장 알기 어려우면서도 가장 중요한 것으로 인식하였음을 알 수 있다. 이와 같이 리에 치중하는 리우위설이 퇴계 철학의 중심 문제이다. 이 리는 내재적인 것이 아니고 초월적인 것이다. 리를 형이상, 기를 형이하로 엄격히 구별하는 이원론인 만큼 리와 기를 섞어서 일체 일물로 보아서는 안 된다는 것이다. 퇴계는 리를 지극히 존귀하여 절대적인 것으로 높이는 동시에 만사·만물을 명령하는 자리요, 아무 것에도 명령받지 않는 것이라고 하였다.[19] 또한 퇴계는 리는 귀하고 기를 천한 것으로 보아, 리를 임금에 비하고 기는 신하에 비하였다.[20]

---

18 『퇴계문집』 권16, 「答奇明彦」 "蓋嘗深思古今人學問道術之所以差者 只爲理字難知故耳 所謂理字難知者 非略知之爲難 眞知妙解 到十分處爲難耳 若能窮究衆理 到得十分透徹 洞見得此箇物事至虛而至實 至無而至有 動而無動 靜而無靜 潔潔淨淨地一毫添不得 一毫減不得 能爲陰陽五行萬物萬事之本 而不囿於陰陽五行萬物萬事之中 安有雜氣而認爲一體 看作一物耶."

19 『퇴계전서』 권13, 「答李達李天機」 "理本其尊無對 命物而不命於物 非氣所當勝也."

20 위와 같음 "比如王者本尊無對 及强臣跋扈 反與之或爲勝負 乃臣之罪 王者無如之何."

성리학에서는 주염계·정자·주자 이래로 리를 강조하여 궁극적 진리인 태극을 기로 보지 않고 리로 본다. 정명도는 "천리天理 두 글자는 나의 창안이라"고 하여 강조하였다. 퇴계가 '리'를 강조하는 것은 성리학의 정통을 계승한다는 자임의식自任意識이 밑바탕에 깔려 있다. 그가 기론氣論를 주창하는 화담 서경덕의 유기론唯氣論을 비판하고 반박한 것도 이 때문이라 할 수 있다. 서경덕은 성리학상 비정통파로 간주되기 때문에, 독창적인 사상을 천명했음에도 문묘에는 종사從祀되지 못하였다. 퇴계가 리기를 이원적으로 엄격히 구분하여 리는 상上이요, 기는 하下라고 보는 관점이므로 사단과 칠정, 성과 정, 도심과 인심을 모두 이원화한 '사단칠정리기논변'이 나오게 되는 것이다. 리기를 뒤섞어 일원화하는 것을 극력 반대하고 리기를 일물로 보는 것이 부당하다고 통박한 논문이 「비리기위일물변증非理氣爲一物辯證」이다.

기대승이 퇴계의 이원설에 대해서 반기를 들어 전후 14년을 두고 철학적 논변을 한 것은 한국 지성사에서 찬란한 금자탑이라 할 만하다. 마침내 퇴계는 기대승의 논지를 충분히 이해하였으며 기대승도 퇴계의 논지에 수긍하게 되었다. 퇴계는 리기 관계에서 리는 순선한 것이지만 기는 미선未善한 것으로 전제하는 만큼, 리에 속하는 사단과 도심과 성은 선한 것이요, 칠정과 인심과 정은 기에 속하는 것으로 불선한 만큼 항상 성찰하고 존양이 필요한 것으로 주의를 환기하는 논리가 되지 않을 수 없다.

이와 같이 퇴계가 사칠리기설을 전개한 그 밑바탕에는 인륜을 중시하는 가치관이 깔려 있다. 그가 리기이원론을 강조하는 것은 리기가 본래부터 서로 분리되어 있다고 주장하려는 것이 아니라, 그 성질이 혼효混淆되어서는 안 된다는 의미에서 부잡성不雜性을 강조한 것이었다. 따라서 『천명도설』에서 "사단은 리의 발이요, 칠정은 기의 발이라"고 하였던 당초의 주장을 다소 완화하여 "사단은 리가 발함에 기가 따르고(理發而氣隨之) 칠정은 기가 발함에 리가 탄다(氣發而理乘

之)"고 하였다. 그러나 호발설互發說을 주장하면서도 리는 주主요, 기는 종(從)이라는 주종의 가치관을 바탕에 깔고 있음은 더 말할 나위가 없다.

이와 같이 퇴계가 리우위설의 윤리적 가치관으로 성리학을 정립하게 된 동기는 물론 송대 성리학의 전통을 이어 받은 것이지만, 퇴계가 살았던 시대의 역사적 배경과 사회적 상황과 관련이 있다. 계속되는 정쟁과 사화로 피비린내 나는 참혹한 경지를 몸소 체험하고, 천리와 인욕이 뒤섞이고 정의와 권세가 분간할 수 없게 된 사회의 폐풍을 바로잡기 위해서였다. 그는 어둡고 험한 사회를 진리의 광명으로 밝혀 백성을 도탄으로부터 증구拯救하려는 결심과 사명의식이 불타 진리의 탐구와 영재의 교육에 자신의 모든 것을 바쳤던 것이다.

퇴계는 지극히 온량溫良하고 공겸恭謙하면서도, 진리의 천명에 해가된다고 생각될 때는 준엄한 태도와 강의剛毅한 자세를 보였던 것이다. 현실로부터 도피한 듯 하면서도 나라와 백성을 사랑하고 걱정하는 것이 남달랐음을 알 수 있다.

퇴계는 유교의 여러 경전이나 송대 성리학자들의 명저는 정밀하게 연구하여 친절하고 맛이 있게 섭취하였다. 그가 쓴 「주자서절요서」 등을 보면 공부하는 재미를 말하면서 "친절해서 맛이 있다(親切有味)"고 하였다. 이것은 학문하는 길을 얻은 뒤에 느끼는 맛이기는 하지만, 단순히 이지적인 이해에만 그친 것은 아니다. 정감적으로 느끼고 고무되는 것이니, 퇴계는 후학들에게 이러한 영향력 있는 교육을 하고자 노력하였다.

퇴계 교학사상의 본령은 내면적으로 느끼고 순화하여 인간 본연의 제모습을 드러내는 데 있다. 그의 주저인 『성학십도』의 전오도前五圖(太極圖·西銘圖·小學圖·大學圖·白鹿洞規圖)는 진리의 대두뇌처大頭腦處이며 백세도술百世道術의 연원으로서 천도를 나타내 밝힌 것이다. 퇴계는 그 본의가 인륜과 덕업을 밝히는 데 있다고 말하였다. 후오도後

五圖(心統性情圖·仁說圖·心學圖·敬齋箴圖·夙興夜寐箴圖)는 인간 심성에 근원함을 밝혔으니 그 요점은 일용을 힘쓰고 집중공부인 '경敬'에 힘쓰는 데 있다고 하였다. 이 십도는 천도와 인도를 만나게 하는 길이요 그 수양 방법으로 인간의 성실성, 즉 경敬으로써만 가능하다고 하였다. 퇴계는 심성을 수양하는 책으로 진덕수眞德秀의 『심경心經』을 애독하였다. 그는 젊을 때부터 『심경』을 유난히 좋아하여 말년까지 줄곧 애독하였다. 그가 『심경』을 통해 감발흥기感發興起하여 신명 같이 믿었고 엄부嚴父와 같이 높였다고 한 것은 퇴계의 심성공부가 신성한 경지에 있었음을 알게 하는 것이다.

2. 율곡철학의 근본문제

한국 근세 학술사에서 그 절정을 이룬 16세기는 전반으로부터 후반에 걸쳐 조광조·이언적·서경덕·이황·이이 등의 군현이 배출되어 활약했던 시기이다. 특히 퇴계와 율곡은 철학적 사색에서 전인미노前人未到의 경지를 개척하여 한국유학의 독자적 영역을 확립하였다.

율곡은 성리학에서의 논리적 직절성直截性이 특징으로 일컬어지지만, 한편으로 현실적 측면에서 정치·사회적 제문제에 대해서도 발군拔群의 경륜과 능력을 가진 정치가요 경세가로 유명하다. 택당澤堂 이식李植(1584~1647)이 "율곡은 자품과 학식이 정암과 퇴계에 떨어지지 않을 뿐 아니라 경세제민의 재략을 겸한 분이다"[21]고 한 것과 같이 그는 단순한 학문가나 교육가에 그치지 않았다.

율곡에 대해서 홍이상洪履祥(1549~1615)이 만시挽詩에서 "사문斯文

21 『택당집』 권15, 「示兒代筆」 "吾宗栗谷公 出於其後 資稟學識 不下於靜退 而加有經濟才略 旣受知宣廟 不許退去 遂以國家安危自任 知無不言 言無不盡 大槩欲變通弊法 安民固國 以防大亂之漸 而欲先和朝廷 集人才 然後有所施設 故便爲黨人所陷 賴宣廟鎭定 僅免靜菴之禍 雖得歿於牖下 而詬辱彌甚 迄今尙有齒舌 道之難行如此 理學之名 未易當也."

의 종장宗匠이요, 나라에는 시귀蓍龜[22]로다. 해내海內의 성명을 무식한 주졸走卒까지도 아는도다"라고 하였듯이, 학문에서 종장일 뿐 아니라 국사를 처리함에서도 그 선견지명과 그 능력을 누구도 따를 수 없었던 것이다. 율곡을 말할 때에 흔히 십만양병설을 들어 국방정책을, 노비제 개혁을 들어 사회정책 등을 찬양하며, 국시론國是論이나 경제사經濟司 설치에 대한 건의를 들어 여론정치와 의회제도의 선구라 칭송한다. 조선 실학의 대가인 성호 이익(1681~1763)은 『성호사설星湖僿說』에서 "국초 이래로 시무時務를 아는 이로는 오직 율곡과 유형원(1622~1673)이 있을 뿐이라"[23]고 하였다.

그러나 경세치용에 관한 율곡의 건의와 대책들은 율곡의 고매한 인격과 사상의 활용적 측면을 말하는 '용用'의 일단인 것이다. 사상은 '체'요 실천은 체의 용이다. 이러한 가시적이고 경험적이고 대상적인 정책을 창출하는 사상의 본령인 '체體'가 무엇인가를 아는 것이 더 중요하다. 율곡이 시폐時弊를 말하는 상소에서 "전하께서는 선을 좋아함은 지극하면서도 도학을 중히 여기는 것은 독실하지 않습니다. 사람의 충효나 청백한 한 가지 행동을 들으면 찬탄하여 버려두지 않으나, 도학으로써 사명감을 가진 사람이 있는 것을 들으면 혹 그것이 거짓이 아닌가 의심하십니다. 무릇 도학자는 반드시 착한 행실을 갖추지만 착한 일을 행한 자가 반드시 도를 아는 것은 아닙니다. 어찌 일절一節은 중히 여기면서 도학은 가볍게 여기십니까?"[24]라고 하였다.

예나 지금이나 사람들이 눈에 보이는 일은 중시하고 인격과 학문과

---

22 점 칠 때 쓰는 시초와 거북껍질로 말하는 것으로, 여기서는 국사를 잘 알아 미리 처리한다는 뜻.

23 『성호사설』 권11, 「人事門」, 〈變法〉 "國朝以來 識務屈指 惟李栗谷柳磻溪二公在."

24 『율곡전서』 권7, 「陳時弊疏」 "殿下好善雖至 而信道不篤 聞人有忠孝淸白一節之行 則嘆賞不置 聞人有以道學自任 則或疑其僞 夫道學者 必具善行 行善者 未必知道 豈可重一節而輕道學乎."

진리는 경홀輕忽히 여긴다는 뜻이다. 율곡의 말로 미루어 생각할 때 그의 위대한 업적들이 그의 사상과 인격에서 유래한 것을 모르고 그의 철학을 존신하지 않은 채 그의 업적만 찬양하는 것은 반성할 필요가 있다. 율곡이 항상 초출超出한 현실 타개 방안을 내놓을 수 있었던 것은 현실을 달관하는 예지와 확실한 지식과 명석한 판단력에서 유래한다. 이것이 바로 율곡철학의 근본문제이며 특징이기도 하다. 율곡은 이론적 측면에서 성리학의 논리적 명석성과 현실적 측면에서 실학의 사실적 정합성이 어떻게 일치하는가 하는 문제가 철학적으로 그의 남다른 점이요, 율곡철학의 근본 문제가 여기에 있다고 하겠다.

돌이켜 볼 때, 정암 조광조는 도학자로서 현실을 개혁하기 위해 조정에서 원리 원칙의 근본주의를 관철하려고 최선을 다하다가 정치적 모략으로 좌절되었다. 반면 퇴계는 정쟁의 와중에서 스스로 물러나 퇴도退陶라 자호自號하고 학문에 침잠하였다. 선조는 벼슬에 나오기를 독촉하였으나 시종 사양하고 나아가지 않다가 평생의 온축한 학문을 집약, 나라에 올려 임금의 마음을 바로잡고 임금을 통하여 성인의 학문으로 만민에게 복택福澤을 입히고자 하였다. 중종반정 후 나라에서 선비들을 아끼고 우대하던 즈음에 조광조가 때를 얻어 정치에서 도학을 실현하고자 열성을 다해 활동한 반면, 퇴계는 거듭되는 사화로 선비들이 수난을 당하므로 현실로부터 물러나 그 뜻을 개결介潔하게 지키고자 하였다.

조광조가 가졌던 도학의 근본정신은 천인일체天人一體의 도심을 높이는 일원론적 성격을 갖는데 비해, 퇴계는 옥석이 뒤섞일 수 없는 리기부잡성理氣不雜性을 강조하고 리기이원론의 관점에서 리우위설을 강조하였다.

그러나 율곡은 벼슬에 나아가는 것만을 원칙으로 하는 것도 아니요, 물러나는 것만을 원칙으로 하지도 않았다. 고수를 원칙으로 하는 것도 아니고 변통만을 원칙으로 하는 것도 아니다. 그는 바람직한 인간상으로 성자상聖者像을 규정하여 "무릇 진유眞儒라 함은 세상에 나아가면 도를 행하고, 들어와서는 가르침을 만세에 드리운다"고 하였다. 또 "도학군자는 진퇴와 출처가 의리에 합하니 나아가거나 물러가거나 영향력이 지대한 것이라"고 하였다. 이론과 현실이 서로 맞아야 하므로 율곡은 "때를 아는 것이 귀하며 실지를 힘쓰는 것이 긴요하다"고 하였던 것이다.[25]

율곡은 성리학설에서 리와 기의 묘합처妙合處가 가장 알기 어려운 것이라 하였다. 조광조의 철학에서는 천심天心의 영묘靈妙함을 잃지 않기가 어렵고, 서경덕의 철학에서는 태허太虛의 기를 알기가 어려우며, 퇴계의 철학에서는 천리天理를 알기가 어려우며, 율곡철학에서는 리기지묘理氣之妙를 알기가 어렵다. 율곡은 '리기가 묘융妙融한 것은 알기가 어렵고, 알았다 하더라도 남에게 설명하기가 어렵다고 하였다.[26]

율곡의 리기관은 서경덕과 같이 태허의 담연湛然한 무형의 기를 궁극적 실재라고 보는 유기론과도 다르며 퇴계처럼 리는 형이상이요 기는 형이하라 하여, 리를 귀히 여기고 기를 천히 여기는 관점과도 다르다.

퇴계는 리기론에서 리기의 부잡성과 불리성不離性 양 측면을 다 말하지만 부잡성을 강조하는 경향이 강하다. 율곡은 리기의 불리성과 부잡성을 상세히 논술하지만 불리성을 강조하는 데 중점을 두었다. 퇴계가 강조하는 부잡성은 인륜의 도덕적 가치관으로부터 발상하여 철학적 영역으로 승화된 것이라 할 수 있다. 이에 비해 율곡은 체험적 자득을 철학적으로 논리화하여 현실계에 조명한 것이라 하겠다.

---

25 『율곡전서』 권5, 「萬言封事」 "政貴知時 事要務實 爲政而不知時宜 當事而不務實功 雖聖賢相遇治 效不成矣."

26 『율곡전서』 권10, 「答成浩原」 "理氣之妙 難見亦難說 夫理之源一而已矣 氣之源一而已矣."

율곡은 49년이라는 짧은 삶을 살다가 갔으나 그의 사상과 저술은 근세 학술 사상사에서 빛나는 업적이다. 퇴계는 순유純儒로서 유학의 정통사상의 본질을 발휘하여 모든 이단을 배척하고 구심적으로 극에 도달하였다고 한다면, 율곡은 통유通儒로서 유교의 고전과 송대 선현들의 학술을 깊이 이해했을 뿐 아니라 당시 이단으로 취급되었던 불교를 공부하여 불과 20세 청년으로 생불生佛의 칭호를 들었다. 또 노장을 비롯한 제자백가에도 통달하여 노자의 『도덕경』을 주해한 『순언醇言』이라는 책이 현재까지 전한다. 양명학에 대해서도 비판은 하였으나 양명학을 무조건 반대하지는 않았다. 「학부통변발學蔀通辯跋」을 보면 양명학에서 그 공을 취하고 과過를 약約하는 것이 충후한 도리라고 하였다.[27] 서경덕에 대해서도 기학파라 하여 이단시하지만 화담의 학문에는 창견처創見處가 있으며 언어와 문자로 배울 수 없다고 평가하였다. 다만 서경덕의 리기론은 기일변氣一邊에 치우친 것으로 도학적 견지에서는 부족하다고 지적하였다.[28] 율곡은 주자학에 대해서도 맹목적으로 추종하지는 않았다. 아무리 주자의 말이라 할지라도 그것이 논리적으로 합리성이 결여되었다든가 표현상의 모순이 있을 때에는 주자의 설이 옳지 않다고 보는 태도를 취했다.[29]

율곡이 주자를 숭배하여 "내가 주자 후에 태어나 학문에 거의 착오가 없는 것은 다행한 일이라"[30]고 주자를 높이면서도, 진리를 탐구하는 태도에서는 내적으로 성실하고 외적으로 사리와 논리에 어긋나지 말아야 하므로, 아는 것과 모르는 것, 옳은 것과 그른 것, 선한 것과

---

27 『율곡전서』 권13, 「學蔀通辨跋」 "取其功而略其過 亦忠厚之道也."

28 『율곡전서』 권33, 「연보」 40세 5월조.

29 『율곡전서』 권10, 「答成浩原」 "若朱子眞以爲理氣互有發用 相對各出 則是朱子亦誤也 何以爲朱子乎."

30 『율곡전서』 권32, 「어록(下)」 "栗谷常曰 余幸生朱子後 學問庶幾不差矣."

악한 것을 명백하게 판단해야 했던 것이다. 이것이 철학하는 태도요, 또한 학문의 자유와 자율성을 긍정하는 학문인의 주체성으로 보았다.

율곡은 리기설에서 "발하는 것은 기요, 발하게 하는 것은 리이다. 기가 아니면 능히 발하지 못하고 리가 아니면 발하게 할 바가 없다"고 하면서, 리기의 관계성은 시간적으로 선후가 없고 공간적으로 이합離合이 없으니 호발이라 하는 것은 옳지 않다고 하여 퇴계의 호발설을 반대하였다. 그러나 퇴계의 인격과 학문의 본령을 존숭하여 46세 때에는 조광조와 이황을 문묘에 종사할 것을 조정에 청하였다. 이에 앞서 43세 때에는 해주海州 석담石潭에 은병정사隱屛精舍를 짓고 주자의 사당을 세워 주자·조광조·이황을 배향하고 그 학덕을 추모하였으니, 선현의 인격을 존중하고 학문을 명석하게 이해하려는 태도는 후학들의 모범이 되었다.

율곡은 학문이 주관적 의식에만 머물러 있지 않고 구체적 현실에 활용되는 것을 중히 여겼다. 그는 "성리를 정밀하게 연구하는 것은 자기의 몸과 마음가짐을 바르게 하려고 하기 때문이다"라고 하였다. 진정한 학문은 내적으로 반드시 인륜에 바탕을 둔 덕성의 함양과 외적으로 사물에 밝아 경제의 부강을 겸비하여야 한다고 하였다.[31] 그러므로 당면 과제를 처리함에 주관적 성실성만으로는 불가능하므로 객관적 여건에 대한 통찰력이 있어야 한다고 하였다.[32]

율곡은 역사를 보는 시각과 현실 파악을 위한 단계를 세 가지로 대별하였다. 첫째 창업革命이요 둘째 수성守成(보수적 유지)이요 셋째 경장更張(維新)이다. 율곡은 당대를 경장의 시대로 파악하였다. 경장이란 구습舊習을 혁신革新하고 시폐時弊를 바로잡아 민생을 도탄에서 구제하는 것을 말한다. 율곡에 의하면 당시 나라가 질곡桎梏에 빠진 지

31 『율곡전서』『東湖問答』 참조.

32 『율곡전서』 권5, 『萬言封事』 참조.

어언 20여 년이 되어 상하가 인습에 젖어서 털끝만큼도 개혁함이 없었다. 오늘날 백성의 힘이 이미 고갈되었고 나라의 곳간은 텅 비었다. 만약 나라를 혁신하지 않으면 장차 그 꼴이 말이 아닐 것이며, 조정의 선비들은 장막의 제비와 같게 될 것이니 밤중에 생각하면 불안해서 자기도 모르는 사이에 벌떡 일어나게 된다고 하였다.[33]

율곡은 때에 알맞는 변법變法, 변통變通과 점진적 개혁을 주장하였다. 그러나 이론과 현실은 항상 일치하기는 어렵다. 현안 문제를 놓고 원리 원칙만 주장해도 안 되고 임시방편으로 미봉彌縫만 하여도 안 된다. 율곡은 정책을 수행하는 방법에서 두 가지 방향을 제시하였다. 그는 먼저 문제의 파악이 선행되어야 한다고 하였다. 문제의 완급과 경중에 따라 무겁고 급한 것은 먼저 수행하고 가볍고 느슨한 것은 뒤로 돌려야 한다고 하였다. 국가의 백년대계에 관한 것은 근본으로부터 시작하고 시사時事에 관계된 것은 구체적인 시건으로부터 시작해야 된다고 하였다. 그리고 국가의 중대한 문제라 함은 백성의 아픔과 괴로움을 먼저 아는 데서 출발한다고 하였다.

율곡은 학문은 현실과 유리될 수 없고 현실을 올바르게 처리하려면 학리學理를 깊이 연구하지 않을 수 없다고 하였다. 율곡은 성리학을 '체'로 하고 정치·경제·교육·국방 등 모든 실학을 그 '용'으로 삼았다. 그는 자신이 아는 것을 말하지 않은 적이 없고 말하되 최선을 다하지 않는 적이 없었다. 그의 애국애족하는 정성은 임종시까지 계속되었다. 몽중어夢中語까지도 나랏일을 걱정하는 것이었다. 정성이 어느 정도였는지를 짐작할 수 있다. 이같은 정성으로 일관한 율곡은 짧은 일생을 통하여 학문과 국사에 빛나는 업적을 무수히 남겼다. 정치문제에서 동서붕당의 조정, 보국안민을 위하여 큰 재난을 예방하는 정책,

33 『율곡전서』 권9, 「上退溪先生書」 참조.

민생의 고통을 덜기 위해 폐법을 개혁하는 상소, 사회적으로 억울한 계층을 풀어주는 노비 속량贖良과 서얼庶孼의 소통, 민풍民風을 진작하기 위한 향약鄕約의 장려, 특히 현대적 의회제도의 효시라 볼 수 있는 경제사 설치의 제안, 여론정치를 고취한 것 등은 모두 우리 민족의 복택이 되는 것일 뿐 아니라, 모든 나라들이 본받아야 할 거룩한 인간애를 발현한 것이라 하겠다.

3. 한국유학의 특징과 퇴·율의 영향

한국 성리학은 중국 성리학과 차이점이 있다. 중국 성리학이 대체로 객관적 우주론적 관점에서 리기의 문제를 다루었다고 한다면, 한국 성리학은 주체적 인성론으로 집약하여 내면적 주체에서 문제를 보다 절실하게 파악하려 했다는 점에서 중국 성리학보다 일보 전진한 것이라고 말할 수 있다.

인간의 성실성과 실존성을 통하여 진리를 주체적으로 파악하려는 것이 사단칠정을 중심으로 한 성리학의 심성론이다. 이 사칠논쟁은 한국 성리학의 핵심 문제를 다룬 것이라 할 수 있는데, 이황과 기대승 간의 논쟁, 이이와 성혼 간의 논변은 성리학사에서 금자탑을 쌓은 것이라 할 만하다. 고려 후기 이래로 한국 학술계를 지배해온 송대 성리학은 주자의 학설을 중심으로 심화되어 왔다. 중국은 주자학 이외에 양명학, 한대의 고증학, 그 밖에 불교·도교 등 여러 가지 학파가 있었지만, 한국은 정자·주자를 중심으로 한 성리학을 정통사상으로 삼았으며 다른 학파를 이단시하였다. 고려시대 주자학이 전래하기 이전만 하더라도 유교·불교·도교 등 다종다양한 학문이 있었지만, 고려 충렬왕 이후 주자학이 수용된 이후로는 주자학 이외의 다른 학파나 종파의 사상을 배척하면서, 주자학을 중심으로 보다 깊고 정밀하게 발전하였다. 중국 성리학보다 한국 성리학이 일보 전진하였다고 하는 것은 한국 근세 학술사상의 중심이 성리학으로 집약되고, 논리적 이론적으로 중국의 수준을 능가하였기 때문이라 하겠다. 물론 성리학에만 집착하는 편협하고 고집스런 성격이 여러 폐단을 남기기도 하였지만, 깊고 순수하게 문제의 관심을 초점적으로 연구하여 남다른 경지를 개척하고, 그 중에서 보편성과 세계성을 개척해낸 점은 세계 철학사에 불멸의 업적을 남긴 것이라 하겠다.

주자학 수용기에 가장 큰 논쟁점은 유교와 불교의 대결이었다. 고려말 성리학자들이 적극적이든 소극적이든 불교에 비판적이었던 것은 사실이다. 도교에 대해서도 비합리성과 비윤리적인 측면을 배척하는 움직임이 일찍부터 있었다. 조선조의 건국과 함께 국가의 지도 이념이 유교사상으로 일원화되기 시작함에 따라 다른 학파나 종파에 대한 배척은 더욱 강화되었다. 여말선초에 정도전은 「불씨잡변佛氏雜辨」을 지어 불교 배척의 이론적 논리적 근거를 제시하였다. 그 뒤에도 도가와 도교를 배척하는 논쟁이 이어졌으니 대표적인 것으로 이인직李彦迪과 조한보曺漢輔 사이의 논쟁을 들 수 있다. 퇴계는 이언적이 노장老莊을 배척한 것에 감탄하여, 우리의 도를 천명하고 이단의 사설을 물리쳤다고 찬양하였다.[34] 노불을 배척한 다음에는 주자학과 대립되는 양명학적 유학을 이단시하였고 정주의 성리학으로 정통성을 확립하였다.

퇴계는 리를 기보다 우위에 놓음으로써 사회적으로 인도주의 사상과 도의 관념을 확립하는데 지대한 영향을 끼쳤다. 율곡의 리기론은 추상적 원리를 사회 경제의 현실에 조명하였으며, 나아가 주어진 현실을 보다 진선·진미한 방향으로 이끌어 이상적 상태로 승화시켜 가는 데 토대를 제공하였다. 내면적 심성론은 조광조에 이르러 도학의 확립을 보게 되었고, 이 도학은 퇴계와 율곡에 이르러 성리학으로 꽃을 피우고 이론 체계를 확립하기에 이르렀다. 이후 임진왜란과 병자호란의 대국

---

34 『퇴계문집』 권49, 「晦齋李先生行狀」 참조.

난을 겪은 뒤에는 내면적 성실성만 가지고는 당면한 사회 현실을 해결해 나갈 수 없게 됨을 자각하고, 내실과 함께 외실에도 힘써 국력을 배양하고 실천을 숭상하는 방향으로 눈을 돌리게 되었다. 이것이 조선 후기에 대두했던 실학사상이다. 실학사상은 서구에서 중국을 통해 들어오는 서학사상西學思想, 특히 과학사상과 종교사상을 매개로 개화사상으로 연결되었다. 그러나 주체성 없는 개화는 의미 없는 것이고 능력 없는 주체는 생존할 수 없다. 따라서 성리학은 절의사상으로 무장하여 의리사상과 주체의식으로 민족적 자주성을 고무하게 되었으니, 조선 말기에 침략 세력에 저항하여 의병정신·독립운동으로 그 진면모를 발휘했던 것이다. 이항로 문하의 최익현崔益鉉·류인석柳麟錫을 비롯한 전국적인 의병활동은 5백 년 동안 배양된 성리학의 토양 위에서 이루어진 것이다. (『한국의 유학사상』, 삼성 세계사상전집 21, 1976)

Ⅶ. 栗谷思想의 현대적 의의

이번 국제학술대회는 88서울올림픽을 기념하는 국제학술대회입니다. 올림픽 대회가 체육을 통한 인류의 평화와 화합을 목적으로 이념과 체제를 초월하여 인류 가족정신으로 공동참여의 한마당을 이룬 것이라 한다면 이에 못지않게 학문과 진리를 통한 세계평화를 성취하려는 문화 올림픽은 더욱 의의 깊은 일이라 생각됩니다.

이번 국제학술대회는 우리 한국이 낳은 위대한 철인이요, 정치가이며 교육자이신 율곡선생의 학문과 사상, 도학정신과 인류평화 세계건설을 위한 실제적 경륜을 현대적으로 재해석하고 재천명하려는 뜻 깊은 자리입니다. 태평양 동북아시대를 맞이하여 동양 삼국의 학자들이 일당一堂에 모여 율곡선생의 사상을 철학, 정치 그리고 윤리·사회·역사·문학 등 여러 분야로 나누어 재음미함으로써 율곡사상과 정신을 학문적으로 규명하여 처음으로 '율곡학'의 특성을 본 대회에서 천명하고자 하는 바입니다. 율곡사상은 한국사상의 진수眞髓일 뿐 아니라 오늘날 세계사적 문제 해결에 시사될 수 있는 점이 있다면, 이는 현대사상의 난관을 타개하는 지대한 의의를 갖는 것이라고 하겠습니다. 특히 한반도는 국토가 분단되고 민족이 분열하여 동서 냉전과 동족상잔의 비극의 현장이며, 더욱이 세계적 모순과 고통은 한민족의 고통일 뿐 아니라 전 인류의 고통이며, 이를 해결할 수 있는 것은 동시에 현대 인류사적 고통을 해결하는 것이 된다고 하겠습니다.

율곡의 탁월한 사상은 생존 당시는 물론 조선조 후반에 이르기까지 치세治世의 거울이 되었을 뿐만 아니라 현대를 사는 우리에게 있어서도 난제를 해결해 줄 수 있는 참신한 사상과 이념으로서 능산적能産的 지성이 내재해 있음을 탐구하고자 하는데 이번 대회를 개최하는 본의가 있다고 사료됩니다.

현대 사회의 특징은 서구화된 산업문명과 서구민주주의를 성취하는

데 있으며 현대 가치관의 특징은 실리추구에 있습니다. 따라서 자아 중심적 경쟁심과 투쟁정신만을 고취하여 개인이나 집단이나 국가를 막론하고 도덕적 양심과 협동 봉사보다는 이기적 개인주의가 지배하는 시대입니다.

과거 동양의 전통적 가치관은 '덕자본야德者本也, 재자말야財者末也'라 하여 경제적 가치보다 도덕적 가치가 우선하였습니다. 현대적 가치관은 이와 반대로 경제적 가치가 도덕적 가치에 우월함으로 인해 서양 중세의 금욕주의가 아니라, 욕구개방을 원칙으로 하여 기업가 정신을 고취하여 욕구충족을 위한 경쟁적 에너지를 발전의 모체로 삼고 있습니다. 따라서 경쟁과 투쟁은 다윈의 진화론에서 말하는 생존경쟁, 우승열패優勝劣敗, 자연도태를 사회과학에도 응용하여 투쟁은 발전의 모체라 하고 변증법적 투쟁을 사회발전의 원칙으로 삼고 있습니다. 헤겔의 정신변증법이나 칼 마르크스의 유물변증법이나 투쟁론은 그 공통성을 가지고 있습니다.

서양사상의 2대 조류를 말할 때 희랍적 이성주의(Hellenism)와 히브리적 신앙주의(Hebraism)를 들 수 있는데, 전자는 이성적 합리주의 철학사상으로서 근대 과학문명을 탄생시켰으며, 후자인 히브리적 신앙은 사랑과 협동과 봉사주의를 고취하게 되었습니다. 과학주의가 물질을 대상으로 하는 실리주의라고 한다면, 종교 신앙은 인간의 심령을 대상으로 하는 초월적 주재자主宰者에 근원한 사랑과 의義를 강조하는 이타주의利他主義라 하겠습니다.

오늘날 이기주의와 이타주의는 그 모순이 양극으로 대립하며 조화를 이루지 못합니다. 정의를 강조하면 실리가 되지 않고, 실리를 추구하면 정의가 이루어지지 않습니다. 이와 같은 모순 속에서 실리도 취하고 정의에도 어긋나지 않는 이利와 의義를 양전兩全하는 지혜와 철학이 요구되는 것입니다.

재래의 철학은 이성을 강조하고 감성을 억제하였습니다. 이성은 진리를 추구하는 길이 될 수 있지만, 감성은 억측과 억단으로 비진리非眞理로 빠지게 한다고 보았습니다. 그러나 근대사상은 인간의 욕구와 정감을 충족시키기를 요구합니다. 이같이 감성과 이성을 조화할 수 있는 철학이 바람직한 현대사상으로 요구된다 하겠습니다.

이상 열거한 사상적 사회적 모순들을 해결할 수 있는 가능성의 철학을 율곡사상에서 재천명하고자 율곡사상을 전문적으로 연구한 여러 학자들이 금번 학술대회에 좋은 발표를 해주시리라 믿는 바입니다.

현실에 능숙한 이가 왕왕 원리와 원칙에 희미하고, 원칙과 원리를 주장하는 사람은 현실적 사물을 처리하는데 미숙하기가 쉽습니다. '율곡학'의 특징은 체體와 용用이 해비該備한데 그 요체가 있습니다. 율곡은 『성학집요』「통설統說」에서

> 성현의 말씀이 횡橫으로 발하기도 하고 종縱으로 말하기도 하여 한마디 말로 체와 용을 다한 것도 있고, 여러 가지 말로 한 사단事端만 말한 것도 있습니다. 이제 체와 용이 총괄된 말씀만을 취하여 머리편을 만들었습니다.

라고 하였습니다. 체와 용이 다 갖추었다함은 원리와 실제가 둘이 아니고 활발活潑하게 하나로 살아 움직이는 것입니다. 이것이 율곡철학의 본령이라고 말할 수 있겠습니다.

한·중 성리학파들은 실학파들에 비하여 원칙과 원리를 체계적으로 논술하는 특징을 가졌으나 구체적 현실 문제를 처리하는 능력이 약하다고 할 수 있습니다. 이를 공소空疎한 공리空理·공담空談이라고 평하는 이유입니다. 이와 반면 실학파들은 구체적 사실과 사건을 경험적으로 문제 삼는 만큼 실사實事·실용實用·실효實效·실공實功은 강조되지만 궁극적, 보편적 제일 원리에서는 그 논리의 명석성과 구극적 대전제를 도출하기 어렵습니다. 그러므로 성호星湖 이익李瀷은 한국 실

학파의 시조를 율곡에 두었던 것입니다. 송대 성리학을 명철, 판명判明하게 논술하여 전인미도前人未到의 경지를 개척한 것도 율곡이 그 절정을 이룬다고 하겠습니다.

율곡은 주자朱子 뒤에 나서 주자학을 알게 된 것을 다행이라고 스스로 말하였지만, 주자의 학설과 사상을 추종만 한 것이 아니라, 그 관점과 논리를 근본적으로 요해了解하였으므로 언어와 문자를 넘어서 그 본령을 미도味到한 것입니다. 그러므로 만약 논리에 어긋난 말을 한다고 하면 주자라도 또한 잘못이라고 말한 바 있습니다. 그리고 리우위설이나 기우위설을 강조하지 않고, 리기지묘理氣之妙를 철학의 근본으로 삼았으며, 공자의 오도일이관지吾道一以貫之의 일一(常數)과 그 관지貫之하는 사사건건事事件件(變數, 대상세계)의 변수가 하나로 된 것과 같이 송대 학자 가운데 정주자程朱子는 리일분수理一分殊라 하였고, 장횡거張橫渠는 기일만수氣一萬殊라 하였습니다. 율곡은 이를 종합하여 리통기국理通氣局이라 하여, 공자의 '일이관지'를 송대 학자들이 리·기로 나누어 설명한 것을 종합하여 독창적으로 리통기국이라고 설파하였습니다. 리통기국에는 리의 상수常數와 기의 변수가 조화를 이루고 있으며 성상근性相近하며 습상원習相遠이라는 의미도 내재한다고 하겠습니다.

율곡을 찬贊하여 말하기를, 선생은 천자天資가 영명英明하고 청통화락淸通和樂하여 학문은 체·용을 구비하고, 모든 학설을 절충하였으며, 군현群賢을 집약하여 크게 이루었으니, 실로 동방 천재東方千載의 진유眞儒요, 경륜의 대재大材라고 하였습니다.[35] 율곡은 당시의 유·불·도 삼교를 통달하였으며, 정주학과 육왕학陸王學을 겸섭하였고, 리학파와 기학파를 종합하였으며, 성리학과 실학을 겸비하여 하나의 율곡

35 『율곡전서』 권38, 부록6, 「牛山雜錄」

학을 성립한 것입니다. 그러면서도 유교의 정통 종지를 구극적으로 고양高揚시킨 것입니다.

율곡은 선조 임금과 대화 가운데 불교의 교리를 각득覺得했다고 하였으니, 『선조실록』을 보면 "각득무착실처覺得無着實處"라 한 것이 그것입니다.[36]

정의와 실리를 일변도로 극단화하지 않고 양극을 들어서 그 중中을 쓴다고 하는 순舜과 같이 의義와 리利를 양전兩全하는 이론으로 득중得中, 합의合宜의 논리를 전개하였습니다. 민주주의 사회에서는 민권과 자유를 강조하고, 사회주의 내지 공산주의 사회에서는 평등을 더욱 강조합니다. 인권과 자유의 근원은 후천적으로 인간이 부여하는 것이 아니라 선천적으로 부여받은 것으로서 존재의 원리에 속하는 것이라고 한다면, 사회주의의 평등이론은 후천적인 정치적, 경제적 평등인 물질적 소유의 평등을 말한 것입니다.

물질적 소유의 원칙은 '리利'로 대표할 수 있고, 인간적 존재의 원리는 '의義'로 대표할 수 있겠습니다. 공산주의나 사회주의는 물질적 이익 배분의 평등을 문제 삼는 이데올로기라 한다면, 자유민주주의는 생명의 존엄한 권리와 자유가 어떠한 것을 가지고서라도 수단화 될 수 없다는 선천적 양심과 정의의 원리입니다.

자유민주주의는 선천성, 즉 종교를 인정하는 사회요, '의'를 '리'보다 존중히 여기는 것입니다. 이에 반해서 공산주의는 후천적인 경제적, 정치적 평등을 주장하는 유물사관에 근거한 만큼 정의보다 '리'를 중시합니다. 따라서 가진 자와 못가진 자를 가릅니다. 공산주의의 정의는 빈부로 말미암은 계층의 격차를 의식하여 프롤레타리아와 부르주아지를 엄격히 구별하고, 피해계급이 피해의식을 각성하고 연대투

36 『선조실록』 권8, 8년 10월조.

쟁을 감행하는 것이 곧 계급의식이며 계급투쟁입니다. 이 같은 현상은 현대사회에서 부정할 수 없는 현실이지만 이익을 정의보다 우위에 놓을 수는 없습니다.

정의와 이익이 조화를 이룰 수 있는 철학은 오늘날 민주주의와 공산주의의 모순을 지양시킬 수 있는 철학이며 원리라고 하겠습니다. 이 위대한 사상과 논리를 오늘날 어느 학자, 학설에서 구할 수 있겠습니까? 이를 해결할 수 있는 철학은 오직 율곡사상을 현대적으로 재해석하여 그 탁월한 창견創見을 탐구해야 하리라고 봅니다. 정의와 이익을 조화할 수 있는 율곡의 철학사상은 남북을 통일하는 철학이요, 동서냉전을 해결할 수 있는 단서를 열게 한다고 하겠습니다. 우리는 율곡의 소산적所産的 업적만 보고 칭송할 것이 아니라 능산적能産的 명석성明晳性과 성실성誠實性을 배우고 이해하여 현대적 의미를 부각시켜야 할 것입니다.

오늘 율곡학 국제학술대회를 중국·일본·한국의 율곡사상을 전문하는 교수들이 학문영역과 그 시각에서 대연구 발표회를 갖게 된 것은, 학계뿐 아니라 현대 인류사회를 걱정하는 정치인·사업가·지식인·종교인·학생층·시민에 이르기까지 유익하고 의미 있는 학술 대발표회가 되리라 기대하는 바입니다. (1984. 6)

Ⅷ. 春秋精神과 主體性

(一)

춘추학은 중국 역사와 한국역사에서 사상적으로나 실제적인 민족 관계사에서 지대한 영향을 미쳤으므로, 동양 사회의 기저基底를 이해하는 데 필요하다. 이뿐만 아니라 미래의 동방사에서도 잠재적 영향을 받지 않을 수 없다고 생각된다.

『춘추』는 본래 중국 춘추시대 노魯나라 역사를 기록한 편년체의 역사서이다. 그러나 단순한 역사 기록이 아니라, 공자가 노나라의 역사를 비판한, 비역사적인 전심傳心의 요전要典으로 인도정신과 역사철학에 관한 유교 육경六經의 하나이다. 우리가 『춘추』를 연구함에 역사적 관점과 경학적 관점에서 고찰할 수 있다. 여기서는 후자의 관점에서 '춘추정신과 주체성'을 문제 삼고자 한다.

공자는 춘추 말에 태어나 열국列國 간의 무질서와 혼란을 목도하고 이 혼란상을 우려하여 『춘추』를 쓰게 되었다고 맹자는 말하였다.

> 세상이 쇠퇴하고 도가 미약해져서 사악한 학설과 포학한 행동이 일어나 신하로서 임금을 시해하는 자가 있으며, 자식으로서 아버지를 시해하는 자가 있었다. 공자가 이를 두려워하여 『춘추』를 지으니 『춘추』는 천자天子의 일이다. 이 때문에 공자가 말하기를 "나를 알아주는 것도 춘추이며 나를 죄 주는 것도 오직 『춘추』일 것이다"고 하였다.[37]

춘추시대 말기의 혼란상을 『한서』「화식전貨殖傳」에서는 다음과 같

---

37 『孟子』, 「滕文公 下」 "世衰道微 邪說暴行有作 臣弑其君者有之 子弑其父者有之 孔子懼 作春秋 春秋天子之事也 是故 孔子曰 知我者 其惟春秋乎 罪我者 其惟春秋乎."

이 자세하게 기록하였다.

> 주실周室이 쇠하고 예법이 무너지면서부터 제후들은 사치스럽고 방자해졌으며 서민들은 본분을 지키지 아니하였다. 농사에 힘쓰는 사람은 줄어들고 상업·무역에 종사하는 사람은 많아져서 미곡米穀은 부족하고 상품은 넘쳐 흘렀다. 제환공齊桓公·진문공晉文公 이후로는 예의가 크게 무너져서 상하가 서로 침범하며, 나라마다 정치가 다르고 집집마다 풍속이 다르며, 기호와 욕망은 제한이 없고, 분에 넘치는 것들이 그칠 줄 몰랐다. 간사한 자들은 허명虛名을 위하여 진실을 배반하고 사리를 위하여 실을 범하며 찬시簒弑를 해서라도 나라를 빼앗는 자는 왕공王公이 되고 어탈圉奪을 해서라도 성가成家한 자는 웅걸雄傑이 된다. 예의도 군자를 구속하지 못하고 형육刑戮도 소인을 두려워하게 하지 못한다. 잘사는 사람은 흙과 나무에도 비단옷을 입히고 남은 고기밥으로는 개와 말을 배부르게 하지만, 가난한 사람은 해진 베옷에 콩잎을 먹고 물만 마실 뿐이었다. 평민이라도 재력으로 군주를 도와주기만 하면 비록 그 출신이 노복奴僕이라 하더라도 사대부와 동열에 앉아서 조금도 부끄러운 기색이 없다. 권모와 사술詐術을 쓰는 자는 잘 살아가고 정직하게 도리를 지키는 자는 기한飢寒을 면치 못하였다.[38]

이처럼 혼란한 시대 상황에서 공자는 『춘추』를 엮어 발란반정撥亂反正하고 제후들의 선악을 포폄褒貶함으로써 난신적자亂臣賊子들이 두려워하게 되었다. 그러므로 『춘추공양전』에서는 "어지러운 세상을 다스려 바른 상태로 돌리는 것은 춘추보다 절실한 것은 없다"[39]고 하였다.

---

38 『漢書』 권91, 「貨殖傳 第六十一」

39 『춘추공양전』, 哀公 14년조 "撥亂世 反諸正 莫近諸春秋."

(二)

『춘추』는 제왕지학帝王之學으로서 제왕이 마땅히 알아야 할 뿐만 아니라 인신人臣된 사람도 『춘추』를 알아야 한다고 하였다. 통치자가 『춘추』를 모르면 독재자의 누명을 쓸 것이요, 인신으로 『춘추』의 뜻을 모르면 찬시簒弑의 죄에 빠진다고 보는 것이다. 그러기에 중국 전한 때의 학자 동중서董仲舒는 "「춘추」는 예의의 대종大宗이라"고 하였다.[40]

춘추정신은 공자의 기본사상과 관련이 있다. 고증학자들의 이설이 있기는 하지만, 사상적 관점에서 볼 때 『춘추』를 유가의 오경의 하나로 보는 데 이의가 없다. 춘추경에는 도道가 있고 도는 인간의 본심에 근원한다. 인간의 본심은 만인에게 공통되는 것으로 피아의 구별이 없다. 이 같이 인간에게 공통된 요소를 맹자는 '의義'와 '리理'라고 말하였는데, 이 의리를 숭상하고 보편화한 것이 춘추정신이라 하겠다.

이 의리사상은 맹자의 사상이지만 그 선하先河를 말하면 공자의 인仁 사상으로 올라간다. 공자의 정명사상正名思想은 후기 춘추학자의 대의명분大義名分에 근거를 주는 것이고, 후기 춘추학파의 대일통사상大一統思想은 공자가 이른바 "천하에 도가 있으면 예악과 정벌이 천자로부터 나온다"[41]라고 한다든가 "제나라가 한 번 변하면 노나라에 이르고 노나라가 한 번 변하면 도에 이른다"[42]고 한 정신과 상통한다고 하겠다. 인·의·충忠과 같은 공자의 사상은 빈부와 계급을 따지지 않는 보편정신인 것이다. 비인간적이고 불합리한 권위주의에 항거한 것이 공자사상의 특징이라고 본다. 공자가 예(제도·의식)를 중시하고 있

---

40 『春秋集傳大全』, 「春秋胡氏傳序」 "董仲舒曰 …… 有國者 不可以不知春秋 前有讒而不見 後有賊而不知 爲人臣者不可以不知春秋 守經事而不知其宜 遭變事而不知其權 爲人君父而不通春秋之義者 必蒙首惡之名 爲人臣子而不通春秋 必陷簒弑之罪 故春秋禮義之大宗也."

41 『논어』, 「季氏」 "天下有道 禮樂征伐 自天子出."

42 『논어』, 「雍也」 "齊一變 至於魯 魯一變 至於道."

지만, 예보다 더 우위의 개념이 인이며 '예' 속에 내재한 근본정신을 인이라고 보았다.

공자의 주체정신은 자기를 부정할 때 가능하다고 본다. 피아를 대립시켜 자기를 주장함이 아니라, 오히려 자기를 부정함으로써 자기의 참다운 주체를 확립할 수 있다고 본다. 극기克己의 극치에 이르면 본래적인 주체성이 살아나며 보편성이 긍정된다. 즉 이때의 참된 주체는 이른바 "마음이 하고자 하는 바를 따르더라도 법도를 넘지 않는다"[43]고 하는 경지이다. 공자의 역사관을 보면 복고復古라든가 제도의 고수를 의미하지 않는다. 오히려 인간성과 상황성을 조화시키는 데 그 특징이 있다.[44] 따라서 공자의 사상은 문화적이고 미래지향적인 성격을 갖는다. 또 이와 함께 '온고이지신溫故而知新'이란 말과 같이 진리의 근원성과 합리성을 내포한 것이라 하겠다.

(三)

춘추정신은 공자 이래로 중국·한국·일본 등의 각 민족의 발전사에 있어 그 시대마다 중요한 구실을 하였다. 그러나 춘추학의 발전 양상을 보면 이들 각국이 서로 일치하지 않는다. 중국은 한국이나 일본에 비해 강대한 국가이므로 대체로 인근 민족을 자신들의 정치적 영향력 아래에 두고자 하였으므로 대개 『춘추』에서의 대일통사상을 강조하였다.

그러나 한국이나 일본의 경우 약세에 있었으므로 주로 외세의 침략에 대하여 저항정신으로 구현되었다. 춘추는 진정한 의미에서 인도정신을 발휘하는 것이므로 관용과 개방의 방향으로 나아갈 수 있는 동시

---

43 『논어』, 「爲政」 "從心所欲不踰矩."

44 『논어』, 「爲政」 "殷因於夏禮 所損益可知也 周因於殷禮 所損益可知也 其或繼周者, 雖百世可知也."
『논어』, 「八佾」 "周監於二代 郁郁乎文哉 吾從周."

에 불의와 부정에 대해 반발하는 힘을 가지고 있다. 그러므로 외세의 침략에 대해 항거하는 것으로 드러나기도 한다. 이것은 서로 이율배반적인 것이 아니다. 춘추정신의 양면성, 즉 하나는 인, 하나는 의의 정신이라고 할 수 있다. 다만 대일통사상이 타락하면 탄압으로 변질될 수 있고, 항거정신이 지나치면 배타적이고 국수적인 방향으로 오도될 수 있다. 중국의 중화사상이라든가 화이사상은 잘못하면 민족적 우월감에 빠지고 인근 타민족을 하시하는 경향을 갖게 된다. 이것은 『춘추』의 근본 정신에 어긋나는 것이다. 예를 들면 공자가 "오랑캐에게 임금이 있는 것이 중국의 여러 제후국에 임금이 없는 것과 같지 않다"[45]고 한 것이 그 뜻이다.

한유韓愈(자는 退之)도 "공자가 『춘추』를 지은 것은 제후가 오랑캐의 예를 쓰면 오랑캐가 되고 중국에 나아가면 중국이 되기 때문이다"[46]고 하였으며, 이러한 한퇴지의 춘추사상에 대하여 우암 송시열이 "춘추의 법은 중국이 오랑캐의 도를 사용하면 오랑캐가 되는 것이니, 한퇴지가 춘추를 말함이 근엄하고 엄정하여 그 종지를 깊이 얻었다"[47]고 한 것은 이것을 잘 대변한다고 하겠다.

중화의 화華, 화이의 이夷는 본래 민족과 지역을 구별하는 것이 아니다. 문화의 우수성과 진리의 근원성을 가지고 그 가치를 판단하는 것이다. 이것을 존주사상尊周思想이라고 하는데, 무턱대고 주나라를 위한다고 생각하는 것은 맹목적이며, 주나라의 문화수준을 찬양하는 것이 그 본래의 뜻이다.

인의仁義의 관점에서 볼 때 큰 나라와 작은 나라 사이에 침략과 지

---

45 『논어』, 「八佾」 "夷狄之有君 不如諸夏之亡也."

46 『昌黎先生文集』, 「原道」 "孔子之作春秋也 諸侯用夷禮則夷之 進於中國則中國之."

47 송시열, 『程書分類』, 권4 "春秋之法 中國用夷道則夷之 韓子之謂春秋謹嚴 深得其旨矣."

배·피지배가 있을 수 없다. 상호 협조와 상호 증구拯救가 있을 뿐이다. 그러므로 맹자는 "대大는 소小를 섬길 수 있고, 소는 대를 섬길 수 있다"고 하였던 것이다. 따라서 인도와 정의가 아니고 권력과 폭력으로 누를 때에는 사소事小도 사대事大도 의미가 없게 된다. 여기서 우리는 사대라고 하는 말의 진정한 의미를 찾아볼 수 있다. 존주나 모화慕華라고 하는 것은 그 내용이 존왕천패尊王賤覇를 의미하는 것이라 하겠다. 여기서 왕이라 함은 '이덕복인以德服人'이요, 패라는 것은 '이력가인以力假人'으로 규정된다. 정의와 인도에 입각하는가 또는 폭력과 세력에 의지하는가를 준엄하게 구별함을 뜻하는 것이다. 이것이 약소국의 자율성과 자주성을 보장하는 원리로서 기능을 하였으며, 강대국이 권력을 남용하거나 약육강식弱肉强食을 하지 못하도록 하는 기강과 준칙을 보였다고 할 것이다.

이러한 춘추사상은 중국과 한국, 그리고 일본의 역사에서 이천여 년 동안 혹 악용되기도 하고 선용되기도 하였다. 중국에서까지도 중국 민족이 원元·금金 등 이민족에 침략 당할 때에는 공양公羊의 복수정신復讎精神과 배타적인 사상을 응용하여 세력을 몰아내고 민족의 자주성을 보장하고자 하였다. 청대의 공양학자公羊學者 강유위康有爲(1858~1927)는 서양의 문물 제도를 수용함에 공자의 개혁정신을 그 밑바탕으로 삼았다.

우리나라에서, 특히 삼국시대에는 춘추학을 최고의 경經으로 삼아 충의정신을 고취하였다. 이러한 정신은 조선시대까지 계승되어 역사의 구비마다 중대한 구실을 하였다. 정암 조광조의 도학정신, 퇴계 이황의 존리정신尊理精神, 율곡 이이의 정의정신 등 진리에 뿌리박고 생사를 초월한 선비정신과 충무공 이순신의 충열정신, 병자호란 당시의 척화 삼학사斥和三學士와 청음淸陰 김상헌金尙憲 등의 의리정신, 효종과 우암 송시열의 북벌사상北伐思想, 그리고 특히 구한말의 경우와 같이 국난이 있을 때마다 전국에서 일어난 의병들은 모두 춘추정신에 근거한 것이니, 이 춘추정신은 우리 민족을 수호하고 보존하여 온 원동력이라 할 것이다.

오늘날 주체성의 문제와 현실에의 적응성의 문제가 다시 대두함에 있어 춘추학은 재음미되어야 한다고 본다. (1972. 12)

Ⅸ. 尤庵과 尤庵學

금번 대전광역시 주최, 한남대 충청학 연구소 주관으로 '우암학의 재조명과 우암 송시열宋時烈의 위상'이라는 큰 주제로 제1회 호서명현 국제학술대회를 개최함을 우리나라 현실에 비추어 뜻깊고 긴요한 것이라고 생각한다.

우리 한민족韓民族은 고유한 언어와 오랜 역사 속에 많은 민족적 시련을 겪으면서 살아왔다. 여러 차례 외환外患과 내우內憂를 당할 적마다 이를 타개하고 극복하면서 우리의 생生에 대한 의지를 관철해왔고 민족의 혼은 불사조와 같이 우리 민족의 역사를 발전시켜 온 것이다.

유학이라 함은 공자(B.C. 551~479)를 종사宗師로 하는 교학사상이다. 한·중 문화 관계는 공자 이전 은殷·주周 시대 이래로 교섭되어 왔다. 중국문화의 전래에 따라 한국유학사상의 변천에 크게 영향을 준 것을 말하면 다음 4기로 나누어 볼 수 있다. 첫째는 중국 상고사상上古思想이 은말주초殷末周初에 전래해 온 것이요, 둘째는 진한시대秦漢時代의 경학사상經學思想이 삼국시대에 들어온 것이요, 셋째는 송대의 주자학이 여말 선초에 들어온 것이요, 넷째는 청조의 실학사상이 조선후기에 들어온 것이라 할 수 있다. 이 4기 중에 유학사상이 절정에 달하고 개화하고 열매를 맺은 것은 송대 성리학, 즉 주자학이다. 조선조 주자학의 학문 수준은 전인미도前人未到의 경지를 개척하여 한국적 특징을 유감 없이 드러냈다고 할 것이다.

공자는 주나라 말 나라가 어지러운 춘추시대에 탄생하여 비인도적 행위가 판을 쳤던 사회에 인의仁義의 깃발을 높이 들어 무엇이 옳고 무엇이 그르며 무엇이 참되고 무엇이 거짓인가를 뚜렷이 제시하였다. 이 시비곡직是非曲直을 엄정하게 평가하여 난신적자亂臣賊子들이 두려워하게 되었다.

공자 이후 1천 수 백년 후 송대에 이르러 노장老莊과 불교의 그늘에서 벗어나 새롭게 유학사상이 천명되었으니 이것이 바로 송대의 성리학이다. 송대의 모든 성리학설을 총집성한 분이 곧 주자朱子(1130~1200)이다. 주자가 탄생한 남송시시는 북송 때부터 북방민족의 침략을 받아 고종高宗 때에는 북쪽 금나라의 세력을 피하여 도읍을 개봉開封에서 강남의 임안臨安(지금의 杭州)으로 옮겼으니 이때부터를 남송(1127~1279)이라고 한다. 이와 같이 금나라는 북중국의 대부분과 만몽滿蒙의 지방을 차지하여 동양 제일의 강국이 되고 도읍을 연경燕京(지금의 北京)으로 옮겼다. 이때 남송은 지극히 어려운 상황에 놓여 있었다. 주자는 이러한 국가적 위기 상황에서 나라와 민족을 도탄에서 건지고 대외적 침략세력에 항거하기 위하여 학문과 사상을 현실을 타개하는 데 초점을 맞추었고 그 역할을 다하였다.

주자사상의 특징은 춘추의리학春秋義理學에서 찾을 수 있다. 형이상학적으로 성리학을 철두철미하게 연구한다 함은 현실적 문제를 적극적으로 바르게 타개하기 위해서이다. 공자가 스스로 '나'를 평가하는 기준을 춘추에 둔 것 같이, 주자도 정치와 사회와 역사의 옳고 그름을 판단하는 기준을 춘추정신에 두어 춘추필법에 의한 저술을 하였으니 이것이 다름 아닌 『자치통감강목資治通鑑綱目』이다. 사마광司馬光(1016~1089)이 저술한 『자치통감』을 공자의 춘추 의리정신으로 재평가하여 『자치통감강목』을 저술하였으니, 이것은 공자가 『춘추』를 저술한 것에 해당된다고 할 수 있다.

우리나라 송우암의 춘추 의리정신을 이어받은 화서華西 이항로李恒老는 근대의 서세동점의 시기에 척사위정斥邪衛正의 이론을 제시하고 학파를 형성하여 외세에 저항하였으며, 주자의 『통감감목』의 체례體例를 따라 『송원화동사합편강목宋元華東史合編綱目』 60권을 저술하였으니 중국의 송나라 원나라의 역사와 우리나라 고려시대까지의 역사를 춘추정의春秋正義 정신의 역사철학에 입각하여 재편찬한 것이다.

우리나라에서 주자의 『통감강목』은 고려 말에 수입되었다. 이후 조선조 세종·세조 연간에는 네 번이나 활자로 인쇄되어 보급되었으며, 그 의리사상은 대외적으로는 외침을 배격하고 국내적으로는 제왕의 부당한 처사에 항거하는 세력의 정신적 기반으로 확산되었다. 이것이 이태조의 조선조 건국에 저항하는, 고려를 위한 충신·열사로 나타났으며 그 후 세조의 왕위찬탈에 대항하여 산림학파들이 저항하였다. 이로 말미암아 사화士禍로 산림학파들이 희생을 당하였다.

그러나 이 정신은 더욱 더 확산되고 후대에 면면이 이어져서 내우외환을 당할 때마다 열렬한 민족의 저력으로 발양하였다. 춘추정신은 정의롭지 않은 정권에 대하여 국민저항권을 인정한다. 불의하고 무도한 군주 연산군과 광해군은 10년 이상을 모두 왕위에 있었지만 이를 모두 부정하여 퇴출시키고 중종반정, 인조반정을 이루게 하였다. 반정은 춘추정신의 발로로서 이 말은 『춘추』의 '발란세撥亂世, 반지정反之正'에서 나왔다.

우암의 춘추의리사상은 화서 이항로에게 전수되어 서구세력에 대항하였으며 국내의 부패한 조정에 대하여서도 의리사상에 입각한 상소를 그치지 않았다. 의리학파는 후대에 면면이 이어졌을 뿐만 아니라 넓게는 민족의 세력으로 확산되어 일본제국주의에 대한 항거와 서구세력에 저항하여 의병정신으로 항일투쟁으로 연결되어 민족의 광복운동에 원동력이 되었다.

화서 문하로 중암重庵 김평묵金平默과 성재省齋 류중교柳重教를 지나 그 문하에 전국의 의병대장 의암毅庵 류인석柳麟錫과 면암勉庵 최익현崔益鉉이 구한말 민족 자주정신의 지주가 되었다. 상해 대한민국 임시정부 김구金九 주석과 중국 하얼빈에서 민족의 원수 이등박문伊藤博文을 죽인 안중근安重根 의사는 모두 이화서 문하생으로 황해도 출신인 고능선高能善(호는 後凋)에게서 정신적 지도를 받았다. 특히 안중근은 그 배후에 의암 류인석이 있는 것이다.

1945년 8월 15일, 일본이 패망하고 조국이 광복되어 임시정부 김구 주석이 환국하였다. 김구 주석은 민족의 분열을 심히 우려하고 국토의 분단을 반대하여, 남북한에 단독 정부가 수립하기 전에 평양에 가서 남북협상을 시도하였다. 분단된다면 민족이 서로 피를 흘릴 것이라고 경고하였다. 그러나 이러한 김구 주석의 시도는 뜻을 이루지 못하고, 도리어 동족인 안두희安斗熙에게 저격을 당하여 희생되었으니 한탄할 노릇이다.

김구가 환국할 때 미 군정청에서는 개인자격으로 올지언정 임시정부 주석 자격으로는 올 수 없다고 하였다. 김구는 환국한 뒤 귀국 보고를 하고자 했지만 국가의 주체가 없었으므로, 1946년 4월 23일 충남 청양에 있는 면암 최익현의 사당(慕德祠)을 참배하고, 이어 같은 해 8월 17일에는 강원도 춘천에 있는 의암 유인석의 사당을 찾아가 참배하여 귀국 보고를 했다.[48] 대한민국 헌법 전문을 보면

> 유구한 역사와 전통에 빛나는 우리 대한민국은 3·1운동으로 건립된 임시정부의 법통과 불의에 항거한 4·19 민주 이념을 계승하고 조국의 민주개혁과 평화적 통일의 사명에 입각하여……"

라고 되어 있다. 의병운동은 상해 임시정부의 법통으로 이어지고 이는 또 대한민국의 건국정신으로 이어졌다.

주자학의 특징을 말하면 이론적 성리학에만 있는 것이 아니라 정치·사회·교육 그리고 국방 정책과 역사 비판에 이르기까지 주도周到하게 대처했던 것이니, 이러한 사상과 정책은 우리가 살고 있는 현실에서도 그대로 요청된다. 송우암이 생존했던 당시 국보간난國步艱難한 상황과 현재의 상황은 서로 비슷한 측면이 있다. 임진왜란과 병자호란

48 성재 류중교를 모신 춘천의 主一堂이라는 사당에는 의암 유인석과 백범 김구의 위패도 모셔져 있고 매년 제향을 올리고 있다.

을 당하여 국토가 무너지는 환란을 당했으며 인조가 병자호란 때 남한산성에서 굴욕적인 항복을 하고 주종主從 관계가 이루어지게 된 것에 대해 철천지한徹天之恨이 되었던 것이다.

우암 송시열(선조40, 1607~숙종15, 1689)의 학문을 '우암학'이라고 할 때 그 학문적 특징은 춘추의리지학春秋大義之學에서 찾아야 된다고 할 수 있다. 춘추대의는 종족과 국경을 넘어 인류가 한 가족이 되는 대일통大一統의 대동사회大同社會를 건설하자는 도학道學이다. 송우암은 천품이 외연巍然하였고 학문 연원이 심원深遠하였다. 사계 김장생, 신독재 김집 양선생을 통하여 율곡의 사상과 철학과 경륜을 누구보다도 깊고 정확하게 이해하였을 뿐 아니라, 더 나아가 주자의 고매한 인격과 학술과 경륜을 이어 받았다. 후일 정조 임금은 주자와 송우암의 인품과 학문이 탁월함을 비교하여, 시대가 다르고 나라가 다르다고 할지라도 뜻과 심법이 부절符節을 맞춘 것과 같다고 하면서, "우리나라에 송선정宋先正이 계신 것은 송나라에 주부자朱夫子가 계신 것과 같다"[49]고 하였다. 또 그 도가 같고 심법이 같으며 업적이 같은 것을 비교하여 『양현전심록兩賢傳心錄』 8권 4책을 엮었다. 또 정조는 송우암의 전서全書를 '송자대전宋子大全'이라 명명하여 『주자대전朱子大全』과 양과 질에 있어서 방불함을 입증하였다.

공자의 교학사상은 타 종교인 불교·도교 그리고 기독교와 다른 점이 어디에 있는가? 유교는 종교인가 아닌가 하는 여러 가지 논란이 많지만, 그 특징을 말하자면 현실의 자아로부터 문제를 삼아 수기修己하여 안인安人하는데 그 본령이 있다고 하겠다. 다른 종교와 같이 하

---

49 『弘齋全書』 권179, 「群書標記」 "我東之宋先正 卽宋之朱夫子也 大而秉執出處 小而言行動靜 以見於兩集者 比類參看 其有不合者幾希 蓋以本源之工 同造乎高明正大之域 則妙用之隨時隨處 若合符契 亦必然之理 予在春邸 鈔其兩相照應者若干篇 合成一書 名曰兩賢傳心錄."

늘의 뜻이 땅에 이루어질 것이라던가, 불국토가 이 땅에 이루어지라고 하는 등의 위로부터 아래로 내려오는 원리라기보다는, 아래로부터 수신·제가·치국·평천하하여 하학下學이 상달上達하는 데 그 특징이 있다고 하겠다.

(2003년 11월 7일, 한남대 충청학연구소 주관 우암 국제학술대회 기조강연)

X. 유교사상과 원불교

(一)

유교사상은 아시아 한자문화권 여러 민족의 오랜 역사 속에 학술사상과 문화전통의 주류를 이루어 왔다. 일반적으로 유교는 종교라기보다는 인간생활의 도리로서 윤리적 성격이 농후한 것이라고 한다. 노장사상이나 불교사상과 같은 형이상학적 해탈이 없는 '세간'의 학문이라고 지칭한다. 그렇다고 하여 유교를 현대적 물질과학이나 기술적 차원의 학문이라고도 하지 않는다. 모든 종교가 인간 이상의 존재를 신봉하고 초세간적 성격을 강조하는 데 비하여 유교는 세속적 학문으로 자타가 간주하는 경향이 있다. 그러나 유교는 주어진 현실을 있는대로 받아들여 추종하자는 것이 아니라, 이를 바르고 참되게 하여, 진선진미한 평화의 세계를 건설하자는 데 그 목표가 있다. 공자의 이른바 '하학이상달下學而上達'이 바로 이것이다. 유교는 '위로부터' 내려오는 종교나 철학이 아니라, '아래로부터' 위로 향해 가는 학술사상이다.

여기서 현실을 바로잡고 지선至善에 이르고자 하려면, 이를 위한 원리와 기준이 있어야 한다. 이 보편타당한 원리는 개인의 사사로운 것이 아니라 만인공통의 것이요, 누구나 함께 해야 할 공공의 길이어야 할 것이다. 또한 일시적으로 옳은 것이 아니라, 고금을 통하여 일관하는 원칙이 있어야 할 것이다.

이와 같이 시간과 공간을 초월하여 언제 어디서나 보편적인 진리를 '도'라고 불렀으며, 이 도는 인간의 당위의 법칙이기 이전에 존재로서의 '천도'이다. 유교는 '인도'를 강조하지만 이 '천도'를 떠나서 인도가 이루어지는 것이 아니다. 그러나 유교의 특징은 단순히 천도를 추상적으로 말함이 아니라, 인간의 본성(仁)에 근거하여 이를 따라 본성대로 살아갈 때 자율성과 합리성이 스스로 나오게 된다고 본다. 이 자율의 도리로 행하는 것을 '예행禮行'이라고 한다.

이 '예'는 인간성을 자유롭게 발굴할 수 있는 행위규범이며, 자유를 억압하는 것이 될 때 예의 본의에 어긋난다 하겠다. 유교에서 크게 강조되는 '예'란 천도가 인도를 통하여 구체적으로 실천되어 가는 규범이라 하겠다(禮, 履也). 이 예는 윤리적 차원과 정치적 제도와 사회적 규범 전체를 포함한 천질천서天秩天序의 기강을 의미하는 것이다.

유교는 가장 '합당한' 구체적 현실을 강조한다. 모든 종교가 '이덕보원以德報怨'이라 하지만, 유교는 '이직보원以直報怨'이라 함에 그 특징이 있다. 이 직심直心이 덕悳(德)이지만 사람이 타고난 선천적 내직성內直性을 떠나서는 이성과 덕성의 자율성을 말할 수 없다. 이 '직'은 곧 선천적으로 얻은 사물을 재단하는 '자'와 '먹줄'(規矩準繩)과 같은 것이다. 이러한 점이 유교가 다른 종교와 다른 특징이라 하겠다.

유교에 '천도'와 '지도'와 '인도'의 삼극지도三極之道가 있지만, 천도가 인도에 내재하고, 지도가 인도정신으로 화육化育되는, '인간'을 중심으로 천지를 포함한 것이 유교의 인도주의라 할 것이다. 따라서 유교는 중용·중화 등 '중中' 사상이 그 핵심을 이루고 있다. 천지의 중은 '인간'이요, 인간의 중은 '인심'이요, 인심의 중은 '인성'이요, 인성의 중은 '극極'이라 표현한다. 이 극은 '나'의 극인 동시에 만유의 극이요, 천지의 극으로 본다. 이를 태극太極·무극無極·황극皇極이라고도 한다. 이 극은 보편한 체인 동시에 무소불통無所不通, 대기대용大機大用의 율려律呂가 나오는 자리이다. 이같이 체용이 통달한 인격의 완성을 통하여 사회를 완성하자는 것이 유교의 이상이요 목표인 것이다.

(二)

원불교는 진리의 원만구족圓滿具足한 영원상을 일원一圓으로 드러냈다. 일원은 법신불法身佛이니 우주만유의 본원이요, 제불제성諸佛諸聖의 심인心印이며, 일체중생의 본성이라고 하였다. 만유의 본원과 인간의 본성을 일원상에 융합하여, 이상과 현실이 둘이 아닌 것으로 이해한다.

『원불교 교전』 서편序篇에서 말한 바와 같이 "과거의 불교는 그 제도가 출세간出世間 생활하는 승려를 본위하여 조직이 되었는지라, 세간생활하는 일반 사람에 있어서는 모든 것이 서로 맞지 아니하였으므로 누구나 불교의 참다운 신자가 되기로 하면 세간생활에 대한 의무와 책임이며 직업까지라도 불고不顧하게 되었나니, 이와 같이 되고 보면 아무리 불법이 좋다할지라도 너른 세상의 많은 생령이 다 불은佛恩을 입기 어려울지라, 이 어찌 원만한 대도라 하리오"라 하여, 출세간적 재래불교를 즉세간卽世間적 불교로 전환하였다.

이 점에서 유교의 특징을 '즉세간이출세간卽世間而出世間'이라 한 것과 상통함을 발견할 수 있다. '견성성불見性成佛'이라 할 때, 제7 「성리품性理品」에서 이르기를 "돌아오는 세상에는 견성만으로는 도인이라 할 수 없을 것이며, 거개의 수도인들은 견성만은 일찍이 가정에서 쉽게 마치고 성불을 하기 위하여 큰 스승을 찾아다니며 공을 들이리라"고 하였다. 관념적인 견성으로부터 행동의 성불이 되는 것은 실천불교를 강조한 것이며, 「성리품」 제8조에서, '견성'(견성은 비하건대 부자가 자기의 재산을 자기 재산으로 알지 못하고 지내다가 비로소 알게 된 것과 같음)에서 '솔성'(솔성은 잃어버렸던 자기 소유의 권리를 회복한 것과 같음)으로 차원을 높여 말한 것은 유가의 '솔성지위도率性之謂道'(『중용』)의 '솔성'이며 '요순은 본성대로 하였다'(堯舜性之)고 하여 성품대로 행한다는 뜻과 상통함을 본다.

원불교의 특징으로 '영육쌍전靈肉雙全' 사상을 말할 수 있다. 『원불교 교전』에서는 다음과 같이 말하고 있다.

> 과거에는 세간생활을 하고 보면 수도인이 아니라 하므로, 수도인 가운데 직업 없이 놀고 먹는 폐풍弊風이 치성熾盛하여 개인·가정·사회·

국가에 해독을 많이 끼쳐왔으나, 이제부터는 묵은 세상을 새 세상으로 건설하게 되므로 새 세상의 종교는 수도와 생활이 둘이 아닌 산 종교라야 할 것이니라. 그러므로 우리는 제불諸佛 조사祖師 정전正傳의 심인인 법신불 일원상의 진리와 수양·연구·취사의 삼학三學으로써 의·식·주를 얻고 의·식·주와 삼학으로써 그 진리를 얻어서 영육을 쌍전하여 개인·가정·사회·국가에 도움이 되게 하자는 것이니라.[50]

이와 같이 법신불 일원상의 진리의 추상성과 의식주의 현실태現實態와의 관계를 정신수양, 사리연구事理硏究, 작업취사作業取捨의 삼학으로 영육쌍전하게 하는 것은 재래의 종교나 철학과 다른 점이며 이는 유교의 정덕正德(윤리 도덕), 이용利用(과학 기술), 후생厚生(사회 복지)의 삼사三事를 정치의 요도로 삼는 것과 상통한다.

송대의 유교철학자 염계濂溪 주돈이周敦頤는 그의 「태극도설」에서 '무극이태극無極而太極'을 일원상으로 표현하였다. 「태극도설」은 유교의 학리學理를 총괄적으로 표현한 것이며, 주자의 『근사록』이나 『성리대전』뿐 아니라, 퇴계의 『성학십도』, 그리고 율곡의 『성학집요』에서도 벽두에 들고 있다. 주자와 퇴계는 「태극도설」을 학문도술學問道術의 연원이라고 하였으며 진리의 원두처源頭處라고 하였다. '무극이태극'이란 「태극도설」을 총괄하는 개념이며, 음정양동도陰靜陽動圖나 오행도 그리고 건곤남녀乾坤男女 및 화생만물도化生萬物圖는 무극이태극의 '○'에 내포되는 종개념種概念이라 하겠다. 이같이 일원상으로 볼 때 원불교의 일원상과 상통한다. 이에 관하여 정산鼎山 종법사는

圓: 만법의 근원인 동시에 만법의 실재인지라. 모든 교법이 원 이외에는

---

50 『圓佛教教典』, 제16장 참조.

다시 한 법도 없는 것이며,

佛: 곧 깨닫는다는 말이요, 마음이라는 뜻이니 원의 진리가 아무리 원만하여 만법을 다 포함하였다 할지라도 깨닫는 마음이 없으면 이는 다만 빈 이치에 불과한 것이다. 그러므로 원과 불 두 글자는 원래 둘이 아닌 진리로서 서로 떠나지 못할 관계가 있는 것이다.

라고 풀이하였다.[51] 원은 진리 자체를 형이상학적으로 표현한 것이요 불즉각佛卽覺은 인식의 차원에서 말함으로써 진리와 인식을 동시에 표현하여 존재론적으로 설명한 듯하다.

『주역』에 보면 "시蓍[52]의 덕은 원만하면서도 신묘하다(圓而神). 괘卦의 덕은 '방정하면서도 지혜롭다(方以知)"[53]라고 하여 이성의 경지를 넘어서 영지靈知의 신비를 원으로 표현하였다. '원이신圓而神'은 원불사상과 상통한다 하겠다. 원이신圓而神과 방이지方以知라 하며 추상과 구상을 동시에 상대성으로 언표하는 것은 역리의 논리구조이며, 『주역』에 이른바 "역易에 대극이 있으니 이것이 양의兩儀를 낳는다"[54]가 그것이다.

(三)

유교사상은 공자를 중심으로 하는 교학이론이지만, 이 성립과정을 말하면 공자 이전 재래의 사상을 집대성하여 공자의 인격과 역량으로 재정립한 것인 만큼, 역사적으로 그 연원이 있다고 하겠다. 공자의 인사상은 그 원형이 '인仁'에서 온 것이다. 『중용』과 『맹자』에서는 '인

51 『圓佛教教史』 112~113쪽.

52 筮竹을 가지고 점을 치는 옛 占法.

53 『주역』, 「繫辭 下」

54 『주역』, 「繫辭 上」 "易有太極 是生兩儀."

仁은 인人이다'고 하였다. 그러나 이 '人'은 본디 사람이라는 뜻이 아니라, 동이족을 지칭한 부족명이다. 갑골이나 금문金文에 보면 동이족을 인방人方 또는 인人이라고 하였다. 이 '人'이 한어漢語)에서의 인간이라는 개념으로 차용, 변천된 것이라고 중국의 갑골학자 노간勞榦은 말하였다. 동작빈董作賓은 '인방'은 즉 '이방夷方'이요 이는 곧 '동이'라 하였으며, 고문에는 '이작인夷作人'이라 하였다. 그리고 『후한서』, 「광무제기光武帝紀」 20년조에는 "동이는 한국인이다(東夷韓國人也)"라 하였다.

인간존중 사상은 한국 전통사상의 특징으로서, 단군의 홍익인간이라든가, 『산해경山海經』에서 동부족을 군자국이라 하여 바람직한 인간상의 나라로 지칭한 것 역시 우연한 것은 아니다. 성숙한 인간, 즉 성자는 명덕·영지가 있어서 인륜의 지극함이라 한 것이니, 『주역』 「계시」에서는 "신묘한데도 그것을 밝히는 것은 그 사람에게 있고, 묵묵히 이것을 이루어 말을 하지 않고도 미덥게 하는 것은 그 덕행에 있다"[55]고 하여, 본심을 밝히고 맑게 가진 인간상을 수행의 목표로 삼았음을 볼 수 있다.

『원불교 교전』에 의하면, 대종사가 유허일柳虛一에게 『서전書傳』 서문을 읽으라고 하면서 다음과 같이 말하였다고 한다.

> 이제二帝와 삼왕三王은 이 마음을 보존한 이요, 하걸夏桀과 상주商紂는 이 마음을 잃은 이다"한 구절에 이르매, 말씀하시기를 "이 구절이 돌아오는 시대에 큰 비결이 되리라, 부귀와 권세를 탐하여 마음을 잊어버리는 사람은 장차 집이 패敗하고 몸이 망할 뿐 아니라 국가나 세계의 영도자가 그러하면 그 화가 장차 국가와 세계에 미치리니, 그대들은 부

---

55 『주역』, 「繫辭 上」 "神而明之 存乎其人 默而成之 不言而信 存乎德行."

귀와 권세에 끌리지 말고 오직 의식주 생활에 자기의 분수를 지켜서 본심을 잃지 아니하여야 어떠한 난세를 당할지라도 위험한 일이 없을 것이요, 따라서 천지의 좋은 운을 먼저 받으리라."[56]

위에서 일컬은 바와 같이 그 근본정신은 『서경』에서 "이제삼왕의 다스림은 도에 근본을 두고, 이제삼왕의 도는 마음에 근본을 둔 것이니, 마음을 얻으면 즉 도와 다스림을 진실로 말할 수 있다. 무엇을 말함인가. '정일집중精一執中'은 요堯·순舜·우禹가 서로 전한 심법이며, '건중건극建中建極'은 상나라 탕왕과 주나라 무왕이 서로 전한 심법이다. 덕德과 인仁과 경敬과 성誠은 말은 비록 서로 다르지만 이치는 하나이니 이 마음의 묘한 것을 밝힌 것이 아님이 없도다"[57]라 한 심법에 근원을 두고 있음을 알 수 있는데, 우리 동방의 전통 속에서 그 뿌리를 찾아야 하리라 본다. (1980. 10)

56 『圓佛教教典』 참조.

57 『書經』 「蔡沈序」, "二帝三王之治 本於道 二帝三王之道 本於心 得其心 則道與治固可得而言矣 何者 精一執中 堯舜禹相授之心法也 建中建極 商湯周武相傳之心法也 曰德 曰仁 曰敬 曰誠 言雖殊而理則一 無非所以明此心之妙也."

XI. 中韓儒學小史

1. 중국유학사

중국 유학사상의 기원은 공자와 맹자에 두고 있다. 공자는 춘추시대(B.C. 722~481)에 태어났고 맹자는 전국시대(B.C. 453~221)에 태어났다. 춘추 전국시대는 학술사상의 자유 해방시대라 하겠지만, 주대의 봉건제도가 붕괴됨과 더불어 급격한 사회의 변화는 경제생활의 변동을 초래하였다. 이와 같은 혼란기에서 제자백가의 출현을 보게 된다. 공자를 중심한 유가학파는 도덕적 질서와 예법의 질서를 가지고 사회의 안정을 기하려 하였다. 그들은 부국富國과 강병强兵만을 목표로 하였던 사회풍조 속에서 인도주의 사상을 고취하여 인의仁義의 기치旗幟를 높이 들었다.

이 때의 철학은 인도仁道를 보편적 원리로 세시하여 진리의 기준으로 삼았다. 이 인도는 선천적으로 인간에게 부여된 천도天道라 하여 공자는 항상 도를 강조하였다. 제자백가가 모두 도를 제시하지만 공자의 도는 인간의 생명을 소중히 여기는 인도정신이 그 중심을 이루는 것이다. 따라서 원시유가의 철학문제는 인성人性이 주제였으며, 공자의 인간관을 비롯하여 맹자와 순자에서 인성의 선악문제가 그 논의의 초점이 되었다고 할 것이다. 맹자의 성선설과 순자의 성악설은 중국철학 사상사에서 지대한 영향을 미쳤다.

한대로부터 위진남북조 시대를 지나 수당오대隋唐五代에 이르기까지 약 1천년 동안을 중세라 한다. 일반적으로 한대에는 경학과 황로학黃老學, 위진남북조 시대에는 노장老莊의 현학玄學, 그리고 수당시대에는 불교의 융성을 일컫는다.

양한兩漢 4백년 간의 통일기에는 선진시대先秦時代와 같은 자유사상이나 제자백가와 같은 독창적인 사상이 일어나지 않았다. 진화秦火에 인멸湮滅된 나머지 경적經籍을 수집, 정리하는 것이 중요한 작업이었으며 따라서 훈고학이 발달하였다. 그리고 오랜 전쟁과 정치적 속박을 싫어하여 노자의 무위자연無爲自然 사상이 환영을 받았다.

한나라 초기에 육가陸賈(高祖時)와 가의賈誼(文帝時)는 유학자로서의 식견을 반영하였다. 무제 때에는 오경박사五經博士 제도를 설치, 유학을 장려하였고, 동중서董仲舒는 현량대책賢良對策 등을 지어 유학사상에 입각한 정책을 진계進啓하여 유학을 관학官學으로 확립하였다. 한나라 때에는 음양오행설과 참위재이설讖緯災異說이 유행하였으며, 천도天道와 인사人事가 서로 영향을 주는 것이라고 생각하였다. 특히 전한의 동중서 같은 금문경학자는 자연주의와 신비주의 사상으로 천인관계天人關係와 사회 역사를 설명하였다. 그리고 왕망王莽 시의 유흠劉歆이 한무제漢武帝 만년에 공벽孔壁에서 나왔다고 하는 고문경古文經을 가지고 진출함에 따라 금고문今古文의 논쟁이 치열하였다. 금문가今文家는 춘추공양학의 관점에서 공자가 고도古道에 의거하여 개제改制하였다 하여 공자를 소왕素王으로 높이고 고문경전을 위서僞書라 하여 사법師法을 변란하는 것이라고 배척하였다. 고문가는 진화秦火의 잔여殘餘라 하여 소중히 여기며 금문을 배척하였다. 그러나 후한 말 정현鄭玄이 금문·고문의 여러 설을 모두 채용하여 경의經義를 통일함으로써 완화되었다.

한대에는 또한 청정무위淸淨無爲를 위주로 하여 도를 닦아 수壽를 기르며 신선 방술方術을 구하는 풍風과 현실적으로 형명법술刑名法術을 숭상하는 경향이 있었다. 한대의 대표적 사상가로는 노장의 청정무욕淸淨無欲을 말하는 회남자淮南子, 금문학의 관점에서 천인관계와 음양설, 유자지학儒者之學과 재이지변災異之變을 말하는 동중서董仲舒, 『태현太玄』과 『법언法言』의 저자로 유가와 도가의 학문을 혼합하였던 양웅揚雄을 들 수 있다. 신비사상이 만연되었던 한대에 왕충王充이란 학자는 특이한 존재였다. 그는 '허망虛妄'을 미워한 나머지 『논형論衡』을 지어 시속을 바르게 하고 실증적이고 과학적인 입론立論을 전개하였다.

위진 남북조시대에는 노장의 현학玄學이 풍미하였다. '현학'이란 『주역』·『노자』·『장자』를 가리키며 이들을 '삼현三玄'이라고 한다. 화란禍亂이 끊이지 않는 어지러운 세태 속에서 성명性命을 보존하고 문달聞達을 구하지 않으며, 출세간적出世間的인 의사를 가지고 노장의 광달曠達한 세계를 좋아하였다.

하안何晏의 『논어주論語註』와 왕필王弼의 『주역주周易註』는 모두 도가적 관점에서 풀이한 것이다. 특히 왕필은 『노자주老子註』도 낸 바 있는데, 그의 『주역주』와 하안의 『논어주』는 모두 자연주의의 관점에서 한유漢儒의 부서재이符瑞災異의 설을 교정한 것이었다. 하안은 유무有無를 논하고 왕필은 체용體用을 설하며, 곽상郭象은 『장자』를 주해註解하는 등 현학의 학풍이 크게 일어났다. 이밖에도 완적阮籍·혜강嵇康 등 죽림칠현竹林七賢이 출현하여 청담淸談이 성행하였다. 이들은 현언玄言을 숭상하고 예법의 구애를 받지 않으며 세속을 떠나 자유롭게 처신코자 하였다.

유학 방면은 당나라 초기에 국자학國子學, 대학大學, 사문학四門學 등 학교를 설치하여 학생을 양성하였고, 공영달孔穎達에게 명하여 『오경정의五經正義』를 편찬케 함으로써 경서의 해석을 통일시켰다. 그 뒤 경서를 석각石刻하여 대학 문 앞에 세웠으니 이것이 석경石經이다. 그러나 당나라가 경서를 가지고 인재를 선발하였다 하지만 기실 육조시대六朝時代의 부화浮華한 여풍餘風을 이어받아 시문詩文으로 등용하였던 것이다. 천하의 학자들이 시문에는 열중하였으나 유학에는 소홀하여 사상적 깊이의 측면에서는 볼만한 것이 없었다. 후기에 이르러 한유韓愈가 전개한 일련의 배불론排佛論은 중국 전통사상으로서의 유교원리를 회복하려는 노력을 보여주었으며, 나중에 이것이 송대 성리학으로의 전환을 이루는 계기를 제공하였다. 이와 함께 이고李翶의 「복성서復性書」는 불교사상으로 유교경전 특히 『중용』과 역학易學을 해석하여 다음 시기 송대 성리학 형성에 단서를 제공하였다. 한유와 이고는 모두 불교가 성행하던 시대에 유교사상을 계승하여 송대로 연계시키는 구실을 해냈다고 할 것이다.

성리학은 신유학新儒學, 송학宋學 또는 정주학程朱學, 주자학朱子學 등 여러 가지 이름으로 불리지만 그 내용은 같다. 송대에 이루어진 학문이라 하여 '송학'이라 하고, 정자程子가 고취한 학문을 주자가 계승해서 완성했기 때문에 '정주학'이라 하는 것이다. 한당시대漢唐時代에는 유학이 정치적·문화적 방면으로 발달했으나 성리학은 불교와 노장사상의 영향을 받아 종래의 유학사상을 철학적으로 체계화하였다. 이때의 '성性'은 불교의 불성佛性이나 노장의 자연성自然性을 말하는 것이 아니라 '인간성人間性'을 말하는 것이다.

이 인간의 본성은 『중용』에서 "하늘이 명한 것을 성性이라고 한다"(天命之謂性)고 한 바와 같이 인간에 내재하는 '성'이다. 인간본성에 관한 이치를 '성리性理'라 하며, 이 성리를 연구하는 학문을 성리학이라고 한다. 또 '신유학'이라고 하는 것은 유교의 경전을 훈고·주석하던 한나라 때의 구주석舊註釋에 대하여 송나라 때에 유학의 학문 체계를 일신했다고 하여 그렇게 부르는 것이다. 이같은 여러 명칭이 있지만 대체로 넓은 의미로는 정주학 또는 성리학이라고 한다. 주자학이라 할 때는 주자 개인을 말하는 것이 아니다. 주염계周濂溪로부터 장횡거張橫渠·소강절邵康節·정명도程明道·정이천程伊川 등 송대의 모든 선현들의 사상을 종합 정리한 사람이 주자이기 때문에, 주자 개인보다는 송대의 학문 전체를 일컫는 것으로 보아야 하는 것이다.

송학은 그 체계가 정밀하고 방대하다. 노장이나 불교에서 볼 수 있는 초세간적 관념적 차원에 머무는 것이 결코 아니다. 철학적 이론과 함께 현실 사회의 구체적 측면에서 문제를 책임 있게 전개하였으니, 당시에 사회적으로나 정치적으로 기능적 작용을 하였던 것이다. 송학은 정치적으로 자주정신을 강조하는 동시에 중화주의中華主義를 강조하고, 이른바 존왕양이尊王攘夷의 민족주의적 대의명분론의 요소를 가지고 있었다. 따라서 정치 사회적 측면에서 민족주의적 경향이 강하였다. 송나라는 주변의 이민족異民族인 요遼·금金으로부터 자주 침략을 당하였으므로 이에 대항하기 위해서도 자주적이고 독립인 정신이 요구되었고 이론적 무장이 절실하였기 때문이다.

우리나라 고려말의 사회풍조는 노불사상老佛思想의 영향으로 신비주의에 빠져 침체를 면치 못하게 되었다. 따라서 민족 국가의 차원에서 새로운 학풍의 진작이 요구되었다. 원나라의 예속으로부터 벗어나 자주 독립국가를 이룩함에 있어, 주자학은 윤리적이고 합리적인 차원에만 머무르지 않고, 더 나아가 사회 국가적으로 적극적이고 문화적인 활력이 될 수 있는 것으로 여겨졌다. 따라서 여말에 송학은 사대부들 사이에서 상당히 환영을 받았던 것이다.

성리학은 다방면의 요소를 머금고 있다. 그러나 철학적으로는 천리天理와 인성이 그 중요한 과세이며, 어떻게 천인天人이 합일할 수 있는가 하는 것이 성리학의 골자이다. 선진시대先秦時代에는 인간이 문제였으며 인도人道로서 인仁이 그 중심 과제이었다. 그러나 한당漢唐 이래로 중세에는 인간문제보다도 우주와 자연의 도를 문제삼았으며, 인간 이상의 보편적 법칙을 탐구하는 데 관심을 기울였다. 이에 비해 송대에는 천도와 인간이 그 본질에서 어떻게 합일할 수 있는가 하는 것이 중요한 과제였다고 할 것이다.

태극太極에 관한 문제는 성리性理를 논하는 사람이 이해하여야 할 제일의第一義이다. 이 태극을 자세히 논구論究하고자 할 때에 문제를 바꾸어 리기설理氣說이 되는데, 태극과 리기 문제는 천도에 관한 것 즉 우주 자연의 근본 원리를 총섭적總攝的으로 표현하는 것이요, 인간에서의 태극 리기를 말한다면 심성론心性論이 되는 것이다. 심성론은 다시 성정문제性情問題로, 성정문제는 선악문제善惡問題로 되며 인심도심설人心道心說 등 윤리적인 과제가 일어나는 동시에 이것의 실천방법을 말하면 수양론으로서 성誠·경敬·정靜 등이 구체적이고 현실적인 문제로 전개되는 것이다. 이와 같이 천도天道와 인사人事에 관한 문제 전반에 걸쳐 가장 먼저 문제를 일으킨 것이 주염계의 「태극도설太極圖說」이다.

유가에서 인간의 의리義理를 중히 여긴다면, 도가에서는 만유생성萬有生成의 근원이 되는 허기虛氣가 중요하다고 할 것이다. 의리는 하나이지만 기는 청탁淸濁과 후박厚薄의 정도의 차가 없을 수 없다. 물론 궁극窮極에서는 일기一氣가 될 수 있으며 리理에서도 분수지리分殊之理가 없는바 아니지만, 그러나 리는 동일한 것이요 기는 만수萬殊로서, 같은 것은 리이고(同者理也) 다른 것은 기(不同者氣也)라고 리기의 성질을 분석하는 것이다. 태극을 무엇으로 보느냐 하는 점에서는 유가의 학파와 도가의 학파를 대별할 수 있다. 즉 유가는 리의 관점에 서는 것이요, 도가는 기의 관점에 서는 것이다.

송대 성리학 이후 명대에 대두한 양명학은 중국철학사에서 매우 중요한 의의를 제기하였다. 왕학王學의 요지를 들어 말하면 첫째 심즉리心卽理, 둘째 치양지설致良知說, 셋째 친민설親民說, 넷째 지행합일설知行合一說로 나눌 수 있다. 심즉리는 육상산陸象山이 주창한 것이지만 나머지는 왕양명의 학설이다. 그 중에서도 치양지설이 가장 중요한 학설이다.

치양지 문제에서 만일 치지致知의 '지'를 선천적 지혜로 이해한다면 구태여 '양良' 자를 더할 필요가 없다. 이 '양' 자는 좋다는 뜻이 아니라 천연天然이라는 뜻으로 우리가 경험하기 이전에 생래적으로 얻은 혜명慧明한 선천적 지성이라는 뜻이다. 우리가 경험이 가능하고 지식을 받아들여 나의 것으로 축적할 수 있는 것은 그 근본 바탕에 양지가 있기 때문이다. 이 양지가 없다면 경험도 불가능한 것이요, 사물에 대한 인식도 불가능하게 된다는 것이다.

지행합일설과 관련하여 송유宋儒 주자학파는 지행知行이 합일合一하는 것이 아니라 호진互進한다고 한다. 그러나 양명학에서는 똑똑히 아는 것은 행동에 옮길 수 있고, 행동에 옮길 수 없는 앎은 아직 미숙한 앎이라고 한다. 행동하는 내용이 앎의 수준이라는 것이다. 또 앎은 행동의 시작이요, 행동은 앎의 결과로서 지행이 언제나 합일한다는 것이다. 이것을 언행일치言行一致 정도로 생각해서는 온당치 않다. 언행은 일치하기 어렵지만, 사람은 아는 바 그 지혜를 가지고 행동해 나가는 것이다. 그러나 우리가 노력하거나 공부하지 않고서도 우리의 앎이 밝아지고 행동이 예법에 맞게 된다는 뜻은 아니다. 양지를 이룬 자는 그 행동이 따라서 수반되며 그 지행은 다름 아닌 성자聖者가 가지는 바 지행知行을 이룰 수 있다는 것이다. 다만 양지를 이루되 완전무결하게 그 정도가 극치에까지 도달하였는지가 문제요, 능히 남김없이 양지를 이루었다고 하면, 이것은 범인과 성인이 다를 것이 없다는 것이다. 같은 의미에서 치양지설은 양명사상의 핵심 이론이다. 마음이 곧 이치요, 마음 밖에 사물이 따로 있지 않다고 주장한다.

정주학에서는『대학』삼강령, 즉 "대학의 도는 명덕을 밝히는 데 있으며 백성들을 친애하는 데 있으며 지선至善에 머무르는 데 있다"(大學之道, 在明明德, 在親民, 在止於至善)고 함에 있어 원본 친민親民을 신민新民으로 해석한다. 그러나 양명은 고본古本대로 '친민'으로 해석한다. 이것은 간단한 듯하면서도 그 학문적 세계와 차원이 달라진다. '신민'이라 해석하는 것은 백성을 새롭게 한다, 밝게 한다는 뜻으로 무지無知에서 혜명慧明으로 가는 지적 측면에서의 해석이다. 지적으로 해석하려는 것은 성리학의 근본사상이 '리理' 자에 있기 때문이다. 다시 말하면 이지적이요, 논리적인데 그 특징이 있는 것이다. 그러나 이 이지적이라고 해서 감성과 의지를 배제하는 동시에 생명이 있는 인간과 사회의 구체적 현실을 그대로 취급하는 것이 아니라 이것을 추상화하고 관념화하게 되는 것이다. 이것이 지나치면 현실과 유리된 공허한 학문이 될 경향성을 내포하는 것이다.

동양철학사에서 성리학은 후기학파로 가면서 관념화한 폐단이 일어나게 되었다. 무극태극無極太極, 리기설, 사단칠정, 인심도심을 가지고 갑론을박, 결론 없는 관념의 논쟁뿐이었다. 여기에 양명의 친민 해석은 친애, 친절 즉 정적인 요소와 의지적인 요소를 동시에 수반한다.

유교의 종지가 효제자孝悌慈이니, 위로 효성을 바치고 옆으로 형제간에 제悌(사랑)하고 온 천하 백성을 자慈의 세계로 순화醇化시켜 평화로운 개인과 사회가 되자는데 요지가 있다고 본다. 이것은 사변적인 체계철학으로부터 벗어나 사랑과 고통을 가진 인간의 생명을 문제 삼는 실제적實際的인 방향으로 전향시킨 것이다. 그러므로 메마른 언어와 문자를 가지고 이론의 모순성을 메워가는 것이 아니라, 살아 움직이는 인간의 문제를 해결하기에 고난을 당하며 애쓰는 인도주의적 사상이 깃들이게 된다. 따라서 지행이 합일하는 방향으로 문제 삼는 것이 양명철학의 특징이다. 이것이 관념인 듯하면서 관념 아닌 행실의 학이라고 양명이 주장하는 소이所以이다.

청조의 학문은 명나라 유신遺臣인 손기봉孫奇逢·황종희黃宗羲·고염무顧炎武·이옹李顒·왕부지王夫之 등에 의하여 단서를 열었다. 손기봉·황종희는 양명학을 주로 하였으며, 고염무·왕부지는 송학을 주로 하였지만 모두 한당의 훈고학을 겸하였다. 그러나 이옹의 「개과일신설改過日新說」은 자못 기독교의 색채를 띠고 있다. 대진戴震의 『맹자자의소증孟子字義疏證』은 한학漢學의 관점에서 송학을 공박하였으며, 방동수方東樹의 저술인 『한학상태漢學商兌』는 송학의 관점에서 한학을 통렬히 비판한 것이다. 옹방강翁方綱·완원阮元 같이 청나라 말기의 학자는 한대의 고증학과 송대의 의리학을 절충한 학파라 하겠다.

이와 같이 청대는 고증학이 발달하고 실증주의적 실학사상이 지배하여, 금석학金石學의 발달, 문자학·문헌학 내지 고서古書의 편찬으로 사고전서四庫全書 등 모든 학문이 전문화하였다. 그러나 전기 이후로는 사상적으로 큰 변화를 가져오게 된다.

당시의 청조는 중화민족이 아니고 만주족이었다. 명말청초로부터 의리학파들은 배청의식排淸意識이 강하였다. 중기 이후로는 민족감정, 민족의식이 고취되어 청조에 대한 반발이 일어났으며 청대의 공양학파公羊學派가 발생하게 된다. 공양학은 춘추학春秋學을 기반으로 한 학파의 하나다. 『좌씨전左氏傳』, 『곡량전穀梁傳』, 『공양전』을 춘추삼전春秋三傳이라 하는데, 공양학파는 복수주의復讐主義 사상이 강하였다. 역사 발전이라는 것이 난세亂世로부터 승평소강升平小康으로, 승평소강으로부터 태평 대동세계太平大同世界로 진전한다는, 삼단계 진화법인 삼세설三世說을 공양학파들은 주장하였다. 주체를 강조하는 복수사상은 만주족에 대한 한민족漢民族의 배척의식으로 연결되었다. 청대 공양학파로는 장존여莊存與(1719~1788)를 비롯하여 청말의 왕개운王闓運(1833~1916)·요평廖平(1852~1932)[58] 등에 의하여 일단 발전되고, 강유위康有爲에 이르러 사회철학적 체계가 부여되었나. 공양학자 강유위는 서구 민주주의 사상을 수용하려 하였고, 공화혁명정신共和革命精神을 고취하여 마침내 신해혁명의 도인導因이 되었다.

2. 한국유학사

유교사상은 공맹 이후 중국학술사상 정치·교육·사회사상 등에서 그 주류를 이루어 왔다. 이뿐만 아니라, 한국·일본에 이르기까지 1천 수백여 년을 통하여 지대한 영향을 미쳤다. 유교사상은 불교사상, 도교사상과 함께 동양철학사에서 삼대 사상이라고 말할 수 있지만, 특히 현실 사회에 실천철학으로서 지대한 영향을 미쳐 왔다.

중국사상이 한국에 들어온 것을 시기별로 나누어 본다면 크게 4기로 나누어 고찰할 수 있다. 첫째는, 은말주초殷末周初에 은나라가 멸망하고 동방으로 민족이 이동함에 따라 전래해온 고대사상이요, 둘째는,

58 요평의 경학사상은 풍우란, 『중국철학사』(附補編), 開明書店, 1030~1040쪽 참조.

진한시대秦漢時代에 들어온 공자의 육경사상六經思想이요, 셋째는 고려말에 들어오는 주자사상이라 하겠는데, 송대 성리학을 대표하는 주자학은 한국 근세의 학술문화에 획기적인 영향을 주었다. 넷째로, 조선조 후반기의 실학사상이다. 청조淸朝의 실사구시 학풍이 일어나고 서학의 전래와 더불어 새로운 서구문명의 근대적 여명을 보게 된다. 따라서 재래의 성리학의 쇠퇴를 가져왔다고 하겠지만 주자학은 구한국 말까지도 한국의 전통적 가치관의 주류를 이루어 왔다고 하겠다.

우리나라 유학사에서 고구려 소수림왕 2년(372)에 태학太學을 세워 자제子弟를 교육하였다는 사실은 특기할 만한 일이라 하겠다.[59] 그러나 이것은 중국으로부터 유학사상이 처음으로 들어 왔다는 뜻이 아니라, 중국제도를 본떠 국립대학을 세웠다는 뜻이다. 유학사상은 그 이전 한사군(B.C. 108) 이래로 한대漢代의 문물제도와 학술사상을 전반적으로 인식했다고 볼 것이다. 낙랑樂浪 사람 왕경王景은 『주역』에 능통하였고 천문과 술수를 잘 알았으며 다른 기예도 많았다. 한나라 명제 때에 치수治水에 공적이 있다 하여 노강태수盧江太守의 벼슬을 지냈다고 한다. 낙랑시대만 하더라도 중국고전에 능통한 이들이 많았으리라고 짐작된다. 그 이전에 올라가 연소왕燕昭王 29년(B.C. 283) 조선후朝鮮侯와 연나라와의 국제 외교관계에서 『주례周禮』에 입각한 유교사상이 엿보인다.[60]

고구려 사람들이 독서한 내용을 보면 유교의 오경五經과 삼사三史, 『삼국지三國志』 등이었다 하며(『北史』), 『일본서기』에 보면 일본에 건너가 명화名畵를 그린 고구려의 담징曇徵이 승려임에도 유교의 오경에 능통하고 회화繪畵에 능했으며, 종이와 먹과 색채와 맷돌을 만들었다고 한다.[61] 이와 같이 오경은 학문하는 사람의 기본 교과로 되어 있다.

---

59 『삼국사기』 권18, 「고구려본기」, 소수림왕 2년조.

60 『魏略』 참조.

신라는 신문왕 2년(682)에 국학國學을 세워 자제를 교육할 때 유교 고전을 가르쳤다. 그 교과내용이 『삼국사기』에 자세히 나온다.[62] 오경을 중심으로 하여 박사博士와 조교助教들이 교수教授하되 교과 중에서도 『논어』와 『효경』은 상·중·하 각급 학생의 필수 교양과목으로 되어 있다. 『논어』의 '인仁'과 '충忠'의 사상, 『효경』의 '효' 사상은 국민교양으로 강조된 것임을 알 수 있다.

백제의 아직기阿直岐와 왕인王仁은 일본에 『논어』·『천자문』·『주역』·『산해경山海經』을 가지고 가서, 그 나라 황태자를 교육하고 문자와 유교사상을 처음으로 전달하였다고 한다.[63] 유교사상은 삼국시대에 제왕帝王의 통치원리로 응용되었으니, 고구려의 광개토대왕의 비문 속에 유교의 경학사상이 응용되어 고구려의 정신을 나타내고 있다.

신라의 진흥왕은 삼국통일의 기초를 닦은 임금으로 그 시대에 화랑제도가 정비되었다. 사방으로 국경을 확장하고 순수비를 세웠으니 창녕비昌寧碑, 북한산비北漢山碑, 황초령비黃草嶺碑, 마운령비磨雲嶺碑가 그것이다. 순수비를 보면 고신도적古神道的 요소가 있지만, 특별히 유교의 정치철학과 그 용어가 수없이 나온다. '수기이안백성(修己以安百姓)'은 『논어』에 나오는 문구로서 내가(帝王) 스스로 몸을 닦아 백성을 편안하게 한다는 뜻이다. 또 '역수당궁曆數當躬'이라든가 '충신정성忠信精誠' 등 유학의 어구를 구사하여 진흥왕의 애민愛民하는 정성을 나타내고 있다. 일연은 『삼국유사』에서, 화랑들에게 효제충신孝悌忠信을 가르치는 것은 나라를 다스리는 대요大要라고 하였다.[64]

---

61 『일본서기』 권22, 推古天皇 18년조 "春三月 高麗王貢上僧侶曇徵法定 曇徵知五經且能作彩色及紙墨 幷造碾磑 蓋造碾磑 始于是時歟."

62 『삼국사기』 권8, 「신라본기」, 신문왕 2년조.

63 이능화, 『조선도교사』, 「百濟道家思想」 참조.

유교사상은 삼국의 부족국가시대에 중국의 학제學制나 법제法制를 수입하여 이를 모방하였으며 정치사상이나 교육사상 등 제반 사회사상에 응용하였다. 충효정신은 국민윤리에, 임진무퇴臨戰無退하는 충도사상忠道思想은 병역의 윤리에 적의適宜하게 응용되었으며, 심지어는 토지개혁의 제도와 정신까지도 중국의 제도를 모방하였다. 신라 성덕왕 21년 8월에 "처음으로 백성에게 정전丁田을 나누어 주었다"고 한 것이 그 예이다. 맹자가 일찍이 말하기를 "어진 정치는 반드시 토지의 개혁으로부터 시작한다"[65]고 하였으며 토지제도의 불균형은 빈부를 균평均平하게 하지 못하는 데 있다고 하였다.

고려 성종 때의 유학자 최승로崔承老(927~989)는 그의 시무이십팔조 가운데 유·불·도 삼교의 특징을 들어, 삼교는 각각 소업所業이 있으니 이를 행하는 데는 획일적으로 하는 것은 불가하다고 하였다. 불교를 행하는 것은 몸을 수양하는 근본이요, 유교를 행하는 것은 나라를 다스리는 근원이다. 몸을 닦는 것은 내생을 위한 것이요, 나라를 다스림은 금일의 임무라고 하였다.[66] 최승로가 상소문을 작성할 때 응용된 서책은 오경과 『논어』 등이다. 이 중에서도 그의 철학의 근본이 된 경전은 『주역』의 이론과 『예기』, 『춘추』의 규범이라 하겠다. 그는 항상 '득중得中'을 강조하여 지나치지 않고 모자라지도 않은 중용사상을 논술하였다. 상소 가운데 제15조의 득중, 제20조의 작중酌中, 제22조의 집중執中 등은 모두 유교의 시중론時中論을 연술演述한 것이라 하겠다. 다시 말하면 성리학의 주체적 규범 윤리보다는 대상적 상황 윤리를 중시하였던 것이다.

삼국시대에 유교사상은 한대의 오경사상을 중심으로, 제왕의 통치

---

64 『삼국유사』, 塔像篇, 「彌勒仙花未尸郎眞慈師」.
65 『孟子』, 「滕文公 上」 "夫仁政 必自經界始."
66 『고려사절요』 권2, 성종 원년조.

이념, 화랑정신, 세속오계世俗五戒(忠·孝·信·勇·義)로 응용되어 사회적으로 수용되었으나, 고려시대의 유학은 당나라의 영향을 받아 실학으로서의 건전한 구실을 못하고 점차 사장학적詞章學的으로 부화浮華하게 되었다.[67]

고려시대는 유·불·도 삼교가 상호 교섭하는 시대로서, 유자는 노불에 승려는 유교와 도가사상에 대한 지식과 조예가 깊었다. 해동공자海東孔子라 일컬어지는 고려 일대의 명유名儒 최충崔冲(984~1068)이 순수 유학자인 것 같지만 고승들의 비문을 찬하였으며 현재도 그 비문이 남아 있다. 김부식金富軾도 마찬가지이다. 그를 유교학자로 말하지만 대각국사大覺國師의 비문을 찬술한 바 있다. 불교에 대한 조예가 없다면 고승대덕의 철학과 종교적 경지를 논할 수 없음을 말할나위 없다. 고려 말에 포은 정몽주나 양촌陽村 권근權近 같은 이가 주자학을 신봉하여 불교를 반대한 것 같지만 정몽주의 시문과 경연에서의 계사啓辭를 보면 불교에 조예가 깊은 것을 알 수 있고, 권근이 삼봉 정도전의 학문을 이어 주자학으로 조선조 건국이념을 지원하고 불교를 무조건 반대하며 이해가 없는 줄로 알지만, 그의 저술인 『주역천견록周易淺見錄』 등을 보면 유·불을 비교하여 독특한 주석을 내고 있다. 불교에 대한 일가견이 없으면 불가능한 일이라 할 수 있다.

그러나 조선조로 들어오면서 점차 불교를 교단적으로나 이론적으로 배척하게 된다. 여말 불교계의 타락으로 사회가 퇴폐해지자 국민정신의 진작이 필요하였다. 조선조 건국과 더불어 국민정신의 진작을 기하고 배불숭유 정책을 확립함으로써 비로소 주자학의 위치가 확보되었다. 정도전의 『불씨잡변佛氏雜辨』과 같이 불교를 배척하는 이론이 제일차로 진행되고, 그 다음에는 이언적의 「여망기당서與忘機堂書」에서

---

67 『宣和奉使高麗圖經』 권40, 「同文」, 〈儒學〉 "大抵以聲律爲尙 於經學未甚工 視其文章 彷佛唐之餘弊云."

와 같이 노장사상을 배척하게 되었다. 퇴계 이황은 노불을 배척한 이언적의 논리에 감탄하고 "오도吾道의 본원本源을 천명하고 이단의 사설을 물리쳤다"고 높이 평가하였다. 그 뒤를 이어 유교학파 중에서도 양명학적 유학은 이단으로 여겼으니, 퇴계는 왕양명의 『전습록傳習錄』을 변척한辨斥한 「전습록논변傳習錄論辨」을 지었다. 이후 조선의 유자들은 퇴계를 좇아 양명을 이단으로 여기게 되었다.

한편, 주자학의 리기설에서도 리우위설理優位說을 주장하는 것이 정통이요 기를 주장하는 이론은 옳지 않은 것으로 배척하였다. 퇴계 이황이 화담花潭 서경덕徐敬德을 배척한 이유가 여기에 있다. 퇴계가 리를 기보다 우위에 놓으려 한 것은 정륜正倫을 바로 잡으려는 데 있었다. 리기를 전도轉倒하여 기를 우위에 놓는다면, 종국에 가서 천리天理와 인욕人欲이 거꾸로 되어, 세력과 재물을 숭상하고, 의리와 천도를 도상倒喪케 하는 난상패륜亂常悖倫의 결과를 초래하게 될 것이기 때문이었다.

여말 정몽주 이래로 야은冶隱 길재吉再, 점필재佔畢齋 김종직金宗直, 일두一蠹 정여창鄭汝昌, 한훤당寒暄堂 김굉필金宏弼의 학맥을 이어 정암靜庵 조광조趙光祖에서 이루어진 도학사상은 의리를 높이고 권세를 천하게 보며 도심을 높이고 인욕을 눌러 강상綱常을 세우려는 정신이요 사상이다. 이 도학정신을 계승하여 이론적으로 분석하고 체계화한 것이 다름 아닌 성리학의 이론이다. 조광조는 임금에게 올린 「계심잠서문戒心箴序文」에서 "인간의 호연浩然한 기운은 천지와 같이 커서 포함하지 않는 바가 없으며, 마음의 영명靈明함이 오묘하여 통하지 않는 바가 없다. 하물며 인군人君의 일심一心이 하늘의 큼을 체득하여 천지의 기운과 만물의 이치가 모두 내 마음에 쌓여 있다. 사람의 마음에 탐욕이 있으면, 영묘靈妙한 능력이 침체하고 사정私情에 끌리면 유통할 수가 없다"고 하였다.[68] 중국 송대 성리학자들이 리기설을 우주론적으로 해석하려는 경향이 있는데 비해 조광조의 리기설은 인간에 내재한 호연지기 속에서 리기를 설명하였다. 천지의 기운과 만물의 이치가 내 마음에 쌓였다고 한 것은 인간의 심성 안에서 리기를 나누어 본 것이라 할 수 있다. 나에게도 명령받지 않는 것이라고 하였으니 가치관의 극치를 확립한 것이요, 나의 인욕과 사정私情을 버리고 이에 구애받지 않는다면 영묘한 능력이 유통된다고 하였다. 천리와 인욕을 오심吾心 중에서 준엄하게 판별하고 천리를 간직하고 인욕을 막아야 한다는 수양론과 연결되어 있다. 이것이 후대에 사단칠정의 인성론人性論으로 전개하게 된다.

한국 성리학은 객관적·우주론적 영역으로부터 주체적 인성론으로 나아가 문제를 보다 절실한 내면적 주체에서 체득하려고 하였다. 이것이 중국 성리학과 다른 점이다. 인성론의 차원에서는 확실히 중국 성리학보다 일보 전진한 영역으로 그 방향을 돌려 놓았다고 할 수 있겠다. 인간의 성실성과 실존성을 통하여 진리를 주체적으로 파악하려는 것이 사단칠정의 심성론이다. 퇴계 이황은 리를 지극히 높아서 절대적인 것(極尊無對)으로 여기는 동시에 천리天理는 만물을 명령하는 자리요, 아무것에게도 명령받지 않는 것이라고 하였으니,[69] 가치관의 극치를 확립한 것이라 할 수 있다.

율곡 이이의 리기사상은 이원적으로 분리할 수 없는 현실에서, 리를 떠난 기가 있을 수 없고 기를 떠난 리도 있을 수 없다. 그러나 리기가 분리할 수 없다고 하여 순수한 리와 잡박雜駁한 기를 혼동할 수는 없다. 리와 기가 서로 떠나 있지 않으므로, 기가 흐리면 리도 흐리게 보이고 기가 맑으면 리도 맑게 보인다. 리가 청탁淸濁이 있는 것은 '리' 자체가 그런 것이 아니라 기의 청탁에 따라 리가 맑게도 흐리게도 보일 뿐이다. 그러므로 리가 흐릴까 염려할 것이 아니라 흐린 기질을 밝

---

68 『정암집』 권2, 「戒心箴序」 참조.
69 『퇴계전서』 권13, 「答李達李天機」

히는 데 근본 문제가 있는 것이라 하였다. 리의 근원도 하나요 기의 근원도 하나뿐이라고 하였다. 리기가 서로 떠나지 않는 리기의 일원처一元處 즉, 리기지묘理氣之妙는 보기도 어렵고 보았다 해도 설명하기 어려운 자리라고 하였다.[70] 율곡의 성리학에서 가장 중요한 문제는 기우위설이 아니라 리기지묘처理氣之妙處를 해득하기 어려운 대목이라고 하였다. 율곡은 추상적 원리를 현실에 적용하려 함이 아니라 주어진 현실을 받아들여 보다 진선진미眞善眞美한 방향으로 끌어 올려 이상적 상태로 승화시켜 가는 논리라 하겠다.

이 내면적 심성론이 후기에 이르러 의리학파, 절의파로 이행되었고 특히 한국 최근세사에서 외세의 침략과 더불어 이에 저항하는 절의파, 실천파로 연결되었다. 이것이 주자학에서 도학사상, 성리사상性理思想, 의리사상, 의병정신으로 연결되어 가는 것이라 하겠다. 그러나 임진왜란과 병자호란이라는 양대 국란을 겪은 후에는 내적 성실성만 가지고는 현실적 국제사회에 생존할 수 없음을 자각하게 되었고, 내실과 함께 외실外實을 얻어 국력을 배양하고 실질을 숭상하는 방향으로 눈을 돌리게 되었다.

왕양명의 학설이 조선에 들어온 것은 명종·선조 때인 듯하다. 이때 이미 퇴계 이황은 양명학을 배척하는 「전습록논변」을 지어, 양명학은 불교의 영향을 받은 학설로서 주자의 종지에 어긋나고 공맹사상의 정통이 아니라고 배척했다. 그 이후로 조선의 학자들은 퇴계의 학설을 따라 양명학을 이단으로 배척하여 왔다. 그러나 양명학이 배척을 당하였지만 양명학자가 아주 없었던 것은 아니었다. 간간이 남몰래 연구하는 학자로 최명길崔鳴吉·장유張維 등이 있었으나 체계적인 저술은 없었다. 시문 속에서 일부 편린들을 엿볼 수 있을 뿐이었다. 그러나 하곡

70 『율곡전서』 권10, 「答成浩原」 참조.

霞谷 정제두鄭齊斗는 양명학을 대성한 학자로 학문과 저술이 체계적이고 이론이 정연하며 그 수준이 중국이나 일본 학자 못지 않았다. 하곡의 제자 김택수金澤秀는 스승에게 올린 제문에서, 중국의 양명을 암흑에 비친 한 등불에 비하고, 조선의 하곡을 몇 천년 동안 반딧불 번득임도 없는 암흑 동방에 홀로 일대 횃불을 밝혔다고 하였다.

유학은 성리학에서 철학적으로 심화하였다. 송대의 성리학이나 한국의 성리학은 사상적인 면에서 재래의 훈고·주석의 성격을 탈피하여 그 업적은 실로 빛나는 것이었다. 조선조 퇴계, 율곡은 성리학자로서 쌍벽이며 그 철학사상은 우리나라뿐 아니라 세계사상사에서도 공헌한 것이라 할 수 있다. 그러나 후기로 가면서 성리학자들은 성리학의 진수를 체득하여 구체적인 현실에서 이바지하기보다는 이론적으로 추상화하는 데로 나아갔다. 마침내 현실을 도외시한 공리공론을 일삼았고, 게다가 학파와 당파적 심성이 미묘하게 얽히면서 정쟁의 도구로 전락하는 경향이 있게 되었다. 이에 건전한 국민사상과 사회적 발전이 침체 쇠잔하여 민생이 점점 어렵게 됨을 바로잡고자 일어난 것이 실사구시實事求是의 학풍이다.

실학은 공소空疎한 이론을 반대하며 현실적으로 구체적 실제 사실에 즉卽하여 사물을 연구하며 인간과 사회를 건실하게 육성하려는 것으로, 인간의 정신과 학문적 이론을 정치·경제·사회 모든 부문에서 실사구시의 관점에서 구명하려는 것이다. 경전 연구에서도 확실한 고증에 의하여 진정한 의미를 이해해야 하며 따라서 공맹의 진의를 밝혀야 한다고 하였다. 그러므로 송대의 이론유학을 반성하여 현실사회에 알맞은 문물제도와 사회문화 정책을 건전하게 실현하는데 그 특징이 있다.

이와 같은 방향의 모색은 성리학의 말폐를 개혁하는 새로운 학풍을 진작시켜 혁혁한 업적이 있었다. 유형원의 『반계수록』, 이익의 『성호사설』, 정약용의 『경세유표』, 『목민심서』 등은 경세제민經世濟民을 위한 구체적인 정책을 논의하였을 뿐만 아니라, 학문의 과학적인 연구와 경험적 사실을 중히 여겨 인간의 현실사회에 대한 참여활동을 강조한 중요한 저술들이라 할 수 있다. 실학파의 업적과 공헌은 재래 성리학의 여폐餘弊를 극복하려 한 데서 찾을 수 있다. 실학파 학자들은 한갓 이론에 대한 고집과 편견으로 현실적으로 아무런 능력이 없이 언어문자의 학문이 되기 쉬운 타성 및 사회의 부패성을 쇄신하여 국가를 새롭게 하기 위해, 청조淸朝의 새 문물을 수입하여 실천하는데 노력하였다. 당시 실학파 학자들은 청조의 문물을 받아들여 배우기에 바빴다. 당시 중국을 다녀온 사람으로서 청조의 문화를 구가謳歌하지 않은 이가 없었다. 연암 박지원의 『열하일기』라든가 초정 박제가의 『북학의』 등은 청조 문물을 소개하는 대표작이라 할 수 있다.

그러나, 여기서 주의하고자 하는 것은, 유학이 현실과 사회를 토대로 하는 인간의 유용有用의 학문이라 하여 실용주의 사상이나 물질주의 경제이론이라고 단정한다면 정당한 이해라고 할 수 없다. 송대나 조선조 후반기에 들어 성리학파가 너무 이론적으로 흘러 인간과 사회를 유리遊離하는 경향이 농후한 까닭에 그 폐단을 시정하려는 의미에서 실학이 대두하는 것은 역사적으로 필연의 형세라 하겠지만, 실학사상을 단순히 경제학이나 사회학과 같이 여기는 것은 반성해야 할 문제라고 본다.

* 이 글은 본디 1978년 성균관대학교 유학과 교재편찬 위원회에서 펴낸 『유학원론』 제2장의 제4절에 실렸던 것인데, 이번에 '중한유학소사'라는 이름으로 독립시켰음을 밝혀둔다.

제3장 한국사상의 현대적 전망

I. 산업사회와 정신문화

60년대, 70년대의 고도성장 시대를 지금까지 지속해 왔다고 생각하면서, 현재는 어떤 양상으로 있을 것인가, 대체로 아래와 같은 것을 상상할 수 있다. 우선 60년에서 81년 사이의 연평균 성장률 8.2%를 과거 20년 간 계속했을 것이기 때문에, 국민소득도 그만큼 증대했을 것이고, 거리에 따라서 중화학공업 부문에 대한 투자도 늘고, 무역도 늘고, 물동량도 그만큼 늘고, 사람들의 소비성향도 대량 소비성향으로 조성되고 있을 것이다. 말하자면, 양적 확대주의가 우리 사회의 기본무드로 되어 있을 것이라는 말이다.

그 동안의 경제성장을 국민총생산 면에서 보면 4.6배의 증가를 말하는 것이다. 우리나라의 생산능력이 불과 20년 동안 이와 같이 증가했다는 것은 미국이 1940년까지의 50년 동안 이룩한 것이나, 일본이 1934년까지의 50년 동안 이룩한 성취도와 맞먹는 것이기 때문에, 우리의 근대화에 대한 자부심도 그만큼 양적으로 확대될 수 있었던 것도 사실이다. 그리고 그것이 또 우리의 민족적·국가적 자부심을 키워주었던 것도 의심할 수 없는 일이다.

이미 70년대 중반기에 우리 사회는 중진국이 되었다는 사람도 생겼고, 10년도 되지 못해 고도 공업단계가 눈앞에 닥쳐오고 있다고 판단하는 사람도 나타나게 되었다. 이와 같은 사정은 어쨌든 우리 사회가 현대 산업사회로 그 내적 구조를 다져가고 있음을 확실히 보여준다고 하겠다.

산업사회가 어떠한 구조와 기능을 가졌는가 하는 문제는 사회과학에서 잘 규명되고 있으므로 여기서 더 말할 필요는 없지만, 이때 특별히 정신문화란 무엇인가 하는 것까지 언급하지 않을 수가 없고, 우리의 정신문화의 실태가 무엇인가, 또 어떠하여야 하겠는가 하는 것도 간과할 수가 없는 문제다.

시대마다 그 시대를 대표하는 가치가 있다. 이상이라고도 할 수 있고 목표라고도 할 수 있고, 혹자는 이데올로기라고도 할 수 있겠지만, 어쨌든 가치란 인간이 추구하는 어떠한 이상형(idealtypus)을 전제로 해서 성립되는 것이다.

공자나 주자의 논리는 한 번도 완전하게 실현되었다고 할 수 없지만, 그래도 그것은 인간이 가져야 하는 가치로서 존재해 왔기 때문에, 유교문화라는 생활양식이 그 자체의 의미를 지닐 수 있었다.

어떤 문화를 막론하고 우리가 그것을 연구할 때, 그 문화가 추구하고 있는 가치를 알지 못하고 그 양식이나 도구만을 문제 삼게 될 때, 그 속에서 우리가 발견할 수 있는 것은 무엇이겠는가? '얼' 또는 '혼'이라고 할 수 있는 것이 없다는 뜻이다. 더 구체적으로 말하자면, 문화는 있지만 정신은 없다는 의미도 된다. 가치라는 실체가 없는 형식이 허무한 것과 마찬가지로, 형식을 무시한 가치 또한 자기를 객관적으로 표현할 할 수 있는 능력이 없다는 뜻에서 무력한 것이다. 그래서 정신과 문화는 마치 체體와 용用의 관계처럼, 서로 분리되어서는 서로가 힘을 상실하는 것이고, 체와 용이 일원화될 때만 생명력을 가지는 것이다.

현재 우리들의 물질생활은 일세대나 이세대 이전에 비해서 놀라울 정도로 풍부해진 것은 사실이다. 아마도 우리가 선진사회를 구가하는 것도 바로 이 측면에서일 것이다. 그러나 과연 정신생활에서도 그만큼 풍부해졌는가, 누구도 그렇다고 대답할 수는 없을 것이다. 라디오나 TV의 보급이 기하급수적으로 늘어난 것은 사실이지만, 이 사실을 가지고 누가 한국인의 정신발달의 척도가 된다고 할 수 있겠는가? 오히려 많은 면에서 결점이 노출되고 있다. 그러나 그것을 국민정신이 잘못된 것이라 해서 책임을 전체에다 돌리고 한탄하고만 있을 수 있는 문제가 아니다. 적어도, 시대에 대해서 이상 또는 가치를 제시해주어야 하는 지식인, 그리고 지도층 사이에서 일어났던 근본적인 가치관의 혼란이 더 큰 문제인 것이다.

여기서 '근본적'이라는 표현을 쓴 것은 그들이 그들의 입지조건에서 우리 사회와 국가의 미래를 바르게 설정하지 못했다는 의미에서 쓴 것이다. 해방 직후 38선이 생긴 것을 보고, 쉽게 독립되기는 어렵겠다는 직감에서 당황했던 것은 일반 지식인이 처했던 공통적인 입장이었지만, 날이 가고 달이 갈수록 우리들 속에서 미국과 소련이 제시해 준 국가 사회 생활구조 이외에는 다른 선택의 여지가 없다는 의식을 가지게 되었다.

좌우 대립이 1948년 정부수립 때까지 거의 모든 것에 영향을 미쳤고, 6·25 한국전쟁을 통해서 그 의식은 현실로서 체제화 되었다. 비록 그것이 생활구조로서 체제화 되었다고 하더라도 용用이었다는 점에서 얼마만큼 우리의 체體를 내포하고 있느냐 하는 문제 제기가 60년대의 경제 건설의 토대를 확보한 뒤에야 우리의 의식 속에 떠오르게 된 것이다. 그것을 주체의식의 초기 단계라고 해두겠다.

주체의식이 자기의식을 말하는 것이라면, 주체의식의 성장 과정은 즉자의식卽自意識에서부터 대자의식對自意識으로의 발전을 의미할 것이다. 그러나 이러한 논리는 실제의 사회변화 과정에서 대체로 아래와 같이 해석할 수 있을 것이다.

휴전에서부터 4·19까지는 반공이라는 용用이 주체의식이라는 체體

와 괴리된 채 경제적으로는 전후의 혼란, 무상원조, 그리고 철저한 가치의 전환을 통해서 한국 지도층과 지식인은 과거와 정신적으로 단절했다. 이른바 냉전시대가 전개되었다. 기이하게도 우리들은 이 시대를 통해서 경제적으로는 무근거無根據하면서도 의식에서는 자율성을 가질 만큼, 근대적 정치, 사회의식을 자기 것이라고 생각하게 될 정도가 되었다.

60년대, 70년대를 통해서 국민경제의 물질적 토대가 어느 정도 마련됨으로써 비로소 우리들은 '용'과 '체'가 하나가 되어야 한다는 의식에서 자기균형을 찾기 시작했지만, 워낙 그 괴리가 심했던 탓에 일시적인 역기능 현상도 불가피하게 발생했다. 복고주의를 역사의식이라고 착각하는 일이라든가, 충효의 본질적 의미를 상실한 채, 중세적 충효 규범을 현대사회에 그대로 적용하려는 시도들이 한 예이다. 그러한 시도들은 5·17 이후에 후면으로 물러나기는 하였어도, 이른바 고도성장에서 오는 주름으로 사회적으로 새로운 자기인식의 필요성은 조금도 감소하지 않았다. 특히 이때 새로운 자기인식이란 산업사회에서의 삶의 비전을 모색하는 일이다.

이때 하나의 난점으로 등장하는 것은 말할 것도 없이 새로운 자기인식이라고 할 때, 우리의 경우 우선은 우리의 지난날의 공동체적 감각—특히 국권상실시대를 통해서 배양된 민족감정—의 회복을 생각할 수도 있고, 또 우리의 지적 풍토가 이것을 일종의 반민주적 발상이라고 평가할 수도 있다.

그러나 우리가 냉정하게 생각해 볼 때, 우리의 원래적인 공동체 감각을 회복한다는 것은 낡은 내셔널리즘이거나 복고운동도 아니며, 어떠한 쇼비니즘에 봉사하기 위한 것도 아니다.

국제경기에서 이기면, 온 국민이 기뻐하고, 흥분하고, 때로는 눈물까지 흘린다거나, 올림픽대회를 우리나라에서 개최한다는 소식을 듣고서 비로소 세계 속에서 우리의 위치를 의식하고 숙연한 각오를 한다는 것들이 침략 이데올로기, 독재 이데올로기의 범주에 드는 사고방식이라고 비난할 수는 없는 일이다. 어떠한 선진 국민치고 이렇지 않은 국민은 하나도 없는 것이다.

그것은 바로 한국인이 한국인으로서 자기를 발견하는 일이며, 우리가 말하는 정신문화란 이러한 공동감각을 발견하고, 촉진하고, 그것으로써 우리의 산업사회 전진의 추진력을 삼음을 말한다. 그러나 여기서 우리가 필요로 하는 것은 이 공동감각의 위치를 결정하는 일이다. 왜냐하면 그것은 우리에게 구체적으로 필요한 것이 산업사회에서의 공동감각의 정통성을 밝히는 일이 될 수 있기 때문이다.

공동감각이란 어디까지나 감정과 감각의 입장이다. 이점을 강조하는 것은 한 마디로 말해서, 냉전적 사고방식은 우리의 전통적 공동감각과는 이질적인 것이며 적어도 우리의 민족적 자연과는 맞지 않는다는 것을 의식하기 위해서이다. 해방 후 우리가 수납收納해 온 이데올로기는 사실상 원하던 원하지 않던 간에 학습해야 했던 형식논리였던 것이다.

그것은 기본적으로 우리가 일시 탈국권脫國權 시대를 통해서 상실했던 국가논리를 해방 후 갑자기 외국 이데올로기로써 충당했기 때문에 일어났던 일이다. 그렇다고 이제 와서 공동감각이 그 반대개념으로서 유일한 정당성을 가진다는 말은 아니다. 다만 우리들이 강조하고 싶은 것은, 우리나라는 민족·문화·언어·자연·경제가 한 덩어리가 된 하나의 나라에 살고 있고, 다만 문제가 있다면 민족이 분열되어 있다는 점이 최대의 문제로 남아 있을 뿐이다. 이 한 가지 사실이, 이 민족이 또다시 전쟁의 소용돌이 속에 휩쓸려 들어갈 것인가, 아니면 현대세계에서 유례를 볼 수 없는 평화통일의 방법을 보여 줄 것인가의 시금석으로 남아 있다.

우리는 이 과제를 성공적으로 해결할 기초 조건을 갖추고 있다고 인식한다. 왜냐하면, 우리 모두는 인간의 자연감정으로서의 애족과 애국의 감정을 가지고 있기 때문이다. 다만, 문제가 있다면, 이러한 자연감정을 자연으로서 그냥 방임만 해둘 것이 아니라, 그 자연의 기반 위에 높은 국가라는 건물을 세우기 위해서는, 자연의 기반은 다져져야 하며, 역학적力學的으로 견고해야 한다는 데 있다. 여기에 정신문화가 과학적으로 연구되고 분석되며, 민족적 요청을 충당해야 하는 이유가 있는 것이다.

이 자연의 기반을 자연 상태로 그냥 둔 채, 그 위에 국가나 산업사회라는 건물을 세우려고 할 때, 매우 심각한 문제가 발생한다는 것을 우리들은 최근 20년 동안 경험한 바 있다. 우리들은 이 자연의 기반을 다져서 굳게 해야 한다. 학문·과학의 힘으로 이 지반을 다져 가는 일은 분명히 우리의 정신문화를 역사적으로 키워나가는 일 이외에는 다른 길이 없다. 그것을 이론으로서의 민주주의로 대체할 수 있다고 생각했던 것이 아마도 우리의 큰 착각이 아니었던가 한다. 다만 민주주의가 현실적으로 의미를 가지게 되는 것은 그것이 한 민족의 역사적 조건 속에서 자기를 적용시킬 때 뿐인 것이다. 세계의 모든 민족국가들이 그러했다.

해방 후, 그리고 특히 6·25 후 한국의 민주주의는 냉전구조의 심화라는 특질 속에서 가꾸어져 왔다. 그것은 강대국의 보호조항이었기 때문에 우리의 역사적·사회적 조건과는 괴리되어 있었다. 다만 우리의 세계인식의 폭과 깊이가 제한되어 있었고, 또 냉전구조가 세계적 규모의 광대한 것이었기 때문에, 우리들은 그 존재를 의식하지 못했을 때가 많았다. 개인의 완성이 바로 세계인의 자질이 된다는 사고방식도 이러한 구조의 산물이라고 할 수 있지만, 일단 마음을 가다듬고 생각해 볼 때 가족과 한국사회와, 그리고 대한민국이라는 국가 없이 세계인이 된다는 생각이 허망한 것임을 곧 깨닫게 되는 것이다.

그러나 우리가 공동감각이라는 민족의 기반을 다진다는 것이 하나의 이데올로기가 될 것인가, 아닌가 하는 정치사상의 문제는 그만둔다고 하더라도, 적어도 우리가 산업사회가 발전해 가고 있는 현 시점에서 우리의 정신적 출발점이 어디로부터 시작되어야 하는가는 밝혀둘 필요가 있다.

물론 사람에 따라서는 고조선부터 시작되어야 한다고 하는 사람도 있을 것이고 신라통일에서부터라고 하는 사람도 있을 것이고, 조선조가 바로 우리의 정신문화의 기저基底가 된다고 하는 사람도 있을 것이다. 그렇지만 그 어느 것이라 하여도 이제 그것들이 현대 한국과 어떻게 연결될 수 있는가 하는 학문적 규명은 아직도 미흡하다.

다만 여기서 지적해두고 싶은 것은, 과거의 우리의 정신문화가 어떠한 것이었든 간에 거기서 공통적으로 나타나는 현상은 각 시대의 정신문화에서, 전근대적 신분사회의 입장에서 역사연구가 진행되었고, 일반서민들의 모습은 부각되지 않았음에도 만약에 우리들을 현재의 우리의 정신적 원점을 삼는다면, 현대산업사회의 주권자인 시민, 대중, 국민(요컨대 한국민족)은 어떻게 될 것인가 하는 문제가 제기된다.

오늘 이 학술연찬은 바로 이러한 문제점에 대한 해답을 모색하는 시도인 것은 말할 필요도 없이 분명한 것이지만, 우리들이 정신문화라는 민족기반을 다지는 것 자체가 우리의 현대의 민족주의 내용이 될 것이고, 그 인식론과 방법론이 우리 민족의 미래에의 방향을 규정 짓는 것이라는 점에서 우리들은 매우 무거운 사명을 띠고 있다.

우리가 우리의 민족적 자연을 회복한다는 것은 우리의 전통을 짊어진다는 것이고, 그것은 곧 우리의 특질을 확인한다는 것이 될 것이다. 이때 우리가 강조해야 할 것은 주체성의 과학적 확립이라는 문제가 세계문화의 창조라는 공동감각에까지 발전하는 궤를 하나로 해야 한다는 점이다. 다만 자기집단에 대해서만 공헌하고 발언함으로써 공동감각을 가진다는 원초적 민족주의는 이제 산업사회 시대에서는 역할을 다하겠는가 하는 문제다.

세계문화의 창조라는 것은 하나의 빈말이 아니다. 우리가 살고 있는 산업사회의 문화가 얼마나 시시각각으로 타사회의 문화적 영향을 받고 있는가를 알고 있는 우리들로서는, 세계문화의 창조라는 것이 다름 아니라 자기문화의 성숙한 그 자체를 의미하는 것이라 함이다.

거기에서 우리가 공헌하고 발언하는 것을 자타가 공인하게 될 때, 우리가 만들어 나가고 있는 우리의 사회가 세계 여러 민족들에 대해서 사명을 지는 사명공동체가 될 수 있을 것이다. 우리의 정신문화가 진정으로 객관성을 확보하는 순간이 이 때라는 것이 우리의 확신이다.

(1983. 4)

Ⅱ. 국가발전과 언론의 철학

오늘 '국가발전과 언론의 역할'을 주제로 하는 학술발표회를 가지는 것은 그 어느 때보다도 뜻있는 일로 생각됩니다. 최근에 발생한 소련전투기에 의한 우리 KAL 여객기 격추사건만 하더라도, 그것이 서울에서 곧 열리게 되어 있는 ASTA나 IPU와 같은 국제회의를 앞두고 발생했다는 점에서, 우리들로서는 다각적인 고찰을 하지 않으면 안 될 문제라고 생각합니다. 그러나 여기서 우리가 아무리 다각적으로 고찰한다고 하여도 우리가 어떤 나라에 살고 있는가 하는 그 기본사실 밑에서 고찰할 수밖에 없음이 어찌할 수 없는 우리의 처지입니다.

KAL기 사건만 해도 그 보도와 정보의 일체를 매스컴을 통해서 얻고 있으며 우리는 여기에 입각해서 판단하는 것입니다. 이때 이 판단이 비록 행동에까지 발전하지 않는다 할지라도 그 판단 자세만으로도 국민들은 이 나라의 자기모습을 그려볼 수가 있는 것입니다. 이 사실만 가지고도 언론이라는 것이 국가의 실태를 규정한다고 할 수 있습니다. 현대사회가 정보사회라는 말이 있습니다만 그것은 곧 현대국가는 정보국가라는 단면을 포함한 전체상을 말하고 있는 것입니다.

오늘 이 자리에서 '언론과 사회통합', '언론과 사회비판', '언론과 대중' 그리고 '언론과 국가발전'에 관해서 연구발표가 있겠습니다만, 아시다시피 우리 국가가 현대국가의 이념을 가지고 출범한지가 일천日淺합니다. 그리고 우리는 이 나라를 대한민국이라고 부르고 있습니다. 오랫동안 빼앗겼던 나라를 찾겠다는 민족적 투쟁의 역사를 가진 우리들로서는 비록 분단된 조국이지만 대한민국을 하늘이 준 우리민족의 생활공간이라고 생각하고 그것을 간직하고 키워나가는 것을 우리의 역사적 사명으로 생각하지 않을 수가 없습니다.

그러나 거기에는 여러 가지 어려운 일이 수반되지 않을 수가 없는 것입니다. 가장 큰 어려움이 6·25였다는 것은 말할 필요도 없습니다.

6·25 전쟁 동안 대한민국이 현대국가로서 내적 발전을 하는 데 큰 제약점을 가졌던 것도 부정할 수 없는 사실이었습니다. 가장 큰 제약점은 6·25 이후의 은폐적이고 잠재적인 전쟁상태 속에서 서구적 민주주의 구조가 실제적으로 형성되지 못했고, 거기에다 60년대, 70년대의 급속한 경제발전 계획의 추진에 따라 사회적인 갈등을 일으켰던 사실도 잘 알고 있습니다.

그렇기 때문에 이제 우리들은 나라의 발전과 현대 사회의 과제를 너무나 많이 짊어지고 있는 것입니다. 현대국가들이 해결해야 할 많은 문제들은 여러 가지가 있겠습니다만, 결국 따지고 보면 생산과 분배에 기초한 국가의 내적 균형을 통한 발전이라는 데 집약될 수 있는 것입니다. 현 시기에 여러 나라들이 이 문제를 어떻게 해결하고 있는가 하는 점에서, 방법론에서는 여러 가지 차이가 있는 것이 사실입니다. 그렇지만 현대 여러 나라들의 공동의 과제는 어떠한 방법을 통하든 지간에 '국가의 정당성'을 성취하느냐 못하느냐에 달려 있으며, 이에 따라 나라의 질이 달라진다는 것만은 명백한 사실입니다. 국가 혼자서 '국가의 정당성'을 획득한다는 것도 가능한 일이 아니지만, 반면에 언론이 역사의 실제적 요청과 다른 국가상을 만들어 냈다고 해도 그것은 '국가의 정당성'과는 관계가 없는 일이 될 수밖에 없는 것입니다. 왜냐하면 '국가의 정당성'은 힘과 도덕, 즉 국력과 국가의 도덕적 선의지가 종합되어 성립하며, 또 그것들이 국민에 의해 납득되어야 하기 때문입니다.

국민의 지지 기반 위에 성립하는 힘과 도덕이 모든 국가 문제의 궁극적 핵심이 되는 것임은 새삼 말할 필요가 없겠습니다만, 민주주의의 발전, 정의·복지사회 건설, 선진조국의 창조 등 일련의 우리 국가목표가 결국에는 우리 국민의 발전을 위한 이념상들이라는 점을 생각할 때, 이것에 대해서 확신을 가지고 이것의 구현을 촉진하는 일은 국가의 행정적 의지만으로는 되는 일이 아니라는 것을 절실히 느끼게 됩니다. 자본·노동·기술·교육이 필수 불가결한 요인들이라는 사실을 부인할 수가 없습니다. 그러나 이 모든 것들이 국가발전에 대해서 어떠한 의미를 가지는가 하는 점이 국민의식 속에 새겨지지 않고서는 사회통합이 이룩되기는 어렵다는 사실을 우리들은 급속한 경제발전 과정에서 이미 경험한 바가 있습니다.

여기서 지적하고자 하는 것은 경제발전이라는 사회변화가 곧 국가발전의 전부가 될 수가 없다는 사실입니다. 아무리 경제발전이 된다고 하여도 그로 인해서 새로운 모순과 갈등이 생겨난다고 한다면, 그것은 곧 경제발전이 새로운 사회적 불균형을 초래하게 되는 결과를 빚게 됨을 뜻합니다. 정신교육의 강화를 통해서 이러한 갈등과 모순이 어느 정도 해소될 수 있다고 하겠지만, 그러나 거기에는 또 어떤 제한성이 있습니다. 왜 그런가 하면 우리의 일반적인 이해에서는 정신교육이라는 것은 기본적으로 기존의 규범과 도덕을 젊은 세대에 전수하고 그들이 성인이 되었을 때에도 헌새와 같은 가치관과 체제를 유지해주기를 기대하는 하나의 정신적 체體의 항수恒數를 전제로 할 때 가능합니다. 그러나 사회가 매우 급변할 때 그 불변의 가치체가 어떻게 변수로 작용되어야 할 것인가를 슬기롭게 생각하기가 수월치 않습니다. 그런 가변적 용법이 실용화되지 못할 때 정신교육은 현실에서 무력한 것으로 여겨지지도 합니다. 교육의 정신적 이념의 '체'가 변화하는 사회에 잘 활용되도록 하기 위하여 저널리즘의 도움이 필요합니다. 19세기 말엽에 우리 전통사회 속에서 출현했던 근대적 신문들이 바로 이러한 정신교육의 역할을 했다는 것은 더 상세하게 말할 필요가 없는 주지의 사실입니다.

그러나 여기서 우리가 말할 수 있는 것은 아무리 우리의 초기 언론들이 국가와 국민의 근대화를 부르짖고 새로운 가치관을 설득하였다 할지라도 국권이 무너져가고 드디어는 국권이 상실되었다는 한 가지 기본사실 밑에서는 백 가지 근대화운동, 천 가지 계몽운동이 모두 무위로 돌아갈 수밖에 없었다는 것이 우리의 역사였다는 사실입니다. 이 문제는 오늘이라 해서 원인 무효가 된 것이 아닙니다.

말할 수 있는 것이 한 가지 있습니다. 그것은 사회와 국가가 변해가면 갈수록 국민교육과 저널리즘 사이의 거리가 좁아지고 때에 따라서는 분명한 경계선을 그을 수 없을 정도로 동일한 기능을 사회적으로 하고 있다는 사실입니다. 솔직히 말해서 교육이 저널리즘을 따라가고 있는 것이 현실입니다. 변화는 우선 저널리즘에서 반영되고 어느 사이엔가 그것이 사회적 사실이 되며 또 얼마 있지않아 그것이 교육내용이 될 수밖에 없었던 것도 우리가 겪은 바와 같습니다. 그런 차원에서 보면, 저널리즘이 국민의 정신적 성숙에 끼치는 영향은 아무리 강조해도 지나칠 것이 없습니다.

국가가 없는 국민은 존재할 수가 없고 역으로 국민의 사랑을 받지 못하는 국가가 자기 정당성을 가질 수가 없습니다. 그러므로 한국의 저널리즘은 남북대결에서 국가의 체제적 정당성과 국민에 의해서 신뢰받을 수 있는 국가사회의 도덕적 정당성을 아울러 창조할 수 있는 이성적인 지혜의 저수지가 되어야 하겠습니다. 국가의 힘을 극대화시키고 사회의 도덕적 성숙을 촉진하기 위하여 한국의 저널리즘은 사회통합과 사회비판의 두 가지 기능을 동시에 수행하는 양식과 이념의 정직한 수렴처가 되어야 하겠습니다.

한국의 언론이 사회통합 쪽에 치중하든 사회비판 쪽에 치중하든 결코 망각되어서는 안 될 하나의 대전제가 있습니다. 국가와 민족의 존립과 발전이라는 명제입니다. 국가가 망하는 일이 있다면 그때에는 언론도 같이 망할 수밖에 없는 것입니다. 19세기 말엽에 언론이 닦아 놓은 길을 국가가 가지 않았기 때문에 국가가 망했다고 한다면, 우리가 살고 있는 현재의 문제점은 국가와 언론의 길이 평행 하는 두 개의 길로 되어 있다는 데 있습니다.

국가권력과 언론의 힘이 하나로 유착되어서도 안 되고, 둘로 괴리되어 분열을 일으켜서도 국가의 발전에 온당한 일이 되지 못합니다.

그 두 가지의 관계는 일一도 아니요 이二도 아닙니다. 원효元曉가 말한 '융이이불일融二而不一'의 철학적 명제가 여기보다 더 절실히 요구되는 데는 없으리라고 생각합니다.

유착과 갈등은 국가발전을 위해 다 극복이 되어야 합니다. 사회의 병리적 요인을 진단할 때 언론은 비판적 이성을 창출해야 하고, 사회의 생리적인 힘을 키워야 할 때 언론은 참여적 이성을 발현해야 합니다. 비판적 이성이든 참여적 이성이든 그때에 나타나는 이성의 수준과 질은 언론인 스스로의 자기 품성과 지성을 가늠합니다.

국가발전을 위해서 언론은 객관적인 보도기능 이외에 대중의 생활의식 속에 스며드는 가치 창출의 매체가 되어야 합니다. 그런데 국가사회에서 바람직한 가치의 창출은 임의적인 생각이나 타국의 외형적 모방에서 비롯하는 것이 아닙니다. 모든 가치의 창출은 횡적으로 인간의 행복에 대한 요구와 종적으로 한 국가사회의 특수한 역사적 동기의 인식이 아울러 접목이 되어야만 가능합니다. 우리가 세계사를 배우고 한국의 역사를 동시에 배우는 까닭은 보편과 특수의 만남에서 생활의 가치가 자기 삶의 터전 속에 튼튼히 뿌리를 박을 수 있기 때문입니다. 그러므로 한국의 언론은 세계사적인 인류의 도덕적 요구와 민족사적인 전통 속에 담긴 한국의 독특한 동기의 요구를 하나로 통일시키고자 하는 정신문화를 외면해서는 안 될 것입니다. 우리 모두는 지구촌의 사람들과 같은 인간입니다. 그러나 동시에 그들이 구체적으로 체험할 수 없는 한국인입니다.

사회통합과 사회비판에서 한국 언론이 한국인의 전통적 의식 속에 새겨져온 가치에의 동기를 망각하고 추상적으로 문제를 거론할 수가 없다고 봅니다. 무릇 모든 미래적 계획과 설계는 과거의 전통 속에 흘러온 민족사적 체험과 분리되지 않기 때문입니다. 가치의 인식에서 필연적으로 제기되는 중요성의 판단은 우리 민족사에서 공통적으로 체험된 동기와 결코 단절되어서는 안 됩니다. 만약에 우리가 우리 민족의 현실적 과제를 해결함에 최우선의 이념적 요청을 국가 민족의 안전과 발전에 두어야 한다면, 그 까닭은 그 두 가지 명제가 민족사의 흐름을 통해서 우리 모두에게 자생적으로 제기된 민족적 한이기 때문입니다.

그러나 현대사회는 점점 하나의 지구촌이 되어 가고 있습니다. 아폴로 우주 비행사가 달에 처음 착륙해서 지구를 바라보면서 한 말은 "저기가 우리의 지구다. 매우 아름답구나"라는 이야기였지, "저기가 미국이다"라고 말하지는 않았습니다. 현재 지구상에 공해문제나 빈부의 격차나 전쟁의 방지를 해결하기 위해서는 전 지구가 하나의 연대의식으로 뭉쳐야 합니다. 그런 차원에서 자국의 문제를 슬기롭게 해결하기 위해서도 지구인의 슬기와 도움이 필요합니다. 그런 점에서 우리는 시야를 범세계적으로 넓혀 다른 나라의 경험과 그 경험이 낳은 지혜와 지식을 우리의 참고사항으로 배워야 합니다. 그런데 아무리 지구가 하나로 좁혀진다 해도 내가 네가 될 수 없고, 네가 내가 될 수 없듯이 우리는 한결같이 한국인으로 남을 것입니다.

한국 저널리즘은 바로 한국인의 자유와 행복이 인류사회의 공감대를 형성할 수 있도록 하며, 한국인이 지니고 있는 특수한 고민이 바로 세계인의 고민 속으로 승화될 수 있도록 하는 지혜를 하나하나 온축蘊蓄해 가야 할 것입니다.

그런 지혜는 누구의 전매 특허에 의해서 만들어지는 것이 아닙니다. 그런 지혜는 조국을 사랑하는 국민의 열정과 전대미문의 찬란한 변형으로 조국의 역사를 반석 위에 올려놓으려는 민족적 지성이 국민의 여론으로 집약될 수 있을 때 가능해집니다. 이를 위하여 저널리즘은 신속하고 객관적이며 정확한 정보를 제공하고 아울러 한국의 아카데미즘은 현실에서 시시각각 일어나는 정보를 냉철하게 연구의 대상으로 삼아 심오한 이론과 더불어 현실에 대해 슬기로운 대응책을 창출해 내어야 할 것입니다.

국가 발전을 위해서 한국의 저널리즘은 여러 가지 다양한 현실감각과 정보의 균형 있는 질료를 제공해야 하며, 동시에 한국의 아카데미즘은 균형 잡힌 그 질료를 바탕으로 민족국가에 이바지하는 의미를 발견해내야 할 것입니다. 저널리즘과 아카데미즘은 생산적인 정신문화를 창조하기 위하여 앞으로 보다 더 긴밀한 상호보완의 관계를 유지해야 할 것입니다. (1983. 6)

Ⅲ. 우리의 현실과 공직자의 자세

1. 우리의 현실과 과제

우리가 직면하고 있는 나라 안팎의 상황에 비추어 자주적인 민족의 철학과 국민사상을 확고히 정립하는 일은 국가 민족의 흥망성쇠를 판가름할 시급하고도 중대한 문제라 아니할 수 없다.

우리는 바야흐로 숱한 고난과 시련을 극복하면서 안으로는 국력의 신장과 정치발전을 추진해 왔으며, 밖으로는 거센 국제정치의 조류 속에 생존과 번영의 터전을 닦아 나가고 있다. 또한 우리는 남북 사이에 치열하게 벌어지고 있는 힘의 경쟁, 체제의 경쟁과 더불어 이념과 정통성에서 우위를 지키기 위해 범국민적 노력을 기울이고 있다. 이러한 노력들이 제대로 열매를 거두려면 이 시대를 살고 있는 우리 국민 모두가 주체적인 역사관과 가치의식에 뿌리박은 국민사상의 토대 위에서 무엇을, 왜, 어떻게 할 것인가에 관하여 뚜렷한 공동의 인식과 공동의 지표를 지녀야 할 것이다. 이 공동의 목표를 국시라 할 것이며, 이는 어느 특수계층이나 개인이 정하는 것이 아니라 온 국민의 입장에서 공론으로 결정되는 국민의 여망이어야 한다.

남북한 통일정책의 기본성격에서 북한은 프롤레타리아 해방노선인 계급해방으로서의 통일이라는 입장에서 남반부 프롤레타리아 계급의 해방을 성취하여 무산계급간의 통일을 투쟁으로 쟁취하는 것을 가장 정당한 것으로 여긴다. 이에 비해 우리의 통일정책은 어느 특정계급이나 집단에 의해 독점, 배타적으로 주도되어서는 아니 되며, 온 겨레의 자유의사가 반영되는 민족자주의 입장에서 무력이나 폭력이 아닌 민주적 절차에 의하여 평화적인 방법으로 자유로운 국민투표로 결정하자는 것이다. 역사적으로 민족사의 맥락과 문화전통이 계승되고 천부의 인권, 자유와 생명존중의 인도주의적 형평원리에 뿌리박은 민족 성원간의 민주적 참여로 복지의 균점이 이루어지는 조국통일을 전제로 한 것이다.

이 같은 남북한의 정통성 시비에 대해서도 온 국민의 온당한 이해와 명철한 판단 위에 확고한 신념을 가져야 할 것이다. 공동의 기반인 국시가 불명확하고 흔들린다면, 항해하는 배가 목적지 없이 동서로 표류 방황하는 것과 같을 것이다. 소국적인 일부분이 잘 되었다 하더라도 국시가 확정되지 않은 채 근본 중심이 흔들리게 되면 결국은 혼란상을 면할 길이 없게 된다.

또한 격변하는 우리의 사회는 무엇이 옳고 무엇이 그른 것인가, 무엇이 근본이고 무엇이 말단인가 하는 가치기준에서 혼돈을 가져왔다고 할 수 있다. 누가 더 재능이 많고 적은가 하는 우와 열은 알 수 있지만, 어느 것이 그르냐 하는 문제에 대해서는 혼미를 이루고 있는 것이다. 시와 비, 우와 열을 논할 때 먼저 시와 비를 가려내고 난 후에 그 영역에서 우열을 따져 우를 취해야 할 것이다.

2. 국가지도층의 사명과 문제의식

우리는 행동에 앞서 자기의 행동을 결단하는 확고한 신념이 있어야 할 것이다. 오늘의 사회적 갈등은 곧 자기 내부의 갈등이라고도 할 수 있다. 사유의 세계와 행동의 세계가 일치하지 않는 것은 곧 자기 내부의 분열을 나타내는 징표라 하겠다. 가치판단과 행동결단의 의지는 정신적 체계로 윤리적·철학적·종교적 차원의 문제인 것이다.

율곡 이이는 상소문에서, "국시를 정하는 것은 말로 다투어서 되는 것이 아닙니다. 인심이 다 옳다고 하는 것을 공론이라 하며 공론이 모인 것을 국시라 합니다. 온 나라의 사람들이 의논하지 않고서도 함께 옳다고 하는 것이니 이익으로 유혹하는 것도, 위엄으로 강제하는 것이 아니면서 삼척동자도 그 옳은 것을 아는 것이 곧 국시입니다"라고 하고 이어서 "오늘날 국시라 하는 것은 이와 달라서 다만 주장하는 사람들이 스스로 옳다고 생각해도 듣는 자가 좇기도 하고 어기기도 하며 어리석은 사람이나 아낙네까지도 모두 반은 옳다 하고 반은 그르다 하여 마침내 귀일할 기약이 없으니 어찌 집집마다 타일러 억지로 정할 수 있겠습니까? 남의 의심만 더하게 하여 오히려 화근을 만들뿐입니다"라고 하였다.

지금부터 407년 전의 율곡 상소문에 있는 말이지만 이같이 국론이 분열되고 통합되지 못하는 것은 모두 자기중심의 이해관계 대립에서 오는 것이라 하겠다. 더욱이 오늘날 실리를 추구하는 현대 산업사회가 가지는 본질적 갈등도 이에 다를 바 없다고 하겠다. 현대 선진국의 특징은 경제적으로 부강하고 정치적으로 민주화를 도모하여 경제·사회·문화적 공동 혜택의 복지제도를 마련하는 데 있다고 하겠으나 그 근대의식의 기본에서는 금욕주의가 아닌, 인간의 욕구를 무제한 개방하여 경쟁적으로 성취, 쟁취해야 한다는 생각이 깔려 있는 것이다. 따라서 현대사회는 획기적으로 인류에게 부유와 번영을 갖다 주었지만 그 바람직한 측면과 더불어 병리적 현상도 같이 확산되어가는 것이다. 즉 인간성 상실의 문제, 즉 인간소외라든가 노사 간의 문제, 청소년 문제, 공해 문제, 성도덕의 문란 문제, 기타 퇴폐풍조 등 그 폐단도 날로 심각해지는 것이다. 이를 치유하는 방법은 과학이나 물질의 힘만으로 해결되지 못한다. '물은 물로 씻을 수 없고 금에 금을 도금할 수 없다(水不洗水, 金不鍍金)'는 말과 같이 과학과 물질에 병든 사회는 과학과 물질로 치유할 수 없기에 정의사회의 구현이라는 말이 등장하게 된 것이다.

인간은 욕심과 감정과 편견이 있음과 동시에 양심과 이성, 사랑의 봉사정신이 인간성 속에 내재하는 것이다. 현대 문명은 인간성의 일면인 욕구와 감정, 이익과 투쟁을 좋아하는 측면만을 개방하고 발전시켜왔다. 과거 동방의 전통사상, 중세 서양의 인간관, 세계관은 인간의 양식과 이성과 사랑의 문을 열어 금욕적 태도를 바람직한 가치관으로 여겼다. 실리보다도 정의를 더욱 존중하고 물질의 힘보다 사랑과 정의와 봉사를 바람직한 것으로 여긴 것이다. 그러나 이 같은 도덕적 금욕주의는 현대문명에 낙후되고 산업의 후진성을 면치 못하게 되었다. 『논어』에 이르기를, "그대는 군자가 될지언정 소인이 되지 말라" 하였으며 "군자는 의에 밝은 사람이며, 소인은 이利에 밝은 사람이라"고 하였다.

우리는 경제적으로 부강한 사회를 만들어야만 국가경쟁에서 낙오되지 않을 것이고 또 한편 인간적 양심에 배반되는 비인도적 개인이나 국가가 되어서도 안 될 것이다. 따라서 경제와 도의를 모두 버릴 수 없는 것이 우리의 이상상理想像인 것이다. 그러나 현실적으로는 의를 취하면 리가 모자라고, 리를 취하면 의에 어긋나기 쉽다. 또한 개인의 자유와 이익을 취하면 사회 전체에 악영향을 미치게 되고, 사회에 통제와 질서를 강조하면 개인의 자유가 위축되기 쉽다. 이 양자를 원만하게 해결할 수 있는 철학이 현대에 요구되며 그러한 지도자상이 요구된다고 하겠다.

국가 지도층의 사명과 역할을 말하면 먼저 우리 민족이 나아가야 할 방향에 대해서 뚜렷한 신념을 가져야 하겠다. 그러기 위해서는 국가발전을 위한 이념과 철학이 흔들리지 않도록 주체의식과 역사의식이 확립되어야 할 것이다. 바람직한 한국의 지도자상은 민족의 이념과 지도 원리에 대한 소신과 더불어 현실에 대한 통찰력과 문제의식을 선명히 파악해야 함과 동시에 지도자와 국민 대중 간에 화합할 수 있는 동질성을 가져야 할 것이다. 온 국민이 좋아하는 것을 나도 좋아하고, 온 국민이 싫어하는 것을 나도 싫어할 수 있는 동질선상에서 비로소 민족이 한 가족으로 화합할 수 있는 길이 열리게 될 것이다. 따라서 국민을 위한 지도층이 되어야 하고 대중을 위하여 겸허하고 봉사적이어야 한다. 지도층에 있는 사람들이 나라보다 자신을, 민족의 이익보다 개인의 이익을 먼저 생각해서는 아니 되며 그렇다고 자신만이 진실로 나라와 민족을 사랑하고 오직 자기 방식으로만 애국해야 나라가 발전할 수 있다는 절대적 독선주의의 애국심을 강조하는 배타적 권위주의로 임해서는 안 될 것이다."

3. 監査人의 사명과 역할

지금까지 우리나라가 직면한 현실과 우리 민족이 나아가야 할 방향과 이상 그리고 국가 지도층의 사명과 역할에 대해 논하였지만, 이 중에서도 특히 정부적 차원에서의 감사인의 사명과 역할은 더욱 간절한 문제라 하겠다. 감사인은 각계각층의 지도층과 국정 전반에 대하여 최후의 보루로서 그 소임을 다해야 하기 때문이다. 이는 모범 중에서도 모범이요, 능력과 실무경험에서도 가장 유능한 자질과 조건을 가져야 하며, 직職과 능能을 겸비한 청렴하고 공정하여 사리사욕과 감정에 치우침이 없는 청백리적 정신의 소유자라야 할 것이다.

다산 정약용이 『목민심서』에서 목민관牧民官이 지켜야 할 기본 심법을 말하는 가운데 목민관, 즉 행정관리의 존재에 대하여 다음과 같이 말하였다. "목자牧者가 민을 위하여 있는 것이냐, 민民이 목牧을 위하여 생존하는 것이냐. 오늘날 민의 고혈과 진수를 다 빨아다 목을 살찌게 하니 민이 목을 위하여 생존하는 것이 되었다. 이는 천부당만부당하다. 목은 민을 위하여 둔 것이다."

우리나라는 신라 이래로 고려, 조선조를 통하여 청백리 정신이 면면하게 이어 왔다. 이는 오늘날 이도吏道 쇄신에서 그러한 전통사상은 재음미되고 활용할 가치 있는 것이라 하겠다. 청백리란 오늘날의 모범 공직자로서 민족사의 맥락과 발전 과정에서 정신적 지주의 역할을 하였다. 청백리 정신은 전근대의 봉건사회라 할지라도 언제나 민民을 나라의 근본으로 여겼으며, 그 근본인 민이 단단해야 나라가 편안하다는 이념을 가졌던 것이다.

이 청백리 정신은 고구려의 조의선인皁衣仙人과 신라의 화랑국선花郎國仙, 고려의 양리정신良吏精神, 조선의 선비, 구한말의 의병정신을 계승하여 사회의 정풍正風 조성에 중심적 역할을 하였다. 이는 외세를 막아내는 민족적 저항정신을 발휘하였으며, 내적으로 사회의 기강을 확립하고 부정부패를 척결하는 원동력이 되었다. 청백리를 염근리廉勤吏라고도 부른다. 이들은 청렴결백하여 탐관오리와 같은 불충 배신의 탐욕자가 아니라 자신에 대해서는 희생정신을 발휘하는 동시에 국민대중에 대하여는 복리와 혜택을 입히려는 봉사정신이 남다르다. "위엄은 청렴에서 나오고 정치는 근면한 데서 이루어진다(威生於廉, 政生於勤)고 한 고어에 연유하여 '염근리'라고 한 것이다.

정약용이 『목민심서』에서 공직자의 자세를 들어 말한 12편조 가운데 기본정신을 간추린다면 ① 율기律己 ② 봉공奉公 ③ 애민愛民 등을 들 수 있다. 애민을 바탕으로 자신을 탐욕과 감정으로부터 자율하는 능력을 강조하였다. 또한 양심과 이성으로 자신을 자제할 능력을 가져야 한다고 하였으니, 그 목민관까지도 감찰해야 하는 감사인의 자질이 더욱 엄정하고 결백해야 함은 물론이다. 조선시대의 감찰행정을 맡은 관청을 사헌부司憲府라 하였고 고려시대에는 사헌대司憲臺, 신라시대에는 사정부司正府라 했으니, 그 기능으로 그때그때의 정사를 논하여 바르게 이끌고 백관을 규찰하여 풍속을 바로잡고 원통하고 억울한 것을 풀어주며 남위濫僞를 금하는 일을 맡았다. 그러므로 감사인은 정직한 품성의 소유자로 직위에 맞는 업무능력과 감정에 지배되지 않는 자주능력이 있으며 경제적으로도 독립성의 조건이 보장되어야 할 것이다. 공직자 일반이 모두 지켜야 할 것으로 공사의 구별이 분명해야 하고 특히 공공기밀과 정보를 악용하거나 누설하여서는 안 된다.

율곡 이이는 말하기를, "명의名醫는 사람이 수척하거나 살찐 것을 보지 않고 맥의 병이 있는가 없는가를 살피며, 천하를 잘 다스리는 자는 천하가 편안한가 위태로운가를 보지 않고 기강이 확립되었는가 또는 문란한가를 살핀다"고 하였다. 이같이 기강이 문란한 나라는 일시적으로 부강한 듯 보일지라도 병든 사람과 같이 오래 가지 못한다고 하여 기강의 확립을 제일로 삼았던 것이다. 더구나 현대사회는 인간의 욕구를 개방하고 자유경쟁을 원칙으로 하여 실리추구를 목적으로 하는 만큼, 국법을 준수하고 사회기강을 세워 위법성을 철저히 단속하는 제도와 준법정신이 생활화되어야 한다. 전통적 관념은 법을 의식하고 생활하지는 않았다. 도덕적 행위에 위반하지 않는 것을 생활원칙으로 삼았던 것이다. 그러나 오늘날의 복잡하고 조직화된 산업사회에서는 그 규범과 법령에 따라서 합리적으로 생활해야 한다. 모두가 이해관계에 좌우되고 자기중심적 가치관과 배금주의拜金主義가 지배하는 풍조에서 감사의 대상을 크게 둘로 나누면, 하나는 돈에 대한 재정 감사이고, 또 하나는 비리와 불법에 대한 감사일 것이다.

개인적으로나 국가적 차원에서 선진형을 부의 축적으로 가름하는 만큼, 사회정의가 소홀해지기 쉬운 상황에 있다. 율곡은 말하기를, "도리에서 병립할 수 없는 것은 시是와 비非이며, 일에서 함께 할 수 없는 것은 이利와 해害이다. 한낱 이해가 급하다 하여 옳고 그름을 생각지 않는다면 일을 처리하는 의에 어긋나게 된다. 또한 옳고 그름에 유의한다 하여 이와 해를 따져보지 않는다면 변화에 대응하는 권도權道에 어긋난다. 그러나 권權(저울)은 정규가 따로 없어 그 상황에 적중함을 얻는 것이 귀한 것이 되고, 의에는 항상한 제도가 없어 사리에 마땅한 것이 귀한 것이 된다. 그러므로 득중得中하여 합의合宜하면 시是와 리利가 그 가운데 있다. 진실로 나라를 편안하게 하고 백성에게 이롭게 된다면 모두 할 만한 일이며, 진실로 나라를 편안하게 못하고 백성을 보전하지 못한다면 모두 해서는 안 될 일이다"라고 하였으니, 선진조국 창조를 위한 국력신장과 아울러 그 발전과정에서 생겨나는 부정적 측면을 보완하기 위해서는 정의사회 구현을 위한 형평의 원리와 협동의 정신을 잠시도 잊어서는 안 된다. 이것이 율곡이 말한 바 이利와 의義를 양전兩全할 수 있는 논리이며 철학인 것이다.

감사인은 이利의 측면에서 정正과 부정不正을 살펴야 하고, 의義의 측면에서도 당當과 부당不當을 살펴야 할 것이다. 그러므로 이 같은 구체적 현실을 점검 규제하는 감사인의 청렴한 자질과 정직한 심법心法으로 기강을 부식하고, 애민하는 충정으로 그 능력과 역량을 발휘하여야 할 것이다. (1986. 6)

Ⅳ. 한국의 바람직한 청소년상

머리말

우리 인간에게 현재와 과거도 중요하겠지만 미래는 더욱 중요한 것이다. 내일이 있고 미래가 있음으로써 인간은 삶의 활력소를 얻게 되고, 보다 아름답고 선하며 진실된 삶을 꿈꾸게 된다.

청소년은 이 나라 내일의 주인공이며 미래의 꿈이다. 청소년이 건강하면 이 나라의 장래도 건강할 것이고, 청소년이 아름답고 지혜로우면 이 나라의 앞날 또한 아름답고 지혜로운 것이 될 것임에 틀림없다. 따라서 청소년은 무엇보다도 우선 씩씩하고 아름답고 바르게 자라야 할 것이다. 청소년은 어두운 것보다는 밝은 것, 추한 것보다는 아름다운 것, 그리고 부정적인 것보다는 긍정적인 것에 더욱 관심을 가져야 하고, 우리의 민족사적 맥락에서 구부러지거나 막히고 어두운 것보다는 트이고 밝은 것을 보도록 힘써야 한다.

"하루의 계획은 새벽에 세우고, 1년의 계획은 봄에 세우며, 일생의 계획은 청소년 시기에 세운다"는 말이 있다. 이 말은 청소년이야말로 영광스러운 미래를 창조하기 위하여 큰 뜻을 품어야 한다는 것을 의미한다. 청소년들에게 미래가 없다고 하면, 그것은 생명이 없는 것이나 다름없다. 미래는 그것을 가지려고 하는 사람에게만 값진 결과를 얻게 해준다.

그러나 청소년들에게 미래가 있다는 것은 그만큼 고민과 어려움이 많다는 것을 의미한다. 수많은 갈림길에서 하나를 택해야만 하는데 그 결정을 내릴 때마다 고통이 뒤따르는 것이다. 또 여러 가지 유혹도 많을 것이다. 그런데 그 고통과 유혹을 이겨내기 위해서는 커다란 용기가 있어야 한다. 우리 청소년들은 자신의 미래에 대한 뜻있고 밝은 삶을 설계함과 동시에 자기가 속해 있는 가족과 민족 국가를 저버릴 수 없는 것이다. 나는 내가 생각하고 선택하기 이전에 이미 그 환경 속에 인연으로 태어난 것이다. 이 운명의 공동체를 내가 나를 자중 자애하듯이 아끼고 사랑하고 영광되게 건설해야 한다. 미래는 바로 청소년들의 두 어깨에 달려 있으며, 밝은 내일을 창조하기 위해 고통과 시련을 이겨내는 각오와 노력이 필요한 것이다.

1. 청소년의 특성과 한국청소년 문화

청소년 시기는 국가, 학자, 법 등에 따라 다르나 청소년은 연령적으로 아동기와 성인기 사이의 중간 성장 기간이다. 청소년 단계는 각자의 개인 성장 속도에 따라 다르며 하나의 일반적인 변화과정이라고 할 수 있다. 85년도 청소년대책위원회에서 발간한 청소년 백서는 중학 입학에서 대학 졸업까지의 학령기를 기준으로 하여 12~24세를 청소년 인구로 잡고 있다. 그러나 현대시회에서는 영양 상태와 성장 환경의 조건이 좋아짐에 따라 사춘기의 연령 기준이 낮아지고 있으나, 한편 교육을 통한 사회화의 기간이 길어지고 책임 있는 사회 구성원으로 등장하는 연령이 늦어지므로 청소년기의 폭은 더 넓어지고 있다.

청소년기는 인간의 한 평생에서 가장 중요한 위치를 차지한다. 청소년기는 인생의 바탕이 되는 인격과 능력을 형성하고 성인이 된 후에 어떠한 일을 하고 살 사람이 될 것인지가 결정되는 준비 기간이다. 청소년기에 삶을 살아갈 준비가 잘 되면 뜻 있고 보람 있는 일생이 되지만, 청소년기를 허송세월하고 나면 그의 일생은 공허하고 비참한 것이 되고 만다. 청소년기는 부모의 보호 아래에 있기는 하지만 인생의 목표를 찾아 나서는 갈림길에 서 있다. 학업을 마치면 직장을 찾아서 취업하는 사람과 더 공부할 사람 등으로 그 방향에 대한 준비기가 청소년기인 것이다. 이 중요한 인생의 고비를 잘 통과해야만 보람 있는 미래를 건설할 수 있다.

그러나 청소년의 욕구는 희망하는 대로 충족될 수만은 없다. 또한 현실 사회적 여건도 그들의 높은 이상을 만족시키기 어려운 경우가 더 많다. 여기에서 청소년들은 좌절과 갈등을 느끼게 된다. 희망과 이상이 청소년기의 특징인 것과 마찬가지로 좌절감과 가치관의 갈등을 느끼는 것도 청소년기의 특징이다. 이 좌절감과 갈등을 잘 극복하고 그들에게 주어진 책임과 역할을 수행해 갈 때 그들은 참된 사회의 일원이 되면서 성숙한 시민으로 성장해 가는 것이다.

성장기에 있는 청소년기는 미숙한 면이 있는 한편 무한한 가능성을 가지고 있는 것이 특징이다. 그러므로 청소년들은 잘 될 수도 있고 못될 수도 있다. 일조일석에 성인과 같이 성숙되는 것이 아니라 큰 거목이 커나가듯 불식지공不息之功으로 원숙하게 되어 가는 것이다. 청소년들은 청순하고 바른 자세로 진취적인 기상이 있어야 하지만, 미완성의 존재로 완성을 향하여 정진하는 자세 그 자체가 바람직한 것이다. 우리 속담에 "접시 바라진 것은 쓸 수 있어도 아이 바라진 것은 못쓴다."라는 말이 있다. 이것은 빈틈없이 잘해야 하지만 좀 다듬어야 할 곳이 남아있는 것처럼, 더욱 잘할 수 있는 앞날의 가능성과 꾸준한 노력을 묵묵히 계속하는 모습이 귀엽고 믿음직스러움을 의미한다 하겠다.

청소년기는 자기 자신뿐 아니라 자기가 속해 있는 가족, 민족, 국가가 무엇인가를 생각해야 할 시기이다. 어린 시절은 부모에게 의존하여 생활하고 그 권위에 복종하는 시기인데 비하여 청소년기에는 독자적으로 생활하려고 부모의 권위나 간섭에서 벗어나려는 욕구가 강하게 나타난다. 또한 자기 자신이 무엇인가에 대하여 깊이 생각하면서 자아의 개념을 확립하려고 한다.

이러한 의미에서 청소년기는 '주체성 확립의 시기' '자아발현 시기' 또는 '정신적 이유기離乳期'라는 말로 불리기도 한다. 그러므로 부모나 선생님들에게 복종하던 청소년들이 이제는 차츰 기성 권위가 제시하는 것이면 옳은 것이라도 그대로 따르려 하지 않고 자기 나름대로의 길을 모색하여 반항하는 경향을 보이게 된다. 청소년들의 성장기의 특징은 청소년들의 사회와의 관계 속에서 자신의 독특한 정체에 대한 새로운 인식을 갖는 시기이며 청소년들의 자아개념 형성과정이라 하겠다. 이렇게 불안·긴장·소외·갈등, 부정과 방황 그리고 과격성, 위험성의 세대라고 부르는데 이것이 바로 자아정체성의 확립이 안 되어 있는 과도기적 원상原狀인 것이다. 이들의 자아개념 형성은 가정·학교·교우 관계 등에서 살펴보아야 한다. 따라서 청소년은 새로운 가치관의 확립이 필요하다. 이것을 위하여 건전한 방향으로 도움을 주는 것은 우리 성인들이 해야 할 일이다. 가정에서는 부모가, 학교에서는 교사들이, 사회에서는 기성세대가 공동으로 이들 청소년들의 성장을 도와주고 지켜봐 주어야 할 것이다.

내일의 밝고 보람 있는 삶을 위하여 청소년인 나는 어떠한 자세로 무엇을 위하여 어떻게 살 것인가를 생각하지 않을 없다. 우리말에 '사람'과 '삶'과 '사름'이 갇은 의미를 가시고 있으니, 사람(인)을 붙이면 '삶(생활)'이 되고 '삶'을 떼면 사름(생명)이 된다. 사람으로서 생의 의욕을 상실한다면 이미 병든 것이다. 우리말에 보람 있는 삶의 보람은 소망스러운 것이요, 소망은 보람이니 소망이 없는 인생은 절망으로서 삶의 의의와 가치를 상실한 상태이다. 희망과 미래에 대한 왕성한 의욕의 소유자가 청소년의 특징인 것이다.

공자는 말하기를, "사람이 본래 잘 살기를 원하는 것인데 때로 죽고자 하는 것은 이것이 인생으로서 미혹된 것이다"라고 하였다. 또 『주역』에 이르기를 "하늘과 땅의 큰 덕을 생이라(天地之大德曰生)"하고 또 '살고 사는 것을 역이라고 한다(生生之謂易)'고 하여, 살고 또 살아서 영생하고자 하는 것이 천연의 본성이라고 하였다. 그 삶의 의욕의 본질이 사랑이라고 하였다. 그러므로 인仁을 인人이라 하였다. 우리말에도 사람과 사랑은 같은 뜻으로 통하는 것이다. 또한 '살림살이'란 말도 나도 살고 남도 살리는 생활, 즉 죽이는 살림이 아니라 살리는 살림이라는 의미인 것이다.

율곡은 『격몽요결』에서 "늘 온공溫恭하고 자애로운 태도로써 남에게 은혜를 입히고 모든 생물을 제도하는 마음가짐을 가져야 한다. 만약 남을 침해하고 물건을 해롭히는 일은 털 올 하나라도 마음 구석에 두어서는 안 된다"고 하였다. 바람직한 사람, 특히 청순한 청소년은 이와 같은 마음가짐을 스스로 갖게 되는 것이다. 그러므로 청소년은 순수하고 믿음직한 것이다. 『시경』에 "청청한 그대의 옷깃이여, 내 마음이 유유하도다"라는 청소년을 아끼고 사랑하는 노래도 있다(靑靑子衿, 悠之我心). 우리의 삶 그 자체는 선택이 아니라 이미 주어진 사실이다. 우리가 지금 이 땅에 태어나 살고 있다는 사실은 내 자의대로 좌우되는 것이 아닌 명백한 현실로서 근원적인 사실이다. 이러한 명백한 현존재로서 우리는 자아를 의식하고 출발점을 삼아야 한다. 우리가 뜻있고 잘 살기 위하여는 우리의 목표가 높고 커야 한다. 무엇보다도 젊은이의 입지가 먼저 뚜렷하게 서야 한다. 우리가 뜻을 세움에 보다 큰 행복과 이상적인 삶을 추구하고자 하는 것이다. 그렇다면 행복은 무엇일까? 모든 사람들이 행복을 말하면 부귀와 공명과 건강 등을 들어서 행복의 기준을 삼는다. 특히 오늘날 산업 문명사회에서는 더욱 그러하다. 가난한 생활보다 부유한 생활이 바람직하고, 아무 권세 없는 처지보다 고관대작高官大爵이 되고, 병들고 요절하는 것보다 건강하고 장수하는 것이 누구나 요구하는 내용일 것이다.

그러나 좀 더 깊이 생각해 보면 부귀와 공명과 건강 등은 행복 개념의 일부 요소는 되지만, 그 충분한 조건은 되지 못한다. 돈이 없기 때문에 일어나는 불행과 권력이 없으므로 당하는 억울함과 건강을 잃어 받는 고통을 생각할 때 부귀와 건강은 행복의 필요한 요건들이다. 그러나 그것만으로 충분치 못하다는 것은 그 후에 그러한 것들을 어떻게 사용하느냐가 더욱 문제인 까닭이다. 즉 눈에 보이는 물질적 가치를 넘어서 눈에 보이지 않는 도덕적이며 예술적이며 종교, 철학적인 정신적 가치를 의미하는 것이다. 이러한 물질적 가치와 정신적 가치를 구유하는 것이 바람직한 이상이라 하겠지만, 이 중에서도 정신적 가치가 물질적 가치보다 우위에서는 가치체계의 전제하에 물질적 가치가 긍정되어야 한다. 우리의 행복 추구란 일시적인 것이 아니라 영원한 것을 희구하는 것이요, 최소수의 행복보다 최대 다수의 행복을 추구하는 것이 행복개념의 본질인 것이다. 일시적·관능적 쾌락만을 추구하는 것이 아니라, 영원한 불멸의 진리를 궁극적으로 요구하는 것이 인간의 본질이다. 그러므로 있다가 없어질 것은 허망한 것이요, 무상한 것이라고 불교에서는 말한다. 프랑스의 문호 빅토르 위고(Hugo, Victor-Marie, 1802~1885)는 말하기를 "우리는 이 세상에 탄생함과 동시에 사형선고를 받았다. 다만 그 집행기일이 연기되어 있을 뿐이다"라고 했으며, 불교에서는 "생명은 반드시 소멸하고 만나면 헤어지게 마련이라(生者必滅, 會者定離)"고 하였고, 제행무상諸行無常이며 일체개공一切皆空이라고 하였다. 산하대지라 하더라도 있다가 없어질 존재이지만 진리는 영원하다고 살파한 것이 성자들의 진리관이다. 공자가 "아침에 도를 들으면 저녁에 죽어도 좋다(朝聞道, 夕死可矣)"라 한 것은 도는 영원하기 때문인 것이다. 이같이 입지를 어떻게 하느냐에 따라서 사람됨이 크게 될 수도 있고 작게 될 수도 있다.

공도자公都子라고 하는 제자가 맹자에게 묻기를 "다 같은 사람으로서 어떤 이는 대인이 되고 어떤 이는 소인이 되는 것은 무슨 이유입니까?"하니 맹자는 대답하기를 "같은 사람이지만 대체大體를 따르는 자는 대인이 되고 소체를 따르는 자는 소인이 된다"고 했다. 이에 공도자는 "같은 사람으로서, 어떤 이는 대체를 따르고 어떤 이는 소체를 따르는 까닭이 무엇입니까?"하고 물으니 맹자가 대답하기를, "이목(시각, 청각)의 관능官能은 사리事理를 생각지 않고 외물의 소리와 빛깔에 덮여 물욕에 빠져들기 때문이다. 마음의 관능은 사유하는 것이니 깊이 생각하면 이법理法을 얻을 수 있고 생각지 않으면 이법을 이해할 수 없는 것이다. 이 사유의 능력은 선천적으로 나에게 부여된 것이다.

사람이 먼저 그 큰 것을 자기의 주체에 확립시킬 것 같으면 감각적인 작은 유혹들이 나를 흔들어 뺏을 수 없는 것이다. 이것이 대인이 되는 까닭이니라"고 하였다.

율곡은 『격몽요결』 「입지장立志章」에서 "초학자는 먼저 반드시 뜻을 확고하게 세워야 하며, 반드시 성인이 되기를 스스로 기약해야 한다. 털 한 올만큼이라도 자기를 과소평가해서 나태한 생각을 가져서는 안 된다"고 하였다. 대개 일반사람과 성인은 그 본성으로 말하면 동일하다. 비록 사람의 기질에서 청淸과 탁濁, 수粹와 박駁의 차이는 없을 수 없지만, 진실로 진지眞知를 실천에 옮겨 구습舊習에 물든 습성을 제거하고 인간의 본래성으로 회복하게 된다면 만선萬善이 구족具足한 것이라고 하였다. 이같이 인간의 본성이 참되고 착하고 아름답다 할지라도 사람들은 탁한 기질과 관습에 물들어, 일그러진 인간상을 바로잡기 위해서는 진지를 실천하고 악습을 씻어내는 성실한 노력과 굳센 의지와 밝은 지성으로 당면한 난관들을 극복해가야 할 것이다.

우리가 인간의 평생을 놓고 볼 때 개인적으로 청소년이기는 잠시이지만, 국가 사회적으로 볼 때는 청소년 집단과 그 문화는 좋거나 나쁘거나 항존하는 것이다. 또한 청소년 문화는 개인적인 것이 아니라 복수적이요 집단적인 것이며, 사회구조의 특성과 사회변천의 양상에 따라서 청소년 문화의 형태와 성격이 달라진다. 청소년의 문제는 개인의 문제를 넘어서 그들이 처한 사회구조와 역사의 변동과 정치적 상황과 밀접한 관계가 있는 것이다. 그러나 청소년 문화를 적극적으로 바람직한 방향으로 선도하기 위하여 기성세대는 국가적 차원에서 선도책을 강구해야 한다. 이는 곧 사회문화의 하나라고 할 것이다. 청소년들은 미래 사회를 담당할 주인공들이므로 그들이 건강하고 건전하게 성장하는 것은 개인의 건전한 미래를 약속하는 것일 뿐 아니라 국가사회의 발전과 미래를 건설하는 기초인 것이다. 조국의 발전과 영광은 바로 청소년들에게 달려 있는 것이다.

근대화의 특징인 산업화가 촉진되면서 급격한 경제성장과 사회변동으로 청소년의 문제가 부각되기 시작하였고, 청소년들의 탈선과 비행이 증가하였다. 사회적으로는 물질주의와 소득 향상에 따른 여가가 증가하였으며, 도시화와 소비성향의 풍조가 만연되어 가정과 학교의 청소년에 대한 교육기능을 약화시키고 있다. 청소년의 문제는 사회의 기풍 및 기성세대의 행동 양태와 상호 작용의 관계에 있는 만큼, 청소년들이 학교 교과서에서 배운 여러 원리와 원칙이나 인간의 존엄성과 평등의식에 비추어 볼 때 현실사회와는 일치하지 않는 거리감을 느끼게 된다. 그래서 그들은 비판적 안목으로 인식하고 갈등을 느끼며 저항하는 등 현실에 대한 부적응은 탈선의 방향으로 치닫기도 한다. 이것은 학생들의 가치관의 혼란이나 비리와 범죄라기보다는, 기성세대의 가치관의 혼란과 불협화에서 오는 문제라고도 할 수 있다. 더욱이 오늘날 지구촌시대에 세계적으로 일어나는 사회문제, 정치문제, 청소년문제는 민감하게 영향을 주고받으므로 내부의 자생적 원인과 더불어 국제적 영향을 받는 것도 사실이다. 우리나라도 60년대 이후 산업화가 가속화되기 시작한 이후 청소년의 문제와 더불어 청소년 정책이 적극적으로 논의되기 시작하였고, 청소년의 건전한 육성을 위하여 청소년 문화 형성에 관심을 기울이게 되었다. 그래서 각처에서 청소년 선도를 위한 연수원 건립과 수련회가 성행하게 되었다.

청소년의 문제는 근대사회에서만의 문제가 아니다. 역사적으로 볼 때 전근대 사회라 할지라도, 그 시대마다 그 사회를 건전하게 지탱하고 유지 발전하기 위하여 청소년 집단에 대한 국가적 관심과 정책이 뒷받침한 그 나름대로의 청소년 문화가 꽃을 피우고 계승되어 온 것이다. 예를 들면 고구려의 경당扃堂과 같이 전국 주요 도시에 공민학교 같은 것을 세워 독서도 하고 활쏘기 연습도 하여 평민 대중인 미혼 남자들에게 문무일치文武一致의 교육을 실시하여 고구려의 진취적 인간상을 형성한 것이라든지 신라의 화랑도 단체가 방방곡곡에 조직되어 심신을 단련하고 교양을 쌓아 사회생활의 규범을 익히며 국가 유사시에는 용감하게 전진해 나아가 국가를 수호하는 협동정신과 애국의지를 기른 것들이다. 임신서기석壬申誓記石에서도 보이듯이 화랑도들은 자발적 단체이며, 국가관과 인간관이 국민 윤리적 차원을 넘어서 종교적 신앙에까지 뿌리박고 있음을 알 수 있다. 그 맹세문을 보면 전문 74여 자 중 '서誓' 자가 일곱 번이나 나오고 그 맹세는 모두 하늘에 대한 맹세였으며 단순한 용맹만이 아니라 학문과 의리와 용맹과 죽음을 결의했던 것을 알게 한다. 이러한 건전한 청소년문화가 산라통일을 이룩한 원동력이라 생각된다.

고려시대의 향도香徒나 조선시대의 향약이나 전국에 산재한 서원書院을 중심한 선비정신의 함양 등은 국가의 원기요 사회의 지주로서, 국난을 극복하고 비정秕政을 비판하는 데 소금과 빛의 역할을 해왔다. 이들은 모두 그 시대의 바람직한 청소년 문화를 형성하고 있었음을 알게 한다. 그러나 신라 말이나 고려 말 또는 조선조 말기에 사회기강과 청소년 문화는 쇠잔했음을 역사가 증명하는 것이다. 따라서 우리가 오늘날 건전한 청소년 문화를 육성 발전시켜 바람직한 청소년상을 세우는데서는 청소년들의 자발성과 창의성과 성실성의 바탕 위에 성장해야 하는 것은 물론이다. 그러나 그들을 건전하고 건강하게 육성시키는 것은 국가시책으로 기성세대가 보살피고 모범이 되어야만 하는 것이다.

2. 한국의 현실과 청소년 문제

우리 민족은 오랜 역사 속에서 수없이 많은 외족의 침입을 받아 때로는 온 민족이 고통을 당하기도 하고 때로는 국권마저 상실되는 민족적 시련과 비애를 맛보기도 했다. 해방 이후 40여 년 동안 우리 사회는 많은 어려움과 갈등을 겪어 오면서도 조국 근대화를 이룩하기 위해 모두가 열심히 노력해 왔다. 그 결과 우리는 과거 어느 때보다도 안락하고 풍요로운 삶을 누리게 되었다. 그러나 물질적인 성장과는 달리 우리들의 이웃을 생각하고 법과 질서를 지키며 상부상조하는 전통적인 미덕은 오히려 점차 쇠퇴해가고 있다. 얼마 전까지만 해도 농촌에서는 마을에 애경사가 있으면 온 동리 사람이 함께 협력하였다. 이 같은 협동심이 온 민족을 결속시키는 무서운 힘이 되어, 그 많은 외침에도 신라 통일 이래 1300여 년을 단일민족으로서의 특성을 유지하는 원동력이 된 것이다.

이처럼 아름다운 상부상조의 전통을 지닌 우리 민족이 오늘날에는 개인적으로는 우수한 자질을 지녔지만 전체적으로는 협동할 줄 모르는 민족이라는 평을 받고 있다. 그것은 외국인들이 우리를 경시하고 우리 민족의 단결을 훼방하기 위해 우리의 역사 속에서 부정적인 측면만을 들추어낸 결과라는 지적도 있다. 그러나 사실상 우리 사회를 살펴보면 그러한 지적이 반드시 틀렸다고만 볼 수는 없다. 급속한 근대화·산업화의 과정을 걷기 시작하면서 우리 사회는 급격한 사회변화와 경제발전의 과정에서 국민각자의 마음속에 남보다 돈을 많이 벌어 보다 편하게 사는 것이 가장 보람 있는 삶이라는 생각이 자리 잡게 되었다. 그래서 이러한 삶을 위해서는 수단과 방법을 가리지 않고, 오직 '나 한 사람', 내 가족만의 평온과 안락을 위해서만 바쁘고, 이웃의 아픔이나 괴로움을 외면하는 것이 오늘의 현상이다.

우리는 1960년대 이후 근대화를 위해 피땀 어린 노력을 기울인 결과, 세계에서 그 유례를 찾아보기 어려울 만큼 경이적인 경제발전의 성과를 거두었으며, 이를 바탕으로 이제 선진국의 대열에 들어설 단계에 있다. 그러나 선진 대열에의 진입은 단순히 경제성장과 과학기술의 발전만으로는 달성하기 어려우며, 거기에 상응하는 가치의식이 병행할 때 비로소 실현된다고 하겠다.

사실상 그동안 이룩하였던 경제성장의 결과에 힘입어 우리의 생활수준은 예전보다 높아졌고, 우리 나름대로 비교적 풍족하고도 편리한 생활을 누리고 있다. 그러나 이와 같은 물질적·경제적 번영은 다른 한편으로 가치관의 혼란을 야기시켰으며, 사회의 유지와 통합 그리고 사회발전에 필요한 윤리적 기반을 흔들어 놓는 결과를 낳기도 하였다. 또한 급속한 근대화의 추구과정에서 나타난 외래문물의 무분별한 도입은 결과적으로 우리 민족문화의 계승과 발전을 저해하고, 민족의 주체성과 개성을 유지하고 발전시켜 나가는 데 많은 어려움을 안겨주고 있다. 더욱이 민족의 염원인 조국통일을 이루지 못한 채 남북으로 분단되어 사상적·군사적 대결상황을 이루고 있으며, 민족사적 난관에 봉착하고 있는 것이다.

이같이 복잡다단한 가운데 가치 있는 삶은 무엇이며 옳고 그름이 무엇인가를 분별하기 어려운 혼란 속에서 소비성 향락과 비생산적이고 쾌락적인 방향으로 생활하는 경향이 높아가고 있다. 이러한 사회변동의 추세로 경제·과학·기술·정치 등 사회구조의 외적 성장부분에만 국력을 치중하였고, 이를 밑받침하는 내적 성장구조인 도덕·윤리·법·철학·종교 등 정신적 생활이 압도되어 균형 있는 발전을 유지하지 못하였다. 그 결과 우리 사회는 위험스러운 사회현상이 무수히 발생되었고, 청소년 문제의 증가도 이 같은 사회변동과 균형 잃은 성장에서 오는 결과라고 볼 수 있겠다.

청소년의 집단을 분류해 보면 중학생, 고등학생, 대학생, 재수생, 근로청소년의 5개 집단으로 나눌 수 있는데, 이에 따라 그 선도책을 강구하고 있다. 이 청소년들은 각 집단별로 처지와 성향이 다르기 때문에 그들이 가지고 있는 문제도 각기 다르다.

정서의 도야와 바람직한 인간 형성 과정의 차원에서 본다면 연소한 중학생 시절부터 전인교육에 힘써야 한다. 그러나 정치·사회적 문제에 관심을 갖고 비판적으로 저항하는 것이 대학생 집단인 것이다.

근래 잇달아 발생되고 있는 청소년의 비행과 범죄가 급증하고 그 성격이 난폭해지는 것을 보면 재수생 집단을 포함한 고등학생 집단에 더 많은 문제가 있음을 알 수 있다. 이들 청소년들이 일상생활에서 대화의 상대자로서 선택하는 사람을 보면 친구가 과반수로 가장 많고, 다음이 부모, 형제의 순서이다. 부모와 형제는 각각 10% 내외로서 그 순서가 친구들과는 비교가 안 될 정도로 미약하다. 그리고 선배나 직장상사, 선생님은 극히 적고 오히려 애인이 상당수이다.[1] 이로 보아 우리나라의 청소년도 이제 부모와 형제를 떠나 그들 자신의 독특한 청소년집단의 양상을 형성해 가는 것을 알 수 있다.

그러나 청소년은 태어나면서 20여 년 간을 가정이라는 사랑의 온실 속에서 보호를 받으며 배우고 성장하는 과정을 거친다. 그러므로 건전한 가정환경으로부터 학교나 사회에서의 건강한 생활이 비롯될 수 있음은 더 말할 나위가 없다.

현대 산업사회에 들어서면서 대가족제도가 붕괴되고 핵가족화되었다. 이러한 변화는 청소년들에 대한 보호와 감독의 부족을 가져왔으며, 이는 곧 청소년들의 불량화와 비행의 격증을 초래하였다. 특히 청소년 인격형성에 나쁜 영향을 미치는 불건전한 가정의 유형으로는 결손가정, 경제적 빈곤가정, 부도덕 및 갈등가정, 부재가정不在家庭 등을 들 수 있다. 이러한 가정에서의 문제는 다소 다르지만 대체로 청소년들에게 정서불안과 심리적 열등의식을 주어 가출을 하거나 불량친우 교제 등의 조발비행早發非行을 유발시킬 수 있다. 또한 가정적 결핍요인들이 복합적으로 작용하여 학교생활에서도 잘 적응하지 못하고 학습의욕 뿐 아니라 삶의 의욕마저 상실하게 될 수 있다.

학생 청소년의 문제는 가정적 원인뿐만 아니라 진로문제나 이성문제에도 큰 비중을 차지한다. 대학입시만을 인생의 중요한 목표로 생각하는 전도된 가치관의 팽배로 학교생활의 소중함이나 전인교육의 중

---

1 『한국 청소년의 생활과 산업사회의 사회과 교육』, 339쪽.

요성을 생각지 않는 풍토에서 청소년들은 작은 이익을 위해 진실을 외면하는 그릇된 가치관을 갖게 되는 것이다.

대학생 집단은 성인이면서도 아직 성인이 아닌 학생신분이다. 그렇다고 자신이 미완성이라고는 의식하지 않는다. 십대의 육체적·심리적 변형을 겪은 후에 대학생은 정치적·사회적 변형을 체험하고 있는 과도기적 존재라고 할 것이다. 대학생 집단이 가지는 특성과 그들 나름대로의 생활문화가 있으며 여러 가지 문제를 가지고 있겠지만 제일 큰 문제를 지적한다면 사회적 모순과 갈등의 긴장 속에 있는 것이다. 그들은 대학교육을 받으면서도 그 교육에 대하여 불만족하며, 자신들은 일정한 사회질서 속으로 훈련해서 틀에 넣으려고 하는 것으로 이해한다. 기성세대는 대학생들을, 오랜 세월 우리 민족 국가의 굴욕과 폐허로부터 이룩해온 국가체제와 문화체제를 위태롭게 만드는 반항자들의 모습으로 보게 된다. 대학생들의 의식성향을 분석해 보면 기성세대에 의한 기존의 사회질서와 모든 현상의 타당성에 동의하지 않고 스스로 새로운 정치적 대안을 내놓는 사회변동의 동력으로 자처한다. 절대 다수의 학생들이 교수와 학생의 관계를 인격적·교육적 관계로 보지 않고 직업적·기능적 관계로 보는 것이다.[2] 대학생들은 학문이 정치의 시녀에 불과하기 때문에(66.3%) 학문의 발전을 가능하게 하기 위하여 대학의 자율이 보장되어야 한다고 생각하고 있다(93.3%).

『대학생문화』에 따르면 대략 다음과 같은 자료를 볼 수 있다.

연대별 학생운동의 양상

- 일제하: 항일 민족운동
- 해방 후~50년대 말까지: 독재정권에 대한 저항운동

2 『대학생문화』, 한국정신문화연구원, 99쪽 참조. 대학생의 73.8%가 교수와 학생 간의 관계를 그렇게 본다는 조사 보고가 있었음.

- 60년대: 국가권력에 대한 대항집단
- 70년대: 반독재, 반외세, 민중, 자유의 운동

70년대에 들어서 학생운동은 소수 정예 집단화·전문화되었으며 투쟁적이었고, 정치권력에 대항하여 일종의 전선을 형성하였다. 정부는 학생운동 억압정책을 강력하게 펴나갔으며, 이를 통하여 학생운동은 고립화되었다. 고립화는 자체의 편중된 이념무장과 결속을 강화시켰으며, 재야 세력과의 유대를 공고하게 해주었다.[3]

대학생들은 비판적 참여를 강조하는 한편 대학에서의 학업조건과 졸업 후의 전망에 대한 불안 속에서 자아정체의 획득의 위기를 느끼고 있다. W. Beht는 다음과 같이 오늘날의 학생들의 유형을 4가지로 분류하고 있다.[4]

① 기회주의적·실용주의적 학생형: 학교와 교수의 권위에 순종하고 출세를 위하여 무비판적으로 적응한다(학생의 대다수가 이러한 유형에 속한다).
② 정치적·사회적 참여를 학생의 책임으로 생각하고 기존의 대학과 사회를 비판하여 일정한 비판이론의 틀로 무장하고 이로써 사회와 정치의 변화 내지는 개혁을 모색하는 유형
③ 합리적인 사고에 근거하지 않고 자신의 감정 상태에 따라서 판단하고 행동하는 학생들의 유형
④ 학업에서 이탈하는 유형

이 네 가지 유형의 학생들에게 공통적인 요소는 대학에서의 학업조

3 『대학생문화』, 95쪽 참조.
4 『대학생문화』, 15쪽 참조.

건과 졸업 후의 전망에 대한 불안 속에 있다는 사실이다. 바꾸어 말하면 사회는 학생들에게 만족할 만한, 자기 자신을 찾고 자신의 속성을 의미 있고 개성 있게 이룩해 가기에 충분한 환경을 제공하는데 있어 한계에 부딪치고 있다. 이와 같은 분류를 우리 대학생 사회에 그대로 적용시키기에는 좀 부적합한 면이 없지 않다. 왜냐하면 한국의 대학생들은 이른바 운동권 학생들이 극렬하다고 하지만 그 숫자가 적은 것이며, 대부분의 학생들이 기회주의적 속성을 띤 것도 아니다. 즉 사회 현실에 대한 건전한 비판의식을 갖고 있으면서 과격·폭력적 행위를 원하지 않는 유형이 많기 때문이다.

청소년의 문제는 청소년 집단별로 특성이 다양하게 일어나고 있지만 우리 한국의 사회현실이 격변하는 과정에서 상호작용하는 만큼 한국의 사회 현실을 도외시하고는 청소년 문제를 이해하고 해결할 수는 없을 것이다.

청소년의 다른 한 유형으로는 근로청소년의 문제가 있다. 산업사회가 도래하면서 근로청소년들은 과거와는 달리 사회적 집단을 형성하게 되었다. 그들이 제공하는 노동력이 공업생산력에 미치는 영향력은 농업사회에서의 노동력이 농업생산에 미치는 영향력에 비해 대단히 크다. 근로청소년들의 사회적 역할이나 공헌이 지대함에도 그 몫의 배분에서 소외되어 있는 사회구조적 모순은 심각한 문제를 야기하고 있다.[5]

근로청소년은 청소년이라는 측면에서 일반근로자와 구별되어야 한다. 학업을 포기한 채 직업전선에 뛰어들었다는 점에서 일반청소년과도 구분하여 특별히 보호 선도되어야 한다. 그러나 정부의 청소년에 대한 정책수립과 투자에서도 학교 학생에 중점을 두었기 때문에 근로

---

5 정학섭, 「근로청소년의 문제와 과제」, 청소년 관계 자료집, 제1집 참조.

청소년들은 이중의 소외 속에서 방치되어 온 셈이다.

근로청소년들이 안고 있는 의식구조상의 큰 문제점은 상대적인 소외의식이다. 가족과의 격리, 저임금, 작업환경 및 주거환경의 불량, 여가시간의 부족, 소극적 여가활용과 사회참여 등의 생활조건하에서 올바른 가치관의 정립 이전에 불건전한 향락풍조나 유해환경에 의한 오염의 소지가 큰 실정에 있다. 또한 이들의 가장 큰 욕구는 지적인 욕구와 경제적인 욕구이다.

근로청소년의 이러한 욕구와 문제들을 풀어줄 수 있는 단서는 교육에 있다. 교육의 기회를 줌으로써 그들의 열등감 내지 소외의식을 해소시킬 수 있으며 교육을 통한 전문기술의 향상은 산업발전의 측면에서도 중요할 뿐 아니라, 바로 임금인상과 직결되기 때문에 삶의 가치를 인정하는 긍정적 사고의 기틀을 마련해 줄 수 있을 것이다.

3. 바람직한 한국의 청소년상

앞에서 청소년의 문제가 고립된 그 자체로서의 문제가 아닌 사회현실과의 상호작용 속에서 대두된 것임을 살펴보았다. 근대화는 우리 인간에게 많은 편리함과 행복감을 가져다주었지만, 그 과정에서 많은 부작용과 부정적 측면을 드러내게 되었고, 그러한 부정적 측면에서 현사회가 갖고 있는 사회문제가 연유하는 것이다. 예를 들어 계급의 대립을 해소하는 것이 근대화의 목적이었음에도 현대사회는 유산계급과 무산계급의 대립이 다시 심화되는 측면을 나타내는가 하면, 국가의 역할을 강화하는 것이 공평한 공증인으로서의 역할을 하지 못하고 지배계급을 본위로 하는 질서유지의 수단으로 오용되기도 하는 우려가 있다. 이것은 근대화를 추구하는 과정에서 발생하는 필연적인 부작용이기도 한 것이다. 마르크스가 예언했던 대로 이러한 부작용이 공산사회로의 이행과정이라고만 볼 수는 없다. 우리는 경제발전에 의해 이미 절대적인 빈곤을 해결하였지만 상대적인 빈곤은 미해결의 상태에 있다.

그러나 이러한 상대적 빈곤은 사회복지를 통한 공평한 이익의 균점과 민주화를 통한 정치·경제 분야의 공동참여를 통해서 우리 스스로 해결할 수 있는 문제들이다. 또한 근대 산업사회의 비약적 발전은 인간소외의 현상을 일으키고, 인간의 존엄성이 부정되는 현상을 낳기도 하였다. 나아가 인간 스스로 인간의 존재를 위협하는 사태에까지 직면하는 경향이 있게 된다. 그러나 민주사회 속에서 생활하는 우리들은 이와 같은 문제가 우리 자신의 문제로 제기되는 것이기 때문에 인간성을 회복하고 자유와 평등을 모든 사람들이 향유할 수 있는 사회의 건설이야말로 근대인에게 부과된 역사적 사명이라고 할 것이다.

이러한 것들은 현대사회가 갖고 있는 보편적인 문제라 하겠지만, 한국의 경우 그 밖의 특수성을 고려해야 한다. 즉 한국은 본의 아니게 일제의 식민침략을 겪고 남북이 분단되었으며, 전범국가가 아님에도 군정에 의한 신탁통치를 받았다. 동족 간에 남북전쟁을 겪었으며 아직도 그 대립이 첨예한 상태이다. 그리고 저 휴전선은 단순히 한민족을 양분해 놓는 휴전선이 아니라 좌우 이데올로기를 대변하는 것이기도 하다. 이렇게 볼 때 한국의 현실은 20세기의 국제간의 모순의 집약지라 할 수 있다.

이렇듯 구조적으로 복잡하고 급격한 변화의 과정에서 한국의 청소년은 여러 분야에 걸친 심리적 갈등을 일으키고 있는 것이다. 이러한 청소년, 특히 대학생들에 의해 제기되는 청소년 문제는 전후 세계에 보편적으로 일어나는 현상이지만, 특히 한국의 청소년 문제는 청소년 자신들의 문제에 국한되지 않고 정치·사회·국가적 차원에까지 그 영향력을 크게 미친다는 점에서 차이가 있다. 전통적 가치관이 무너지고 새로운 가치관이 아직 수립되지 못한 공백기에 도덕적 가치관이 혼미하고 사상적 고민과 행동결단에 자신을 상실한 청소년들은 방향모색의 갈등 속에 서 있는 것이다.

이러한 상황에서 청소년들의 지표가 될 수 있는 바람직한 청소년상을 정립하는 일은 매우 시급하고도 중요한 문제이다. 그러면 어떠한 청소년상이 개인의 원만한 성장과 사회의 발전을 위해 요구되는 것인가? 성숙한 산업사회로의 전진, 평화통일에의 민족적 소원, 인간적 가치에 대한 희구 등의 우리의 상황을 고려한다면, 바람직한 청소년 상으로는 인간적 가치의 존중과 성실성, 지성과 창의력의 함양, 자주성과 자율성, 주체성과 사회적 공동체의식 등을 생각해 볼 수 있을 것이다. 오늘날 우리의 상황으로 보아 청소년들은 물질적 가치보다는 정신적 가치를, 그리고 정직, 성실과 같은 참된 인간이 가져야 할 가치를 더 높이 평가해야 할 것이다. 급격한 산업화와 경제성장으로 물질이 인간을 평가하는 기준인 것처럼 잘못 생각하는 사람이 우리 주위에 많이 있다. 그러나 인간이 인간다운 점은 물질의 노예가 되는 것이 아니라, 물질을 어떻게 인간의 통제 하에 둘 수 있느냐에 있는 것이다. 아무리 많은 물질을 가지고 있다 할지라도 정신적으로 편안하지 못하면 그러한 것을 참된 인간의 행복이라고는 할 수 없다. 오늘날 우리에게 높은 차원의 정신적 문화가 요청되는 것은 이 때문이다.

청소년들은 꿈을 크게 갖는 것이 중요한데, 그러한 아름답고 고귀한 꿈만으로 그 사람의 삶의 질이 결정되는 것은 아니다. 꿈을 갖은 것과 더불어 그러한 꿈과 이상을 실현하기 위하여 성실한 노력을 기울일 때 그 사람의 삶은 가치를 지닌다. 이러한 성실은 자신에 대하여, 진실한 동시에 남에 대하여 정성을 다하는 것이기 때문에 성실한 사람은 정직하다. 이러한 자세는 인간의 생활에서 기본적인 도리라 하겠다.

현대사회는 급격한 사회변동 속에 있다. 새로운 상황에 처할 때마다 새로운 안목과 판단으로 문제의 해결방향을 생각해 내지 않으면 안 된다. 이러한 상황에서 발생하는 새로운 문제는 지성과 창의력을 발휘하여 문제를 해결할 수 있는 능력을 요구한다.

자주성과 자율성은 자기의 일을 찾아서 스스로 해결하는 태도를 말한다. 사회의 모든 구성원이 각각 중요한 역할을 담당하고 모든 일들이 전문적으로 분화되어 있는 오늘날 개인 각자가 자주적으로 자율적으로 참여하지 않으면 매우 어려운 상황에 놓이게 된다. 이러한 자주성과 자율성은 개인뿐만 아니라 사회 전체의 발전을 위해서 매우 중요한 요인이다.

주체성과 함께 사회 공동체의식도 우리 시대가 요구하고 있는 청소년상의 중요한 부분이다. 청소년들은 개인이 사회 전체와 갖는 관련을 깊이 인식하여야만 한다. 민족이나 국가, 또는 인류 전체를 대상으로 하여 그 속에서 개인을 의식하는 넓은 의미의 공동체의식이 우리에게 필요한 것이다. 자기밖에 모르는 이기적 자아로부터 탈피하여 사회 속에서 자기를 발견할 줄 아는 거시적인 자아의 형성이 절실히 요청되고 있다. 이것이 바로 '나'와 '우리'를 위한 생활을 창조하는 길인 것이며 바람직한 청소년상의 참 모습인 것이다.

청소년 중에서도 근로청소년은 특히 성격을 달리한다. 우리는 지난 20여 년간 세계에서 그 유래를 찾기 힘들 정도의 경이적인 경제발전을 이룩했다. 이는 온 국민들의 발전에 대한 확고한 신념과 피땀 어린 노력의 결과였음은 말할 것도 없지만, 특히 근로 청소년들이 발전에 기여한 공로는 결코 과소평가될 수 없을 것이다. 어려운 가정환경에서 태어났음에도 환경적 조건에 굴하지 않고 자기발전을 위해 묵묵히 노력하는 근로청소년들이야말로 사회와 국가의 번영에 공헌하는 애국하는 젊은이들이다. 고향에 계신 부모님을 위해, 동생의 학비를 보태기 위해, 먹고 싶은 것을 참고 한 푼이라도 더 많은 돈을 보내려고 애쓰는 이들의 아름다운 마음은 우리 사회를 밝고 푸르게 한다. 일에 지친 몸으로 한 자라도 더 익히고 배우기 위해 공부하는 이들의 태도에서 밝은 내일을 바라볼 수 있고 신뢰를 보내지 않을 수 없다.

근로청소년들은 조상으로부터 물려받은 재산도 없다. 무슨 일이든지 끝까지 해내고자 하는 끈기와 끊일 줄 모르는 정력과 노력이 있을 뿐이다. 이 무형의 자산을 가지고 꿈을 이룩해야 한다. 이를 위해서는 어떠한 현실적인 어려움에도 굴하지 않는 강인한 의지와 실천적 노력이 필요하다. 이러한 젊은이들에 의해서 오늘날의 발전이 가능했던 것이며, 앞으로의 더 나은 발전이 이들의 어깨에 달려있는 것이므로 자신들에 대한 자부심과 긍지를 갖고 떳떳하게 살아가야 한다. 땅에 걸려 넘어진 사람은 땅을 디디고 일어나는 법이다(因地而敗者 因地而起). 가난과 근심은 우리의 인격을 단련하는 하나의 수단이 될 수 있다. 그러므로 주어진 현실에 좌절하지 않고 긍정적으로 바라보며 극복해가는 가운데 자기의 성숙을 기대할 수 있을 것이다. 뜻이 있는 곳에 길이 있다는 말은 결코 빈 말이 아니다. 우리는 역사 속에서 빈한과 근심을 이겨낸 위인들을 얼마든지 볼 수 있다. 부지런히 일하고 틈이 있을 때 공부하면, 이때의 공부는 결코 허공에 뜬 관념이 아니라 실제의 현실을 기반으로 한 것이며, 이러한 현실을 기반으로 한 것이 인간에게 유익한 것이라 할 수 있다.

대학입시에 실패한 재수생들도 마찬가지다. 좌절감에 사로잡힐 것이 아니라 재도전의 의지를 키우고, 그러한 의지가 맹목적인 것이 되지 않도록, 회의와 반성 속에서, 오히려 참된 인생의 길을 선택하는 경우도 많기 때문이다.

대학은 심오한 학문의 연찬과 고매한 인격의 함양 및 국가와 사회의 발전에 이바지 할 수 있는 능력을 기르는 데 그 목적과 기능이 있다고 하겠다. 퇴계 이황은 학교 교육의 이념에 대하여 "학교는 풍화風化의 근원이며 수선首善의 장소이며, 젊은 학생은 예의의 으뜸이며 원기元氣의 원천이다"[6]라고 하였으며, 정조는 대학의 기능을 말하며 "학교는 정치의 근본이며, 선비를 기르고 현인을 배출하는 것이 학교의

6 『퇴계전서』 권41, 「諭四學師生文」 참조.

큰 임무이다"[7]라고 하였다. 이렇게 볼 때 대학은 전문 지식인을 양성하는 것뿐 아니라 학문과 교양을 쌓아 질 높은 인간을 형성하는 것을 그 이상으로 삼는 것이다. 따라서 바람직한 대학인상은 고상한 인품과 학문을 겸비하여 개인의 성취는 물론이요, 사회발전에 공헌할 수 있는 유능한 인재를 뜻한다 할 것이다. 여기서 유능한 인재란 많은 경험과 풍부한 지식을 축적함은 물로 능동적으로 사리의 시비·곡직曲直을 판단할 수 있는 지성의 소유자를 말하는데, 거기에는 두 가지의 조건이 구비되어야 한다. 즉 내적으로 성신誠信하여야 하고 외적으로는 호학好學하여야 한다. 성신의 자세가 아니면 사회에 유익한 공부를 할 수 없고, 호학하는 자세가 아니면 새로운 학문세계를 개척할 수 없으며 급속도로 변화해 가는 과학시대를 대처해 나갈 수 있는 능산적 지식인이 될 수 없을 것이다. 이러한 인격과 학문과 실용은 별개의 것이 아닌 하나의 것으로서 이룩되고 활용되어야 한다.

그러나 오늘날의 우리의 현실은 물밀 듯이 들어오는 서구 문명을 미처 다 소화하지 못한 상태에서 이를 계속적으로 받아들이고 있기 때문에 그것을 뒷받침할 사상적 가치체계가 수반되지 못하고 있다. 우리가 행동하는 세계와 사유하는 세계가 일치하지 않는 괴리현상을 가져오게 되었다. 즉 오늘날의 시대를 이끌어 가는 공통된 이념체계가 성립되지 않았고, 이것이 대학생들의 사상적 갈등과 사회혼란의 일대 원인이라 하겠다.

이러한 혼란은 하루아침에 발생한 것이 아니다. 경제·산업 등의 외형적·가시적 측면만 추구하고 내적 구조인 도덕·윤리·철학·종교·예술 등의 문화의 측면을 소홀히 해왔던 까닭이다. 즉 사회의 통합과 결속을 가져오는 구심적 역할을 하는 문화체계가 무너진 셈이다. 따라

7 『群書標記』, 「太學志」 조 참조.

서 우리 사회의 공동체의식과 우리 민족이 나아가야 할 공동지표가 희미하게 되었다.

1960년대 이래로 국정목표의 변천과정을 살펴보면, 우선 처음으로 경제개발을 통한 빈곤의 탈피가 강조되었고, 이어서 경제발전을 촉진시키기 위한 비경제적 요소인 사회개발을, 그 다음으로는 사회개발 중에서도 물질적 개발과 더불어 인간개발을 강조하였으며, 그 후로는 인간개발 중에서도 능률과 기능의 개발과 동시에 도덕의식을 강조한 국민윤리에 역점을 두었다. 근자에 와서 국가발전에서 국민의 도덕적 윤리의식을 계발하는 동시에 더 나아가 정치의식, 사회의식, 문화의식 등 국민의식 전반에 걸쳐 국민정신교육을 강화하였다.

그러나 오늘날에 와서는 이러한 국민정신의 근본 바탕으로서의 국민사상과 민족의 이념을 문제 삼게 되었다. 북한의 적화통일의 이데올로기 공세에 대비하여 이를 초극할 수 있는 국민의 사상 정립과 민족의 철학을 요구하게 되었다. 그러나 앞으로는 종래의 정치·경제·국방 등 이해·득실의 차원을 넘어 무엇이 그른가 하는 이성적 비판과 무엇이 가치 있고 무엇이 반가치적인가에 대한 가치체계의 판단을 요구하는 윤리적·철학적 차원으로, 또 더 나아가 무엇을 위하여 내 정성을 다하고 땀 흘려 존귀한 생명까지도 바칠 수 있겠는가 하는 심각한 생사의 결단을 요구하는 종교적 차원에 이르기까지의 절실한 요구가 문제될 것이다.

우리에게는 오랜 역사를 겪어오면서 시대를 이끌어온 사상적 맥락이 있다. 그렇게 때문에 과거에는 행동의 세계와 사유의 세계가 분리되지 않고 우리 민족사 발전에 구심적 지주의 역할을 해 왔다. 이러한 사상적 맥락을 역사적으로 성찰해 보면, ① 삼국시대는 전국시대로서 패하지 않고 승리하여야만 생존할 수 있었으므로 전체의 단합이 요구되고 개체의 희생을 미덕으로 삼았다. 다시 말하면 개체를 도외시한 전체의 철학이 요구되었다. 불교사상의 경우 인간 속에 내재한 보편성을 강조하고 이질적인 요소를 조화시킬 수 있는 화쟁사상和諍思想이 발달했고, 유학사상의 경우 효보다 충의 가치가 우선적으로 받아들여졌는데 이것은 개인보다는 전체를 강조하는 삼국시대의 분위기를 반영하는 것이다. ② 고려시대에는 계속되는 전란과 무단통치武斷統治로부터 탈피하고자 하는 현실도피적인 도교적 색채가 짙은 자연주의적 요소가 지배적이었다. 사상적으로도 풍수지리, 도참, 예언 등 신비주의가 성행하였으며, 사회적 혼란이 계속됨에 따라 전체와 유리된 개체와 개인의 자유자적自由自適을 숭상하는 경향을 보였다. ③ 여말선초에는 주자학을 중심으로 한 성리학은 개체와 전체를 균형 있게 조화하는 논리를 발전시켰다. ④ 임병양란 이후에는 허탈한 국력을 회복하기 위한 관념적 이상으로부터 구체적 현실로 문제의식을 전환하게 되어 실학이 대두되었고, 실사구시實事求是의 학풍을 조성하게 되었다. ⑤ 서세동점에 따른 개화기의 사상은 구체적 개인을 문제삼았다. 공公을 우선으로 하고 사私를 버리는 성리학적 윤리관으로부터 개인과 사인이 문제되었다. 이는 개인의 생명과 재산을 소중히 여기는 근대적 사상으로의 전환을 뜻한다.

한말 이래로 일어나는 한국의 신흥종교들은 한결같이 위로부터 내려오는 '선천주의先天主義'를 거부하고 아래로부터 올라가는 '후천사상後天思想'을 제창하였다. 이와 같이 과거에는 그 시대를 이끄는 사상체계와 생활세계가 일원화되었었다. 오늘날 전근대사회에서 근대사회로 전환해온 산업사회에서, 더구나 남북이 대치하고 있는 우리의 현실에서 바람직한 사상체계는 어떻게 정립되어야 하는가?

근대화의 지표를 말한다면, ① 고도의 산업화를 통한 경제성장과 부의 축적, ② 민주화를 통한 공동참여의 기회를 마련하는 것, ③ 복지제도를 통한 경제·문화적 혜택의 균점이라고 할 수 있다. 이렇게 볼 때 공산주의 사회와 자본주의 사회는 모두 물질문화에 그 기초를 두고 있는 것이다. 자본주의 사회가 자유를 강조한다면 공산사회는 평등을 강조한다. 자유주의 사회와 공산주의 사회의 구별을 해보면 자유주의 사회는 종교가 허용되는 것이 특징이고, 공산 진영에서는 관념적 철학이나 종교가 부정된다. 자본주의 사회에서의 자유란 물질적 차원에서 말하는 것이 아니라 종교적 신앙을 배경으로 하고 인간의 본래적인 선천적 자유를 말하는 것이다. 이에 비하여, 공산주의 사회에서의 평등이란 인간의 평등도 말하지만 물질적 평등을 강조한다.

자유의 원천은 종교적 신앙성 내지는 인간의 본래적인 선천성에 기반을 둔 '존재의 문제'요, 물질적 소유의 평등에 초점을 둔 공산주의적 평등은 '소유의 문제'라 할 수 있다. 이렇게 볼 때 자유진영의 자유와 공산 진영의 평등의 대립은 '존재'와 '소유'의 대립이라 할 수 있으며 인간 이상을 문제 삼은 천본위天本位의 가치관과 물질에 근본을 둔 지본위地本位의 가치관의 대립이기도 한 것이다.

『주역』에 보면, 하늘에 근본한 자는 위와 친하고, 땅에 근본한 자는 아래로 친하여 각각 그 종류를 따른다고 하였다. 이와 같이 천지가 판이하게 둘로 나누어져 불상용의 모순관계를 나타낸다. 이 과정에서 물질은 얻었으나 인간이 상실되고, 인간은 신에 종속되는 관계에 놓이게 되었다. 즉, 천·지·인 삼재三才 가운데 천본과 지본만이 있고 인간이 소외된 것이다. 현대를 인간소외의 시대라고 한다. 이 모순된 천지의 대립을 화합하게 하고, 인간상실로부터 인간을 회복하는 사상과 철학이 오늘날 절실히 요망되는 것이다. 인간의 생명은 수단화될 수 없는 그 자체로서의 존귀한 목적이다. 칸트의 도덕론에 의하면, "너 자신에게나 타인에게도 목적으로 대할 것이요, 방편으로 취급하지 말라"[8]고 하여 인간은 어떠한 경우에도 수단시될 수 없다고 하였거니와, 퇴계는 "사람의 생명〔人極〕은 만물을 명령하는 것이요, 어떠한 물에게도 명

8 칸트, 『실천이성 비판』 참조.

령받지 않는 것이라"[9]고 하였다. 인간의 본래적 자유는 후천적 경험에 의해 얻어진 것이 아니고 선천적, 생래적인 것이다. 그러므로 인간의 생명의 존엄성은 하늘에 근원한 종교적 배경을 가진 것이라고 할 것이다.

오늘날 한국사상의 본질을 재인식 할 때 단군은 하늘을 상징하는 환웅과 땅을 상징하는 웅녀의 사이에서 탄생하였다는, 즉 천天과 지地의 요소가 인간에게서 합일되는 특징이 있음을 알 수 있다. 인간의 생명을 존중히 여겨 상대의 인격을 상호 존중하는 인도주의와 화합정신이 강조된 것이다. 홍익인간弘益人間의 개국정신과 요익유정饒益有情의 신라 불교 정신과 '도불원인道不遠人'의 유교사상의 한국적 수용과 인내천人乃天의 천도교사상 등은 한국사상의 일관된 특징이며, 이를 현대적으로 재인식·재창조하는 것이 우리에게 주어진 절실한 과제라고 하겠다.

'한국의 인간상'이라고 함은 신과 대립된 인간이 아니라 신의 성질이 인간에 내재하여 성신聖神이 역사役事하는 인간인 것이며, 불성이 인간의 마음에 내재된 인간인 것이며, 유교에서의 천명을 받아서 인간의 성품을 형성한 인간인 것이다. 환인이 천부인天符印 3개를 가지고 이 세상에 왔다는 것은 인간 안에서의 하늘의 진리를 보는 것이다.

그런데 인간은 육체를 타고 이 세상에 태어났다. 그러므로 인간에게 있어서 영과 육의 어느 한 요소도 부정할 수 없는 것이며, 이러한 영육쌍전靈肉雙全의 사고방식은 화랑도의 기본정신으로서 단군설화의 천지합일적天地合一的 사고방식과 함께 한국의 인간과 형성의 원류를 이루어 온 것이다. 서양 중세기에 감성을 배제하고 이성을 강조한 금욕적 태도나 근대에 들어 인간의 욕구와 감성을 개방해서 산업사회를

9 『퇴계전서』 권13, 「答李達李天機」 참조.

건설하는 어느 일변도의 것이 아니라, 이 이성과 감성의 양자를 조화하여 적중하게 조정하는 것을 이상으로 삼는 것이다.

전근대적 가치관은 인간의 도덕과 정의를 강조하여 덕을 근본으로 보고 재물을 말단으로 보았다. 그러나 현대사회는 도덕과 정의보다는 실리를 앞세워서 정의가 실리보다도 하위 개념으로 전도되었다. 현대철학사상 내지 사회사상에서 일대 문제로 제기될 수 있는 것은 실리의 철학과 도덕철학의 상호 모순성이다. 이를 집약해 말하면 이利(地)와 의義(天)의 관계이다. 의를 취하면 이가 안 되며, 이를 취하면 의가 소홀해지는 상호 모순 관계를 어떻게 종합하고 융해하느냐 하는 것이 중요한 문제이다. 율곡 이이는 이를 명쾌하게 해명하고 있다.

> 도에서 병립할 수 없는 것은, 옳음〔是〕과 그릇됨〔非〕이며, 일에서 함께 할 수 없는 것은 이利와 해害이다. 한갓 이해가 급하다 하여 시비의 소재를 돌아보지 않는다면 일을 옳게 처리하는 데 어긋나며, 또한 시비만 생각하고 이해의 소재를 살피지 않는다면 그 변화에 대응하는 권도權道에서 어긋난다. 권權에는 정규定規가 따로 없나니 알맞음(中)을 얻는 것이 귀하고 의에는 항상한 제도가 없나니 상황의 마땅함(宜)에 합하는 것이 귀하다. 중을 얻고 의에 합한 즉 옳음과 이로움이 그 가운데 있는 것이다. 진실로 국가를 평안하게 하고 민중에게 이로우면 다 시행할 수 있는 일이요, 나라를 평안하게 하지 못하고 민중을 보호하지 못하는 것이라면 어떤 일이건 해서는 안 되는 것이다.[10]

율곡은 이와 같이 정의와 이익을, 인간의 주체적이고 창의적인 판단능력으로 조화롭게 처리할 수 있는 철학을 제시하였다. 이것은 천과

10 『율곡전서』 拾遺, 권5, 「時務七條策」.

지의 만남인 것이며, 음과 양의 조화인 태극사상인 것이다. 이것은 또한 주체적으로 성실하고 객관적으로 명석해야 하는 합내외合內外의 도인 것이다.

퇴계 이황은 천리天理를 투철하게 인식하여 천리를 보존하고 인욕을 막는 리우위설의 철학을 완성했고, 화담 서경덕은 우주에 꽉 차있는 것은 허공이 아니라 청허지기淸虛之氣인 것이며, 이 기는 항존불멸하는 것이라는 유기론唯氣論을 제창하였다. 화담의 기철학은 물질의 근원을 설파한 것으로 북한에서는 유물론으로 높이 평가한다.

퇴계의 존천리存天理 사상은 윤리나 철학적 차원보다도 종교적 영역에까지 이르러 하늘에 뿌리를 둔 철학인 것이다. 화담과 퇴계의 사상은 천양지차天壤之差로서 서로 이질적으로 비판하고 있는데, 그것을 만나게 하는 것이 율곡의 철학이다. 율곡은 리에 대해서 투철하게 아는 것도 어려운 일이며, 태허지기에 대해서 투철하게 아는 것도 어려운 일이지만, 리기의 묘합처는 더욱 알기 어렵고 설명하기 어렵다고 하였다. 리의 면도 강조되어야 하지만 기의 면도 소홀히 할 수 없다는 이론을 전개한 율곡은 리기지묘理氣之妙를 강조하였는데 여기서 율곡의 위대한 철학이 탄생되는 것이다. 율곡의 철학사상은 현대 사상계에 시사하는 바가 크다고 하겠다. 정신주의와 물질주의, 정의와 실리가 상호 모순적으로 대립하는 것이 한국의 현실적 문제이다. 대학생들이 이 문제해결을 위해 고민한다면, 이러한 율곡의 철학에서 많은 점을 배우고자 노력해야 할 것이다.

오늘날 대학생 문화에서 여러 가지 어려운 문제가 많겠지만, 지적 동기를 증진시킬 수 있는 면학 분위기와 학생 집단이 자율 활동을 할 수 있는 풍토를 조성해야 한다. 특히 교수와 학생이 수직적 관계보다도 수평적 관계에서 공통으로 참여할 수 있는 다양한 프로그램이 개발되어야 한다. 학생들이 학문적 차원에서 인문과학·자연과학·사회과학을 막론하고 폭넓게 자기의 관심영역에서 상호 토론하는 것이 바람직하다. 때로는 정치·사회문제에서도 학문적으로 연구·발표할 수 있다. 그러한 경우에도 비판 정신으로, 감정이 아닌 이성적 판단으로, 파괴나 폭행이 아닌 논리의 정연함과 긍정적 건설의 차원에서 그들의 행동양식이 이루어져야 한다. 반항이 문제가 아니라 그 반항의 내용과 형식이 문제인 것이다.

우리나라 도학자 정암靜庵 조광조趙光祖는 당시의 태학생들의 권당捲堂(空堂, 요즈음의 데모)을 만류할 때, "대학생들이 진리를 배워서 옳은 일을 보고 옳다고 하고, 그른 일을 보고 그르다고 하는 것은 좋은 일이다. 그러나 시와 비를 논하는 것은 가하지만 학생들이 시와 비를 결정하려는 것은 불가하다"고 하였다. 이것은 오늘에도 참고할 만한 것이다. 원효의 말대로 고통이 없는 자는 즐거움도 없고, 의심이 없는 자는 깨달음도 없는 것이다. 원효는 우리가 이 생사와 고락과 번뇌가 많은 진실적 유의 세계를 부정하고 생사와 고락, 번뇌가 없는 공空의 세계를 그리워하는 것은 마치 삼림森林을 찾는 자가 산 속에 들어가 나무를 버리고 긴 숲을 헤매는 것과 같다고 하였다. 우리나라 대학생들이 고상한 인품을 도야하고 심오한 학문을 연찬하며 민족적 시련을 타개하기 위하여, 고민하고 갈등하며 정진하는 모습은 밝은 미래를 약속하는 바람직한 한국의 대학인상이라 하겠다. (1985. 12)

V. 현대의 病理와 허무주의의 극복

(一)

오늘날은 과학기술이 고도로 발달하고 물질문명이 그 어느 때보다도 발전하였음에도 현대인의 심리현상을 보면 허무와 불안, 그리고 실의失意와 무관심이 더욱 심화되어 가는 것이 그 특징이라 할 수 있다. 이것은 물질이 궁핍하고 과학이 부족하기 때문이 아니라, 도리어 그와는 다른 차원에서 인간성의 내면적 구조와 정감에서 연유하는 것이라 하겠다. 그러므로 물질과학이 아무리 발전한다 할지라도 현대인의 허무와 불안을 만족하게 해줄 수는 없는 것이다. 도리어 비물질적인 요인이 물질적 대상세계와 상호 조명되고 조화 침투되어야만 해결될 수 있는 문제라 할 것이다. 물로써 물을 씻을 수 없고 금 위에다가 금을 도금할 수 없듯이 이것은 과학이 가지는 한계요, 현대문명의 취약점이라 아니할 수 없다.

근대문명을 이끌어 온 근본적 요인을 인간의 심성에서 고찰한다면, 과거 금욕주의적 윤리관으로부터 욕구개방의 자유경쟁의 원칙이 현대 물질문명을 발전시켜 온 원인이라 하겠다. 재래의 금욕주의 윤리사상 내지 선험적 선의지와 같은 것은 오늘날 뒤떨어진 생각으로 여기기 쉬우며, 그보다는 실리를 추구하고 감정과 인간의 육체성까지 자유롭게 개방하려는 것이 현대인의 인간상이라 하겠다. 어찌하면 내가 남보다 이로울 수 있으며, 어떻게 하면 내 집이 남의 집보다 더 유리하게 될 수 있으며, 남의 나라보다 내 나라 내 민족이 더욱 많은 실리를 추구할 수 있느냐 하는 생각이 현대사회를 근본적으로 지배하는 공통의 개념이다. 이것은 다만 오늘의 시점에서만 그런 것이 아니고, 내일을 살고 장차 무한히 살아야 할 미래를 추구하면서 현재에 살고 있는 것이다 따라서 현재의 상황에서 만족함이 아니라 보다 나은 내일 보다 많은 이익을 추구할 수 있는 내일을 위하여 오늘을 살고 계획하는 것이다. 뿐만 아니라 이것은 나는 나 홀로 사는 것이 아니라 나와 나를 상대한 여러 대상과의 관계에서 내가 지금 여기 사는 것이다. 이와 같이 공간적으로 내가 남을 상대해서 보다 나아지려는 생각과 계획을 현실에서 작용시키는 것이고, 또한 보다 나은 내일을 위하여 시간적으로 미래를 앞당겨 현재에 살고 있는 것이다. 이같이 내가 현재에 살면서 미래를 투시하려는 데서 역사의 의식이 일어나고, 내가 남과 상대하는 여러 관계성에서 자기중심으로 집중시키려는 생각이 곧 세계의식世界意識을 불러일으킨다고 하겠다.

(二)

자기를 중심으로 욕구의 개방을 전제로 하여 자유로운 경쟁을 하게 된 근대의 인간관은 과학문명을 발전시켜 온 근대문화의 특징이다. 근대문화가 서양의 중세나 또는 동양의 문화와 근본적으로 구별되는 점은 과학문명에 있다고 할 것이다. 근대를 사는 우리에게 있어서 과학을 부정하고는 생활을 잠시도 영위할 수 없을 것이다. 오늘날 과학문명이 가져온 혜택과 더불어 인간을 위협하는 모순이 생겨남에 대하여 윤리적 인도주의적 측면에서 반발하는 소리가 나오게 된 것은 사실이지만 그렇다고 하여 오늘날 우리 인간생활의 방식이나 환경의 이용관리에서 과학을 떠나서 또는 과학적인 사고방식을 이탈해서는 잠시도 살아 나갈 수 없는 것 또한 사실이다. 과학문명이 인공적·인위적 산물로서 자연적 제약을 벗어나 자연을 지배하여 자유롭게 이용하는 것을 이념으로 하고, 이 같은 과학정신을 현실화하여 대규모의 과학문명을 실현하게 되었다. 이같이 과학문명의 효과는 개별적 자연물에 대한 부분적 연구가 아니라 보다 조직화된 대규모의 현대 과학문명을 이루고 있는 것이다. 이러한 바탕 위에 이룩된 현대의 과학문명은, 지난날의 민족적·지역적 영역 문명과는 달리, 세계적·보편적인 문명으로 개별적 특수성을 넘어서 제민족 제문화권을 결합 교통하게 하여 현실적으로 하나의 세계성을 형성하게 하였다. 인간의 생활권과 행동권을 무제한하게 확장 소통하게 함으로써 오늘날 세계사회·세계국가를 가능하게 하였거니와, 과학문명은 곧 세계 문명이라고 할 수 있다. 이것은 다만 과학의 차원뿐 아니라 정치적으로 국제문제로까지 발전하게 되었다. 그러므로 과학과 현대사회는 불가분의 관계에 있는 만큼 이를 도외시한 윤리나 가치관은 용납될 수 없는 것이라 하겠다.

오늘날 경제의 발전은 생산 산업에 바탕한다. 산업사회의 발전이 고도로 발전된 공업사회로 이행한다는 것은 과학기술의 발전을 전제로 한다. 아시아 아프리카 지역의 후진국들이 과학화·민주화를 기본목표로 하는 이유가 여기에 있다. 그러나 이 같은 과학적 사고방식이 인간생활과 인간형성에 미치는 영향은 적극적인 측면과 더불어 소극적 측면이 있다. 인간이 근대 과학문명의 결과로 기계화되고 비개성화되어 간다. 현대 지성인은 기계화, 계량화, 합리화, 기능화함을 바람직한 것으로 여긴다. 그러나 1+1=2라고 하는 것도 진리이지만, 한 송이 꽃을 보고 아름답다고 느끼는 것도 진리임을 알아야 한다. 사회구조가 분화되고 조직화됨에 따라 인간이 소외되고 지배당하는 현상으로 말미암아, 기술과 물질은 얻었으나 인간을 상실하여 가는 현상은 더욱 심화하게 되었다. 계산적인 데 밝고 빠른 현대인은 정감이 둔화되고 탈영혼脫靈魂의 인간으로 단순화·획일화하는 경향을 갖게 되었다. 이와 같은 사태는 현대인에게 허탈감을 낳게 하고, 향락과 불안, 연애와 자살, 모험과 요행심 등의 심리현상을 낳는 등 현대문명의 위기양상을 보여주는 바라 하겠다.

(三)

인간과 자연(물질과학) 관계에서 일어나는 비인간화 현상뿐만 아니라 인간과 사회의 관계에서 일어나는 인간 대 인간의 갈등과 모순 또한 현대적 불안을 조성하고 있다. 현대사회를 시민사회라고 부른다.

시민사회는 중세의 봉건적 특권에 대항해서 그 속박으로부터 해방된 근면한 시민의 이익을 대표하는 질서로서 18세기의 산업혁명을 통해서 이룩된 것이다. 시민사회의 시민은 법적 지위에서 고찰할 때에 자유 평등한 시민권을 가진 개인의 확립을 전제로 하여, 어떠한 집단에게도 예속됨이 없는 개인의 자유와 평등을 전제로 하는 만큼, 개인이 사회에 선행하는 시민적 자유를 근본으로 삼는다.

그런데 "인간은 나면서부터 자유롭고 평등하다"고 말한 1789년의 인권선언은 근대 시민사회의 성립을 선언하는 헌장이다. 봉건적 속박을 벗어나고 신분적 차별을 철폐한 평등한 시민사회의 인간관계는 합리적 계약을 전제하므로, 전근대 사회를 게마인샤프트(Gemeinschaft: 공동사회)적 관계라 한다면 이것은 게젤샤프트(Gesellshaft: 이익사회)적 관계라고 말할 수 있다. 자기의 이기적 목적을 추구할 뿐이며, 이해의 계산으로 타인과 관계한다. 신분적 인격적 관계가 아니요, 합리적 계약관계, 그리고 도덕적 관계보다는 자기의 영리관계에서 이루어진 사회이다.

시민사회는 영리적 생산 경제사회요, 상품 교환사회이다. 개인으로서의 인간에게 자유와 평등을 부여하고 그 행동과 사회관계를 합리적으로 만들려는 것이다. 이 자유경쟁을 무제한하게 허용하는 시민사회는 봉건적 신분사회를 타파하는 반면, 경제적 계층 사회로서 또 하나의 사회적 모순을 낳게 한다. 이 시민사회의 인간관·윤리관이 도리어 그 위기를 조성하게 되는 것이다. 자본의 이윤 추구로 인해서 인간을 물화物化하고 기구화하여 물질이 도리어 인간의 주인이 되는 비합리화의 현상을 자아내는 것이다. 여기서 시민사회의 윤리가 재반성되어야 한다. 빈부의 격차와 자본의 독점화에서 오는 인간의 불평등 관계를 고려하지 않으면 안될 것이다. 왜냐하면 신분적 상하사회가 빈부의 상하사회로 대치되는 결과가 되기 때문이다.

인간의 존엄과 평등을 구가했던 시민적 인간 이상을 구체적 경영·

경제사회에 있어 건전한 영리의 윤리와 상품의 윤리로 구현하여야 하며, 타자를 수단화하는 이기심과 의욕으로만 타락해서는 안 될 것이다. 빈부의 격차는 인간상호의 증오와 불신을 자아냈고, 저항과 폭력의 사회적 부조리를 유발시키게 한다. 인간의 고립과 소외 현상은 고독과 불안과 허무와 자살과 분열을 가져오게 한다. 이것은 인간과 물질과의 관계라기보다는 인간과 인간과의 관계에 있어서 갈등이요, 이것이 불신과 불안과 절망의 요인이라 하겠다.

(四)

인간의 불안과 절망 또는 허무와 허탈감 같은 것은 현대의 고도로 발달한 공업사회의 여러 상황과 산업사회의 인간존재의 위기로부터 인간자아의 존엄성을 재인식하여 인간의 존재를 보다 안전하게 확보하려는 데서 일어나는 현상이라고 하겠다.

그러나 불안의 의식은 인간주체와 환경과의 관계에서 자기의 안전을 확보하고 자기 방위를 위협하는 대상을 극복하려는 데서 일어나는 심리현상이다. 이같이 환경에서 오는 물질적·사회적 제 장해를 능동적으로 타개하려 할 때 불안의 정서는 항상 불확실한 것과 믿을 수 있는 가능성과의 관계에 있어 이를 예상하고 이를 사전에 안전화하려는 정신적 긴장상태이다. 이 불안의 의식은 해결이 가능한 때와 불가능한 상황으로 두 갈래의 방향을 갖는다고 하겠다. 첫째로 해결 가능한 불안의식은 문제의 해결과 자기 발전의 계기를 갖는 것이요, 자기의 심리적 욕구와 이를 타개함으로써 만족을 얻을 수 있는 환경에의 적응이 가능함을 뜻한다. 둘째로 자기의 환경적 장해를 극복할 수 없는 불안의 상태는 그 불안의식이 오래 갈수록 정신적 장애를 일으키고 사회적 병리현상을 낳게 한다. 문제의 벽에 부딪칠 때 이에 대한 적응이 불가능하게 됨에 따라 강박관념 조울증 등을 일으키고, 현실과 자기의 생각과의 괴리의 간격이 크면 클수록 그로 하여금 허무감과 허탈감과 좌절감을 갖게 한다. 생활체가 그 본성에서 환경과 적응관계를 이 이상 더 유지 계속할 수 없는 상황에 놓였을 때는 그 환경적 고립화의 극한에서 대립보다는 무관심 또는 자살의 행위에까지 이르게 된다. 그러므로 무관심의 상태는 극한적 대립과 적대감의 관계 이상의 심각한 상태라 아니할 수 없다. 극단적 적개심은 아직도 공동의 관심이 연계되어 있는 상황이라 하겠지만, 무관심은 이 같은 대화의 바탕을 상실한 상태이다. 공동체의 의식과 집단적 연대의식이 분열된 상태요, 이와 같은 상황에서는 시是와 비非, 선과 악을 논란할 여지가 없게 된다. 아무리 옳은 소리도 아무리 자극적인 발언도 들으려 하지 않기 때문이다. 개인이나 사회에서 이 같은 허무와 무관심이 만연되어서는 공동체의 구심력을 잃게 되고 화합을 기하기 어렵게 된다. 상호의 신뢰와 의리는 사회를 형성함에 있어서 보이지 않는 기초요, 근간임을 알아야 할 것이다.

『논어』에 의하면 자공이 공자에게 정치를 물었을 때 공자는 "먹을 것이 넉넉하고, 군대가 넉넉하여 국토를 방위하여야 하고, 백성들의 믿음이 있어야 한다"라 하였다. 이 말을 들은 자공은, "이 세 가지 중에 부득이 하나를 제거해야 한다고 한다면 무엇을 먼저 제거해야 합니까"라고 물었다. 이에 공자는 "군대를 제거하라"고 하였다(이것은 군대는 국민생활의 수단이요, 목적이 아니기 때문이다). 자공은 다시 묻기를, "나머지 두 가지 중에 부득이 하나를 제거해야 될 경우에는 무엇을 버립니까"고 물었을 때 공자는 "먹는 것을 버리라"고 하였다. 사람은 본래 나면 죽게 마련이지만 "사람이 믿음이 없으면 사람구실을 할 수가 없다"고 하였다.[11]

일반으로 배신을 할지라도 먹는 것을 버릴 수 없다고 하겠지만, 공자는 인간과 인간사회에 있어 상호의 믿음이라고 하는 것을 죽어도 버

11 『논어』, 「顔淵」 "子貢問政 子曰足食 足兵 民信之矣 子貢曰必不得已而去 於斯三者何先 曰去兵 子貢曰必不得已而去 於斯二者何先 曰去食 自古皆有死 民無信不立."

릴 수 없는 것, 인간과 사회의 본질적인 것으로 파악했던 것이다. 현대의 인간상은 배신과 기만과 교지狡智를 취할지언정 보이지 않는 믿음의 바탕이 인간사회 문화구조의 기초임을 인식하지 못하는 수가 많다. 신뢰의 지층이 두껍고, 상호 이해와 친애하는 정신이 인간과 인간 사이에 교환될 수 있다고 하면, 그 집단은 파멸되지 않는다. 어떠한 난국과 위기도 돌파할 수 있는 집단의 연대 의식과 흡수력이 강하여 도리어 애타적 희생과 순국과 순직의 열사도 이에서 나오게 되는 것이다.

(五)

인간의 구조는 육체적 동물성과 정신적 양식과의 이중적 구조이므로 그 중 어느 하나도 도외시할 수 없는 존재이다. 중세의 금욕주의는 인간의 육체적 욕구를 거부한다. 동양의 사상도 인간의 이욕적利欲的 세속성을 부정하고, 천심의 도덕적 초월성을 신성하게 여겨왔다. 그러나 근세 사상의 특징은 인간의 육체적 감각성을 긍정하는 방향으로 전환하기 시작했다는 것이다.

이성적 논리와 더불어 감성적 감각을 겸한 구체적 인간상을 지향해왔다. 서양 미술사에 있어서 우리가 볼 수 있는 것과 같이 18세기 이래로 중세적 금욕주의의 장의長衣를 차차 벗어버리는 나체화裸體畫를 볼 때 현저하게 인간의 육성肉性을 드러냄을 볼 수 있다. 도리어 도덕적 감정이나 형이상학적 윤리관을 벗어나 부의 추구와 감각적 현실성을 중시하는 경향으로 급진적인 변화를 일으켜 왔다.

경험적·실증적 철학사상은 현대 문명에 호응하여 과학철학 또는 분석철학으로 발전하였다. 자연과학이나 사회과학이나 인문과학에서 경험적 실증 과학사상을 토대로 하여서만 학문적 성격을 갖는 것으로 여기게 되었다.

그러나 이와 반면에 과학 사상에 기초를 둔 근대 문명에서 연유한 불안과 절망과 니힐리즘(허무주의)의 극복을 요구하는 현대에 있어서는 실존주의 철학이나 문학사상이 많은 사람들에게 호응을 받고 있는 것도 사실이다. 이 양자는 각각 입장을 달리하고 철학계에서 대립하여, 영·미철학과 독·불철학이 대차적인 양상을 보이고 있는 것이다. 이것은 획일적으로 일원화할 수 없는 인간과 사회의 다원적 구조를 상징하는 것이라 하겠다.

현대의 불안의 사조는 물욕物慾을 무제한으로 개방하고, 거대한 메커니즘의 기반 위에서 배태한다고 할 때에, 빈부의 격차와 노자간勞資間의 대립, 그리고 이 같은 갈등에서 일어나는 불안은 사회 생태학적 문제 영역에서 취급된다고 하겠지만, 이와 같은 입장에서의 불안과는 달리 권력과 부를 소유한 계층에서는 불안과 허무가 관계없고 향락과 희애喜愛만이 있느냐 하면, 인간학적 구조에서 고찰할 때 꼭 그렇다고 말할 수는 없다.

사회 심리학적으로 전자는 욕구와 그의 만족과의 상호관계에서 볼 때 욕구저지와 이에 따른 갈등에서 오는 불안이라 하겠지만, 이와 반대로 후자는 대상적인 욕구를 충족했다 할지라도 그것은 언제나 인간관계에서의 상대적인 만족인 만큼 무제한적으로 작용하며 경쟁 의식과 독점의식을 수반하게 된다. 이 같은 물질적인 만족으로는 해결할 수 없는 인간존재의 근원에서 유래하는 불안과 허무를 느끼게 한다는 것이 실존철학의 불안의 개념이다. 인간의 실존태實存態는 이와 같은 인간의 생의 내면성으로부터 일어나는 불안과 허무를 기반으로 성립하는 것이라고 키에르케고르는 말한다. 이 같은 불안이 일어나는 근원은 인간 실존의 내면성의 무無로부터 비춰나오는 것이라고 한다. 『논어』에 말하기를 "새가 장차 죽을 때 그 우는 소리가 슬프고, 사람이 장차 죽으려 할 때 그 나오는 말이 착하다"[12]고 하였다. 아무리 비양

---

12 『논어』, 「泰伯」 "鳥之將死 其鳴也哀 人之將死 其言也善."

심적이고 악한 사람이라 할지라도 그의 임종시에 나오는 말은 모두 착하고 참회의 정신을 엿보게 한다. 이 같은 진실하고 청정한 마음이 외부로부터 온 것이 아니라, 인간의 내면적 본래성에서 우러나는 것이라고 하였다.[13]

인간이 죽음이나 진실한 사랑에 직면했을 때, 이해와 시비와 득실 등의 대상에 사로잡히지 않고 초탈의 가능성의 지평을 열게 한다. 이 같은 한계 상황이 허무와 죽음의 심연으로부터 초극을 가능케 한다는 것이다.

나에게 부딪친 대상이 나를 실의와 절망으로 이끌 수 있는 것이지만 실존의 상태에서 이것을 진지하게 대결하고 결단할 때에, 이것은 나에게 주어진 장애물이 아니라 나의 발전과 도약의 바탕이 된다고 하겠다. 니체의 말과 같이 나의 운명을 사랑하고 받아들이는 자세라야 할 것이다. 예를 들면 땅에 걸려 넘어진 자는 다시 그 땅을 밟고 일어난다고 하는 것과 같이 나에게 주어진 상황을 나의 최선을 다하여 타개하고 전진의 무대로 삼아야 할 것이다.

맹자는 "항산恒産이 없으면 항심恒心도 없다"고 하였고, 또 "인간이 항심을 잃었을 때 정상적인 행동을 할 수 없고 방탕하고 편벽하고 간사하고 사치하고 하지 못하는 짓이 없게 된다"고 하였다.[14] 그러나 이와 반대로 사람은 물질로만 사는 것이 아닌 측면도 말하였다. 맹자는 이렇게 말한 바 있다.

> 한 그릇 밥과 한 그릇의 국을 얻어먹으면 살 수 있고, 이것을 얻지 못하면 죽게 되었다 할지라도 어느 사람이 모욕적으로 호통을 치면서 먹으라고 준다면 길가에 가는 사람일지라도 받아먹지 않으며, 밥을 차

13 『논어』, 「顔淵」 "爲仁由己 而由人乎哉."

14 『맹자』, 「梁惠王 上」 "無恒産 因無恒心 苟無恒心 放辟邪侈 無不爲已."

면서 먹으라고 던져 준다면 걸인이라 할지라도 기분 나쁘게 생각한다.[15]

이 불안과 허무는 인간 존재의 바탕으로부터 조명되어 나오는 것으로 이것이 현실의 절망과 니힐니즘 속에 매몰되지 않고 솟아날 수 있는 계기인 것이라고 하겠다. 실존철학은 불안을 매개로 하여 성립하는 것이며, 인간의 성실하고 심각한 실존태에 이르지 않으면, 진정한 의미의 허무와 불안의 개념을 이해할 수 없다고 보는 것이다.

불교에서는 인간의 무상함을 느끼고, 인간의 본래 면목으로 희환喜歡하는 것이 자각의 계기요, 공空의 의미를 체득하게 되는 것이라고 한다. 가시적 색상色相의 세계를 해탈하고 보면 '공'인 줄 알겠고, 인간의 집념을 해탈하고, 공의 의미를 요해한다면 색상의 세계에 있어 낱낱의 개별자가 조사祖師의 뜻이요, 그 진상을 체득한 경지라고 하는 것이다. 그러므로 이에서 말하는 공은 공 같지만 공이 아니요, 유有이지만 '유'가 아닌 것이 된다. 이와 같은 경지에 이르렀을 때 일초일목一草一木과 물물두두物物頭頭가 진여眞如가 아닌 것이 없다는 것이다.

『노자』에 "무명無名은 천지의 시작이고 유명有名은 만물의 어머니라"고 하였다. '유'와 '무'는 같은 데서 나와서 이름이 다를 뿐이라고 하였으며, 이 유무有無가 같은 것이라고 하는 자리를 '현玄'이라고 불렀다.

인간에 내재한 자연성과 대자연의 본질을 이해하려면, 인위적 욕심과 인위적 지식과 인위적 사유와 인위적 행위를 부정할 때에만 자연의 본질인 '박樸'이 노출된다고 하였다. 인위적인 요소를 부정하고 또 부정하여 극한에 이르렀을 때 자연의 상도常道가 궁극적으로 드러난다

15 『맹자』, 「告子 上」 "一簞食 一豆羹 得之則生 弗得則死 嘑爾而與之 行道之人弗受 蹴爾而與之 乞人不屑也."

는 것이다. 비유컨대 내 의식이 잠들었을 때 꿈의 세계가 열리는 것 같이 나의 지식과 나의 판단을 완전히 허무하게 부정하였을 때 진리와 진상의 지평이 열린다고 보는 것이다.

이것은 모두 사실의 세계를 부정하는 것이 아니라 사실을 의식하고, 인식 판별하는 인간 주체의 허위성과 기만과 분식과 비본래적인 일체의 요소를 부정함으로써만 모든 대상의 제모습을 볼 수 있고, 그 진상을 발휘할 수 있게 된다는 뜻이다. 과학을 연구하고 새로운 발견을 탐구하는 과학적 연구 자체는 아직 선이냐 악이냐의 판단 이전의 상태에 있어 과학적 법칙의 합리성의 여부를 따진 것이요, 과학적 성취를 찬양할 수 있겠지만, 과학적 성과를 선용하느냐 악용하느냐의 문제는 과학적 영역 외의 문제로서 인간의 주체적 내면성과 관계된 인간성의 문제로 귀착한다.

주체적 성실성이 엄밀한 과학적 대상과는 다르다 할지라도, 그 과학을 구사하는 인간 주체의 불성실한 태도는 과학적인 성취를 무의미하게 할 뿐 아니라 반과학정신으로 전락하게 한다. 현대의 불안과 허무와 무관심으로부터 우리를 인간화하고, 의미와 가치를 부여하는 일은 인간의 성실성을 근원적으로 회복하는 데서 이루어지는 바라 하겠다.

과학사상을 바탕으로 한 근대 산업사회의 현대 문명은 인간의 이욕의 소산이요 결과라 하겠다. 그러나 그 결과가 오늘날 우리의 인간생활 또는 인간 자체를 위협하고 있다는 사실은 궁극적으로 인간의 문제이며, 인간 자신의 주체적 성실성의 문제라 아니할 수 없다. 인간이 겪는 고통은 순수한 자연으로부터 오는 것이 아니라, 인간에게서 오는 고통이요, 자신의 모순에서 오는 것이라 하겠다.

그러므로 인간이 자연을 어떻게 정복하느냐가 문제가 아니요, 과학을 어떻게 더욱 발전시키느냐 하는 것도 다음 문제이다. 인간이 인간 자신을 어떻게 이길 수 있느냐 하는 것이 근본 문제이다. 다시 말하면 인간이 자기 자신에 대하여 문제를 삼아야 한다. 원자폭탄의 공포는 자연력 그 자체에서 기인하는 것이 아니라 인간 자신에게서 오는 것이다. 오늘날의 물질과학 문명을 부정하는 것이 아니라, 그것을 과학과 사회의 제현상에 있어서 어떻게 인간화하느냐 하는 것이 근본과제라 아니할 수 없다. (1974. 4)

Ⅵ. 한국과 한국의 지식인

머리말

'한국과 한국의 지식인'이라는 논제를 다루는 방식에는 여러 가지 다양한 것이 있겠지만, 여기에서는 이 논제의 의의에 따라서 '한국'이라는 사회적 주체와 '한국의 지식인'이라는 인식 주체 사이의 어떤 관련성을 파악하는 일에 초점을 맞추어 논술하겠다.

'한국'이라는 하나의 사회적 실체는 곧 우리 한민족이 동북아시아에서 '대한민국'을 이루고 살고 있는 생존체를 말하며, '한국의 지식인'이라 함은 이 사회적 실체 속에서 나름대로의 독특한 문화를 형성케 하고 이끌어 온 지도층 집단을 지칭하는 것이라 하겠다. 그러므로 이 양자 사이의 관련성을 밝힌다 함은 그 무엇보다도 우선 이 국가적·사회적 또는 민족적·문화적 실체로서의 '한국'의 생존과 발전을 위한 '지식인'의 역할을 밝히는 것이라 생각된다.

먼저 지식인의 개념을 정립해 보고, 이어서 현재 우리가 살고 있는 실체로서의 한국이 당면하고 있는 다원적 갈등과 시대적 문제들을 부각시키고, 이러한 다원적 현대 한국 사회에서 지식인의 위치를 우리 민족사의 맥락에서 파악하도록 한 후, 한걸음 더 나아가 그러한 현대 한국사회에서의 지식인의 역할과 사명을 그려봄으로써 주어진 논제를 전개해보도록 하겠다.

1. 지식인의 의미

지식인이란 표현은 가치중립적인 표현으로 사용되기도 하고, 그렇지 않기도 하다. 단순히 지식을 소유하거나 지식의 획득과 형성에 종사하는 사람이라는 뜻에서의 지식인은 19세기말 에밀 졸라(E. Zola)와 아나톨 프랑스(A. France)의 「지식인 선언」(1898)이 발표된 이후, 평가적 의미를 점차 짙게 띠는 것으로 변모해 갔다. 그때의 정치적 상황에 대한 비판이 주내용이었던 이 선언문에서 지식인들은 스스로를 국가의 양심으로 자처했으며, 그 후 지식인이란 국가와 사회에 대하여 무책임하고, 사회적 유토피아나 추구하는 정신적 귀족들이란 비판이 일게 되었다.

이러한 변화는 지식인이 자기가 속한 사회 속에서의 역할을 긍정적으로 평가하기 시작함으로써 나타나게 되었고, 우리의 경우 이러한 지식인의 개념은 '지식인'이라는 표현으로 더 적절히 나타내어지기도 한다.

그러나 과학이 발달하고 학문이 분화해 갈수록 오늘날에는 지식인이란 개념이 보다 더 서술적인 것으로 바뀌어 가는 추세에 있다. 이러한 지식인관知識人觀은 전문화된 영역에서의 지식의 양적 팽창과 질적 심화로 말미암아 모든 분야에 대한 포괄적이고도 깊은 이해란 매우 힘든 것이기 때문에 현대사회의 당연한 귀결인 것처럼 보인다.

그러나 국가 또는 사회의 발전이라는 견지에서 보면, 지식인의 역할이란 단순한 진리 추구냐, 현실 참여냐 하는 평면적인 구분만으로는 이해될 수 없는 측면이 남아 있다. 진리 추구의 경우에도 사회의 여러 가지 문제들(정치·경제·사회·문화·교육 등)에 대한 포괄적 지성이 요구되는 경우가 있다. 이런 경우에는 전문화되고 분화된 탐구 방식보다는 포괄적이고 통찰적인 일반적 지성이 더 요구되는 것이다. 국가 또는 사회의 문제들이란 개별적으로 분리되어서 존재한다기보다는 상호 유기체적인 결집에 의해서 연계되어 있다.

이러한 유기체적 생명을 함축적으로 포괄하고 해석하는 종합적인 이념과 철학은 세분화된 과학적 지식의 탐구로서는 감당할 수 없는 것이다 물론 오늘날처럼 분화된 사회에서 함축적·철학적 지성만으로는 국가의 생리生理 현상과 병리病理 현상들을 미시적으로 인식할 수 없다. 이 점은 마치 인간의 건강을 진단함에 전문의의 도움을 요청하는 것과 같으며, 따라서 현대사회는 함축적·철학적 지성인과 함께 전문적·과학적 지식인을 다 필요로 하는 것이다.

나아가서 그것이 전문적 지식인의 경우든 함축적 지성인의 경우든, 한 인간의 이성적 판단과 사고역량이 지나간 역사의 체험과 시간적 전통을 무시하고 설명되지 않는다. 모든 지성은 반드시 지나간 역사의 내용에 의해서 동기부여를 받으면서 자유로운 창조의 계획을 꾸미게 된다. 계획이 없이 현실을 논리적으로 설명할 수 없듯이, 지나간 우리 역사의 체험을 도외시하고 현실을 실질적으로 해석할 수 없는 것이다.

한국 전통사회에서 지식인의 개념을 이해하는 데는 선비라는 개념을 살펴보지 않을 수 없다. 사인士人과 군자君子는 통용해 쓰기도 하지만, 군자는 소인小人에 대한 개념이요, 사士는 민民에 대한 개념이다. 군자는 덕이 있는 사람 또는 지위가 있는 사람을 의미한다. 반면에 소인은 덕이 적은 사람, 지위가 없는 사람을 지칭한다. 선비는 반드시 지위를 가진 것은 아니지만, 교양이 있고 지식이 있는 사람을 의미한다. '민'은 유식하지는 않지만, 악하다고 보는 것은 아니다. 그러나 군자인君子人이나 사인士人이 반드시 지도층에만 있는 것은 아니다. 참된 의미의 관료 사대부는 덕과 지위를 겸비하여야 하며, 이들이 임금을 보좌하여 벼슬하는 것을 가장 이상적으로 본다. 이를 양반 계급이라 한다.

그러나 양반은 대체로 과거에 합격한 관인官人으로서 군왕을 배경으로 하는 치자급治者級에 속한다. 사인士人은 학문과 교양을 쌓아 산림山林에 있으면서 백성의 편에 서서 군왕의 비정秕政에 항소하며 저항하였던 지식인이다.

선비가 박해를 받고 후명後命을 받을 때는 백성들이 애통해 하고, 밭가는 농부가 일을 멈추고, 빨래하는 야부野婦도 일손을 멈추었던 것이다. 그러한 대표적 인물이 정암靜庵 조광조趙光祖 같은 분이다.

율곡 이이는 말하기를 "사림士林은 국가의 원기元氣라 하였으니 조정에 사림이 있으면 나라가 다스려지고, 사림이 없으면 나라가 어지럽게 된다"[16]고 하였다. 이때의 사림은 국가와 사회를 이끄는 지도층 엘리트요, 국민의 호응을 받았던 것이다. 연암 박지원은, "천하의 공언公言을 사론士論이라 하고, 당세의 제일류第一流를 사류士流라 하고, 사해의 의성義聲을 울리는 이들을 사기士氣라 하고, 군자가 죄 없이 죽는 것을 사화士禍라 하고, 강학논도講學論道하는 이들을 사림이라 한다"[17]고 하였다. 이같이 선비는 국가와 민족과 문화를 책임진 지식인이라 하겠다.

오늘날에도 지식인이라 함은 기능적 지식(用)만을 보유한 것뿐만 아니라, 인격의 자주적 체體를 간직한, 체용體用이 겸비한 지성인이라야 할 것으로 본다.

2. 복합사회와 주체문화

20세기 후반의 우리 한국이 당면하고 있는 문제의 핵심은 근대와 전근대의 혼미라는 것으로 파악될 수 있다. 한국은 서구의 각국이 16세기쯤부터 시작한 근대화의 과정을 극히 최근에 이르러서야 경험하기 시작하였다.

우리가 전근대에서 근대로 나아가는 것은 역사의 필연이라 하겠지만, 그러나 우리가 지금 겪고 있는 근대화의 과정은 그 역사가 매우 짧은 것이기 때문에, 그 과정에서 많은 문제들이 야기되고 있는 것이다.

우리가 근대화를 지향하는 것은 전근대의 폐단에서 벗어나자는 것을 뜻하며, 그러한 폐단의 상당한 부분은 아직도 우리의 현실 속에 남

16 『栗谷全書』 권7, 「辭大司諫兼陳洗滌東西疏」 "士林者 有國之元氣也 士林盛而和 則其國治 士林激而分 則其國亂."

17 『燕巖集』 卷10 別集, 「原士」 "故天下之公言曰士論 當世之第一流曰士流 皷四海之義聲曰士氣 君子無罪而死曰士禍 講學論道曰士林 宋廣平謂燕公曰 萬世瞻仰 在此一擧 豈非天下之公言乎 宦官宮妾 不知其名者 豈非當世之第一流乎 魯連欲蹈東海而秦軍自卻 豈非皷四海之義聲乎."

아 있기도 하다. 근대에 비추어 볼 때 전근대는 봉건적 신분사회를 말한다. 이러한 사회에서는 직능과 업적보다는 계급과 수직적 인간관계에 의해서 개인의 사회적 위치와 역할이 결정된다. 이는 곧 개인의 권리나 이익이 전체의 이익 앞에 부당하게 억압당하는 것과 같고, 이 점에서 비민주적이고 비인도적이기도 하다. 따라서 근대화란 '신분으로부터 계약으로'의 이동을 말하여, 농경 중심의 전원사회가 산업중심의 도시사회로의 이동함을 말한다. 또한 근대화는 대규모 국민사회로의 확대와 이에 따른 기능집단의 분화를 수반하게 한다.

우리는 그동안 이러한 방향으로 박차를 가해왔다. 이러한 과정에서 서구식 물질주의적 가치관이 유입되었으며, 대중 사회적 구조와 체제에 따르는 역기능도 나타나게 되었다. 서구적 가치관과 사회제도, 체제 등의 급격한 유입은 아직 우리가 그 정체正體를 채 파악하기도 전에, 이미 우리의 물심양면의 세계를 압도하고 있었다. 예를 들면 물질적 풍요가 인간의 행복을 가져다준다는 꿈에 젖기도 하고, 민주주의와 과학기술 문명의 행복을 가져다준다는 꿈에 젖기도 하고, 민주주의와 과학기술 문명은 노력하지 않고 책임질 줄 모르는 자에게도 인권과 물질적 혜택을 줄 것이라는 환상에 젖기도 하였다.

그러나 이러한 제도와 과학기술, 정치사상 등의 유입은 그 자체로서 절대적 가치를 가지는 것은 아닌 것이다. 그러한 서구문명의 유입을 선택 조절하고 때로는 통제할 수 있는 우리 자신의 안목이 뒤따를 때에 그것이 가치 있는 것이다. 사실, 산업문명의 기능적 발달이란 용用의 측면일 뿐, 그 자체가 민족의 체體를 대신할 수 없는 것이다. 근대화란 우리만 하고 있는 것이 아니라, 근대화과정의 모든 국가가 다 하고 있는 것이다. 우리를 풍요하게 만드는 것이 근대화이지, 근대화를 위해서 우리가 있는 것은 아니다. 민주주의도 마찬가지이다. 우리가 민주주의를 위해 사는 것이 아니라, 우리가 고루 잘 살기 위해서 민주주의를 하는 것이다.

우리가 민주적 세계시민을 지향한다 하더라고 우리는 그에 앞서 한국인인 것이다. 과학문명이 아무리 발달한다 하더라도 그것은 '용'의 측면일 뿐이요, 나 자신 즉 주체를 도외시한 '용'은 무의미하게 된다. 토인비(A. Toynbee)의 다음과 같은 진술도 역사발전에서의 주체인 바로 이 '체'를 의미하는 것이라 하겠다.

> 일개의 문명사회는 그 주체의 자기결정의 능력상실에 의해서 붕괴해 갈 수밖에 없고 드디어 해체될 뿐 아니라, 그 민족문화는 단절되고 멸망되던가 아니면 화석과 같이 되어 생명이 없는 것으로 잔존하게 된다. 그리하여 이와 같은 사회는 흔히 다른 민족에 의해서 직접 간접의 지배를 받게 되고, 그 사회에 사는 다수의 내적 프롤레타리아트가 발생하게 된다. 그들은 경제적으로나 정신적으로 소외 자가 되고, 자기 자신들은 자기 사회 속에시 실면시도 그 사회의 주체에 속하지 않는다는 소위 소외의식으로 젖게 된다.[18]

3. 한국 민족사의 맥락과 지식인

한국 근대 사상사에서 서구세력의 등장과 일본 군국주의 세력의 한반도 진출로 19세기 후반의 한국은 역사적인 격동기를 맞이하게 되었다. 1866년 병인양요, 1871년 신미양요 등 잇따른 서구세력의 무력적 침입을 당한 한국의 정부와 지식인들은 불안과 위구심危懼心을 자아내게 되었다.

대원군 집정 10년 동안, 천주교에 대한 탄압과 쇄국적 정책으로 국권을 강화하여 확보하려 하였으나, 1876년 일본의 압력에 못 이겨 맺은 병자수호조약이라는 불평등조약에 의해 개항하게 되었고, 그 후 조

18 토인비, 『歷史의 硏究』 참조.

선사회는 밖으로 미국·영국 그리고 독일 등과의 수교를 맺어야 했고, 이어서 이탈리아(1885), 러시아(1886) 등과도 통상조약을 맺어 열강들의 이권 쟁탈이 일게 되었으며, 안으로는 갑신정변(1884), 동학농민전쟁(1894)이 발생하여 보국안민報國安民의 계책을 세우기 어려운 상황이었다. 서구 근대 자본주의 세력과 일본제국주의의 그늘에 덮여, 1905년 을사늑약을 맺게 되고 드디어 1910년 한일합병에 이르게 되었거니와, 이 격변하는 외세에 대응하는 방책이 지극히 난감한 상태였다.

완고한 쇄국정책에 의하여 국제정세에 눈이 어두운 당시의 조야朝野는 타의에 의하여 문호를 개방하고, 외세의 침투를 당하여 위기의식이 조장되는 한편, 서양의 문물제도가 밀려옴에 따라 배타적 자주의식과 채서적採西的 개화사상開化思想으로 엇갈리게 되었다. 이 상호 모순된 의견과 주장은 마침내 보수파와 개화파의 분열을 가져왔다.

개항 이래, 서구의 세력과 일본 군국주의의 등장은 한민족으로서 다시없는 위협이었다. 이에 보수당은 민족사 단절의 위협을 느껴 배타주의로 가는 한편, 개화파는 서구의 문물제도와 과학지식을 전폭적으로 받아들여 국력을 배양코자 하였다. 이 개화파는 종전의 실학사상을 계승하였으며, 선진문화를 외세에 의해서라도 급속히 받아들여 사회를 개혁하려 하였다. 즉 실리 추구의 방향으로 나아갔다. 이 개화사상은 근대화의 방향과 연결된다고 하겠다. 주자학파들은 거듭된 민족적 수난을 증구拯救하기 위하여 힘썼으니 그들의 의리사상義理思想이 의병정신義兵精神, 독립투쟁 그리고 순국절사殉國節士로 드러났다. 의암毅庵 류인석柳麟錫과 면암勉庵 최익현崔益鉉은 그 대표적 인물이다. 민족사의 입장에서 어느 것이고 과소평가할 수는 없을 것이다.

역사적으로 한국의 지식인들이 사회 변동에 따라 또는 외세의 충격에 대한 대응책으로 입장과 관점이 대립됨을 볼 수 있으니, 여말선초의 전환기에 혁신파의 천명론天命論(鄭道傳)과 보수파의 강상론綱常論(鄭夢周)의 대립, 병자호란시의 척화파斥和派의 김상헌金尙憲, 주화파

主和派 최명길崔鳴吉의 대립, 18세기 실학자들이 성리학의 공소空疎함을 비판할 때, 홍대용洪大容의 허자虛子(性理學, 義理學者)와 실옹實翁(實學者)의 비유[19]는 과연 적당한 비판인가. 그리고 서세西勢의 동점東漸을 수반하여 온 서학西學과 한국 기존 문화와의 충격대결에서 전통적 관점에서는 척사위정斥邪衛正이라 하고 서학의 관점에서는 수난과 박해라 하는데, 이 척사와 박해라는 양립된 논평은 과연 민족사의 입장에서 어떻게 평가될 것인가. 한국 최근세사에서 갑오년 동학운동은 민요民擾인가 혁명인가. 이 같은 문제들은 한국 민족사 발전에서 지식인들이 재음미하여야 할 문제라고 생각한다.

4. 현대 한국 사회와 지식인

이상에서 살핀 현대 한국사회의 문제와 그 역사적 의의를 배경으로 우리는 이제 현대 한국사회에서의 지식인의 역할과 임부에 관해서 말할 수 있을 것이다.

우선, 가장 포괄적이고 또 중요한 점으로서 우리의 전통과 현대의 접목이라는 문제이다. 다원적이고 복합적인 현대 한국사회의 갈등과 모순 속에서 전통과 현대를 접목하는 일은 어떻게 가능할 것인가? 해방 후 지금까지 우리가 서구문명과 외래문화를 받아들여 온 방식은, 창조적 지성의 능동적 작용이라기보다는 모방과 무질서한 추종에 더 가까웠다. 그러므로 지금의 우리 지식인들이 직면한 역사적 사명은 현재의 다원적이고 자유분방한 외래문화를 우리의 문화적 원류에 되돌려 접합시키는 일이라 할 수 있다.

둘째로, 우리 한국은 이중적으로 전통의 단절과 문화적 괴리를 경험하여 왔고 이러한 시대적 맥락 속에서 전통과 특색이 살아남는 근대

---

19 『湛軒集』『毉山問答』 참조.

화의 과업을 성취해야 한다는 임무를 띠고 있다. 일본이라는 나라가 명치유신明治維新을 통하여 그들의 전통을 서양 문명과 접목시키는데 성공했음에 반해서 우리는 일제에 의해서 전통의 단절이라는 비운을 겪은바 있고, 해방 후 물밀 듯 들어오는 서양문화를 주체적으로 수용하는데 실패했다는 점에서 다시 한 번 전통의 단절을 겪어야 했던 것이다. 중국만 해도 이런 단절은 없었다. 이 점에서 서구 문화를 받아들이고 근대화를 해나가면서도 그러한 가운데 우리 전통문화의 특색과 자주성을 계속적으로 찾아내서 발전시켜야 하는 것이 우리 지식인의 사명인 것이다.

셋째로, 근대화와 민주화에 따라 개인의 자유, 인권, 평등을 확보하는 것은 중요한 일이지만, 국가가 패망하는 일은 결코 없어야 한다는 점을 지식인들이 깨달아야 한다. 홉스(T. Hobbes)는 일찍이 『시민론市民論』 제13장에서 시민이 이익을 얻을 수 있는 조건을 다음의 네 가지로 말한 바 있다. ① 외적으로부터 보호되어 있어야 한다. ② 국내 안녕 질서가 보장되어 있어야 한다. ③ 공공안녕을 해치지 않는 한에서 재산을 증식시킬 수 있다. ④ 다른 사람에게 해를 끼치지 않는다는 한에서 자유를 누릴 수 있다.[20] 이와 같은 조건은 지금의 우리 한국 지식인들에게도 그대로 적용되는 것이라 말할 수 있을 것이다. 국가가 패망하면 지식인도 없고, 전통과 현대도 없다는 점에서 그러한 것이다.

넷째로, 민주사회는 다원적 사회이므로 이 다원성을 상하지 않는 범위에서 갈등과 분열을 조화시켜 융화를 이룩해야 하는 것이 지식인의 사명이다. 이 일은 과학적이고, 합리적이며, 방법에 의존해야 한다. 민족이나 국가의 생존이 초월성적인 것이라면, 다원적 이해와 가치관의 융화는 합리적으로 이루어질 수밖에 없는 것이기 때문이다.

---

20 F. Jonas; *Geschichter der Soziologie I*, pp.68-69.

마지막으로, 이러한 지식인의 사명과 임무를 수행하는 방법론의 문제이다. 방법론에서 가장 중요한 것은 주체성을 보존하고 자존을 지키는 일이다. 공산집단과 대결하고 있는 어려운 상황 속에서도 미국이나 서구의 자본주의에 대해서 주체성과 자존을 유지하지 못한다면, 지식인은 아직 그 사명을 다하지 못하는 것이다. 한국 사상의 핵은 인간중심에 있다. 종교와 과학, 즉 정신과 물질은 각각 하늘〔天〕과 땅〔地〕을 대신하며 하늘과 땅의 가운데 있는 존재가 사람〔人〕이라는 생각이 우리 고유의 사상적 전통이다. 홍익인간弘益人間의 전통도 이와 같은 것이며, 하늘에서 내려온 환웅桓雄과 땅 위의 웅녀熊女 사이의 출산이 단군이었던 점도 이 정신을 비유적으로 나타낸다. 원효의 『십문화쟁론十門和諍論』에 나오는 회통화합론會通和合論도 이 정신을 실현하는 것이다. 특히 20세기와 같은 인간소외 및 상실의 시대에 우리 전통문화의 정맥正脈인 인도주의 사상을 회복하고 중화정신中和精神을 돌이키는 일은 전통과 현대의 조화를 위한 좋은 시사일 것이다.

맺음말

현대 한국사회의 정신적 다원성에서 유래하는 가치관의 혼미를 극복하고 민족적 융화를 도모하기 위한 여러 가지 문제를 살펴보았지만, 이를 해결할 수 있는 기준과 방향을 집약으로 말한다면, 한국사상의 요체를 이룬 인간존중과 대립을 지양하는 화합사상으로 돌아가야 할 것이다. 자본주의적 민주주의와 공산주의적 물질론이 인간을 소외시키고 인간성을 상실하게 한 것이다. 종교적 신성이 인간에 내재해 있고 과학적 물질이 인신人身에 승화되어 있는 영육쌍전靈肉雙全의 전인적 인간상으로 회복되어야 할 것으로 믿는다. (1986. 2)

Ⅶ. 국가발전과 조국통일의 정신적 基調
— 종교인의 관점에서 —

머리말

우리는 1960년대 이후 근대화를 위해 피땀 어린 노력을 기울인 결과 세계에서 그 유래를 찾아보기 어려울 만큼 경이적인 경제발전의 성과를 거두었으며, 이를 바탕으로 이제 선진국가의 건설을 위해 모든 노력을 경주하고 있다. 그러나 이와 같은 선진국가 건설은 단순히 경제성장과 과학기술의 발전만으로는 달성하기 어려우며, 거기에 상응하는 국민의식의 선진화가 먼저 이루어질 때 비로소 실현되는 것이다.

사실상, 그동안 이룩하였던 경제성장의 결과에 힘입어 우리 국민의 생활수준은 높아졌고, 우리 나름대로 비교적 풍족하고도 편리한 생활을 누리고 있다. 그러나 이와 같은 물질적·경제적 번영은 다른 한편으로 황금만능주의와 자기중심적인 가치관을 배태시키는 등 가치관의 혼란을 일으켰으며, 사회의 유지와 통합 그리고 사회발전에 필요한 윤리적 기반을 흔들어 놓는 결과를 낳기도 하였다. 또한 급속한 근대화의 추구과정에서 나타난 외래문물의 무분별한 도입은 결과적으로 우리 민족문화의 계승과 발전을 저해하고, 민족의 주체성과 개성을 유지하고 발전시켜 나아가는 데 많은 어려움을 안겨주고 있다. 더욱이 민족의 염원인 조국통일을 이루지 못한 채 남북으로 분단되어 사상적·군사적 대결 상태를 지속하고 있음에도 불구하고 일부 국민들은 아직도 국가현실을 올바로 인식하지 못한 채 이념적 혼란과 갈등 속에서 생활하고 있다.

또한 우리를 둘러싼 국제질서도 국가 간의 이해관계의 상충相衝과 자국의 실리 추구 등으로 말미암아 더욱 급격히 변모하고 있다. 이러한 국제환경 속에서 대내외적인 갈등을 극복하고 우리의 생존과 번영을 이룩하기 위해서는 그 어느 때보다도 국민적인 단합과 민족적인 일체감의 형성이 필요하며, 이와 같은 대내외적 갈등과 도전을 극복하고 통일조국을 창조하는데 있어서 우리 국민이 기본적으로 갖추어야 할 정신적 기조가 무엇인가를 밝혀야 한다.

1. 조국통일의 이념과 방향

국토가 분단되고 민족이 남북으로 분열된 지 어언 40년, 이 비극의 역사는 구한말 일제의 군국주의에 의해 주권이 상실되고 민족적 항거와 고통이 지루했던 36년보다 더 긴 세월이었다. 이 분단의 역사는 한민족에게 민족적 동질성보다는 이질성을 가중시켜 왔다. 같은 민족이면서도 공산주의를 추구해 온 북한의 폐쇄적 사회와 자유민주주의를 추구하는 남한의 개방적 사회는 체제의 기본 성격상 차이를 갖는 것이지만, 동족에 대한 군사적 침략정책이 남북한의 이질성을 더욱 심화시켜 온 것이 사실이다. 비록 근 반세기에 걸친 공산주의 이데올로기의 타율적인 강요와 서구문명의 충격에 의해 한민족의 동질성이 훼손되고, 그 훼손의 정도가 제아무리 심하다 하더라도 같은 역사, 언어, 습관, 문화, 강역疆域, 혈통, 생활 터전을 지녀온 한민족의 공동체의식과 오랜 전통이 뿌리째 사라질 수는 없다. 같은 분단국가라 하더라도 독일처럼 다민족국가이면서 연방제의 역사적 경험을 가진 나라와는 달리, 우리의 경우에는 단일민족국가의 오랜 역사적 전통을 갖는 까닭에 통일을 열망하는 민족적 염원은 그만큼 더 간절하다. 이러한 열망은 구한말의 국권상실에서부터 조국광복의 항일민족투쟁, 대한민국의 독립, 더 나아가 남북통일로 이어지는 민족사적 맥락을 일관하는 한민족의 숙원이요 실천의지實踐意志인 것이다.

분단된 민족의 재결합의 이념정립은 단순한 복고적 차원에서가 아니라, 민족적 정통성을 바탕으로 한민족의 전후 역사의 사실성과 한반도의 국제적 위상의 동태적 맥락 속에서 창조적으로 모색되어야 할 것이다.

분단시대에 우리가 추구하는 새로운 통일국가상은 근대성과 민족성을 조화 있게 충족시키는 것이어야 한다. 즉, 근대성이라 함은 정치적으로 민주적인 공동의 참여와 사회경제적인 차원에서의 생산성의 제고와 국민복지라는 사회과학적 규범을 충족시키는 사실성에 근거한 과학성을 의미하며, 민족성이라 함은 한민족의 동질적 정체성과 정통성이 확보된 이념성을 의미하는 것이라 하겠다.

민족적 이념성을 상수적常數的 성질의 것이라 한다면, 근대화의 과학성은 변수적變數的 성질의 것이다. 남북한의 사회변화와 그 체제에 따른 이질화 현상은 가변적인 것으로, 이 이질적 변수의 사실을 일방적으로 부정, 병합하기보다는 이를 상호 인정하고, 상호이익을 도모할 수 있는 타당성과 공감대를 발견하며, 남북 간의 접근을 시위하여 전진시켜 가야 할 것이다. 더 나아가 민족의 동질성 회복시킬 수 있는 통일문화의 창조를 지향해야 할 것이다. 이를 위한 민족 재결합의 이념형은 현실과 유리된 추상적인 것이 아니라 역사적 사실과 사회적 제현상에 조명된 것이어야 할 것이다.

민족 재결합의 접근방법은 우선 쉽고 가능한 가치중립적인 분야, 이를테면 적십자회담, 이산가족 찾기, 스포츠의 교류 등에서 시작하여 정치적·경제적·군사적 교류와 협력으로 발전되어 가는 것이 바람직할 것이다. 그러나 상충된 현실적 이해관계에서의 협상은 어느 정도 타협을 가능케 할지 몰라도 해결은 아닌 것이다. 원만한 평화적 해결은 실리적인 변수와 더불어 민족정체의 이념적 상수와의 일치에서 가능케 될 것이다.

남북한이 국제정치의 변화양상에 대응하면서도 우리 민족 스스로가 주체적 역량에 의하여 이를 주도하는 자세가 되어야 할 것이다.

이념이란 그것이 논리의 싸움에 불과할 때, 아무런 소득이 없이 공리공담으로 끝날 우려가 있기 때문에 이념을 지탱해 줄 수 있는 사실과 힘이 필요하다고 본다. 이러한 민족주의의 이념을 뒷받침하는 힘이란 다름 아닌 대북한의 여러 분야에서 우월성을 유지하는 일이라 하겠다. 정치·경제·군사·문화 등 여러 분야의 절대적인 우월성만이 북한을 협상의 자리로 이끌어낼 수 있고 그들의 극단적인 이념을 약화시킬 수 있다고 본다. 이 여러 가지 힘 가운데서 가장 중요한 것은 역시 문화적인 힘이다.

단기적으로 보면 무력의 힘이 문화의 힘보다 강하다 하겠지만, 장기적으로 보면 공산주의 문화의 유물론적 역사관이 지니고 있는 허구를 밝혀주고 민족의 이상과 종교가 지니고 있는 인도주의적 인간생명존중과 화해와 평화의 문화유산을 계승 창달함이야말로 남북한의 체제와 이데올로기의 대립을 초월하여 평화적 통일을 달성할 수 있는 직접적이고도 가장 설득력이 있는 힘이 될 것이다.

2. 조국통일과 종교

논의를 보다 구체화시키기 위하여 조국통일과 종교의 문제를 구체적으로 생각해 볼 필요가 있을 것이다. 특히 남북대립의 상황 아래 무엇보다도 힘의 권위가 우선되는 현실에서 이러한 주장이 과연 얼마나 타당성이 있는가 보다 구체적인 이론제시가 요구된다고 하겠다.

우리나라에서는 종교가 전통적으로 사회통합을 위한 신화적 통합기능을 해온 것으로 이해되고 있다. 역사적으로 보아, 삼국 가운데 가장 후진적이었던 신라가 삼국을 통일하게 된 원천적인 힘은 다름이 아니라 그들의 열렬한 종교심과 신앙을 바탕으로 승화된 조국애에 있었다. 중국에서조차도 통일을 보지 못하고 제각기 다른 의견의 대립으로 이어져 내려오던 종파불교가 당시의 신라사회에서는 원효에 의하여 완전한 이상의 통일을 보게 되었고, 이러한 통일된 사상성 아래에서 분열되었던 국토와 권력은 이미 대립에서 화합으로, 분열에서 통합으로 나가게 되었던 것이다. 이러한 조건 아래에서 후진성을 극복하고 삼국통일의 대업을 완수하게 된 계기를 마련했다고 생각된다.

만일 사회의 제도나 현상이 인간의 정신적인 소산이라고 정의한다면 이념의 통일에 따른 국가사회의 통합과 통일은 정당한 결과일 것이다. 만일 그렇지 않고 사회의 제도와 상황이 더 이상의 분열을 용납하지 않는 극한상황에 처해 있다고 생각할 때, 이념적인 통일이나 통합의 이념이 요청되는 것은 자연스러운 결과로서 공동사회 전체의 통합의식을 나타내고 있는 것이라고 볼 수 있다.

실제로 한국의 종교는 원효의 사상에서뿐만 아니라 이후에 내려오는 사상적 전통에서도 종합성과 통일성의 성격을 강하게 내포하고 있다고 할 수 있다. 이것은 이론과 실제를 동시에 통합하는 우리 전통사상의 특질을 단적으로 드러내 주는 일면이라고 할 것이다.[21]

따라서 조국통일을 위한 문화적인 역할은 종교에 크게 기대되고 있으며, 종교를 통한 확고한 통일이념 정립이 요청되고 있는 것이 오늘의 상황이라고 생각한다.

인도의 오랜 문화는 인도의 종교가 그 배경이 되어 있고, 중국의 문화는 중국적 사유와 신앙이 바닥에 깔려 있으며, 서구문화의 배후에는 서구의 종교가 그 기초를 이루고 있다. 이와 같이 종교와 문화는 서로 뗄 수 없는 관계에 있다. 문화권에서는 뿐만 아니라 국가나 개인에게도 그 인격체가 갖고 있는 궁극적 신앙이 내재해 있는 것이다. 인간은 평소에 생리적 이욕利欲과 심리적 쾌락에 지배되고 있지만, 심각한 결단이 요구되거나 생사문제에 직면한 한계상황에 이르면 윤리적 양식과 철학적 이성, 그리고 종교적 신성성의 차원으로 심화된다. 결국 정치나 경제적 통일보다도 더 높은 차원에서의 통일이 요구되고 있으며, 이것은 사상의 영역과 종교의 차원을 뜻하는 것이다.

1960년대 이래로 국가목표의 변천과정을 살펴보면, 우선 처음으로 경제개발을 통한 빈곤의 탈피가 강조되었고, 이어서 경제개발을 추진

21 『三國遺事』 권2, 「文虎王法敏」 "崇奉佛法 守護邦家."; 『栗谷全書』 권10, 「答成浩原」 "理氣之妙 難見亦難說."

시키기 위해서 비경제적 요소인 사회개발을, 그 다음으로는 사회개발 중에서도 물질적 개발과 더불어 인간개발을 강조하였으며, 그 후로는 인간개발 중에서도 능률과 기능의 개발과 동시에 도덕의식을 강조한 국민윤리에 역점을 두었다. 그러나 근자에 와서 국가발전에 있어 국민의 도덕적 윤리의식을 개발하는 동시에 더 나아가 정치의식, 사회의식, 문화의식 등 국민의식 전반에 걸쳐 국민정신교육을 강화하였다. 그러나 오늘날에 와서는 이러한 국민정신의 근본바탕으로 국민사상과 민족의 이념을 문제 삼게 되었다. 북한의 적화통일의 이데올로기 공세에 대비하여 이를 초극할 수 있는 국민의 사상정립과 민족의 철학을 요구하게 되었다. 그러나 앞으로는 종래의 정치·경제·국방 등 이해·득실의 차원을 넘어 무엇이 옳고 무엇이 그른가 하는 이성적 판단을 요구하는 윤리적·철학적 차원으로, 또 더 나아가 무엇을 위하여 내 정성을 다하고 땀 흘려 존귀한 생명까지도 바칠 수 있겠는가 하는 심각한 생사의 결단을 요구하는 종교적 차원에 이르기까지의 절실한 요구가 문제될 것이다. 이러한 의미에서 한국의 철학과 종교는 국가발전과 조국통일의 정신적 기조를 이루어야 할 것이다.

3. 남북대화 시대의 종교

현재의 국내외적인 사정과 조국의 미래를 예측해 볼 때, 종교에 거는 기대가 대단히 크다는 점을 앞에서 조국통일의 문제해결에 비추어 언급하였다. 종교가 지니고 있는 힘은 실상 물리적으로 계측하거나 비교할 수 없는 정신적인 소산이기 때문에 그것의 영향을 직접적으로 언급하기는 어렵지만, 인간의 역사와 생활에서 종교가 지니고 있는 힘은 간과할 수 없을 정도로 막대한 것이 또한 사실이다. 그러나 여기에서 커다란 문제로 등장하는 것은, 북한의 공산독재 치하에 종교가 말살되어버린 현재의 상태에서 과연 남한에서 정립하여 주장하는 화해, 혹은 평화적 통일이론이 얼마나 유효하게 또 효과적으로 받아들여지겠느냐는 것이다.

북한이 대남적화 전략을 포기하지 않은 상태에서 남한만의 일방적인 화해무드 조성은 북한에게 절호의 기회를 제공하게 되는 경우도 생길 수 있는 노릇이다. 따라서 남북대화시대의 종교는 마르크스 레닌주의에 입각한 공산주의 전략을 올바로 평가하고, 국내의 이론적인 혼미상태를 벗어나는 초기의 모순점을 지적함으로써 우리의 현실에 알맞은 종교 통합이론을 정립해야 할 것으로 생각된다. 또한 신을 우매한 민중소산民衆所産이라고 평가하는 공산주의자들을 이론적으로 압도하기 위해서는, 그들 반종교인들에게 종교적 진실의 고매한 인격적 감화, 감동의 영향력을 주어야 할 것이다. 그리고 인간이 인지하고 설명할 수 있는 이상의 미지의 세계를 신앙하되 인간의 사유가 가능한 영역까지는 과학적으로 설명되어야 할 것이다. 왜냐하면 스스로 무신론자임을 자랑으로 삼고 있는 공산주의자들에게 종교의 필요성과 우수성을 아무리 역설한다고 할지라도 그것은 우이독경牛耳讀經과 같은 꼴이 될 것이기 때문이다. 전혀 새로운 이질문화를 접합시킨다는 관점에서 연구가 시도되어야 할 것이며, 아울러 종교의 영적인 구원의 메시지를 전한다는 사명감과 인내심을 가지고 폭넓은 아량과 관용의 자세로 임해야 할 것이다.

이러한 작업은 어느 한 종파나 종단에서 할 수 있는 일이 아니다. 사회의 요청과 변천이라는 과정에서 시대적인 사명을 인식하고 범종교적인 차원에서 이루어져야 할 것이며, 각 종교가 지닌 화해와 자비의 논리가 극대화되어야 할 것으로 생각된다. 종교가 인정되고 있는 공동사회에서의 문제를 각 종파 간에서도 대화와 순리로 풀어나가지 못한다면 반대논리를 극복할 수 있는 근거는 아무 데서도 찾을 수가 없는 것이다.

4. 종교의 大道

1) 종교 간의 대화

현대사회가 종교다원화로 기울어지면서 종교 간의 갈등과 폐습의 역기능이 중대한 문제로 등장하게 되었고, 일부의 자각된 종교인들에 의하여 종교 간의 갈등을 해소하고 통합적으로 문제를 해결하기 위한 움직임이 일어나고 있다.

다원종교의 시대를 맞고 있는 우리의 사회에서 종교는 어떤 경우, 일종의 이익단체를 구성하고 있으며, 각자의 집단적인 이익을 확보하기 위한 경쟁도 심화되어 가는 것이 사실이다. 근대화의 특징이 어떠한 개인이나 단체의 독립성이 보장되어 어떤 단체나 조직에도 구속되지 않는 자유와 평들을 근거로 설립되어 있다 할지라도, 국가 전체의 이익과 번영을 방해하는 활동이나 단체만의 이익을 보장할 수는 없는 노릇이다. 종교 간의 일력과 대립이 심화되있을 때 나타나는 현상은 종교 자체가 설 기반을 잃게 되는 것임을 우리는 역사의 체험으로 잘 알고 있다. 한국의 종교들이 역사적으로 국가의 통치 이데올로기로서 작용한 나머지 국가의 비호 아래 안주하는 경향이 생기게 되었고, 많은 폐단을 초래한 것도 사실이다. 그 결과 종교를 지지하는 일반 대중으로부터 외면 받게 되었으며, 이것이 종교의 쇠퇴를 가져오기도 했다.

따라서 대화가 시대적으로 어쩔 수 없이 요청되고 있다. 그러면 어떻게 대화가 이루어져야 하는가? 종교사를 통해서 볼 때 여러 대화들 중 성공적인 경우는 반드시 한 가지 특징이 있다. 그것은 교리나 종교 자체문제로 대화를 시작한 것이 아니라, 오히려 세속적인 요청에 의해 대화가 이루어져야 한다는 것이다. 월남난민 구제 문제나, 아프리카의 기아를 해소하는 것이나, 핵무기 확산을 막자는 것이나, 모든 성공적 대화는 뚜렷한 세속적 목표가 있다. 여기서 조국통일이라는 분명한 민족적 대과제의 목표가 부각된다면 여러 종교 간의 대화가 비교적 수월하게 가능해질 수 있다는 희망이 타당해지는 것이다. 비록 반체제적이고 타종교를 가진 사람일지라도 우리의 지상목표인 조국통일 앞에서는 모두가 우리의 동지가 된다고 주장할 수가 있는 것이다.

2) 종교인의 자세

그러면 구체적으로 대화에 참여하는 종교인의 기본자세는 어떠해야 하는가. 종교인 자신이 가지고 있는 신앙과 믿음이 명하는 행동양식에 따라서 행동해야 한다는 것은 당연한 일이다. 그러나 어떤 한 종교의 신앙체계가 비도덕적인 방법으로 기존의 사회질서에 대해 가지고 있는 반감을 극단적인 적대의 방법으로 나타낸다면 그것은 종교의 본질에 어긋나는 것이다. 종교인을 종교에 대한 신념체계를 지닌 사람이라고 규정할 때, 그들은 일반의 지적인 수준보다 훨씬 높은 이해와 고뇌를 필요로 한다. 사회의 모순과 부조리에 대한 종교인의 고뇌 자체가 신앙이 명하는 바이며, 이는 종교인이 합심 협력하여 구해내야 하는 것이다. 우물에 빠지려는 아이를 보고 달려가 구하지 않는 사람이 없듯이 인간 누구에게나 공통적으로 지니고 있는 성심聖心의 싹을 튼튼하고 올바르게 길러주는 것이 종교인의 사명이라고 하겠다.

사회 전체가 요구하고 사회 전체가 소망하는 일을 위해서 종교인은 각기 나름대로의 성실한 신앙을 바탕으로 하여 문제를 해결 할 수 있는 방법을 찾고 자신의 종교적 이상을 구현하기에 전심전력하여야 할 것이다. “보살님도 병이 있습니까” 하고 물었더니 “중생이 병이 있으므로 보살이 병이 있다” 하였고, 마하트마 간디는 자신을 개종시키려는 영국인 목사에게, “어떤 사람이든지 자신이 가지고 있는 신앙 가운데서 완전할 수 있도록 도와주도록 하라”고 권유했다고 한다. 종교인의 자세란 이와 같은 관용의 태도가 요청되는 것이 아닌가 생각된다. 슈바이처는 형제를 미워하는 것이 이단이라 하였다. 국가 전체의 목적을 달성할 수 있는 지혜의 원천이 되어야 할 과제가 종교인에게 주어져 있다고 하겠다.

맺음말

한국사상사에서 외래사상의 수용양상과 사회적 변천과정과의 관계를 개관하면 ① 삼국시대는 전국시대로서 승리하여야만 생존할 수 있었던 만큼 전체의 단합이 요구되며, 개체의 희생을 미덕으로 삼았다. 다시 말하면 개체를 도외시한 전체의 철학이 요구되었다. 불교의 보편철학과 유교의 '충도忠道'는 이에 활용되었다. ② 고려시대는 도교의 색채가 짙은 자연주의적 요소가 지배적이었다. 그러므로 사상적으로도 풍수·지리·도참·예언 등 신비주의가 성행하였으며, 사회적 혼란이 계속함에 따라 전체와 유리된 개체와 개인의 자유, 자적自適을 숭상하는 경향을 보였다. 당시의 문예사조가 이를 잘 반영한다. ③ 여말선초의 주자학을 중심한 성리철학性理哲學은 개체와 전체를 균형 있게 조화하는 논리를 발전시켰다. ④ 임병양란壬丙兩亂 이후 허탈한 국력을 회복하기 위하여 실학이 대두되었고 실사구시의 학풍을 조성하게 되었다. 성리학에서도 재래의 천인관계天人關係로부터 인물관계人物關係로 전환하여 사물의 세계에로 관심을 돌렸다. ⑤ 서세동점西勢東漸에 따른 개화기의 사상은 구체적 개인문제였다. 공公을 우선하고 사私를 뒤로 하는 성리학적 윤리관으로부터 개인과 사인私人이 문제되었다. 이는 개인의 생명과 재산을 소중히 여기는 근대적 사상으로의 전환을 뜻한다. 이것이 서학西學 접근이 우리의 전통과 갈등하면서도 사회적으로 근대화에 영향 주는 바라 하겠다. 한말 이래로 일어나는 한국의 신흥종교들은 한결같이 위로부터 내려오는 '선천주의先天主義'를 거부하고 아래로부터 올라가는 '후천사상後天思想'을 제창하는 공통성을 지니고 있다.

오늘날 과학기술문명과 경제 산업사회의 능동적 개발을 주안목으로 삼는 자본주의도 역시 물질주의로 유물론적 무신론과 더불어 천·지·인 삼재三才 중 지地(땅) 본위의 사고방식이라 한다면, 이에 반대되는 것은 종교의 영역으로서 인간이상을 문제 삼는 천天(神) 본위의 가치관이라 하겠다. 이와 같이 천지가 판이하게 갈라져 서로 용납하지 않는 모순관계를 나타낸다. 이에 인간이 소외되어 물질은 얻었으나 인간은 상실하였으며, 인간은 신에 종속되는 관계에 있다.

오늘날 한국사상의 본질을 재인식할 때, 그것은 원초적으로 인간의 생명을 존중히 여겨 상대의 인격을 상호 존중하는 인도주의와 화합정신이라 하겠다. 인간을 널리 이롭게 하는 홍익인간弘益人間의 개국정신과 중생에게 넉넉하고 이익이 되게 하는 요익유정饒益有情의 신라불교정신과 도가 사람으로부터 멀리 있지 않다는 도불원인道不遠人의 유교사상의 한국적 수용과 사람이 곧 하늘이라는 인내천人乃天의 천도교사상 등은 한국사상의 일관된 특질이며, 이를 현대적으로 재인식 재창조하는 것은 우리에게 주어진 절실한 과제라 생각된다.

우리나라는 다종교 국가로서 세계에서 그 유래가 드문 종교적 성향을 가지고 있는 나라이다. 이런 경우일수록 종교 간의 상호 이해증진을 위한 대화의 필요성과 성직자의 세속적 사명의식이 절실히 요구된다고 하겠다. 그러나 종교는 기본적으로 개인의 신앙이기 때문에 종교에 관한 정책은 일률적으로 규제하는 것이거나 어느 한 가지를 옹호하는 것이어도 안 된다. 종교는 우리나라 전체 역사를 통해서 매우 중요한 역할을 하여 왔으며, 국민 전체의 정신적인 지주 역할을 하여 왔다는 점을 고려할 때 종교정책은 무엇보다 우선 적극적인 종교교육을 실시할 수 있는 방향으로 추진되어야 하리라고 본다. 종교 자체가 교육적인 기능을 강하게 지녔을 뿐만 아니라 종교전체의 시설과 인적인 자원을 국민교육을 위한 도덕교육의 자원으로 활용할 수 있기 때문이다. 또한 교육의 이념과 적절한 지원을 통하여 종교의 폐단을 막고 보다 바람직한 측면에서의 종교의 역할을 부각시킬 수 있을 것으로 기대된다.

다음으로 종교정책은 종교의 이념교육을 통하여 조국통일의 정신적인 기반이 마련될 수 있도록 시행되어야 할 것이다. 유물론적이고 무신론적인 관점에서 종교를 아편처럼 취급하는 북한의 종교적인 상황에 대치하여 이를 극복하고 초월할 수 있는 종교의 통합이론을 정립해야 할 필요성이 있는 것이다.

마지막으로 종교인의 진실한 사회참여의 여건을 조성해 주는 것이 필요하다. 어떠한 사상이나 사회적인 현상에 대해서도 이를 주도하고 변화에 대응하여 이끌러 가는 것은 역시 인간이다. 종교인이 이끌어 가는 주체로서의 사명을 깨달아 보다 관용적이고 성실한 신앙의 자세를 갖추도록 도와주는 것은 국가의 의무이다. 이를 위하여 종교인이 존경받는 사회의 지식인으로서, 사회복지를 위하여 헌신하는 봉사원으로서, 또한 지역사회의 정신적인 지도자로서 역할을 할 수 있도록 정책적인 지원과 배려가 있어야 할 것이다. (1986. 2)

Ⅷ. 민족통일의 이념과 과제

머리말

국토가 분단되고 민족이 남북으로 분열하여, 동족상잔의 비극의 역사는 어언 40년이 되었다. 구한말 일제의 군국주의에 의하여 주권이 상실되고 민족적 항거와 고통이 지루했던 36년보다 더 긴 세월이 흘렀다.

남북 분단은 2차 대전 후 동서냉전에 의하여 타율적으로 이루어진 것이라 하겠지만, 우리나라의 경우는 북한의 남침에 의한 6·25 전란과 미얀마 랭군의 만행 등은 민족적 내인을 조성하게 하였다.

세계대전이 끝난 후 4개의 분단국이 생겼지만 월남은 패망하였고, 동독과 서독은 비록 체제는 대립되어 있어도 전쟁 상태의 긴박감을 조성하고 있지는 않다. 대만은 국시를 반공으로 하여 대륙과 대립하지만 동족상잔同族相殘은 하지 않는다.

우리나라 남북관계에서 북한은 계속 군사력에 의한 적화통일을 기도하여 동족상잔의 극을 이루어 다른 곳에서 그 유례를 찾아볼 수 없는 상황이다. 이 어찌 3·8선이 국제적 타율성의 산물이라고만 할 수 있겠는가.

우리는 민족의 분열과 국토의 단절을 종식하고 청산하며, 화합과 통일의 새 시대를 건설해야 할, 막중하고도 절실한 민족적 대과제를 성실한 자세로 슬기 있게 풀어가야 할, 소명이 우리 앞에 놓여 있다.

분단된 민족의 재통합이라 함은 복고적 차원에서 단순한 민족공통체의 복귀를 논하는 것이 아니다. 한민족의 전후 역사의 사실성과 동태적動態的 맥락에서 민족사적 정통성을 바탕으로 남북한이 결합할 수 있는 민족통일이 새 역사 창조 차원에서 추구되어야 할 것이다.

1. 남북분열의 종식과 조국통일의 염원

분단의 역사는 한민족에게 민족적 동질성보다는 이질성을 가중시켜 왔다. 같은 민족이면서도 공산주의를 추구해 온 북한의 폐쇄적 사회와 자유민주주의를 추구하는 남한의 개방적 사회는 이념이나 체제의 기본 성격상 차이를 갖는 것이 사실이지만, 남한에 대한 북한의 군사적 침략정책이 남북한 간의 이질성을 더욱 심화시켜 온 것도 분명하다.

비록 반세기에 가까운 공산주의 이데올로기에 의하여 한민족의 동질성이 훼손되고 이질화가 타율적으로 강요되어, 북한의 사회구조와 문화형태가 전통문화를 변질시켜 이질문화로 형성 심화되었다 할지라도, 우리 민족문화의 오랜 전통과 기질과 혈통과 언어와 습속의 본질이 뿌리 채 사라질 수는 없는 것이다. 도리어 조국의 분단으로 6천 만 동포가 겪고 있는 불행과 고통은 날이 갈수록 더해지고, 조국통일에 대한 열망과 소망을 더해가고 있는 것이다.

우리 민족은 8·15 해방으로 일제의 식민지 지배로부터 해방되었으나, 미·소 양국에 의하여 분할 점령되었다. 남북한은 국토분단 이후 민족의 통일을 과제로 삼아왔으나, 한국은 반공 민주통일을 통일정책으로 삼아왔으며 북한은 남조선의 공산주의 혁명과 인민해방을 목표로 하는 통일노선을 내세워, 그 입장과 윤리와 정책이 상반되어 왔다.

한반도의 통일과 안정은 남북한이 주체적으로 민족적·자주적 입장에서 결정해야 할 우리의 문제이지만, 38선의 분단 자체가 미·소 대립의 국제정치의 현실에서 빚어졌고, 미·소 관계, 중·일 관계의 함수적 역학관계에 있는 만큼, 이는 국제환경 변화에 대처하면서 우리의 자주적 노력과 역량을 경주하여 추진시켜 나가야 할 것이다.

남·북한 통일을 둘러싼 국제관계의 변화를 보면, 50년대 미·소 대립의 냉전체제 아래서 북한은 소련·중국과 밀착하고 한국은 미국과 긴밀한 우호관계를 유지하면서 동·서 진영으로 대립하였으나, 60년대 미·소 간의 평화공존이 진전되고 중·소의 대립이 격화되면서, 북한은 자주노선을 내세우면서 중·소 관계에서 부즉불리不卽不離의 주체사상을 내 걸게 되었다. 한국은 한·일 국교정상화를 열게 되었다. 70년대 이후에는 미국·중국·일본이 제휴하고 한국과 미국·일본의 관계가 긴밀하게 되었으며, 이러한 정세변화에 따라 한반도를 둘러싼 강대국들은 남북통일 문제는 당사자들 간의 자주적 결정에 의거해야 한다는 입장을 취하고 있다.

대한민국은 제5공화국이 시작되면서 남북한 당국 최고책임자의 상호 방문(81. 8. 13)과 남북한 당국 최고책임자 회의(81. 6. 5)를 북한 측에 제의하고 민족화합, 민주통일방안을 천명(82. 1. 22)하는 등 꾸준히 노력을 기울여 왔다. 근자에 와서는 북한도 종래에 취해온 무력도발을 감행하면서도 남북한회의에 응해오지 않을 수 없게 되었다. 남북 체육회담, 경제회담, 적십자회의 등 불성실한 태도로나마 점차 응하지 않을 수 없는 실정에 이르게 되었다. 북한이 제안한 삼자회담이라던가, 남북국회회담제의 등은 '통일전선전술'에 입각한 정치공세임을 간파할 수 있다.

2. 대한민국의 민족사적 정통성

조국의 평화적 통일과업은 아무리 어렵고 힘들고 지루한 역정이라 할지라도 민족의 자존과 화합을 위하여 인내와 성실로 민족의 역량을 모아 성취시켜야 한다. 폭력이나 전쟁의 수단으로 동족을 살상함이 없이 평화적으로 이루어져야 한다. 남북통일의 원칙은 7·4 남북공동성명에서 밝힌 바와 같이 자주와 평화와 민족이다. 이 3원칙은 남북이 공동으로 합의한 기본조건이었다.

7·4공동성명 제1항의 셋째에 보면, "사상과 이념제도의 차이를 초월하여 우선 하나의 민족으로서 민족적 대단결을 도모하여야 한다"고 합의하였다. 이런 원칙이 있음에도 북한은 민족, 자주적 결정으로 남북한당사자간의 직접대화에 호응하지 않고 3자회담을 요구한다던가, "무력행사에 의거하지 않고 평화적으로 실현하여야 한다"(동 1항, 둘

째)고 합의하였음에도 미얀마 랭군에서 동족살상의 만행을 자행함으로써 평화적 통일을 부정하여 반민족적 태도를 드러냈다. 이 같은 행위는 북한 공산정권의 본질에서 유래하는 것으로 소위 조선노동당 규약과 '조선 민주주의 인민공화국 사회주의 헌법'의 내용에 자세히 드러나 있다.

일반적으로 북한은 인민민주주의 실현과 공산주의 경제건설을 지향하고 한국은 자유민주주의의 실현과 자본주의 경제건설을 지향하고 있다고 본다. 이 양 체제와 이념에 대하여는 상대적인 개념으로 갑론을박, 나라에 따라 취사선택하겠지만, 우리는 남북한 통일의 원칙을 논할 때 공동성명에서 밝힌 바와 같이 민족·자주·평화의 요소를 저버릴 수 없다고 본다.

대한민국은 헌법 전문 벽두에 명기한 바와 같이 "유구한 민족사, 빛나는 문화, 그리고 평화애호의 전통을 우리 대한민국은 3·1정신의 숭고한 독립전신을 계승하고, 조국의 평화적 통일과 민족중흥의 역사적 사명에 입각함"이라 하였다. 북한조선노동당 규약에는 "··· 조선노동당은 플로레타리아 독재를 실시하며, ······ 통일전선을 강화하기 위하여 투쟁한다"고 하였다. 대한민국 헌법 전문前文은 민족의 기원과 뿌리를 확인하며, 민족의 정체를 확보하여 조국의 전통과 영광을 계승·발양함을 원칙으로 하여 일제의 역사단절로부터 회복시키며, 대한민국의 탄생이 항일민족투쟁사를 정맥으로 하여 연계되어 있음을 밝히고 있다.

민족·자주·평화의 3원칙은 우리의 국시國是와 헌법정신에 부합한다. 남북통일은 인도주의적 정신으로 민족이 화합하며 자주적이고 평화적인 방법으로 이루어져야 할 것이다. 북한도 수재물자를 주겠다고 하면서 "동포애와 인도주의에 입각하여 수재물자를 보낸다"(84. 9)고 하였으며, 남북적십자회담 당시에도 북측은, "우리의 인도주의 회담이 조국통일 위업을 촉진하기 위하여"(85. 5)라 하여, 남북통일의 공동기반을 민족·동포·인도주의·평화에 두었다. 문자 그대로 이것들은 평화통일의 이념형이라 아니할 수 없다. 이와 같은 사실을 미루어 볼 때 민족사적 정통성이 어디에 있는가는 자명한 일이다.

3. 민족재결합의 접근방향

분단된 우리 민족의 재결합과 관련하여 그 원리와 원칙을 위에서 설명한 바이지만, 민족적 통일이념과 이념논쟁은 사실과 유리된 것이 아니라, 남북한 간에 이질화된 사회전반과 문화일반에 걸친 현재적 상황을 인정하고, 비교 통찰하여, 이를 공동으로 해결해 나가기 위한 사실성과 현실성에 조명된 이념형이어야 할 것이다.

구체적 사실에 입각하여 제기되는 문제를 공감하고, 상호의 이익을 도모할 수 있는 타당성과 공감대를 형성 타개해 가는 자세와 방향성을 모색하며 접근해가야 할 것이다.

남북한의 통일문화 창조는 민족적 당위성과 더불어 공리적 차원에서도 필수요건이 되는 것이다. 남북통일이 우리 민족에게 주는 이익으로서 남북 분단 상태에서 오는 불필요한 지출과 국민적 에너지의 낭비를 복지국가 건설에 집중시킬 수 있으며, 통일 민족으로서 단합된 국력은 국제 사회에 보다 큰 역할을 담당할 수 있을 것이다. 동아시아에서 한반도의 안정은 주변 열강들의 갈등을 완화시킬 것이다. 한반도를 중심한 주변 국제환경이라든지 남북한 간의 통일의 필요조건은 점점 더 성숙해 갈 것으로 예측된다.

분단시대를 극복하고 통일문화를 추구하는 새로운 국민 국가상은, 근대성과 민족성 및 참여와 복지라는 사회과학적 규범을 충족시켜야 할 것이며, 철학적으로 존재와 소유의 본질을 인식하여 형평을 이루어야 할 것이다. 또한 정의와 실리가 조화를 이루어, 그늘진 구석이 없는 통일된 근대 민족국가의 건설을 역사의 안목으로 삼아야 할 것이다. 남북한이 국제정치의 변화양상에 대응하면서도 우리 민족 스스로가 주체적 역량에 의하여 이를 주도하는 자세를 가져야 할 것이다.

우리 대한민국은 민족의 통일과업을 추진함에 그 원리를 민족화합과 민주통일에 두고 있다. 남북한이 화합하기에 앞서 남한이 그 내부에서 민족화합을 이루어야 할 것이다. 남북한이 민주통일하기에 앞서 남한이 먼저 민주적 통일을 기하여야 할 것이다.

북한의 남한에 대한 소위 남조선 인민민주주의 혁명 투쟁을 방어하는 길은 이데올로기의 극복과 함께 자생적 공산주의 동조자가 생기지 않도록 그들의 생활실정을 파악하여 과감한 서민정책을 시행하여야 할 것이다. 산업화 과정에서 성장과 복지가 균형 있게 발전되도록 하여야 한다.

민주주의의 발전은 정치적 민주주의와 더불어 경제민주주의 내지 사회·문화면에 이르기까지 민주화가 이루어지는 참가민주주의, 즉 참여의식이 구현되도록 함으로써 민족화합, 민주통일을 이루어가야 할 것이다.

분열과 화합, 평화와 전쟁 그리고 대화와 폭력, 이들의 상대 개념 중에서 우리는 대화와 평화와 화합을 요구하지만, 현실적으로는 분열과 폭력과 전쟁이 난무하는 세상이다. 이 같은 현상은 국제적으로 만연되고 있다. 오직 실리 추구를 위해서는 수단과 방법을 가리지 않는다. 이기적 이욕심을 자제할 수 있는 것은 오직 이성과 도덕성에 힘입음으로써만 가능한 것이다.

복지국가(利) 건설과 사회정의(義) 실현은 불가분의 상호 보완작용을 한다. 이 이해관계는 피차의 대립관계를 형성하고 정의관계는 피차 화합의 관계를 이룬다. 사리가 아닌 공리는 의에 통하고, 정의도 구체적 사건을 정의롭게 처리하면 공리가 되는 것이다. 분열을 화합으로, 이질을 동질화로 이끄는 길은 이성과 양식과 선의지善意志에서 연유한다. 종교적 신성성과 철학적 이성과 도덕적 양식과 선의지는 인간의 주체에서 유래하지만, 그 인간성의 형성을 사회적 존재로서의 실생활의 여건을 유리遊離해서 생각할 수 없다.

그러나 인간이 사회내적 존재라 하여 이성과 도덕의 자발성을 부인할 수는 없다. 모두 내가 잘살고 우리가 잘살기 위한 운동이다. 나는 누구이며 우리는 누구인가. 나는 너와 대립하지만, 나와 우리는 동질이다. 북한은 주체를 말하고, 우리는 자주를 말한다. 북한의 주체는 경제적 소유관념에서 말하는 노동자, 빈민과 무산계급을 지칭하는 주체이다. 대한민국의 자주성과 주인정신은 보편적 인간주체를 지칭함이요, 민족과 동포를 지칭함이다.

인간주체는 윤리적·철학적 주체로부터 현실적·사회적 인간상에까지 전인적 요소를 구유具有함을 이상으로 삼아야 할 것이다. 남북한의 통일을 전제한 이질화와 동질화의 관계는 남한의 입장에서 구사한 개념임을 인식해야 할 것이다.

맺음말

동족간의 분열과 단절의 시대를 극복하고 화합과 통일의 바람직한 새 역사의 장을 열기 위하여 우리 한민족은 분단시대의 역사인식과 한반도를 둘러싸고 있는 국제적 환경을 파악하고, 남북한 사회변화를 사실대로 통찰하여 남북통일 근대 국민국가를 건설하는 데 자주적으로 민족의 역량과 저력을 발휘하여 민족의 대망인 통일 성업을 성실히 수행하여야 할 것이다.

분단 극복의 이념과 현실을 이원적으로 분리하지 않고 일원적으로 구체적 실상에서 점진적으로 성취해 나가는 데 민족의 성의와 지혜를 바쳐야 할 것이다. (1985. 6)

Ⅸ. 21세기를 맞이하는 한민족의 비전

1. 태평양시대의 개막을 알리는 무진년의 경사

21세기에 우리 한민족은 어떤 모습으로 변해 있을까? 또한 그렇게 되기 위하여 지금 우리가 살아가야 할 방향은 어떠한 것일까?

이러한 문제들은 우리가 마땅히 생각해 보아야 할 것이기는 하지만, 그렇다고 그 답을 석연하게 이야기하기는 매우 어려운 문제라고 생각된다. 다만 한 가지 분명한 것은 21세기가 앞으로 10여 년 남짓밖에 남지 않았는데, 그 동안 우리 한민족은 확실히 변혁의 시대를 맞이하게 될 것이라는 사실이다.

이런 관점에서 볼 때 금년은 짧은 1년이었지만, 그렇게도 수많은 어려운 고비가 있었다고 하는 것은 그러한 변혁의 시작이라고 볼 수도 있으며, 그렇기 때문에 우리에게는 올 한 해가 너욱 잊을 수 없는 한 해가 되었다.

60여 년 만에 처음 당한 홍수, 그리고 사회전체가 금방 무너질 것만 같았던 노사분규 등 견디기 어려운 진통과 홍역을 우리의 힘으로 다 극복하고 높은 경제성장을 이룩해서 1백억 달러 이상의 국제수지흑자를 기록하게 된 것은 한마디로 감격적인 일이라 아니할 수 없다.

또한 정치적으로도 금년과 같이 어려웠던 때는 없었다고 생각된다. 여·야가 치열하게 대립을 하다가도 한 순간에 과감하게 모든 것을 털어 버리고 대화를 통해서 국민이 원하는 직선제로 헌법을 개정하고, 그에 따라 제13대 대통령선거를 온 세계가 주시하는 가운데 열렬한 국민의 참여 속에서 치른 바 있다.

이런 것을 생각해 보면 이 모든 고난이 우연히 온 것이 아니고 우리 민족이 이와 같은 시련을 통해서 더욱 굳어지고 더욱 단단하게 되어 발전할 수 있는 계기를 마련하느라고 이렇게 고통을 당하는 것이 아닌가 생각되는 것이다.

이제 며칠 후면 정묘년을 보내고 무진년을 맞이하게 되는데, 무진년은 정권교체나 88서울올림픽 개최 이외에도 우리에게 특별한 뜻이 있는 해라고 본다. 무진년은 단군 국조國祖께서 건국한 지 4320주년이 되는 해로서 72주갑周甲이 된다. 그런데 이 72라고 하는 도수가 동양에서는 마디를 짓는다고 하는 큰 의미를 가진 도수이다. 우리 수명은 보통 72세를 기준으로 삼으며, 우리의 맥박도 노소에 따라 차이는 있지만 1분간에 대개 72번을 뛴다.

그래서 내년에 우리 민족에게 어느 한 단원의 획을 긋는 좋은 한 해가 되지 않을까 하는 생각을 해왔는데, 마침 전 세계 인류의 이목이 집중되는 올림픽이 내년 무진년에 한국 서울에서 열리게 되었다고 했을 때 이는 결코 우연한 일은 아니라는 생각이 든다.

그것은 지금까지의 올림픽이 정치의 영향을 받아, 소련이 주최할 때는 미국이 불참하고 미국이 주최할 때는 소련이 불참함으로써 전 세계 국가들이 한곳에 모이지 못했었는데, 88서울올림픽이 자유진영은 물론 공산국가를 포함한 온 세계인류가 다 모이게 되는 대제전이 된다고 할 때, 이것은 결코 우연한 일이 아닌 듯싶다.

이는 결국 남·북으로 분단되어 치열하게 대치하고 있는 우리 한민족이 이 고비를 통해서 재결합할 수 있는 어떤 계기가 마련될 수도 있지 않을까 하는 소망도 가지게 된다.

고르바초프와 레이건이 만나서 중거리미사일 등을 폐기하기로 합의했는데, 그것이 형식적일 뿐이고 속생각은 따로 있다고 하더라도 그런 합의를 보게 된 것 자체가 중요한 일이고 중·소도 요즘 상당히 접근해서 화해가 이루어지고 있으며, 동서 간에도 냉전을 벌이는 가운데서도 서울의 하늘 밑에서 서로 만나 웃고 인사하는 계기가 마련되었다고 하는 것은 역사적으로 하나의 획을 긋는 일이 아닌가 하는 생각이 든다.

이 모든 것을 볼 때 우리가 맞이하게 될 21세기는 동북 아세아 사람들에게는 특별히 중요한 의미가 있는 시기라고 하겠다.

지금 세계의 주도권을 쥐고 있는 것은 백인들이며, 현대문화는 백인문화, 백인사회라고는, 하지만 앞으로도 계속해서 백인들이 지배하는 사회가 되리라고는 생각되지 않는다. 다가올 21세기에는 태평양을 중심으로 한 연안국문화沿岸國文化의 시대가 올 것이 예측된다.

한반도문제를 중심으로 한 미·소·중·일 4대강국의 정치적 대화와 화해분위기, 서구와 동양과의 경제적인 유대의 가속화 등 최근 나타나고 있는 현상들을 볼 때 지금 세계의 열강들은 모두 다 동양과의 관계, 동북 아세아와의 관계 속에서 세계를 움직여 나가고 있다는 것을 알 수 있다.

이렇게 볼 때 21세기에 한민족은 매우 중요한 역할을 하는 중심적인 위치에 서 있게 될 것이며 지금도 그러한 분위기, 환경 또는 방향으로 세계가 움직여가고 있다고 할 수 있다.

앞으로는 국가단위의 세계로부터 하나의 지구, 하나의 세계라는 차원에서 국제간협력과 커뮤니케이션이 좀 더 민활해질 것이기 때문에 우리 민족사의 문제도 동시에 세계사의 문제와 더불어 논의가 전개되지 않고서는 우리의 문제가 원만하게 해결되지 않으리라고 본다.

특히 남·북 분단의 현실을 안고 있는 한민족의 남북문제는 곧 동서의 문제이기 때문에, 남북 간의 민족통일은 동서의 화해분위기와 함수적 관계에 있다고 하겠다. 한반도를 둘러싼 주변정세에서 우리의 주도적 역할은 한민족의 남북통일 뿐 아니라 세계화해와 세계문화질서의 새 전기를 마련하는 데 기여하는 길이며, 따라서 우리의 부하된 사명이라고 생각된다.

2. 공통 가치의 빈곤은 우리 사회의 통합을 저해한다.

작금에 와서 한국은 경제적인 측면에서 아주 괄목할 만한 발전을 가져와서 후진국의 불명예를 씻고 중진국, 선진국을 향해 달려가고 있으며, 정치적으로도 과거의 권위주의적 잔재로부터 탈피해서 고집 없이 서로가 화해하고 공동참여의 기회를 더 마련하는 방향으로 나아갈 수밖에 없는 상황이며, 사회적으로도 노사문제의 원만한 해결, 빈부간의 격차해소, 남녀불평등에 관련된 가치관의 전환 등 여러 방면에서 형평의 원리에 입각한 제도의 개선이 전망된다.

다만 여기서 한 가지 문제가 있다고 한다면, 그와 같은 물질적·경제적·정치적 가치 등 가시적인 세계는 밝은 전망을 가질 수 있지만, 눈에 보이지 않는 세계 즉 정신적 가치의 차원에서 말하면 너무나 공허한 느낌을 갖지 않을 수 없다고 하는 것이다.

대학가에 소요가 일어나고 여야 간에 화해하기 힘들 정도의 극한 대립을 한다고 하는 것도 역시 국가적·민족적 차원에서의 공동목표·공통적 가치관이 정립되지 못한 데서 오는 것이라고 할 수 있다.

그러한 정신적 가치가 혼미한 상태에서 경제성장을 하고 민주화운동을 하면서, 단지 계층 간에 서로 이익의 균점만을 강조한다면 역시 근본문제는 그대로 남아 있게 될 것이다.

우리가 과학이나 기술을 통해서 경제성장과 생활의 풍요를 가져오고 그 과실을 서로 같이 나누어 산다는 것도 중요하지만, 보다 차원 높은 가치관에 입각한 자유와 진정으로 정직하고 공정한 사회질서를 유지하고 나아가서는 우리 민족의 화합과 세계평화에 이바지 할 수 있는 눈에 보이지 않는 길이 무엇인가를 생각할 때, 우리는 지난 20여년 동안 경제성장의 측면만을 강조해 왔을 뿐, 보이지 않는 측면에서의 공동체의식이라든가 우리 민족이 나아갈 비전이라든가 하는 문제에 대해서는 뚜렷한 사상적 가치체계와 공동목표 없이 흐려져 있었다고 볼 수 있으며, 바로 이것이 오늘날 우리 사회의 통합을 어렵게 하는 중요한 원인이 아니었나 생각된다.

3. 한민족의 문화적 특성

그래서 요즘에는 사회발전에 이바지하는 인간상을 만드는 인간의 사회화운동을 강조하게 되었지만, 앞으로는 사회가 우리 인간을 위해서 존재하는 것이지 인간이 사회를 위해서 있는 것이 아니라고 하는, 사회로부터의 인간화운동으로 다시 전향해 가는 것이 선진국으로 가는 길이 될 것이기 때문에, 우리도 이와 같은 생각을 마땅히 해 볼 필요가 있다고 하겠다.

우리나라도 과거에 후진국이기는 했지만 그래도 중동, 아프리카, 중남미 등과 같은 후진국과는 그 류가 달랐다. 다만 전근대적 사유가 근대적 사유로 전환되지 않았을 뿐이지 유구한 역사와 고유한 문화, 사상, 전통이 있었기에 경제적으로는 다소 어려웠을지라도 정신적 차원에서조차 어린것은 아니었다. 즉 우리의 전통문화 속에는 근대화와 접목시킬 수 있는 가능성의 소지가 다분히 내재하는데 어떻게 그것을 재활용하고 재창조하느냐 하는 것은 현대지성인들의 과제이겠지만, 그런 것이 아무 것도 없는 저급한 저질이 후진국과는 다르다고 보아야 한다.

서구문화와 현대문화를 그와 같이 쉽게 받아들일 수 있었던 것도 그럴만한 소지가 있었기 때문이며, 또 잘되었건 못되었건 우리나라의 교육열이 그같이 높았다고 하는 것도 우리나라에서나 볼 수 있는 현상이지 다른 나라에서는 별로 찾아보기 힘든 일일 것이다.

미국·호주·유럽 등 선진 각국에서는 먹고 사는데 불편이 없기 때문에 고등학교에조차도 가지 않으려고 한다. 그러나 한국인은 대학에 들어갈 실력이 모자라서라면 몰라도 생활이 어려워서 대학에 못 가는 경우는 상당히 드물다. 그렇기 때문에 한국인은 세계에서도 드물게 문맹이 거의 없을 정도로 공부를 많이 하는 민족이 되었고, 그것이 결국은 경제·정치·문화 발전 등 국가발전의 원동력이 되고 있는 것이다. 그러나 결국 이와 같은 것들이 하루아침에 이루어진 것이라고는 볼 수 없으며, 우리 민족이 오랜 역사를 통해서 전통적인 문화민족으로 자라왔기 때문이라고 보아야 한다. 그런 점에서 우리 민족은 중국인이나 일본인과도 또 다른 면모를 보여주고 있다.

중국인은 물질적이고 대륙적이기 때문에 정월 초하룻날에도 돈 잘 벌라고 "화차이, 화차이(發財發財)"라고 인사를 하며, 우리처럼 "새해 복 많이 받으십시오"라고 하지는 않는다, 우리도 "사업이 번창하기 바란다"는 말을 하지만 그 사업의 모리배謀利輩가 되라는 뜻은 아니다.

일본인들이 요즘에 와서 문민정치라는 말을 많이 사용하지만 그 문민정치의 소질이 곧 한국인의 소질이다. 우리 민족에게 있어서 무단 또는 무력정치는 일시적인 것에 불과하고 문덕정치가 기본이며 원리라고 생각해왔다. 이와는 달리 일본은 본시 무사의 나라이기 때문에 걸핏하면 할복자살을 한다. 그러나 우리나라는 예로부터 학문과 도의와 인간성을 숭상해왔으며 상위의 가치를 물질과 권력에 두지는 않았다. 그렇기 때문에 예로부터 중국은 상인의 나라, 일본은 무사의 나라, 한국은 선비의 나라라는 서구인의 평가를 받았던 것이다. 이렇게 본다면 우리 민족은 다른 후진민족들과는 문화적 특질이 판이하게 다르다는 것을 알 수 있다.

그러므로 우리는 선진국을 좇아갈 때도 그냥 물질일변도로만 가게 되면 안 된다. 선진국 즉 후기 산업사회가 다시 인간성을 회복하는 방향으로 돌아가는데, 다시 그 뒤를 따라간다면 항상 그 후진성을 면하기 어려울 것이다. 우리는 물질문명으로 달려갔다가 인간화에로 가는 우를 범하지 말고, 삼각형의 다른 한 변인 지름길을 찾아가는 정책이 필요하다. 우리 민족에게는 다른 민족보다도 사회적인 병폐를 최소화하면서도 선진국을 건설해 갈 수 있는 그러한 넉넉한 소질, 문화적 자산과 정열이 전통 속에 잠재해 있다고 보는 것이다.

그러고 보면 21세기에 우리가 맞이할 세계는 경제적인 고도성장과 과학기술의 획기적 진보에서 과거 200년 전의 산업혁명과 같은 아주 다른 차원의 세계를 형성할 수 있을 만큼 풍요롭고 편리한 세대가 될 것이 분명하다.

4. 태평양시대에 요구되는 한민족의 가치관

그러면 그러한 발전에 발맞추어서 새로운 변혁의 시대에 상응하는 우리의 가치의식을 어떻게 재정립할 것인가? 물질적 가치에만 머물러서 경제적으로 풍요해지고 국방력이 튼튼해져서 개인적으로나 국가적으로 넉넉하게 살고, 게다가 온갖 명예를 취하는 것으로 모든 것이 끝나는 것일까? 그것이 인간의 삶에서 충분조건은 아니라고 한다면, 우리도 거기에 발맞추어 가치의식의 새로운 전환을 가져와야 한다. 바로 여기에서 우리는 근대화의 핵심문제와 그 한계를 인식하고 전통이 가지는 현대적·긍정적 가치의 측면을 재인식해야 할 필요를 느끼는 것이다. 동양정치학에는 삼사와 육부가 있는데, 육부라고 하는 것은 금·목·수·화·토·곡 즉 경제적인 물자문제이고, 삼사는 정치적인 사회통치에서의 기본조건을 말하는 것인데 그것은 '정덕正德', '이용利用'과 그리고 '후생厚生'을 말한다. 이것은 한자문화권 전체가 공통으로 알고 있는 정치철학이다.

그 중 이용은 물질을 이용한다는 것인데 이 물질은 단순한 물질이 아니라 자연의 물질을 인간이 가공한 경제적 재화를 말한다. 그래서 의·식·주나 생활에 관한 경제전반적인 재화를 질 높고 풍부하게 한다고 하는 것이 기본적인 조건의 하나가 된다.

그리고 후생이라는 것은 '날생(生)'자가 들어 있어 신체에 관한 것임을 알 수 있는데 생체에 관한 것, 즉 정신적인 차원이 아닌 육체적인 영역을 두텁게 한다는 것이다. 이것이 후생복지이며 생·노·병·사에 관한 복지, 사회제도와 같은 것에 대해서 국가가 책임을 져야 한다는 것이다.

따라서 이용이나 후생만을 강조한다면 이는 요즘 흔히 말하는 근대화의 목표이며, 근대화는 경제성장과 민주화 즉 전체국민이 정치적으로 평등하고 경제적으로 풍요해지며 균평하게 배분된 사회만을 이상으로 삼지만, 이러한 것은 전체를 다 합쳐도 권력과 금력의 차원을 넘지 않는다. 이용과 후생의 두 가지 영역에서 벗어나지 않는다.

또한 근대라고 하는 말은 전근대에 대해서 하는 말이다. 전근대는 봉건적 제왕정치이고 위에서 내려오는 상하의 종속관계의 정치라고 흔히 규정한다. 그러나 제왕정치에는 두 가지의 다른 면이 있음을 알아야 한다. 그 중 하나는 인·의를 무시하고 무력이나 권모를 일삼는 패도이고, 다른 하나는 인·덕을 근본으로 하는 왕도이다. 그런데 우리를 실제로 지배해 온 역사는 군주가 더 많은 혜택을 받고 일반국민이 봉사하는 주종관계로서의 패도의 역사였기 때문에 독재가 되었던 것이다.

여기에 반대하고 나온 것이 성현들이 주장해 온 왕도인데, 왕도는 힘으로써 정치하는 것이 아니고 인과 덕, 즉 양심과 도덕과 정의로 정치하는 것을 말한다. 다시 말하자면 '이덕복인' 즉 덕을 가지고 사람을 승복시키는 것이지 '이력가인' 즉 힘을 가지고 정의를 가식하는 것이 아니라는 것이다.

그런데 우리에게는 패도에 흐른 포악한 군주가 많았고 왕도정치를 한 성군은 적었다. 그러나 기본적으로 정덕이라고 하는 차원이 가장 으뜸이고 그 다름이 이용이며 셋째가 후생이라고 보았다.

정덕은 눈에 보이지 않는 가치의 세계로서 인간이 마땅히 가져야 할 기본요소이다. 정덕이 없이 욕구만으로 사는 것은 동물적인 삶의 상태를 벗어나기 어려우니, 정덕은 인간의 양심을 전제로 한 삶을 뜻한다. 그런데 지금의 정치는 욕구개방을 전제로 한 경쟁적이고 합리적인 것이지 양심을 근거로 한 정치는 아니라고 본다. 그러므로 욕구를 개방하면 갈등이 생기고 갈등이 심해지면 시비가 나서 싸움이 되는 것이다. 그러나 자본주의 체제는 개인소유를 인정하고 자유경쟁을 원칙으로 하기 때문에 성장은 할지 모르지만 갈등과 불안이라는 것은 현대사회가 기본적으로 안고 있는 문제라 할 수 있는 것이다.

결국 현대사회에는 이용과 후생만 있고 정덕이 결여되어 있기 때문에, 선진국이라고 하더라도 자살자가 많다던가 성도덕의 문란으로 인한 사생아가 많다던가 마약중독자, 청소년비행, 폭행과 폭력이 난무하는 등 제반 사회문제와 병리현상이 야기되고 있으니 이는 선진국이 가지는 모순이요, 그 한계를 드러내 보이고 있는 것이라 하겠다.

아시아에서는 정덕과 이용과 후생을 다 같이 강조하면서도 이용·후생과 정덕 중 어느 쪽이 우선해야 하느냐에 대해서는 논란이 있어왔다.

우리나라에도 퇴계선생과 같은 성리학파는 이용·후생보다도 정덕을 더 강조했다. 그러나 후기실학파들은 이용·후생을 더 강조했다. 그러나 우선순위는 다르지만 도외시하지는 않았다.

맹자도 "무항산無恒產 인무항심人無恒心"이라고 해서 일반대중은 먹을 것이 없으면 정상의 마음도 잃어버리는 것이라고 했다. 따라서 국민들에게는 '불한불기不寒不飢', 즉 춥지도 배고프지도 않게 해준 뒤에 교육도 하고 정의도 가르치는 것이 순서라는 것이다.

그러나 지도자가 스스로 배부르고 따뜻해진 다음에 국민을 지도하려고 하는 것은 안 되며, 지도자는 춥고 배고파도 참아야 하지만 국민에게 춥고 배고픈 것을 참으라고 할 수는 없다는 것이다. 그러므로 이용과 후생이 잘되고 나서 정덕을 힘써야 한다는 경제적인 측면을 역설한 것이다. 공자도 어느 제자가 "이렇게 사람들이 많은 데, 이들을 위해 무엇을 먼저 해야 합니까"라고 하는 물음에 "부지"라고 하여 먼저 부유하게 해주어야 한다고 하였고, 그 다음에 "먹을 것이 있은 다음에는 무엇을 해야 합니까"하고 물으니 '교지敎之'라 하여 가르쳐야 한다고 했다. 즉 생민이 먼저요, 교민이 그 다음이라고 했다. 이처럼 전통적으로도 이용·후생과 같은 기본적인 것을 도외시한 것은 아니었다. 그러나 이용·후생만 이루어지고 정덕이 없다고 한다면 우리 사회도 선진국이 가지고 있는 모순을 그대로 안지 않을 수가 없다고 본다.

우리가 민주주의 사회에 살고 있다고 하지만 민주주의도 크게 보면 자본주의를 기본으로 한다. 그렇다면 공산주의만 유물론이 아니라 민주주의도 물질위주라고 할 수 있다. 그런 면에서는 공산주의나 민주주의나 별 차이가 없다고 하겠다. 그러나 차이가 있다고 한다면 어디에 있겠는가?

민주주의는 흔히 자유민주주의라고 한다. 자유·평등·평화라는 말은 항상 붙어 다니는 말이기는 하지만, 공산주의에서는 자유를 그다지 강조하지 않는 반면 평등을 매우 강조한다. 자유민주주의에서도 평등을 말하기는 하지만 평등보다도 자유를 더 강조한다. 공산주의에서는 자유민주주의를 비판, 가진 자가 자유롭지 못하진 자가 무슨 자유가 있는가, 경제적 평등이 선행하지 않으면 자유가 있을 수 없다고 한다. 따라서 그들은 매양 가진 자와 못가진 자를 대립적인 모순 관계로 파악한다. 공산주의는 결국 '소유의 세계' 즉 '물질의 세계'에 주안점을 두고 있음을 알 수 있다.

소수의 가진 자보다는 다수의 못가진 자의 편에 서겠다는 식의 행태를 서슴없이 보여주고 있는 요즘 젊은이들에게 한갓 평등보다는 억압할 수 없는 인권과 자유가 더 소중한 근본가치이며, 이로부터 평등개념이 도출된다고 효유해야 할 텐데도 현실은 이를 간과하고 있다. 이는 사상적 빈곤, 도덕성의 결여, 궁극적 신념의 부재에서 오는 것이다.

그렇다면 어떻게 그들에게 정당한 정덕을 심어줄 수 있겠는가?

자유에도 두 가지가 있다. 공산주의에서 말하는 자유는 정치적·경제적, 사회적 자유, 즉 어떤 제약으로부터 벗어나려는 후천적 자유를 지칭하는데, 후천적 자유는 사실은 평등하지가 못한 것이다.

물론 다윈의 진화론도 우승열패優勝劣敗의 원칙이고, 마르크스나 헤겔의 변증법 이론도 투쟁을 통한 발전을 뜻하는 것이다. 다만 자연법칙이 그러함에도 우리 인간은 지식의 유무, 가진 자와 못가진 자, 강자와 약자라는 것과 관계없이 힘 있는 자라고 해서 약자를 지배할 수는 없다고 하는 신앙을 가지고 있다. 이는 인간의 자유는 천부인권 즉 하늘이 준 것이지 제왕이 준 것도 아니고, 돈으로 사는 것도 아니며, 지식이 많다고 해서 인권과 자유가 더 있는 것이 아니라는 것이다.

그러므로 인권과 자유라고 하는 기본개념 속에는 천부인권설과 같이 종교적 신앙과 요청이 깔려 있다고 하겠다. 만약 이 같은 전제를 부정한다면 약육강식이 지배하게 되며 평등이란 말은 쓰지 못하게 될 것이다.

그렇다고 한다면 자유와 인권이란 개념은 인간이 좌우하는 것이 아니라 신성개념에 속하는 궁극적·신앙적 요청이라고 할 수 있다.

자유와 인권은 적어도 하늘이 준 것이니 부처님의 성질이 인간에게 와 있는 것이며, 하늘의 성질이 인간에게 와서 인간본성을 이룬 것이라고 모든 경전들은 기록하고 있다. 그러므로 내 인권도 100% 인권이고 너의 인권도 100%의 인권이다. 100%대 100%의 인간관계에서부터 평등이란 개념이 도출된다. 이러한 인간평등이란 의미는, 가진 사와 못가진 자를 구별, 물질적 소유의 차원에서가 아니라 인도주의적 존재의 차원에서 인식되어야 할 것이다.

이러한 기본원리는 적어도 눈에 보이지 않는 높은 차원에서 연유한 것이다. 그런데 오늘날 우리가 그런 의미의 교양이나 계몽을 전혀 하지 않고 이해관계만 따지다 보니까, 인간과 존재가 더 크고 더 기본적인 것이며, 물질과 소유는 그 하위의 개념인데도, 소위 적게 가진 자가 많이 가진 자의 인권을 무시해도 좋고 폭력을 휘둘러서 도태시켜도 좋다고 하는 비인도적인 방향으로까지 확대되어 나오게 되는 것이니 이는, 본말이 전도된 사고방식이라 아니할 수 없다.

결국 공산주의 사회나 자유민주주의 사회의 근본적인 차이를 집약해서 말한다면 다만 자유를 강조하는 자유민주주의 사회에서는 뿌리를 하늘에 두고 종교를 인정하고 있는 반면, 공산주의는 뿌리를 물질에 두고 종교를 인정하지 않는다고 하는 점이다.

우리는 예로부터 인간을 대단히 소중하게 생각해 왔고 이상적 인간상을 강조해 왔다. 따라서 21세기에는 우리에게 내재되어 있는 이러한 전통사상을 현대적으로 접목시켜서 새로운 가치관을 재정립해 주어야 할 것이다.

우리는 '민주화'라는 말을 많이 쓰면서도 민주화가 무엇 때문에 필요한지에 대해서는 깊이 생각을 하지 않는 경향이 있다. 민주화는 민주화 그 자체가 중요한 것이 아니라, 인간의 위치를 바로잡고 인간을 소중하게 알며 인간의 생명을 존엄하게 아는 데서 민주화의 참된 의미가 있는 것이다. 사실 이와 같은 것이 그대로 지켜지기만 한다면 민주화는 따로 할 필요가 없는 것이다. 인도네시아의 국시인 "판차실라(오대원칙)"에도 보면 민주화는 다른 이념보다 결코 우선하지 못하다는 것을 알 수 있다.

판차실라의 첫째는 종교를 가져야 한다는 것이다. 어떤 종교를 가지건 문제가 되지 않지만 종교적인 신념을 가지는 그 자체를 중시하고 있다. 종교가 없는 사람은 바로 공산주의자가 아니더라도 확고한 인도주의적인 종교적 신념에 뿌리한 상위의 가치관이 없기 때문에 결국은 세속적·물질적 가치에 귀의한 공산주의에로 기울어진다는 것이다. 그렇기 때문에 모든 인도네시아 국민들은 개신교든 불교든 기타 어느 종교이든 종교를 가져야 한다는 것이다.

둘째는 모든 것이 인도적이어야 하고 비인도적이어서는 안 된다는 것이다.

셋째는 국가의식을 들고 있다. 인도네시아에는 섬도 많고 언어도 서로 조금씩 달라 국가의 통합(Unity of Indonesia)이 요구되기 때문에 인도네시아 국민은 모름지기 국가의식과 통합의식을 가져야 한다는 것이다.

넷째는 이러한 통합을 독선적으로 하지 않고 민주적으로 한다는 것이다. 국민개체의 인격과 독립된 존재를 인정하는 전제 위에서 민주적으로 통합한다는 뜻이다.

마지막으로 결국 이렇게 되려면 사회가 이해관계뿐만 아니라 정의가 수반되어야 한다고 보고 정의사회건설을 포함한 오대원칙을 내세우고 있다. 그런데 우리는 내용도 없이 그저 민주화만 추구하다 보니까 민주화의 허울만 남게 되어 그 맹목성과 취약성이 드러나고 있는 것이다.

우리나라는 정치적·경제적·사회적인 자주독립은 이루어져 있는데, 사상적인 독립은 되어 있다고 보기 어렵다. 우리는 훌륭한 학술 문화적 자산과 전통이 생활이나 심성 속에 잠재해 있으면서도 그것을 재창조할 능력이 없기 때문에 우리가 무엇을 가지고 애국심과 동질감을 이룩할 것인지에 대해서 매우 당혹한 처지에 놓여 있는 것이다. 이 책임은 한국 지성에게 부여 된 숙제라고 생각한다.

5. 한민족이 공동으로 추구해야 할 기본가치

현대국가로서 우리나라는 정치·경제적으로는 세계조류가 지향하는 것과 같은 보편적 공통적인 체제를 갖는다고 하더라도, 우리 민족이 갖고 있는 문화적·전통적인 특징을 동시에 가지고 있어야 한다. 즉 모든 나라들이 공통적으로 산업화 민주화를 추구하지만, 우리는 우리 나름대로의 무언가 다른 요소, 즉 문화적 특성이 있어야 한다. 그런 것이 없이 그들과 똑같은 슬로건만을 내세운다면 맹목적인 것이 될 수 밖에 없다.

여기서 우리가 가장 기본적으로 고려해야 할 요소는 우리 국가의 공동, 기본목표가 무엇인가에 대한 뚜렷한 인식이 있어야 한다는 것이다. 거기에는 여·야도, 남·녀·노·소도, 계층도, 종교의 구별도 있을 수 없으며 누구든지 대한민국의 국민이고 한민족이라면 공동으로 세워야 할 긍정적이고 적극적인 이상의 상으로서 기본이 무엇인가 하는 것을 우선 생각해야 할 것이다. 이를 규정한 것이 헌법정신이라 하겠다.

우리의 경우, 우리 민족의 기본정신이 담긴 기본법이 대한민국 헌법이다. 이 헌법도 어느 특수계층, 특수정당이 만들었다면 국민이 납득하지를 않는다. 따라서 여·야가 공동으로 만들어서 온 국민이 승인하는 그런 헌법이라야 한다.

그런데 우리는 참으로 오래간 만에, 아마도 처음으로 그러한 헌법을 만들었다. 헌법 중에도 전문이 가장 중요한 기본정신을 담고 있다. 지금까지 우리 헌법이 여러 차례 바뀌었어도 헌법 전문자체의 기본정신이 바뀐 경우는 없었다고 할 수 있다.

헌법전문에 보면, 유구한 역사의 전통과 홍익인간 정신을 계승하고 그 위에다, 3·1운동정신과 4·19정신을 이어받아 자유로운 근대민주국가를 건설한다는 기본성격을 규정하고 있다. 그러므로 대한민국의 국민이라면 그 어느 누구도 여기에 대해서 의문을 가질 수도 인정하지 않을 수도 없는 것이다.

우리가 언제까지나 경제·정치·사회 등 물량적인 측면에만 매달려 있을 수는 없고, 눈에 보이지 않는 세계 즉 입체적 역사의식과 건전한 가치관을 수립할 수 있는 윤리·예술·철학·종교의 차원을 중시하여, 건전한 국가를 형성해 나가야 할 것이다.

이제 앞으로 우리나라 뿐 아니라 온 세계가 인간학의 시대로 접어들어, 서로가 인간을 사랑하고 인간을 하나의 이익의 대상으로 보는 것이 아니라, 서로가 협동하는 인격의 대상으로 보면서 양식의 공감대를 갖고 서로가 동정하고 협조할 수 있는 분위기가 조성된다고 할 때, 우리가 여전히 욕심을 가지고 서로가 자기의 이익만 취하는 것을 능사로 안다면, 어떻게 국가단위로 구성된 지구촌의 전 인류와 하나로 연합할 수 있겠는가 하는 문제를 반성해 볼 필요가 있겠다.

바로 이것이 우리의 가장 취약한 점이라고 생각되는데, 그러한 의미에서 지금이야말로 우리나라가 가지고 있는 진정한 의미에서의 인간존중사상 내지 종교적인 신념을 발현시켜야 할 때라고 생각한다.

우리의 건국설화를 보면 환웅桓雄이 하늘에서 내려왔고, 땅에 있는 동물인 곰[雄]이 사람이 되어 둘 사이에서 바로 인간이 생겨난 것으로 되어 있다. 그러므로 우리 민족이 생각해 온 인간은 하늘과 땅의 요인을 동시에 겸비한 인간이며, 단순한 인본주의로 신과 대립하는 인간이 아니라 신성이 역사하는, 불성이 내재한 인간, 영육이 동시에 존재하는 인간이었다. 사실은 이러한 요인들은 오늘날에 와서 더욱 절실히 필요하며, 철학적으로, 사회학적으로 현대 윤리적으로 재정립할 가치의 세계인 것이다. 그런데도 이와 같은 것이 결여되어 있기 때문에 지금 우리는 다음과 같은 가치체계의 취약점을 드러내고 있다.

그 첫째는 우리의 주체성 측면에서 공동체의식이 결여되어 있다고 하는 것이다. 우리 주변에서 역사를 연구하는 사람은 많지만 고대사를 연구하는 사람은 적다. 일부 민족주의자들이 애국심에서 우러나서 연구하고 있을 뿐인데, 그것도 고증에 정밀함을 기하지 못했기 때문에 학문적으로 연구한다고 보기는 어렵다.

우리의 고대사를 정립할 필요가 있다고 하는 이유는, 지금 우리 민족이 남·북으로 나뉘어 서로 반목, 갈등, 동족상잔의 참상을 겪고 있는데, 따지고 보면 아버지와 아들, 형과 동생이 되기 때문에 서로 총을 겨눌 수 있는 처지에 있지 못하다고 하는데 있다.

우리 민족은 고구려·백제·신라는 물론 더 거슬러 올라가서 예와 맥, 부여와 삼한이 모두가 단군자손인 것이다. 이러한 동질의식은 역사의 정신 속에 잘 정립이 되어 있어야 하고 그것도 과학성과 이념적 요소가 균형을 이루어야 한다. 오늘날 우리의 실정은 고대사를 부정하고 있기 때문에 민족적 동질성의 뿌리가 흔들리고 있는 것이다.

또 한 가지, 우리는 현대사를 역시 부정적으로 보고 있다. 역사학자 중에서도 현대사를 연구하는 사람은 많지 않다. 우리의 역사가 반만년을 유구하게 이어져 내려 왔는데 1910년에 와서 공백이 생겼다. 그것이 다시 1945년 일제의 패망과 더불어 국권이 계승되어야 하는데도 계승이 되지 못하고 신탁통치를 받게 되었다. 남한은 미국이 북한은 소련이 군정을 실시하게 된 결과 자유진영과 공산진영으로 각각 나뉘어졌다.

이제 재결합을 하기 위해서는 일제와 군정시기의 두 차례의 공백을 바로 이어줄 정통성을 찾아야 하겠는데, 그 어느 누구도 남·북한 어느 쪽이 통일의 정통성을 가지고 있는지에 대해서 책임지고 말하려 하지 않는데 근본적인 문제가 있다고 볼 수 있다.

대한민국은 우리민족의 정통성을 이어 받아 10월 3일에 개천절 행사를 하고 3월 1일에는 3·1절 행사를 한다. 그러나 북한에서는 10·3 개천절 행사는 물론 3·1절 행사가 민족운동이고 독립운동인데도 이들 행사를 하지 않는다.

이러한 것은 역사 철학적으로 제대로 마땅히 정립이 되어야 할 이념과 정신의 문제인데도, 지금 우리는 이 부분은 제쳐두고 중세사에만 매달려 있다. 이러한 문제는 지금 우리가 중요하게 생각하는 경제성장이나 민주화에 결코 뒤지지 않는 높은 차원의 문제인 것이다. 이상과 같이 누누이 말하는 이유는 국민화합을 이루고, 한민족의 재결합을 성취하여, 세계 속에 한민족의 영광을 확보 선양하려는데 요체가 된다는 생각에서이다.

6. 태평양시대에서의 한국사상의 미래적 전망

결론적으로 말해서, 지금 세계는 동서로 나뉘어져서, 영만을 인정하고 육을 부정하는 사상과, 육만을 인정하고 영을 부정하는 사상의 혼란이 존재하고 있는데, 우리 한국의 사상이야말로 이 둘이 잘 승화되는 것을 원칙으로 하기 때문에 세계에 내놓을만한 중요한 사상이라 함이다.

성리학에서는 육(물질)을 기의 세계로 본다. 이 기를 강조한 분이 바로 화담花潭 서경덕徐敬德이다. 이 분은 기氣에서 질質이 나오고 질에서 형태가 나오고 형태에서 물이 나온다고 보고, 물이 기화하여 자연에너지로 돌아가는데, 기가 모이면 물질이고 이것이 맑게 흩어지면 기화하여 다시 허공이 된다고 한다. 북한에서는 이 이론을 최고로 여긴다.

그런데 퇴계 이황은 리理를 강조했다. 보통 물건에는 물리物理가 있어서 그 물리 법칙에 따라야 하고 어떤 사건이 있다면 사리에 맞게 해야 되며 인간으로 말하면 흑인이건 백인이건 천 년 전의 사람이나 천 년 후에 태어날 사람에 상관없이 그 속에 인간의 성리性理가 들어 있으며, 온 인류가 영원히 이 지구상에서 사라진다고 해도 변하지 않는 원리가 있는데, 이를 천리天理라고 한다. 이처럼 모든 곳에 리가 들어가 있다는 것이다.

그래서 물리라고 하면 자연과학을 뜻하고, 사리라고 하면 사회과학을 뜻하며, 의리는 윤리의 차원을 말하며, 심리라고 하면 철학, 진리는 종교를 뜻하는데, 이 '리'를 모르면 전체를 모르는 게 되는 것이 된다. 따라서 이 이론은 자유세계에서는 어디를 가나 큰 환영을 받게 된다.

그런데 이 물질주의인 '기'와 도덕적·형이상학적이고 추상적인 '리'—이 둘을 만나게 한 철학이 있다. 그게 바로 '리기지묘理氣之妙'의 철학이다. 여기에서는 하늘에 근본한 이와 물질에 근본한 기가 본시 사실로부터 떨어져 있는 것이 아니고, 우리가 개념적으로 분석체계화한 이론으로 그것을 인식하느냐 못하느냐 하는 주체적 인식능력의 차이가 있는데 불과하다는 이론으로, 이것이 바로 율곡선생의 철학이다. 이는 대단히 창의적인 사상이며, 마치 절정을 보는 듯한 활발한 사상이다. 남북한을 막론하고 반대의 여지가 없는 공동의 가치를 담고 있는 사상이라 하겠다.

현대 과학적으로 보면 '이'는 옳고 그른 것을 따지는 '의의 세계'이고 '기'는 이해를 따지는 '이의 세계'인데, 옳고 그른 것만 따지고 이해관계를 도외시한다면 현실적으로 무능한 사람이 되고, 이해관계만 따지고 옳은 것과 그릇된 것을 도외시한다면 의에 어긋나게 되어 위화감을 갖게 되고 오래가지 못한다. 우리는 이해도 따져야 하겠지만 동시에 옳아야 한다. 그렇기 때문에 의와 리가 합해지는 '합의득중'의 상태 즉, 알맞은 상태가 되면 이가 되고 동시에 시(옳음)도 그 속에 있게 된다.

이것을 강조한 것이 율곡선생의 리기지묘의 철학이다. 옛날 사람들은 정의는 강조했어도 기(이)를 소홀히 했고, 지금에 와서는 기(리)를 강조하고 이(의)를 소홀히 하고 있다. 바로 이 둘을 만나게 하는 철학과 사상이 현대가 요구하는 근본문제이다. 율곡 철학사상은 이런 의미에서 우리에게 중요한 시사를 주는 것이다.

한국사상의 특성은 천·지속에서 인간을 강조하고 인간 속에 신성神性과 육성肉性이 내포됨을 강조하는데 있다.

또한 인간은 코로 숨 쉬는 생리적인 인간이 있고 깊이 들어가면 희·노·애·락의 심리적인 인간이 있지만, 선악을 판단할 수 있는 양심적인, 도덕적인 인간이 있고, 시와 비를 판단할 수 있는 지성적인 인간이 있다. 여기에서 더 심화되면 사람 속에 신성성을 느끼는 하늘의 성질이 있고 결국은 사람이 곧 하늘이라고 했다.

이처럼 어느 한쪽으로도 치우치지 않는 우리의 전통사상이 지금까지 계속 흘러 내려오고 있다.

중국의 성리학은 우주론적 이기설인데, 우리나라의 이기설은 인간학적으로 집약시켜, 인간에는 이성과 희·노·애·락의 감정이 있다고 했다. 그래서 사단칠정론이 한국 성리학에서 중요하다는 것은 우주적이 아니라 인간학으로 돌아왔다는 점에서 중국의 성리학과 다른 것이다.

또한 초월적인 피안에 '니르바나(涅槃)'가 있는 것이 아니라 인간 자체 속에 진리가 있다고 한 것이 원효의 '대승불교'이고 천도교의 '인내천'이다. 이렇게 본다면 한국적 신학이 새로 탄생할 가능성마저도 있는 것이다. 지금은 독립운동 당시의 신학과 같은 초월적인 신학을 하지 않는다. 이제는 인간 속에 성신이 역사하는 인간학적의 신학으로 전환하게 될 것이다. 따라서 주종관계의 신인관神人觀으로부터 인간의 본성 속에 신의가 내재한 '인즉신人則神'으로의 전환적 의미를 이해하게 될 것이다. 앞으로 21세기 태평양시대를 맞이하는 한민족은 역사적으로나 문화적으로 중요한 의미를 갖는다고 하겠다.

본래 태평양의 '태평太平'이란 의미는 '대평화'라는 뜻으로, 일찍이 동양고전 13경중의 하나인 『이아爾雅』에, 극동의 해뜨는 곳을 태평(太平)이라고 하고 이 태평의 사람들은 인자하다고 한 데서 유래한 것이다. '대평'과 '인인'은 한국과 한민족을 두고 한 말이다. 한민족은 예부터 군자국으로서 평화를 사랑하고 인간의 생명을 극히 존중하는 '대평지인인'으로 지칭해왔던 것이다.

세계사를 회고해 보면 고대의 지중해 문화로부터 근세의 대서양 문화를 거쳐 현대의 태평양시대로 전이해온 것이며, 이 태평양 시대에 한국은 세계의 주변국이 아니라 중심국의 역할을 하게 될 것이다. 즉 세계사의 갈등이 한반도를 중심으로 집결되어 있으며 세계사적 모순 또한 한국을 중심으로 화해되어 나갈 것이다.

한 지구, 한 세계가 지구촌의 한 가족으로 사는 삶의 원리가 일찍이 동양고전에서 제시되었으니, 이것이 바로 대동세계이다. 대동세계大東世界는 대도의 진리가 행해지는, 온 천하가 광명정대한 세계이다. 정치적으로 어질고 유능한 이를 추대, 선출한다 하였고, 사회적으로는 사람들의 성실과 믿음을 두터이 해서 화목한 사회를 이루며, 나와 남을 차별하지 않고 신뢰하고 사랑하며 환鰥·과寡·고孤·독獨과 병들고 몸이 성하치 못한 사람들을 사회가 보장해 준다고 하였다. 그러므로 노인들은 안심하고 의지할 수 있으며, 젊은이들은 일터가 있고, 어린이들은 건강하게 성장할 수 있게 한다. 이같이 모두 일하고 경제활동을 하지만, 이것이 자기만을 위한 것이 아니고 사회공영을 위하여 이바지하게 되어 마침내 평화롭고 협동적인 인애의 세계가 이루어져 도적이 없고 모략이 없어 문을 닫지 않고도 살 수 있는 세계가 있으니 이를 대동세계라 한다고 하였다.

이 같은 대동세계는 민주주의사회에서 원하는 이상상일 뿐 아니라, 사회주의나 공산주의도 그 이상을 넘지 못한다고 하겠다. 또 종래의 봉건시대의 성왕의 정치도 이 대동세계를 지향하는 것이라고 하겠으니, 이 세계는 근대에도 손문孫文 혁명의 궁극적 이상상이며, 장개석蔣介石이나 모택동毛澤東, 등소평鄧小平도 다 같이 원하는 세계이다. 우리 한국의 이율곡도 『성학집요』에서, '수기修己', '정가正家', '위정爲政'의 궁극적 공효로서 대동 세계를 지표로 삼았다. 이 대동 세계를 주도할 수 있는 인물이 한국에서 배출되어야 한다고 생각되며, 이 지도자상은 대도를 체득한 새롭게 태어나는 인간을 통하여 새 나라, 새 천지를 이루어가는 모범과 표상이 되어야 할 것이다. (1987. 12)

제2부 고문헌 해설 및 雜藁

제1장 고문헌 해설 및 해제

Ⅰ. 壬申誓記石 해설

【원문】

壬申年六月十六日, 二人幷誓記天前誓。今自三年以後, 忠道執持, 過失无誓。若此事失, 天大罪得誓。若國不安大亂世, 可容行誓之。又別先辛未年七月卄二日大誓, 詩尙書禮傳倫得誓三年。

【해석】

임신년 6월 16일에 두 사람이 함께 맹세하여 기록한다. 하느님 앞에 맹세한다. 지금으로부터 3년 이후에 충도를 집지하여 과실이 없기를 맹세한다. 만약 이 일(충도)을 잃으면, 하느님께 큰 죄를 얻을 것을 맹세한다. 만약 나라가 불안하고 세상이 크게 어지러우면 모름지기 충도를 실행할 것을 맹세한다.

또 따로 앞서 신미년 7월 22일에 크게 맹세하였으니, 『시경』·『상서』·『예기』·『춘추좌씨전』을 차례로 3년에 습득하기를 맹세하였다.

【발견 연대와 장소】

일본강점기인 1934년 5월 4일, 당시 국립박물관 경주분관 주사였던 대판금태랑大坂金太郎이 이를 입수하였다. 그것이 발견된 곳은 경상북도 경주군 견곡면 금장리金丈里 석장사지石丈寺址 뒤 언덕이었다. 현재는 경주박물관에 소장되어 있다.

서석은 세로 34cm, 가로 12.5cm, 두께 2cm의 자연석으로, 평편平扁한 돌에 쇠끝으로 음각한 것이다. 한문으로 되었으며 모두 5행 74자이다. 일본인 학자 말송보화末松保和가 1935년 12월에 이 각석刻石을 보고, '임신서기석'이라고 명명하였다 한다.

【제작 연대와 그 의의】

제작 연대가 신미·임신년임은 알 수 있으나, 어느 신미·임신인가는 명기되어 있지 않다. 말송보화는, 각자刻字의 서체書體로 보아 신라시대로 인정하며, 내용 중에 유교의 경전인 『시경』·『서경』·『예기』·『춘추』 등이 신라 신문왕 2년(682)에 설치한 국학에서 교수한 교과내용과 상통하므로, 국학이 설치된 뒤 성덕왕 31년(732)의 임신으로 비정함이 타당하다고 하였다. 이병도李丙燾 박사는 자체·문체·내용, 기타 양식과 그 발견지를 고려하여, 신미·임신 양년을 신라 흥륭기로 보아 진흥왕 12년(551, 신미), 13년(552, 임신)이거나, 아니면 진평왕 33년(611, 신미), 34년(612, 임신)으로 추정된다고 하였다.

필자는 자체·문체·내용으로 보아 말송보화의 설보다는 이병도 박사의 설이 타당하다고 생각한다. 즉 서기석에서 "나라가 불안하고 대난세를 당하면 국가에 충성을 바쳐 충도를 실천할 것을 맹세한다"고 함은, 이 서기석이 신라 통일 이후의 것이 아님을 말해주며, 74자라는 짧은 글 속에, 맹세한다는 '서' 자가 7회나 나오는 것으로 보아, 삼국이 생사존망을 다투는 전국시대에 신라의 청년 화랑들의 애국하는 충렬의 기상을 담은 것이라고 본다.

신라 화랑들의 맹약은 윤리적 신약이 아니라, 하늘을 두고 맹세하여 죽을지라도 어김이 없는 종교적인 맹약으로, 여기에 신라 고대의 민속신앙이 내재함을 알 수 있다. 예를 들면 사다함斯多含과 무관랑武官郎

의 이인맹약二人盟約이라든지 원광법사圓光法師에게 세속오계를 받은 귀산貴山과 추항箒項이 백제와의 전쟁에서 임전무퇴를 외치고 분전奮戰하다가 함께 전사한 것 등은 이 서기석의 '이인병서二人幷誓'와 서로 비슷한 것이라 하겠다.

'충도'란 특이한 말이다. 효도라는 말은 흔히 쓰지만 충도라 함은 생소하다. 이 서기석에 "지금부터 3년 이후에 충도를 확고히 잡는다"고 한 것은 삼국통일을 앞 둔 신라화랑들이 공동체의식을 공고히 하고자 함이니, 가족윤리인 효보다 국가윤리인 충을 중시한 것이라 할 수 있다. 삼국통일 이전, 진평왕 때 나온 세속오계에도 일왈一曰 사군이충事君以忠, 이왈二曰 사친이효事親以孝, 삼왈三曰 교우이신交友以信, 사왈四曰 임전무퇴臨戰無退, 오왈五曰 살생유택殺生有擇이라 하여, 오계 가운데 효보다 충을 우선으로 삼았으니, 본 서기석의 '충도집지忠道執持'와 그 의식구조가 같은 것이라 하겠다.

또 『삼국사기』 등을 보면, 신라 국학 설치 이전에도 유교 경전을 인용한 사례가 보인다. 고구려나 백제 사람들의 교과 중에 유교의 오경, 『논어』·『효경』·『이아爾雅』 등과 삼사三史, 『문선文選』·『자림字林』·『자통字通』 등이 있었고, 신라 또한 통일 이전에 오경을 배운 흔적이 많이 보인다. 예를 들면, 진평왕 때 김후직金后稷이 『서경』의 「오자지가五子之歌」를 인용하여 사냥하기를 좋아하는 진평왕을 경계한 것이라든지,[1] 눌지왕때 박제상朴堤上이 신라 사신으로 고구려에 갔을 때 『시경』에 나오는 '척령재원鶺鴒在原'의 문구를 인용하여 인질로 간 왕제를 돌아오게 한 것[2] 등으로 보아, 이 서기석을 신라 국학 성립 이후인 통일신라시대의 것으로 단정하는 것은 옳지 않고, 통일 이전의 것이라고 봄이 타당하다고 할 것이다.

---

1 『삼국사기』 권45, 「열전」, 〈김후직〉 참조.
2 『삼국사기』 권45, 「열전」, 〈박제상〉 참조.

이병도 박사가 진흥왕 12, 13년 또는 진평왕 33, 34년으로 비정한 것은 무리가 없지만, 진평왕 33, 34년의 신미·임신이 더욱 타당하다 생각된다. 신라에서 화랑 조직이 형성되기 시작한 것은 대개 진흥왕 37년부터이다. 초창기에는 화랑도가 조직화되지는 못하였다가 점차적으로 강화되어 갔으므로, 이 서기석이 진흥왕 12, 13년에 제작되었다고 하기에는 이르다. 진평왕 33, 34년의 신미·임신이라 보는 것이 타당하다고 할 것이다.

『삼국사기』「김유신 열전」을 보면, 김유신이 17세 때 고구려와 백제가 신라강토를 침범하는 것을 보고 비분강개하여 도적을 물리칠 뜻을 지니고, 홀로 산중 석굴 속에 들어가서 몸을 재계하고 하늘에 맹세하여 빌기를 "적국은 무도하게도 표범과 같이 우리나라의 강토를 사납게 침략하여 소란하게 하므로 거의 해마다 평안할 날이 없습니다. 저는 한낱 미신微臣으로 재량과 용력이 없지만 환란을 없앨 뜻을 가지고 있사오니, 하늘은 굽어 살피시어 저의 손에 힘을 빌려 주소서"라 하였다.[3] 이 해가 바로 진평왕 33년(611, 신미년)이었다. 또 김유신이 35세 때 고구려 낭비성朗臂城을 공격할 때 적의 형세가 아주 강하므로 죽기를 맹세하고 부친 앞에 나아가 "제 평생 소원이 스스로 충효로써 목표를 삼았사오니 전쟁에 임하여 용감하지 않을 수 없습니다"라고 하였다. 위에서 보이는 신미년·고천告天·맹서盟誓·충효忠孝 등은 본 서기석 가운데 신미년·천전天前·대죄大罪·대서大誓·충도忠道 등과 서로 통한다고 하겠다. 특히 본 서기석에 나오는 신미년과 김유신이 고천맹서告天盟誓했던 해가 신미년임은 간과하기 어렵다. 비록 이 서기석이 김유신의 것이라고 단정하기는 어렵지만, 서기석에 나오는 신미년이 바로 김유신이 17세 때 고천서약하는 신미년임에는 틀림이 없다 하겠다.

3 『삼국사기』 권41, 「열전」, 〈김유신 上〉 참조.

귀산·추항이나 김유신의 고천맹서가 모두 진평왕 때의 일이고, 또 신미·임신년이 진평왕 재위 52년 동안 진평왕 33년 신미, 34년 임신 한 번밖에 없다는 사실을 감안할 때, 이 서기석의 제작 연대는 진평왕 34년, 서기 612년에 해당한다고 할 것이다.

이 서기석은 신라 청년들의 가치관 연구에 중요한 자료일 뿐 아니라, 한국 고대로부터 전래하는 하늘 숭배의 민속신앙과 유교경전의 습득을 통한 실천윤리 사상을 한국 고신도 사상과 융합한 것이다. 한국철학 정신사 연구에 귀중한 자료이며, 1,300여 년전 삼국시대의 국민교육 교재와 교육정신을 고증할 수 있는 희귀한 사료이다.

한국의 고대 사서史書로 말하면, 『삼국사기』(고려 인종 23년, 1145), 『삼국유사』(고려 충렬왕 때, 13세기)를 들 수 있지만 12세기 이상으로 올라가지 않는다. 고구려 광개토대왕비(414)나 신라 진흥왕순수비(555~568)는 5~6세기로 올라가지만 이것은 모두 제왕의 관점에서 통치 이념과 업적을 기록한 것이다. 이밖에, 한국에 관한 고기록으로 중국의 『사기史記』가 서력 기원 이전의 것이며, 이 가운데 「조선전朝鮮傳」 같은 것이 있다 하더라도 이것들은 모두 중국인의 관점에서 한국의 역사를 기록한 것이므로, 그 사관史觀과 사실에서 제2차적인 자료의 성격을 벗어나기가 어렵다. 이에 비해 임신서기석은 한국 고금석古金石 사료 중에서도 치자治者의 관점이 아닌, 신라 청년들의 순수하고 자율적인 기록이라는 점에서 더욱 그 의의가 크다고 하겠다. (1974. 5)

Ⅱ.「唐賢首國師 寄新羅義湘祖師書」해설

【원문】

唐西京崇福寺僧法藏, 致書於海東新羅大華嚴法師侍者。一從分別, 二十餘年, 傾望之誠, 豈離心首。加以煙雲萬里, 海陸千重, 恨此一生, 不復再面, 抱恨懷戀, 夫何可言。蓋由宿世同因, 今生同業, 得於此報, 俱沐大經, 特蒙先師授玆奧典。仰承上人歸鄉之後, 開闡華嚴, 宣揚法界無导緣起, 重重帝網, 新新佛國, 利益弘廣, 喜躍增深。是知如來滅後, 光輝佛日, 再轉法輪, 令法久住, 其惟法師矣。法藏進趣無成, 周旋寡況, 仰念玆典, 愧荷先師, 隨分受持, 不能捨離, 希憑此業, 用結來因。但以和尙章疏, 義豐文簡, 致令後人多難趣入。是以, 具錄和尙微言妙旨, 勒成義記, 謹因勝詮法師抄寫還鄉, 傳之彼土。請上人詳檢臧否, 幸示箴誨。伏願當當來世, 捨身受身, 同於盧舍那會, 聽受如此無盡妙法, 修行如此無盡普賢願行, 儻餘惡業, 一朝顚墜。伏希上人, 不遺宿世昔, 在諸趣中, 示以正道。人信之次, 時訪存沒。不具。

法藏和南。正月卄八日。

【해석】

당나라 현수국사가 신라의 의상조사에게 보낸 서한

당나라 서경西京 숭복사崇福寺의 중 법장은 해동신라 대화엄법사의 시자侍者에게 글월을 드립니다. 한 번 작별한 지 20여 년입니다. 우러러 바라보는 정성이 어찌 마음 머리에서 떠나리까. 더욱이 연운만리煙雲萬里에 바다와 육지가 천중千重으로 막혀 이 일생토록 다시 만날 수 없음이 한스러우니, 포한抱恨과 회련懷戀을 대개 어찌 다 말하오리까. 숙세宿世(前生)에 인연을 같이 하고 금세今世에 업을 같이 함으로써, 이 과보果報를 얻어 함께 대경大經(화엄경)에 목욕하고, 선사先師(智儼)의 특별한 은혜를 입어 심오한 경전(화엄경)을 전수 받은 것입니다.

듣건대 상인上人(의상)께서는 귀향하신 후 화엄의 도리를 천명하고 법계의 무애연기無碍緣起를 선양宣揚하며 중중重重한 제망帝網과 신신新新한 불국佛國을 널리 이익케 하신다 하오니 기쁨이 더욱 깊습니다. 이로써 여래께서 입멸入滅 한 뒤에 불일佛日을 빛나게 하고 법륜法輪을 다시 굴려 법을 오래 머무르게 한 것이 오직 법사의 힘임을 알겠나이다.

법장法藏은 진취進取가 이룸이 없고 주변이 적어서, 우러러 이 전典을 생각함에 선사께 받은 바를 부끄럽게 여깁니다. 분에 따라 받아 간직하여 저버릴 수 없으므로, 바라옵기는 이 업에 의지하여 장래의 인연을 맺고자 합니다. 다만 화상和尙(智儼)의 장소章疏가 뜻은 풍부하지만 글이 간략하여 후인으로 하여금 대부분 취입趣入하기 어렵게 합니다. 화상의 미언묘지를 자세하게 기록하여 억지로 「의기義記」를 만들었습니다. 삼가 승전법사勝詮法師가 이것을 초록하여 고향(신라)에 돌아감에 부쳐 그 땅에 전할 터이니, 청컨대 상인께서는 그 잘되고 잘못된 것을 상세히 검토하셔서 가르쳐 주시면 다행이겠나이다.

엎드려 원하옵건대 당래當來의 세상을 당하여 다시 태어나 노사나盧舍那의 회상會上에서 함께 만나 이러한 무진無盡한 묘법妙法을 청수聽受하며, 이같은 무진한 보현원행普賢願行을 수행할 수 있다면, 혹 남은 악업이 있다 할지라도 하루아침에 떨어져 청정淸淨하게 되겠나이다. 엎드려 바라건대 상인上人께서는 숙세의 여러 곳에서 함께 지내던 옛 정을 잊지 마시고 정도正道로써 교시敎示하소서.

인편과 서신이 있을 때마다 존몰存沒을 물어주소서. 갖추지 못합니다.

법장 합장和南. 정월 이십팔일

【해설】

당나라 현수국사가 신라 의상조사에게 보낸 서신이다. 지금부터 1천 3백여 년전 중국 당대의 화엄종의 대성자 법장의 친필로서 희세稀

世의 보묵寶墨이라 하겠다. 당나라 때의 육필로 현존하는 것은 사경寫經이나 문서류 외에는 거의 찾아보기 어렵다. 그러나 이 서한은 그런 것들과 달리 고아한 품격과 심오한 사상을 내포하였으며 1천 수백년 전의 신라와 당나라 양국 사이의 역사적 학문적 연유를 알 수 있게 하는 의의 깊은 유품이다. 이 친서를 일람일독, 음미하여 보면 그 청수淸秀한 서법書法과 곡진한 인정과 신심信心의 돈독함에 감탄을 금할 수 없다.

의상과 현수는 중국 화엄종의 제이조第二祖 지엄智儼에게 수학하였다. 현수대사의 법명은 법장法藏으로 당태종 정관 17년(643) 장안에서 출생하였다. 이보다 앞서 수말당초의 두순선사杜順禪師가 화엄경의 요의要義에 한 종파를 세웠는데, 현수는 두순의 제자 지엄에게 배워 화엄종을 대성하였다. 그 저술로서 『화엄경탐현기華嚴經探玄記』 20권, 『오교장五教章』 3권, 『금사자상金獅子章』 1권 등은 화엄종의 추요樞要 전적이다.

의상은 신라 화엄종의 개조로서 진평왕 47년, 즉 당 고조 무덕 8년(625)에 신라에서 탄생하였다. 당나라에 유학하여 장안 종남산終南山 지상사至相寺에서 현수와 같이 지엄을 사사師事하고 함형 2년(671)에 신라에 돌아왔다. 현수와 의상은 중국과 우리나라에서 화엄종을 확립한 쌍벽이라 하겠다. 상호간에 학문을 탁마하고 친애하는 터이지만 의상은 현수보다 18세 연상으로 현수는 매양 의상을 선배 상인으로서 섬기었다.

이능화李能和는 『조선불교통사』에서 "당나라 사성嗣聖 9년(692)에 고승 승전勝詮이 당나라로부터 돌아왔다"[4]고 하였다. 그 출처는 미상이나 대체로 의상의 귀국 연대가 당의 함형 2년(671)이라고 한다면,

4 『조선불교통사』 상편, 89쪽 "唐嗣聖九年 高僧勝詮自唐還."

게다가 현수가 서한에서 "귀환한 지 20여년이라"고 한 것에 유의하여 계산하면, 21년째가 이능화의 설대로 승전의 귀환 연대이다. 따라서 위의 친서는 692년 1월 28일에 쓴 것이라 보는 것이 타당하다. 이 때 현수는 50세요 의상은 68세였다.

7세기 말에 신라에 보낸 이 서신이 어떠한 연유로, 또 언제 중국에 다시 건너갔고, 또 절강성 소흥紹興 보림사寶林寺의 주지 별봉別峯[5]이 소장하게 되었는지는 알기 어렵다. 다만 원말명초 학자의 발문이 붙어 있어 그 시기를 대강 짐작할 수는 있음직하다.

第1	劉 基	字伯溫	浙江青田人	元末進士
第2	高 明	字則誠	浙江永嘉人	元末
第3	黃 溍	字晉卿	浙江金華人	元末進士
第4	貢師泰	字泰甫	安徽宣城人	元末
第5	程 文	字以文	安徽新安人	元代古文家
第6	楊 翮	字文擧	江蘇上元人	元末
第7	迺 賢	字易之	河南南陽人	元末
第8	宇文公諒	字子貞	江蘇吳興人	元至順 進士
第9	陳廷言	字君從	浙江寧海人	元末
第10	陳世昌	未詳		
第11	錢 宰	字子予, 伯均	浙江會稽人	元至正 進士
第12	危 素	字太樸	江西臨川人	元末明初

이같이 많은 학자 문인들의 발문을 통해 증명할 수 있듯이 중국에 들어간 것은 대개 고려말인 듯하다. 이 보림사는 현수와 연고가 있는

5 중국 원나라 말기의 고승으로. 법명은 大同이다.

화엄종 계통의 사찰이므로 신라 화엄학인들이 왕래할 때 가져간 듯하다. 그러나 그 이전에도 신라와 고려의 여러 문헌 가운데 이 친서에 관한 것이 보인다. 즉 최치원崔致遠이 찬한 『법장화상전法藏和尙傳』에서 이 친서의 내용을 들어 말하면서 "의상은 법장의 글을 얻어 그 선사(지엄)의 가르침을 친히 듣는 것같이 하여 드디어 해동 화엄종의 시조가 되었다"고 한 것을 보면, 신라에 보내온 뒤 이것이 전전轉展하여 유행되었음을 알 수 있다. 또한 고려시대 대각국사 의천義天(1055~1101)이 편찬한 『원종문류圓宗文類』 권22에 '현수국사기해동서賢首國師寄海東書'라는 이름으로 게재하였고, 일연의 『삼국유사』 권4에는 서신 전문을 전재한 뒤 그 출처를 대문류大文類(원종문류)라 하였다. 이런 것으로 보아 고려시대까지는 현수의 친서에 대한 말이 나옴을 알 수 있다.

그 뒤 청대의 학자 오영광吳榮光·주창이朱昌頤·공광도孔廣陶·심증식沈曾植 등의 발어가 있다. 최근 10여 년 전 중국인 모씨가 홍콩에서 이것을 가지고 일본 동경으로 건너가 광고함으로써 각국에서 알게 되었다. 이 원본은 현재 일본 나라奈良 천리대학天理大學 도서관에 보장되어 있다.

그 형태를 보면, 용지는 견지繭紙로서 세로가 37cm이고 가로가 72.5cm이다. 유색黝色을 띠고 지면이 피어서 흐리기는 하지만 문자의 판독이 어렵지는 않다. 본문은 행서 21행으로 자획이 정윤精潤하여 품격이 높은 신채神彩임을 엿볼 수 있다.

내용에 대하여 말하면, 이 친서 외에 여러 가지 별폭別幅이 있음을 알 수 있다. 『원종문류』와 『삼국유사』 제4 승전조에 다음과 같이 되어 있다.

> 『화엄탐현기』 20권 가운데 2권은 완성되지 않았고, 『일승교분기』 3권, 『현의장잡의』 1권, 『화엄범어』 1권, 『기신론소』 2권, 『십이문론소』 1권, 『법계무차별론소』 1권인데, 모두 초사抄寫하여 돌아가는 승전법사

편에 보냅니다.[6]

별폭 원본이 전하지 않는 것은 매우 유감이다. 그러나 그 서목書目들이 자세히 보이며, 이 친서의 내용에도 "지엄선사의 장소章疏가 난해하여 후인들이 알기가 어려우므로 선사의 미언묘지를 해설한 「의기義記」를 승전편에 보내오니 상인(의상)은 그 잘 되고 잘못된 것을 상세히 검토하여서 가르쳐 주시면 다행이겠나이다"고 한 것이 바로 별폭의 저술들이라고 하겠다.

또 『삼국유사』 승전조에서

> 승전법사가 돌아와 편지를 의상에게 전했다. 의상이 법장의 글을 보니 마치 지엄의 가르침을 귀로 듣는 듯하였으므로, 수십일 동안 연구하고 문제자들에게 전해주어 이 글을 널리 연술演述하게 하였다.[7]

고 한 것을 보면, 의상도 법장의 저술을 상세히 연구하여 화엄학을 광포하는데 참고하였던 것이다. 이 서목에 대하여 고찰하면 『삼국유사』 승전조의 것과 『원종문류』의 것은 약간의 차이가 있으나 책의 내용과 권수에는 차이가 없다. 이 서목들은 화엄학 연구에 귀중한 자료가 될 줄로 믿는다.

이 서신의 벽두에 보이는 바 법장이 해동신라 대화엄법사에게 드린다고 한 바와 같이, 이것은 해동화엄종의 시조는 의상법사라는 것과 화엄학의 유포된 관계를 역사적으로 고증하는 귀중한 자료이다. 그 내

---

6 『원종문류』 "華嚴探玄記二十卷 兩卷未成 一乘教分記三卷 玄義章雜義一卷 別翻華嚴經中梵語一卷 起信論疏兩卷 十二門論疏一卷 新翻法界無差別論疏一卷 已上竝因勝詮法師抄寫將歸."

7 『삼국유사』 권5, 「義解篇」, 〈勝詮髑髏〉 "師旣還 寄信于義湘 湘乃目閱藏文 如耳聆儼訓 探討數旬 而授門弟子 廣演斯文."

용을 분단하여 말하면, 먼저 현수가 의상에 대하여 간절하게 연모하는 정을 서술하였고, 중간에는 의상이 신라에 돌아간 후 "한결같이 화엄의 도리를 천명하고 화엄법계의 무애연기를 선양하여 불국토 건설에 이바지한 것은 상인의 덕택이라"고 찬양하였다. 그 다음에는 현수 자신과 저술을 승전편에 보내니 이것을 평가하여 주기를 바란다고 하고, 끝으로 "이 세상에서는 다시 만날 수 없지만 저승에 다시 태어나 부처님 설법하시는 노사나盧舍那의 회상에서 만나 무진한 묘법을 듣고 무량한 보현원행을 닦자"고 하는 종교적 진정眞情을 드러내어 읽는 사람으로 하여금 그 신심에 젖어들게 하였다.

그 서체로 말하면, 양핵楊翮은 발어에서 "이제 현수국사가 신라 의상대사에게 보낸 수첩手帖을 보니 글자의 획이 정묘하여 난정계서蘭亭禊序를 보는 듯하여 대개 그 우월을 논하기가 어렵다"[8]고 하였고, 나아가 이 친서는 화엄의 종지가 담긴 교학教學에 관계된 것이므로 감히 설완褻玩할 수 없을 뿐 아니라, 난정계서의 자획만을 힘쓰는 것과는 같지 않다고 하였다.

또 명대의 문인 고명高明의 발에 의하면 "이 법첩은 은근히 빼어나고 맑고 윤택하여 진晉나라 사람의 풍치가 있다. 대개 그 지혜가 안에서 밝아 만법萬法을 깨달아 알았으므로, 글씨를 씀에 자연히 묘한 경지에 나아간 것이다"[9]라 하였다. 현수가 본디 서도가로 알려진 것은 아니지만 이 친필을 보면 서법 또한 묘경에 이르렀음을 알 수 있다. 즉, 도가 있으므로 붓을 들면 자연히 묘경에 이른다고 한 것이다. 양핵이 왕우군王右軍에 비한 것이라든지 고명이 진인晉人의 풍치가 있다고 한 것은 모두 왕희지에 비견한 것을 알 수 있다. 원말의 진사 유기劉基는 발문에서 "이 필법을 보면 후인들이 미칠 수 있는 바가 아니라"고

8 "今觀賢首國師與新羅義湘上人手帖 字畫精妙 視蘭亭禊序 蓋難議其優劣."

9 "此帖婉秀淸潤 有晉人風致 蓋其智慧內明 萬法悟解 故下筆自然造於妙耳."

하면서, "옛사람이 이르기를 청량국사淸凉國師(澄觀)는 이왕(王羲之·王獻之)의 묘를 얻었다고 하였는데, 청량은 실제로 현수를 스승으로 섬겼으니 또한 스스로 받은 바 있다"[10]고 하였다. 이것을 보면 현수의 글씨가 진체晉體임을 알 수 있다.

전재錢宰는 발문에서 "만리 바깥에까지 그 도를 행하니 오랑캐와 중국의 구별이 없고 …… 천년 뒤에까지 그 도를 넓히니 고금의 구별이 없다"[11]고 하였다. 이것이야말로 고대 아시아 전역에 걸쳐 정신문화의 발양과 평화를 이룩하는데 위대한 힘이었음을 알게 한다. 우리는 1천 수백 년전의 이같은 성사盛事를 1천 수백년 후에 다시 감상할 때 고금을 초월하여 한 자리에 앉아 대화하는 실감을 느끼게 된다. 이 친서는 오늘날도 정신문화 계발에 보감寶鑑이 되는 진귀한 유품이라고 할 것이다. (1973. 5)

10 "觀其筆法, 蓋非後人之所能及 昔人謂淸凉國師 字畫得二王之妙 今其墨蹟 存于律大師碑 淸凉實師賢首 則亦有自來矣."(崔英成追記)

11 "行其道於萬里之外 無夷夏之間 …… 宏其道於千載之下 無古今之間焉."

Ⅲ.「退溪親筆 '晦庵書節要序' 原草本」해설

퇴계 선생의 인격과 학술이 우리나라는 물론이요 중국이나 일본에까지도 지대한 영향을 미쳤음은 주지의 사실이지만, 오늘날에 와서 퇴계의 학술 사상은 한국과 일본에서 다시 새로운 관심을 불러일으키고 있다. 일본에서는 1972년에 '퇴계학연구회'가 결성되어 수백 인의 문인 학자들이 퇴계학 연구에 열을 올리고 있다. 한국의 동양학계에서도 퇴계 학술의 재발굴과 재음미를 통하여 정신문화 창조에 이바지하고 있음을 본다. 우리가 퇴계의 문집을 읽고 되새기며 그 현대적 의의와 가치를 발견할 때 다시없는 감탄을 하겠지만, 더욱이 선생의 진적眞蹟인 한 편의 서간만 보아도 선생의 고아한 품격이 글씨에 나타나며, 그 곡진한 인정과 성실한 태도는 독자로 하여금 감복케 한다.「회암서절요서」(주자서절요서)의 친필본은 우리나라 교육사상사 내지 한국철학사에서 귀중한 자료이며 문화유산이라고 할 수 있다. 선생이 남긴 이 진묵眞墨은 선생의 인격과 사상의 전모가 집약된 대표작이라 할 수 있다.

종래 일본의 학자들은 퇴계선생을 '학문의 아버지'라 일컬어왔다. 퇴계의 저술이 임진왜란 당시 일본에 전수된 이래 그들의 정신적 지주로 받들어지게 되었고, 선생의 저술이 우리나라에서 보다도 더욱 많이 출판되어 읽혀 왔다. 그 중에도『자성록自省錄』과『주자서절요』는 일본 학자들의 심금을 사로잡아 왔다.『주자서절요』의 서문은 퇴계의 모든 저술 가운데서 그 인격과 학문의 특징을 잘 알 수 있게 하는 명문장으로, 일본의 대총퇴야大塚退野(1687~1750) 같은 학자는 이 서문을 신명神明과 같이 존숭하였다고 한다. 또한 좌등직방佐藤直方(1650~1719)의 제자인 도엽우재稻葉迂齋(1684~1760) 같은 학자는 매월 1일과 15일에 회동하여『주자서절요』서문을 봉독奉讀하는 것을 규칙으로 세웠다고 한다.

『퇴계문집』에는 '주자서절요서'로 되어 있지만 본래의 초본에는 '회암서절요서'라고 되어 있다. 또 이 친필본의 내용은 『퇴계문집』의 것과 차이나는 부분이 있다. 이 차이 나는 부분을 연구해 보면 퇴계선생 자신의 생각과 후학들이 문집을 편찬할 때 생각했던 바와 상당한 거리가 있음을 알 수 있다. 원본에 의거하여 연구할 때 퇴계선생의 인격과 학풍과 이론을 더욱 절실하고 명료하게 이해할 수 있을 것이다.

『주자서절요』 서문은 퇴계 선생 당시에도 많은 제자들이 이를 보고 싶어하였으나, 선생은 깊이 간직하고 내놓지 않았다고 한다. 제자인 황준량黃俊良이 퇴계의 『주자서절요』(20권 10책)를 성주星州에서 간행하려고 할 때 『절요』의 서를 싣고자 간곡히 요청하였다. 그러나 선생은 자기가 찬한 저술에 자기의 서문을 싣는 것이 참람하다고 하여 이 서문을 내놓지 않았다고 한다.[12] 그 뒤 『주자서절요』의 판각을 마치고 인간印刊할 즈음에 황준량이 재삼 간청하였으나 선생은 끝내 고사하고 내놓지 않았다고 한다.[13]

선생이 세상을 떠난 뒤 간직했던 친필본 서문이 나와 이를 『주자서절요』 서문으로 싣게 되었다. 고봉高峯 기대승奇大升의 발문에 있는 바와 같이 몸소 정사淨寫하여 간직하고 남에게 보인 적이 없었으니 선생이 출판하기를 꺼렸음을 알 수 있다.[14]

'회암서절요서'가 전하여 온 경위에 대하여는 겸재 정선鄭敾(1676~1759)이 이에 관련하여 4폭의 그림을 그렸고, 우암 송시열(1607~1689)이 1674년(甲寅)과 8년 후 1682년(壬戌) 두 차례에 걸쳐 이 퇴계의 진적을 보고 그 감회를 적은 발문이 있다. 이밖에도 정선의 아들 정만수鄭萬遂의 발문, 사천槎川 이병연李秉淵(1671~1751)의 시문, 전재全

12 『퇴계전서』 권20, 「答黃仲擧」 "朱書序文 曾已草得 而自覺其爲節要 已犯不韙 重以自序 尤爲僭冒 又其言太多剩出 故不欲示人."

13 『퇴계전서』 권20, 「答黃仲擧」 "印書垂畢 可賀 而序文不敢之意 前書盡之."

14 『고봉집』 권3, 「朱子書節要序跋」 "手自淨寫 藏之巾笥 未嘗出以示人 蓋其微意 不欲以纂述自居也."

齋(鼓山) 임헌회任憲晦(1811~1876)의 발문이 있다. 또한 최근에 작고한 서예가 영운穎雲 김용진金容鎭(1882~1968)의 제사題辭가 있어, 그 전해 온 연유와 역대로 귀히 여겨 보장葆藏하여 왔음을 알 수 있다. 세상에는 흔히 이 퇴계 선생의 친필본에 부수된 겸재의 화폭은 중히 여겨 가치가 높은 것으로 알지만, 선생의 '회암서절요서' 원본의 가치를 제대로 이해하는 이는 드물다.

퇴계 선생을 배우는 사람은 『자성록自省錄』과 『성학십도聖學十圖』, 「무진육조소戊辰六條疏」와 『주자서절요』 등을 중시한다. 과거 아시아 한자권 문화에서 주자학은 7백여 년 동안 중국·한국·일본을 막론하고 학술 사상의 중추를 이루어 왔다. 그러므로 주자학에 대한 이해 없이는 과거 학술 문화의 특질을 이해하기 어렵다. 일반적으로 경제 사회사적 관점에서 주자학을 전근대적 봉건사상의 유물로 평가한다. 봉건 군주 국가에 봉사하는 노넉으로 충효를 강조하고 외국을 이방인시하는 낡은 것이라 배척한다. 그러나 주자학을 철학적 인간학적 측면에서 음미할 때 그 본질을 유감없이 드러내기란 어려운 것이요, 그 사상의 핵심을 제대로 이해한 사람은 많지 않다. 단지 관학官學으로서 과거에 응용되고 출세에 이용된 사이비 주자학을 주자학의 본령인 양 인식하였다고 하여도 과언은 아니다.

우리나라의 퇴계 선생은 주자학을 배웠지만 그 진수를 이해하고 자기화하여 새로운 경지를 개척함으로써, 주자학으로부터 퇴계학의 차원으로 발전시켜 과거 민족문화 발전에 초석을 놓았다. 또한 그것이 일본에 건너가 덕천막부德川幕府 시대의 정신적 기반이 되어 당시 문화 발전에 공헌하였을 뿐 아니라, 부패한 덕천 말기의 구각舊殼에서 탈피하고 명치유신明治維新을 이끌어내는데 공헌하였다. 일본의 학자들은 퇴계학에 대해 지금도 민족의 발전을 기하고 활력을 주는 철학이라고 설명하기도 한다. 이 같은 퇴계학의 요령을 요해함에 「주자서절요서」는 가장 좋은 연구 자료이다. 특히 한국 교육사상사라든지 교육

방법론에서 현대적 의미를 재인식하게 할 뿐 아니라 세계정신사에 기여할 만한 귀중한 것이라 말할 수 있다.

학자들 중에는 퇴계학이 주자학을 모방하여 창의성이 없는 것이라고 피상적 평가를 하는 이가 있다. 그러나 이 「주자서절요서」 한 구절만 읽어도 실감나고 감명되어 현대 지성의 측면에서도 납득될 뿐 아니라 배워야 할 점을 알게 될 것이다. 퇴계 선생은 자신이 주자학을 공부함에 있어 특히 주자의 서한을 골라 읽게 하는 것은, 추상적 이론이나 체계를 알게 하고 원칙을 배우라는 뜻이 아니고, 우리에게 주어진 절실한 문제를 타개하고 처리함에, 사제간師弟間에 문답한 절실한 문제를 골라서 그로 하여금 감발感發하고 흥기興起하여 발심發心 작동作動하게 하는 것보다 더 절실한 것이 없다고 하였다.

이것은 호번浩繁한 체계를 관념적으로 이해하는 것이 아니고, 평실명백平實明白한 현실적 사실로부터 경험적으로 체득하며 발전해 가는 합리성을 추구하는 방법이다. 따라서 이 같은 학문의 들어가는 문〔入門〕과 들어가는 곳〔入處〕을 알고, 그 들어가는 곳을 얻은 뒤라야 그 맛이 좋은 것을 알고 그 노력이 실이 있어 정주의 본령을 알게 되며, 더 올라가 공맹의 진수를 이해하게 되는데, 이것이 결국 나 자신을 성장시키는 '오지학吾之學'이라고 결론을 내렸다.[15]

동서양 철학자의 서한집 내지 대화록은 철학사상 연구에 매우 귀중한 자료이다. 공자의 『논어』나 바울의 『서한』이나 플라톤의 『대화편』 등은 모두 우리에게 진실한 감동을 준다. 「회암서절요서」는 퇴계 선생이 주자의 서한을 통해 체험한 내용을 실감 있게 기술한 것으로 그 정곡을 기하였다. 오늘날 학문을 구이지자口耳之資로 외우기만 하고 생각과 행동과 생활이 서로 동떨어져 학문에 실효가 없고 인간 형성과

15 「晦菴書節要序」 "知其入處 得其入處 然後知其味之可嗜 … 由是而旁通直上 則可與泝伊洛 而達洙泗 … 聖經賢傳 果皆爲吾之學矣."

사회 발전에 교육이 힘을 발휘하지 못하고 무기력함을 드러내는 우리의 현실을 반성할 때, 퇴계 선생의 학문이야말로 재발굴 재인식 재평가되어야 할 것이요, 이 「회암서절요서」에 깃들인 사상 역시 널리 인식되고 보급되어야 할 것이다.

일본의 산기암재山岐闇齋(1618~1682)는 일본의 퇴계학에 기초를 놓은 학자로, 퇴계선생을 지극히 흠모하고 퇴계의 문집을 읽지 않은 것이 없었다. 그는 퇴계의 저술을 높이 평가하는 중에도 퇴계의 「주자서절요」를 가장 귀한 것으로 들었다. 퇴계의 평생 정력이 모두 여기에 들어 있으며, 『퇴계문집』 49권 전체를 연구하여 보면, 실로 조선의 제일인임을 알게 된다고 칭송하였다.[16]

이러한 진술은 퇴계 선생을 지극히 흠모하는 것이요, 단순한 이론의 합리성만을 주안목으로 하는 현대의 지성 교육의 태도와는 다른 것이다. 현대 교육의 약점은 인간교육, 정서의 도야, 심리의 순화와 같은 측면은 미약하고, 이해의 관계에 재빠르며, 경쟁에 이겨내는 것만을 위주로 함에 있다. 현대인의 의식 속에 퇴계의 학풍은 인간을 순화하고 사회를 정화하는 데 다시없는 스승이라 하겠다. 퇴계는 주자의 학술을 평하여 은미한 사이에도 작은 악을 용납하지 않고, 의리를 궁색窮索함에 호리毫釐의 차이도 밝혀야 한다고 「회암서절요서」에서 말하였다. 이것은 주자학이라기보다는 퇴계선생의 순정한 성격이 주자의 이 같은 측면을 강조한 것이요, 주자의 사상이라기보다는 주자의 인격을 말하는 것이라 하겠다. 마음가짐의 방법에서 세미細微한 악惡이라도 내 마음에 용납하지 않고 의리를 추구함에 호리의 차이라도 밝혀야 한다고 하는 것은 퇴계의 면목을 드러낸 것이다. 주자가 이지적 측면이 강한데 비하여, 퇴계의 경우 온화하고 정감이어서 사람을 감동케

16 山崎闇齋, 『文會筆錄』, 권20 "朱書節要 李退溪平生精力 盡在此矣 退溪文集全四十九卷 余閱之 實朝鮮一人也."

하고 심복케 하여 저절로 따르고 감화를 받게 한다. 이것은 그의 교육 방법의 특징이라 할 것이다. 퇴계가 남긴 한 통의 편지나 시 한 수를 읽어도, 글씨 한 폭을 보아도 우리에게 인색하고 교만한 병을 고치게 한다고 말하는 이도 있다.

퇴계 선생은 후학을 지도하는 데 훌륭한 책이나 이론이 없어서 교육적 효과가 나타나지 않은 것이 아니라고 하였다. 종래에 읽어 온 경서나 고전 같은 것을 오랫동안 관습적으로 읽고 배우기만 할 뿐, 그것이 참신하게 그 상황에 따라 실감을 주지 못하고 그 요령을 얻기 어려운 까닭에, 우리의 학술 교재를 각자가 처한 바 환경과 인품과 문제에 따라 자세히 살펴서 병에 따라 약을 주는 것 같이 하여야 한다고 하였다. 그래서 때로는 누르기도〔抑〕 하고 때로는 치켜 올리기도〔揚〕 하며, 혹은 이끌기도〔導〕 하고 혹은 구救하기도 하며, 혹은 세게 밀기도 하고 혹은 물리쳐〔斥〕 깨우치기도 하여, 환경과 처지와 인품과 성격에 따라 지도하여야 한다고 하였다. 퇴계는 친절親切, 맛〔味〕, 감흥 또는 경험이라는 용어를 자주 사용하였다. 이것은 여타의 성리학자들에게서는 보기 드문 교육방법인데, 퇴계는 이 같은 요령을 「회암서절요서」에 자세히 서술하고 있다. 이욕에 끌리고 명예심에 좌우되어 인간성을 계발할 수 없게 된 오늘날의 학도를 지도하기 어려운 것같이, 퇴계 선생도 사람들이 과거科擧에만 힘쓰고 이욕에 빠져 계발하기 어렵다고 말하였으니, 이러한 사정은 오늘날도 마찬가지라 하겠다. 그러한 유탈誘奪의 해로부터 벗어나 사람으로 하여금 감발흥작感發興作케 하여야 한다고 강조한 것은 오늘날 한국교육이 처한 당면 과제라 하겠다. 이를 해결하는 좋은 지혜를 우리의 선각 퇴계 선생에게서 구하여야 할 것이다. 이러한 뜻에서 「회암서절요서」 원본은 우리에게 다시없는 문화적 유산이요 정신의 양식이라고 하겠다. (1974. 1)

Ⅳ. 『사서율곡언해』 해제

— 성균관대학교 양현재, 1974 —

1. 경서언해 사업과 율곡언해의 성립 경위

유교가 한국에 전래된 이래 경서의 연구에서 우리말로 해석이 요구되었다. 이미 신라 때 설총薛聰이 이두吏讀로써 구경九經을 해석하였던 데서 경서에 대한 구결석의口訣釋義의 시초를 볼 수 있다. 그러나 구결의 성립은 한글이 창제되기 전에 포은 정몽주, 양촌 권근 등에 의하여 이루어졌던 것이다.[17]

조선조에 들어서는 유교입국儒敎立國 이념을 실현하기 위하여 경서에 대한 연구와 교육이 중대한 기본 과제였다. 따라서 세조는 제신諸臣들에게 나누어 구결을 짓도록 명한 바가 있다. 그러나 구결석의가 학자에 따라 차이가 많아 국가적인 사업으로서 체계 있는 언해의 확립이 요구되기에 이르렀다. 유숭조柳崇祖는 성종의 명을 받아 칠서七書의 언해구결諺解口訣을 찬집纂輯하였으니, 이것이 경서언해의 시초라 할 수 있다.[18] 퇴계 이황은 유숭조의 언해를 비롯한 경서언해 여러 종을 참작하여 사서와 삼경의 석의를 저술하였다. 그러나 『용학석의庸學釋義』가 간행되었을 때, 그의 경서석의가 완비된 것이 아니라 하여 판각板刻을 태워 없애도록 부탁할만큼 겸허하고 성실한 자세를 보였다.[19]

선조는 즉위 초부터 경서언해의 이동異同이 심한 것을 염려하여 동 9년(1576)에 미암眉庵 유희춘柳希春에게 경서언해를 상정詳定하도록 명하였다. 이 때 유희춘은 중임重任을 감당할 수 없다고 사양하고, 학

17 『증보문헌비고』 권243, 「藝文考」 "朴世采曰 我國經書口訣釋義 中朝所未有 始發於薛聰 成於鄭圃隱權陽村 ……."

18 柳希春, 『眉巖日記』 "經書之有諺解 自柳崇祖始."

19 『퇴계문집』 권17, 「與奇明彦 丁卯」 참조.

문이 고명한 율곡 이이에게 하명下命하도록 추천하였다. 율곡은 당시 홍문관 부제학으로서 41세의 중견학자로 명성을 떨치던 때였다. 그러나 율곡은 이 일은 자기 혼자 감당할 수 없으니 출신 여부를 가리지 않고 학문 있는 선비와 더불어 의논하여 산삭刪削하여야 마땅할 것이라고 상답上答하고, 명을 받기 이전에 이루어 놓았던 대학토석大學吐釋에서 계속하여 구경언해에 착수하였다. 그러나 선조 17년(1584) 율곡이 세상을 떠날 때까지 『중용』·『논어』·『맹자』를 차례로 이루었지만 오경의 언해는 이루지 못하여 나라에 진정進呈되지 못하였고 따라서 간행을 보지 못하였다.[20]

선조는 동 18년 을유(1585)에 교정청校正廳을 설치하고 당시의 뛰어난 학자들인 정구鄭逑·최영경崔永慶·홍만전洪萬全·한백겸韓百謙·정개청鄭介淸 등을 교정랑校正郎으로 삼아 경서의 훈해訓解 사업을 계속하도록 하였었다.[21] 이것이 이른바 관찬사업官纂事業으로서 중도에 임정양란壬丁兩亂으로 중단되었으나, 동 34년 신축(1601)에 왕명으로 교정청이 다시 열리어 관본언해官本諺解의 완성을 보게 되었던 것이다.[22]

이 관찬본의 첫 간행은 인조 6년(1628)에 있었던 것으로 보인다. 이러한 경위에서 본다면 『사서율곡언해』가 현행 관본 『사서언해』보다 먼저 착수되었지만 간행은 관본이 빨랐음을 알 수 있다. 그 후 관본은 인조 9년(1631) 동 21년(1643) 등 계속 간행되어 보급됨으로써 유통본流通本으로 확립되었다.

---

20 洪啓禧, 「四書栗谷諺解跋」 "先是 先生有所定大學吐釋 及承命中庸語孟 以次續成 而未及於經 不果進御."

21 李肯翊, 『燃藜室記述』, 別集, 「文藝典故」

22 『芝村集』 권6, 「上玄石朴公」 "就考曾王考私記有一段曰 辛丑九月 自上下教曰 經書諺解 亂前始而不卒 今宜博選經學儒雅之士 設爲校正廳 急速撰定以進 余遂膺是選 設局於南別宮."

2. 사서율곡언해본의 간행과 판본

율곡이 상정한 『사서언해』는 홍계희洪啓禧가 발문에서 말하였듯이 관본보다 먼저 성립된 것이다. 다만, 수필본手筆本에 석문釋文은 있는데 토吐가 없는 것이 있는 점으로 보아 율곡 생존시에 정리가 덜 된 곳도 있었던 듯하다.[23] 또한 간행이 되기 전에 율곡이 상정한 훈해가 부분적으로 관본 속에 채입採入되기도 하였고, 등본謄本들이 후손과 문하생의 집안에 전해지고 있었으나 원본이 전부 존재하고 있지 않았으며, 간행 당시에 『중용』의 수필본은 남아 있었던 것이다.[24] 간행 이전에도 율곡본은 일부에서 필사본으로 유통되었다. 사계 김장생은 율곡본으로 제자를 가르쳤고, 기옹畸翁 정홍명鄭弘溟은 율곡본의 정밀함을 찬탄하여 널리 전포傳布되지 못함을 아쉬워하였다 한다. 남계 박세채가 약간 수정修整하여 간행하려고 하다가 이루지 못하였지만, 율곡본 간행을 위한 노력이 계속되어 왔다. 영조조에 도암陶庵 이재李縡가 율곡의 후손인 이진오李鎭五를 시켜 관본의 체계로 정사淨寫하게 하였고, 이진오가 영조 24년(1748)에 홍계희를 찾아가 간행을 의논하였으며, 홍계희는 운각芸閣(교서관)의 활자를 얻어서 익년인 영조 25년(己巳, 1749)에 간행을 보게 하였던 것이다. 이처럼 율곡언해본은 율곡이 세상을 떠난 뒤 165년만에야 활자본으로 간행되기에 이르렀다.

3. 사서 율곡언해본의 경학사상적 가치

관본 언해가 출간되어 널리 전파되었으나 관본에는 착오처錯誤處가 많았다. 수백년 동안 배우는 자에게 와전되어 시정되지 않음을 민망하게 여기는 학자가 적지 않았다.[25] 홍직필洪直弼은 『사서율곡언해』의

23 洪啓禧, 「四書栗谷諺解跋」 “或有有釋而無吐 恐當時有未及整頓而然也.”

24 洪啓禧, 「四書栗谷諺解跋」 “今見行官本諺解 蓋出於其後 而又婁經竄易 先生所定或有採入 而元本則不行焉 惟一二謄本 在先生後孫及門生家 中庸則手筆猶存.”

우수성에 대해 "구절 및 해석음의解釋音義가 정확하고 어긋남이 없어 관본이 이에 미치지 못한다"고 하였으며,[26] 홍계희도 발문에서 "율곡 언해는 토 하나 해석 하나까지 지의旨意가 정확하여 후학을 계발하는 데 관본이 이에 따르지 못한다"고 율곡본을 높이 평가하였다.[27] 율곡본은 이처럼 선유先儒들의 높은 평가를 받았으나 관본보다 121년이나 늦게 간행되었고, 관본이 광범위하게 보급된 데 비하여 충분히 전파되지 못하였음을 애석하게 여겨왔던 것이다.

이제 관본과 율곡본의 훈해訓解가 서로 어떻게 다른지를 알아보기 위하여 사서의 각서各書에서 일구씩을 들어 비교해 보겠다.

『대학』「傳之三章」

官 本: 詩云於戲ㅣ라 前王不忘이라ᄒᆞ니 君子ᄂᆞᆫ 賢其賢而親其親ᄒᆞ고 小人ᄋᆞᆫ 樂其樂而利其利ᄒᆞᄂᆞ니 此以沒世不忘也ㅣ니라.

栗谷本: 詩云於戲前王不忘이라ᄒᆞ니 君子ᄂᆞᆫ 賢其賢而親其親ᄒᆞ고 小人은 樂其樂而利其利라 此以沒世不忘也ㅣ니라.

『논어』「헌문」

官 本: 豈若匹夫匹婦之爲諒也ㅣ라 自經於溝瀆而莫之知也ㅣ리오.

栗谷本: 豈若匹夫匹婦之爲諒也ᄒᆞ야 自經於溝瀆而莫之知也리오.

『맹자』「진심 상」

官 本: 求則得之ᄒᆞ고 舍則失之ᄒᆞᄂᆞ니 是求ᄂᆞᆫ 有益於得也ㅣ니 求在我

25 『梅山集』 권16, 「答金教官聲大」 "官本錯解處 殆不勝喩 數百年來 承訛襲謬 莫反之正 蒙學後生 習熟見聞 全失音釋 詎不悶絶哉."

26 同上 "所謂栗谷四書諺解 壹遵中國句絶 且解釋音義 眞正不差 非官本之所可及也."

27 洪啓禧, 「四書栗谷諺解跋」 "一吐一釋之間 旨義精確 其於開發後學 類非官本之所可及."

者也ㄹ새니라.

栗谷本: 求則得之ᄒᆞ고 舍則失之ᄂᆞᆫ 是求ㅣ 有益於得也니 求在我者也ㄹ새오.

『중용』 제13장

官 本: 君子의 道ᄂᆞᆫ 費호되 隱ᄒᆞ니라.

栗谷本: 君子의 道ᄂᆞᆫ 費코 隱ᄒᆞ니라.

위에서 보는 바와 같이 『중용』의 비이은장費而隱章에 대한 훈해訓解에서 퇴계는 "비ᄒᆞ고 은ᄒᆞ니라" 또는 "비호되 은ᄒᆞ니라"고 하였으나,[28] 율곡은 "비코 은ᄒᆞ니라"고 함으로써, 관본 또는 퇴계가 비와 은을 이원적으로 보는 경향이 있음에 비하여, 율곡은 비와 은의 일원성을 주장하는 철학적 배경을 엿볼 수 있다.

퇴계는 리기설에서 "'리' 자를 알기가 어렵다. …… 리는 능히 음양 오행과 만사만물의 근본이 되지만, 그렇다고 음양 오행과 만사 만물 안에 갇혀 있는 것도 아니니, 어찌 기와 섞어서 일체로 여길 수 있겠는가"[29]라고 한 데서 보는 바와 같이 리의 초월성을 강조한다. 그러나 율곡은 "원기元氣가 어디서 비롯하였나. 무형이 유형 가운데 있다네"[30]라고 하며, 또 비費와 은隱을 해명하여 "사물에 흩어져 있는 리理의 당연한 것은, 아버지에게서는 사랑이 되고, 아들에게서는 효도가 되며, 임금에게서는 의리가 되고, 신하에게서는 충성이 되는 따위인데, 이것이 비費요 용用이라는 것이다. 그렇게 된 까닭은 지극히 은미한 이치가

28 『퇴계전서』, 「中庸釋義 上」 참조.

29 『퇴계전서』 권16, 「答奇明彦」 "理字難知者 …… 能爲陰陽五行萬物萬事之本 而不囿於陰陽五行萬物萬事之中 安有雜氣而認爲一體."

30 『율곡전서』 권10, 「答成浩原」 "元氣何端始 無形在有形."

있으니 이것이 그 본체이다. 리는 사물에 존재하는 것을 말한 것이요, 도는 유행하는 것을 말한 것인데 그 실제는 하나일 뿐이다"[31]라 하여 리理 또는 은隱의 내재성을 강조하고 있다. 이것은 경서 훈해상의 차이만이 아니라 경학사상사의 중요한 면모를 보여주는 바라 하겠다.

(1974. 2)

31 『율곡전서』 권20, 『聖學輯要(二)』, 〈修己第二 上〉 "理之散在事物 其所當然者在父爲慈 …… 在臣爲忠之類 所謂費也 用也 其所以然者 則至隱存焉 是其體也. 理以在物而言 道以流行而言 其實一而已矣."

V. 『사계·신독재 전서』 解題
— 광산김씨 문원공 念修齋, 1978 —

『사계·신독재 전서』 상·하 2책은 사계 김장생(1548~1631)의 문집과 그 중자仲子인 신독재 김집(1574~1656)의 문집을 합본하여 영인한 것이다.

1. 『사계선생전서』

이 영인본 『사계선생전서』는 사계의 유문遺文인 본집 24권과 부록 9권으로 도합 51권 9책으로 되어 있다. 이 전서의 출간 연대는 동 「연보」 28장을 보면 "임술전서성壬戌全書成"이라 하였다. 즉 1922년(임술)에 후손들이 『사계선생유고』 구본舊本 13권과 사계의 저술인 『경서변의經書辨疑』, 『전례문답典禮問答』, 『가례집람家禮輯覽』, 『근사록석의近思錄釋疑』를 수합蒐合하고 부록을 증보하여 전서로 간행한 것이다. 그 체제와 편차는 『율곡전서』를 모방한 것이다.[32]

『사계선생문집』 간행의 내역과 간본의 종류는 다음과 같다.

1) 정묘운각구본丁卯芸閣舊本

본 『전서』 권44, 「연보」에 보면 "을축동 명간행문집乙丑冬命刊行文集"이라고 하였다. 또 김수항金壽恒(1629~1689)의 『문곡집文谷集』 권26, 「사계집간판서沙溪集刊版序」에 보면 "사계 김선생께서 세상을 떠난 지 60년이 다 되었지만 문집이 아직 발행되지 못하였다. 우리 성상(숙종) 11년 을축(1685)에 경연에 임하여 하교하기를 '내 문원공文元公의 문집을 보고자 하노니 옥당玉堂에 명하여 들어오게 하라'고 하였

32 卷首, 「凡例」 "經書辨疑 近思錄釋疑 典禮問答 家禮輯覽 喪禮備要 儀禮問解 合裒成秩 以倣栗谷全書中 聖學輯要 擊蒙要訣 經筵日記之類也."

다. 이에 선생의 문인 송공 시열宋公時烈이 그 유고와 수차隨箚를 편차하여 나라에 올리니 왕이 보시고 칭탄稱歎하여 교서관에 명하여 간행케 하였으며, 우암공尤庵公이 나에게 서序를 쓰기를 청하였다"[33]고 되어 있다.

문곡 김수항의 서에 보이는 바와 같이, 숙종 11년(1685, 乙丑)에 왕이 교서관에 명하여 1687년(丁卯)에 간행된 것이다. 정묘운각구본은 『유고』 원집 10권과 부록 3권을 합한 13권이다. 여기에 별고別稿인 『근사록석의』 1권을 더해서 14권 6책이다. 이 구본에는 『상례비고』·『가례집람』·『의례문해』·『경서변의』가 포함되지 않았다.

이 문집을 간행하는 데 사계의 증손 광성공光城公(萬基) 형제가 고교정정考校訂正하였다.[34] 현재 서울대학교도서관 규장각도서에 소장되어 있다.

2) 임자개각본壬子改刻本

정조 16년(1792) 임자의 개각본으로, 사계 후손 근와芹窩 김희金熹(1729~1800, 벼슬이 領中樞府事에 이름)에 의하여 목판본으로 간행되었다. 권1~2는 소차疏箚, 권3~4는 서독書牘, 권5는 변辨·설說·서序·기記·발跋·제문·시, 권6~8은 묘지명·행장, 권9는 연석문대筵席問對, 권10은 어록, 권11~13은 부록으로 사계의 행장·묘문으로 되어 있다.

운각 구본은 판각이 거칠고 졸렬했으나 이 임자 개각본은 매우 정교하다. 개각본에는 『근사록석의』 1권이 빠져 있다.

---

33 『文谷集』 권26, 「沙溪先生文集序」 "沙溪金先生卒 幾六十年 文集猶未行 …… 我聖上十一年乙丑 臨經筵下敎曰 予欲觀文元公文集 其令玉堂取入 於是奉朝賀宋公時烈以先生門人 編次其遺稿隨箚投進 上覽之稱嘆 遂命芸館剞劂而行之 尤庵公屬壽恒爲序 … 崇禎紀元後丁卯孟秋 金壽恒序."

34 『문곡집』 권26, 「沙溪先生文集序」 "是集之行也 先生曾孫光城公兄弟考校訂正 實相編摩之役."

3) 『사계선생전서』

『사계선생전서』는 『신독재선생전서』와 함께 1922년(임술)에 전서로 개칭하고, 양선생의 관련된 저술을 망라하여 출간한 것이다. 『사계전서』 권44, 「연보」 말미에 보면 '홍묘(洪廟四年) 후의 임술'로 되어 있다. 홍묘 4년 정묘丁卯는 고종 4년, 즉 1867년이므로 그 후의 임술은 1922년이다.

본 전서는 목판본으로 51권 24책이며 사주쌍변四周雙邊 반곽半郭 20.9×15.4cm, 10행 20자, 주쌍행註雙行, 상단흑어미上端黑魚尾 31.7×20.7cm, 장정裝幀은 황색완자문黃色完字文, 후배표지厚褙表紙 홍사오정철紅絲五釘綴이다.

사계의 저술 가운데 단행본 성격을 가진 종류를 열거하여 그 학술적 가치를 논하면 다음과 같다.

(1) 『근사록석의』 1권

사계 51세(무술) 되던 해 가을에 『근사록석의』를 완성하였다. 사계는 어려서부터 말년에 이르기까지 『근사록』에 대한 연구가 매우 깊었다. 13세 때 구봉龜峯 송익필宋翼弼을 만나 사사할 때에도 가장 먼저 『근사록』으로부터 시작하였으며, 만년 82세 때 정엽鄭曄의 『근사록석의』의 서문을 지을 때에도 "전일에 의심났던 부분이 환히 얼음 풀리듯 하였다"(前日所疑 釋然氷解)라 하였으며, 또한 "그 가운데 의심할 바가 있으나 그대와 더불어 강론, 귀일歸一하지 못하는 것이 한이라"한 것을 보아도 이에 대한 용공用功이 가장 깊었음을 알 수 있다.

사계의 저술이 예에 관한 것이 대부분이라 사람들이 예학의 종장宗匠이라 하지만,[35] 그 예의 원리는 의리義理를 밝히는데 있으며, 의리

35 宋時烈撰「行狀」"蓋先生平生用力 最多於禮學也."

를 탐구하려면 성리학에 조예가 깊고 논리가 정밀하지 않으면 안 된다. 궁리窮理의 학學으로 성리학을 연구하며, 천리踐履의 학으로 예를 연구하게 된다. 도학자는 이 양면을 겸비한 인격자라야 한다. 『근사록』은 성리학 연구의 필독 교재이다. 율곡이 그의 『격몽요결』「독서장」에서도 선정先正이 저술한 것으로 『근사록』과 『심경』을 가장 중요한 것으로 첫머리에 들었다. 사계가 문인 송시열을 처음 만났을 때 『근사록』을 가장 먼저 주었으니, 이는 우리나라 성리학파의 도맥道脈을 이루는 저술이라고 하겠다. 사계는 치심진학治心進學에는 『근사록』·『심경』보다 요긴한 것이 없는데 『심경』은 '약約'하고 『근사록』은 '대大'하다 하였다.[36]

사계의 『근사록석의』와 정엽(1563~1625, 자는 時晦, 호는 守夢)의 『근사록석의』 14권 4책은 서로 관계가 깊다. 정엽은 사계와 같이 율곡의 문인으로 사계보다 15세 연하이다. 『사계전서』 권5에 보면 "정시회鄭時晦는 나보다 15세가 적지만 먼저 세상을 떠났다. 졸한지 이미 오래이지만 비탄한 생각이 항상 회포에 왕래한다"고 하였다. 사계가 일찍이 『근사록』을 각고공부刻苦工夫하여 난해처에 대해서는 제유諸儒의 제설諸說을 원용하고 간간이 자기의 의견을 첨부하여 1책을 작성하고 정엽에게 간정刊正을 요청한 바 있다. "내가 기록한 바에 합치되지 않은 곳이 있으면 깎아버리고, 밝지 않은 곳이 있으면 다른 말로 보충하여 석연하게 함이 어떠하냐"[37]고 하였다. 그 뒤 십여 년이 지나 사계 82세 때 교리 나만갑羅萬甲이 보낸 정엽의 『근사록석의』 4권을 보고 "시회가 세상을 떠난 지 오래이건만(5년) 마치 시회를 대한 듯하다.

36 『사계전서』 권45, 부록 "常曰 修身齊家 莫功於家禮小學 治心進學 莫要於心經近思錄 又心經約而近思大也."

37 『사계전서』 권2, 「與鄭時晦」 "愚所錄 有不合處 抹而去之 有未瑩處 補以他語 使之釋然如何."

전날의 의심이 풀리고 늘그막에 이를 얻으니 진실로 다행한 일이라" 고 하였다.[38]

이 『석의』 14권의 내용을 보면 정·주의 격언을 축조逐條로 유취類聚하고 또한 사계의 논설도 그 가운데 수록하였다. 이는 정엽과 사계가 서로 믿음이 돈독했음을 알게 한다. 사계 말년에 송시열을 만나 『근사록』 일부一部를 주고, 또한 정엽 찬 『석의』 4책을 보여주면서 "내 벗 수몽공守夢公이 편찬한 것인데, 『근사록』을 읽는 사람은 이 책을 참고하지 않을 수 없다"고 말하였다. 그 후 송시열은 이를 다시 연구하여, 그 내용을 고증하고 본문과 주석을 구분하여, 본문을 크게 쓰고 주석은 쌍행으로 본문 아래에 유취하여 일목요연하게 편찬하였다.[39]

이를 숭정 34년 신축(1661)에 해주에서 판각한 것이 현존하는 『근사록석의』 14권 4책본으로 통행通行한다. 『근사록석의』는 이같은 관련 속에서 이루어진 것이다. 숙종 13년(1687) 교서관 구각본 『사계선생유고』에 들어 있는 『근사록석의』는 사계 51세(선조 31년, 1598)에 수몽 정엽에게 주었던 초고본이 아닌 재사별각본再寫別刻本이라고 보아야 한다.

『근사록석의』는 중국 선현 뿐 아니라 퇴계·율곡을 비롯하여 사계와 우복愚伏 정경세鄭經世 등 우리나라 선정들의 논설이 수록되어 있는 점이 특징이다.

(2) 『경서변의』

『전서』 중 『경서변의』는 11권부터~17권까지 모두 7권으로 사계 71세 때인 무오(1618)에 완성되었다. "내가 처음 『소학』과 사자四子(四書)를 읽기 시작하여 육경과 정주程朱 제서諸書에까지 미칠 때, 경

38 『사계전서』 권5, 「鄭時晦近思錄釋疑序」 참조.

39 『송자대전』 권137, 「近思錄釋疑叙」 참조.

전에 잘 해석되지 않는 바가 많고, 또 노선생老先生의 논설이 때로 의심나는 바가 있어 감히 억지로 좇을 수 없었다. 그러므로 그때그때 부기附記하여 두었다가 연구의 자료로 삼고자 하였더니, 어떤 이가 묻기를 선정의 훈해訓解를 후학이 존신尊信해야 될 것이지 감히 논의하는 것은 불가하지 않느냐고 하였다. 내가 말하기를 의리를 강론하는 것은 곧 천하의 공공公共한 일이며 선현도 이를 인정하였다. 제공들과 같이 논구해서 시와 비를 바르게 하고자 할 뿐이니 무엇이 해로우냐"고 하였다. 스스로 공부하는 동안 경학 연구의 요긴처를 차록箚錄해 놓은 것이 성질成秩된 것이다. 저술을 위한 저술이 아니고 위기지학爲己之學으로 각고공부하던 중 수수차기隨手箚記한 것이 성책成冊이 되고 권질卷秩이 된 것이다. 『전서』 권11에는 『소학』·『대학』, 권12에는 『논어』·『맹자』, 권13에는 『중용』, 권14에는 『서경』, 권15에는 『주역』, 권16에는 『예기』 등 경학 전반에 걸쳐 난해처에 이르러 제가중설諸家衆說을 원용하여 그 장단점을 취사한 연구서이다. 특히 우리나라 선정들의 논의 가운데 특출한 것은 물론 당시의 동료 문인 후생의 설이라 할지라고 장점이 있으면 모두 취하였으니 그 휘겸지덕撝謙之德을 알 수 있게 한다.[40]

문인 송시열은 "선생은 평소 저술을 좋아하지 않았으니 이 『경서변의』는 부득이하여 된 것이라"고 하였다.[41] 사계가 기몰旣歿에 원고를 건협巾篋 속에 두었더니 임의백任義伯이 발의하여 여러 동문들에게 말하기를 "선생 초심初心에 후학에게 남기려고 한 것은 아니지만 그러나 진실로 후학들이 논변함에 유익한 것이라 하면 끝내 전함이 없을 수

---

40 張維, 『谿谷集』 권6, 「沙溪先生經書疑問後序」 "遍交一時名儒 講劘硏究 平生未嘗一日去書 至白首不懈 讀而思 思而有疑 輒隨手箚錄 自小學四子 以至五經 皆有所論辨 會萃成秩 凡若干卷 一經講問者 雖門人後生之說 亦不遺焉."

41 『사계전서』 권50, 송시열, 「經書辨疑跋」 "老先生平日不喜著述 此書所記 蓋不得已也."

없다"고 하자 모두 옳게 여겨 연봉捐俸하여 출간하니 모두 7권이라고 한다.[42] 초간 연도는 현종 7년(丙午, 1666) 9월이다.

이러한 기록을 통해 볼 때, 『경서변의』는 다른 유고보다 훨씬 앞선 1666년에 따로 단행본으로 초간되었다. 본디 8권이었던 초고가 초간 시에 7권으로 되었다가 1922년 『전서』를 간행할 때는 6권이 되었다. 권수에는 변동이 있으나 내용에는 변함이 없다.

(3) 『가례집람』

『사계선생연보』에 의하면, 사계 52세(己亥) 9월에 『가례집람』이 이루어졌다고 하였다. 『전서』에는 권23~24 『가례집람도설』, 권25~30 『가례집람』으로 도합 8권으로 분권되어 있다. 사계가 친히 지은 「가례집람 서」를 보면 "내가 어렸을 때부터 주자의 『가례家禮』를 읽다가 그 통효通曉하게 알지 못하는 것을 병으로 여겨, 벗 신의경申義慶과 더불어 여러 해 동안 강론을 하고, 또 율곡 선생에게 나아가 지도를 받고 그 대강의 뜻을 이해하였다. 이에 제가의 학설을 모두 취사하여 한 책으로 엮고 이름하여 『가례집람』이라 하였다. 책머리에는 도설圖說을 실어 초학자들의 참고가 되게 했노라"고 하였다.

이 『가례집람』의 특징은 중국의 『주자가례』와 『의례』를 의준依準하여 편집한 것이지만, 우리나라의 속제俗制를 참작하여 현실에 적의하도록 융통한 것이요, 더욱이 당시의 우리나라 학자들의 견해를 수록하였다.

『가례집람』의 원고는 사계 52세 때에 완성되었다. 그러나 『어록』에 이른바 말년까지도 『의례문해』와 『가례집람』을 수윤修潤하였다고 하니, 이에 대한 용공用功이 오래 쌓였음을 알 수 있다.[43]

---

42 『사계전서』 권50, 송시열, 「經書辨疑跋」 "老先生初心 雖不在垂惠後學 然苟後學有益於論辨 則終不可無傳也 咸曰然 遂捐俸以鋟于梓 凡七卷."

『문헌비고』「예문고藝文考」에 보면 '문원공 김장생 찬 7권'으로 되어 있다. 그 뒤 중자 신독재 김집이 더 교정한 것을 숙종 을축(1685)에 도설을 합하여 10권 6책으로 간행하였다. 송시열 찬「가례집람 후서」 말미에 보면 "숭정 전몽적분약崇禎旃蒙赤奮若"이라 하였으니,[44] 이는 을축의 고갑자古甲子로 1685년이 분명하다. 현재 규장각도서로 서울대도서관에 소장되어 있다.

4)『의례문해』

송시열 찬「사계행장」에 보면 "『의례문해』 8권은 집안에 소장되어 있다"(疑禮問解八卷 藏于家)고 하였으니, 원고로 된『의례문해』가 8권이었음을 알 수 있다. 또 숭정 정유년(1657)에 송준길宋浚吉이 찬한「사계시장沙溪諡狀」을 보면 "문인지구門人知舊로 더불어 의심나는 바를 논란하고 물음에 답한『의례문해』 4책이 있으니 모두 세상에 간행되었다"고 하였다. 또한 숭정 을축(1685)에 송시열이 찬한「사계선생유고 서」를 보면 "선생께서 찬술한『상례비요』·『의례문해』 등의 책은 세상에 간행된 지 오래이다"(先生所撰喪禮備要疑禮問解等書 刊行於世久矣)고 하였으니,『사계선생유고』 구본이 출간되기 이전에 이미 간행되었음을 알 수 있다.

이식李植의『택당별집』 권5,「의례문해 발」에 '계미중춘癸未仲春'이라 하였고, 서울대도서관 규장각도서 소장의 고본『의례문해』 4권 4책의 권수에 '歲舍癸未(1643) 申翊聖謹識'라 하였으며 또 '歲舍丙戌(1646) 金尙憲序'라 하였으니,『사계선생유고』가 발간되기 40년 전인 1646년(병술)에 간행되었음을 알 수 있다. 본래 8권이던 원고가 발간될 때 4권 4책으로 간행된 것이다.

43『사계전서』 권45,「語錄」"先生晩年 只修疑禮問解 家禮輯覽."

44『송자대전』, 권139 所收.

5) 『상례비요』

『사계전서』 권31~34에 4권으로 실려 있다. 『사계연보』에 보면, 사계 36세(계미)에 수성修成하였다고 하였다. 『상례비요』는 본래 신의경의 편저로, 『주자가례』의 상례편을 주로 하여 고금의 의례와 제가의 설을 참고하고, 또한 당시 우리나라의 시속을 참작하여 실용에 편리하도록 만든 것이다. 그러나 수정되지 않은 부분에 궐루闕漏한 부분이 많아 사계가 이를 첨삭하고 고증하여 책으로 묶은 것이다. 여기에는 『주자가례』에 없는 고제古祭와 개장改葬 2조를 덧붙였다.

광해군 12년(1620, 庚申)에 지방의 유생들이 출간함에 사계가 친히 서문을 지었다. 이것이 우암 송시열이 「행장」에서 "전·후본이 있다"고 한 것의 전본에 해당하는 것이다. 그 뒤 사계가 초간본을 미진하게 생각하여 원고를 부단히 개수하고 절문도수節文度數를 주상周詳하게 하고 절실하게 하였다. 후에 신독재가 다시 교정하여 인조 26년(1648)에 7책으로 재간하였다. 이것이 후본으로 수개각본이다.[45]

이 책이 출간되자 시속의 상례가 이를 많이 준신하게 되었다. 인조 26년 개각본은 현재 규장각도서로 소장되어 있다.

2. 『신독재선생문집』

『신독재선생전서』는 원집 16권과 부록 4권으로 모두 20권 9책이다. 이 『전서』의 출간 연대는 다음과 같다. 즉, 동 『전서』 권16, 「연보」 말미에 "후이십일년 임술 전서성(後二十一年壬戌全書成)"이라 하였으니 '후 21년'이라 함은 1902년(壬寅)에 『연보』를 중간한 사실이 있기 때문이다. '임인'이라 함은 신독재의 종팔대손 상현尙鉉의 「연보 발」에

---

45 『송자대전』 권208, 「沙溪金先生行狀」 "此書刪定未盡 徑先流布 先生蓋未善也 仍復修改 先生歿後又爲追刊 故有前後本焉."

“문경공文敬公『연보』를 오래도록 이루지 못하다가 선생께서 세상을 떠난 뒤 2백여 년이 지나서 간행하게 되었다”고 하고 그 발문 말미에 임인년을 명기하였다.[46] 이 임인은 신독재가 몰한 지 2백여 년 뒤인 1902년이 된다. 이로부터 21년 뒤의 임술은 1922년이다. 따라서 미상으로 알려지고 있는『신독재선생전서』의 출간 연대는 1922년이니『사계선생전서』와 함께 이루어진 것이다.

이『신독재선생전서』는 목판본으로 주쌍변周雙邊 반곽半郭 20.9×15.4cm, 10행 20자, 주쌍행註雙行, 상단흑어미上端黑魚尾 31.7×20.7cm, 황색완자문黃色完字文, 후배표지厚褙表紙, 홍사오정철紅絲五釘綴의 장정이다.

이 전서는『신독재선생유고』구본 15권에『의례문해속疑禮問解續』과『연보』및 기타 부록을 증가하여 개편한 것이다. 간본의 내력은 다음과 같다.

(1)『신독재선생유고』구본

『신독재선생유고』구본은 원고 13권과 부록 2권을 합하여 15권 7책으로 되어 있다. 신독재의 저서인『의례문해속』은 여기에 들어 있지 않다. 또한『연보』도 이『유고』부록에 들어 있지 않다.『전서』의「연보」를 참고하면, 신독재가 세상을 떠난 뒤 2백여 년이 지나도록『연보』가 이루어지지 않았다고 함과 같이,『유고』구본이 간행될 때까지『연보』가 이루어지지 못했던 것이다. 이 구본의 발간 연대는 상세히 고증되지 않으나, 안인식安寅植에 의하면 숙종 36년(1710, 경인) 여름에『유고』15권을 간행하였다고 한다.[47] 구본 15권 7책의 목차는 다음과 같다.

---

46 “歲舍壬寅維夏從八代孫尙鉉謹識”

47 安寅植 編著,『東國文廟十八賢年譜』

권1～2 詩
권3 疏
권4 經筵奏辭
권5 雜著
권6～7 序
권8～12 墓碣 墓誌 墓表 行狀 諡狀
권13 古今喪禮異同議
권14 附錄上: 賜祭文 教書 祭文
권15 附錄下: 諡狀 墓誌 墓表 遺事 등

서울대학교도서관 규장각도서 및 국립중앙도서관 소장의 『신독재선생유고』 구본은 모두 15권 7책으로 되어 있다.

(2) 『신독재선생전서』

이 전서는 『사계전서』와 같이 1922년(임술)에 『유고』 구본과 『연보』 및 별간別刊된 『의례문해속』을 종합하여 『율곡전서』 체제를 본떠서 20권 9책으로 재편성한 것이다. 『전서』 권수卷首에 「범례」가 없는 것은 임술년 같은 해 같은 체제로 편성된 『사계선생전서』 권수의 범례를 통용하였기 때문이다. 금번 『사계·신독재전서』를 상·하로 편집 영인한 것도 이런 연유에서이다.

신독재의 저술인 『의례문해속』이 『유고』 구본에 포함되지 않았던 것은 이미 별고로 출간되었기 때문이다. 『의례문해속』의 간행 경위를 말하면, 숙종 20년(1694, 甲戌)에 명재 윤증尹拯(1629～1714, 신독재 문인)을 중심으로 동지들이 상의하여 사계의 『의례문해』와 중복된 것은 피하여 총 110여조를 교정, 출간하게 되었다. 『명재유고』 「의례문해속발」을 보면 『의례경전통해속儀禮經傳通解續』의 예를 따라 '의례문해속'이라 이름하였다고 하며, 단행본이 아닌, 사계의 『의례문해』 4권에 부합하여, 일질을 만들었다고 하였다.[48] 이 『의례문해속』은 『신독재유고』 가운데 가장 먼저 간행된 것이다. 따라서 이 『유고』 구본 15권에는 포함되지 않았다.

『연보』는 고종 8년(1871, 辛未)에 족손族孫인 김기홍金箕洪·김재근金在謹 등이 편집하고 김재언金在彦이 교정한 것을 사손嗣孫 영종永宗이 간행하였다. 이후 광무 6년(1902)에 중간하였다가 1922년에 『유고』 구본 15권과 『의례문해속』 및 「연보발」 등 부록을 증보하여 모두 전서로 편입, 간행하였다. (1978. 3)

48 『明齋遺稿』 권32, 「疑禮問解續跋」 "疑禮問解續者 愼獨齋金先生之所問答也 蓋先生以傳家之學 繼爲儒宗 當世質疑解惑者 咸歸之 …… 今乃更加校定 一依問解之式 而其已見於問解者 則去之以避重複 總爲一百五十餘年 …… 玆敢與同志相議 依通解續之例 以名此編與問解 合爲一秩."

Ⅵ.『斯文大義錄』 해제
— 문화재관리국 영인, 1971 —

『사문대의록』은 한글 사본寫本으로 상·중·하 3책으로 되어 있다. 현 문화재관리국 장서각소장으로 궁중 내전에서 재래로 읽혀온 필사본이다. 일반 민가에서는 얻어 볼 수 없는 귀중본이다.[49] 본『사문대의록』의 편찬 연대는 기록이 없으나, 그 편차의 내용과 성격으로 보아 정조 연간이라고 비정할 수 있다.

『사문대의록』의 대부분이 정조가 동궁으로 있을 때 친히 찬한『양현전심록兩賢傳心錄』[50]의 일부로, 송시열의「기축봉사己丑封事」,「진수당주차進修堂奏箚」,「청이효종대왕묘위세실소請以孝宗大王廟爲世室疏」,「기사유월유소己巳六月遺疏」를 한글로 번역한 것이다.

서지학자 김근수金根洙 선생에 의하면, 국어변천사에서 본다 해도 18세기 이전으로는 소급하기 어렵다고 한다. 본록本錄의 한글 서체로 말하면, 상·중책의 글씨와 하책의 글씨가 달라 한 사람이 필사한 것이 아님을 알 수 있다. 서예가 김응현金膺顯 씨에 의하면 대체로 순조 이후의 궁중 한글 서체라고 한다. 다시 말하여『사문대의록』은 그 초역이 정조 연간에 시작하여 그 후 전사본으로 수종이 있었다고 보아야 할 것이다. 본록은 초사본이라고는 하기 어렵다.

본『사문대의록』의 내용을 말하면, 궐내에 있는 한글본 제소설류諸小說類와는 그 성격이 전혀 다르다고 할 수 있다. 그 형태가 한글로 되어 있어, 외형상으로는 이른바 낙선재樂善齋 한글본과 비슷하지만,

49 청음 김상헌의 9대손 金炳疇는 純祖의 駙馬이다. 순조의 제2녀 福溫公主가 下嫁時에『斯文大義錄』을 가지고 온 것이 그 후손가에 전해 오다가 6·25 한국전쟁 당시 流失되었다고 한다.

50『弘齋全書』권179,『群書標記』"我東之宋先正 卽宋之朱夫子也 … 予在春邸 鈔其兩相照應者若干篇 合成一書 名曰兩賢傳心錄."

그 내용으로 말하면, 우암 송시열의 문집 가운데 당시 국사에 관한 춘추대의春秋大義를 논한 것을 번역한 것이므로, 일반 문학서와는 그 성격이 다르다. 그러나 당시의 국어학을 연구하는 자료가 됨은 물론 상류층의 존대법 연구에도 좋은 자료가 된다. 특히 유교나 불교 경전의 번역 형태와는 달리 구어체로 된 것이 그 특징이다.

이상과 같이 볼 때, 정조와 『사문대의록』, 그리고 우암 송시열을 분리하여 논술할 수 없게 된다.

정조 연간은 우리나라 근세사에서 문예부흥기라고 할 수 있다. 영·정조 시대는 어느 정도 사회 안정을 회복한 시기요, 정·순시대에는 실학이 왕성하던 때이다. 특히 정조는 영조의 탕평책을 계승하여 인재를 편색偏色이 없이 등용하였고, 서얼출신 학자들도 등용하였으며, 규장각奎章閣을 세워 학술 연구에 힘쓰고 학자들을 우대하여 서적을 편찬하였다. 그리고 천주교에 대하여도 관대한 정책을 취하였으며, 실학사상을 고취하였다.

그러나 이같이 문화정책을 쇄신 강화하고, 국력을 배양하기에 힘쓴 것은 물론이지만, 또 한편 전통정신의 계승과 민족주체의 자율성을 강조한 것을 잊어서는 안 된다. 즉, 이 전통정신과 민족의 자주성을 진작함에 춘추정신을 고취하게 된 것이다. 『양현전심록』과 『사문대의록』은 이 춘추대의를 천명하는 것이라 하겠다.

『춘추』는 본래 중국 춘추시대 노나라 역사를 기록한 것이라 하지만, 단순한 역사의 자료가 아니라 공자가 노나라의 역사를 비평(撥亂反正의 精神)한 비역사적인 전심의 요전要典으로, 인도의 정신과 역사철학에 관한 유교 육경의 하나인 것이다.

경經에는 도道가 있고, 도는 인간의 본심에 근원한다고 하겠다. 인간의 본심은 만인이 공통한 것으로 피아의 구별이 없다. 이같은 인간의 공통된 요소(人之所同然者)를 의義와 이理라고 맹자는 말했다. 이 의리를 숭상하고 보편화하며 춘추대의의 정신을 가질 때 인권과 자유가 보장되는 것이요, 타자를 침해하지 않게 되는 것이며, 이 정신이 자아로부터 확대될 때 민족국가의 자주성과 더 나아가 평천하平天下가 이루어진다고 하겠다. 이 『사문대의록』은 우암 송시열의 춘추정신에 비추어 역사의 시비선악을 판별하며, 임진왜란과 병자호란 후 민족정신과 국가의식을 각성케 하며, 당시 통치자(국왕)와 민족의 진로를 제시한 것이라 하겠다.

정조는 『양현전심록』의 편찬, 『송자대전』의 간행, 대로사비문大老祠碑文의 친제親製 등 송시열에 대한 경앙심이 높았음을 알 수 있다.[51] 따라서 『사문대의록』은 우암의 대의정신과 국가의식을 고취하기 위해 궁중 내전에서까지 읽게 한 것이라 하겠다.

『사문대의록』의 내용을 목차별로 살펴보면 다음과 같다.

①「후동문답後洞問答」은 동춘당同春堂 송준길宋浚吉의 제자인 제월당霽月堂 송규렴宋奎濂(1630~1709)이 송시열과 윤증의 사생시비師生是非에 대한 내용을 대화형식으로 서술한 것이다. 이것은 노소분당의 사실과 당시 조정 상황을 연구하는 자료가 될 것이며, 당시 가치관 연구에 좋은 자료가 될 것이다.

②「강상문답江上問答」은 수암遂庵 권상하權尙夏의 제자인 한홍조韓弘祚가 그 스승인 권상하와 문답한 내용을 기록한 것이다. 회니사懷尼事를 비롯하여 효종의 북벌을 논한 것, 중궁강빈옥사中宮姜嬪獄事, 선정先正들의 인간관 등 여러 사실을 예로 들어 사문시비斯文是非와 송시열의 의리관을 서술한 것이다. 당시 백호 윤휴, 현석玄石 박세채朴世采, 문곡文谷 김수항金壽恒, 노봉老峯 민정중閔鼎重, 청성淸城 김석주金錫胄 등의 여러 관계도 논술하여, 논소분당의 경위와 국사를 「후동문답」보다 상세히 서술하고 있다.[52]

---

51 『승정원일기』, 正祖卽位年 丙申 6월조 "予於先王 景仰之心 實不尋常."
52 『사문대의록』, 頁95; 『稗林』 권8, 「황강문답」, 頁511 참조.

③「독대설화獨對說話」는 효종 10년 기해(1659) 3월 11일에 효종이 희정당熙政堂에서 제신諸臣을 물리고 송시열과 독대獨對한 내용을 서술한 것이다. 이 내용은 당시 효종이 북벌하려는 결의를 확고하게 가지고 이 뜻을 송시열과 논의하는 내용이다. 이에 대하여 송시열은 인도에 입각한 춘추의리社會正義를 확립하고 이론과 사실이 상부相符하여야 하며, 먼저 국방 경제의 측면에서 양민養民과 족식足食에 힘써서 국력을 튼튼히 하여야 할 것이니, 이는 말로만 이룰 수 있는 일이 아니라고 하였다(非立談間可盡之事).[53]

④「기해봉사己亥封事」는 '기축봉사己丑封事'의 오기이다. 이 봉사는 인조 27년(1649) 5월에 왕이 승하하고 효종이 즉위한 후 그해 8월에 효종에게 올린 봉사이다.「기축봉사」는 13조로 나누어 논술하였다. 그 조목을 열거하면 아래와 같다.

① 節哀以保躬 ② 講禮以愼終 ③ 勉學以正心 ④ 修身以齊家 ⑤ 遠便佞以近忠直 ⑥ 抑私恩以恢公道 ⑦ 精選任以明體統 ⑧ 振紀綱以礪風俗 ⑨ 節財用以固邦本 ⑩ 正貢案以紓民力 ⑪ 崇儉德以革奢侈 ⑫ 擇師傅以輔儲貳 ⑬ 修政事以攘夷狄

이 편은 위에서 제13조만을 번역한 것이다. 그 내용은 춘추대의의 정신에 입각하여 자주적 민족혼을 고취하고 병자호란의 국치를 설욕함을 주안목으로 한 것을 알 수 있다. 특히 "추기樞機의 비밀은 귀신도 엿보지 못하고 지기志氣의 견고함은 맹분孟賁과 하육夏育 같은 사람도 빼앗지 못하도록 하여, 5~7년 또는 10~20년까지도 마음을 늦추지 말고 우리 힘의 강약을 보고 저들 형세의 성쇠를 관찰하소서"[54]라 한 것으로 보아, 무모한 시도가 아니다. 신밀愼密하게 하여 지기를

53 『稗林』 권8, 頁480.

54 『송자대전』 권5,「기축봉사」 "樞機之密 鬼神莫窺 志氣之堅 賁育莫奪 期以五年七年以至十年二十年而不解 視吾力强弱 觀彼勢之盛衰."

견정堅定하게 하고 국력을 길러서 지피지기知彼知己한 뒤에 시기를 맞추어야 가능하다는 방법론을 제시하고 있다.

⑤「진수당주차進修堂奏箚」는 숙종 7년 신유辛酉(1681) 정월에 송시열이 숙종에게 올린 주차이다. 그 내용은 임·병 양란으로 인한 수난과 치욕을 씻기 위하여 선조의 '재조번방再造藩邦'이라는 사대자四大字와 효종의 '복수설치復讐雪恥' 넉 자의 정신을 계승하여 민족의 정기를 회복하는 것이 당시 대왕이 수행하여야 할 사명이며 민족의 숙원임을 강조한 것이다.

⑥「청세실소」(請以孝宗大王廟爲世室疏)는 숙종 9년 계해癸亥(1683) 2월에, 송시열이 올린 소로서 효종의 묘의廟儀를 '백세불천지종百世不遷之宗'으로 높이자는 것이다. 후왕後王들이 효종의 자주정신을 계승하는 상징으로 효묘孝廟를 높여야 한다는 것이다.

⑦「기사유월유소」는 숙종 15년 기사己巳(1689) 6월에 해남海南에서 초한 소이다. 그 내용은 효종의 대지大志와 대사大事를 극히 높이고 청세실請世室이 옳음을 재강조하며, 이를 반대하여 죄된다 하는 이들을 변척하는 소이다.

이상과 같이 모두 7편에 걸친 것이 송시열의 춘추정신의 일관된 내용이다. 따라서 이 책의 이름을 '사문대의'라 한 것을 이해할 수 있다. 이 자주정신은 한 민족이 사방을 둘러싸고 있는 이족異族 사이에서 독립을 유지하기 위하여 현실에서나 미래 민족사에서 망각될 수 없는 것이라 하겠다.

이제 문화재관리국 장서각에서 『사문대의록』을 영인하여 세상에 빛을 보게 한 것을 뜻있게 생각하는 바이다. (1971. 9)

제2장 序文, 推薦辭, 賀(祝)辭, 哀詞

Ⅰ.『影印 太學志』序

— 율곡문화원, 1970 —

한국 문화사에서 유교는 불교와 더불어 그 중추를 이루어 왔다. 특히 근세 한국사에서 유교를 도외시하고 한국문화를 이해할 수는 없다. 한갓 사상으로만 문제되는 것이 아니라 생활과 습속, 제도 등 우리의 역사 전반에서 그 바탕을 이루고 있기 때문이다.

근자 국내외를 막론하고 한국학 연구의 관심이 고조되어 가는 듯하다. 각종 한국 고전의 간행, 각 분야별의 학술연구지가 잇달아 나오며, 구미 각국에서도 한국학 연구소가 점차 늘어가고 있다. 동서 문화 교류가 빈번하여가는 이즈음 외래문화의 섭취와 아울러 민족문화의 주체성을 재인식하려고 한다. 지난날 우리의 선각先覺 선현先賢들이 사색하며 살아온 바 학술사상의 정화精華와 진수를 재발굴하며 계승, 천명하는 동시에 외래사상과의 조화를 통한 새로운 문화 창조를 이룩하는 일은 우리에게 주어진 중대한 과제라 아니할 수 없다.

율곡문화원은 율곡 선생의 위대한 인격과 학문을 연구하여 그 정신을 이어받아 민족문화의 우수성을 국제사회에 선양하고 외국문화의 적의適宜한 섭취를 통하여 새 역사창조에 이바지할 목적으로 1969년 3월 류택형柳宅馨 변호사의 성의와 독지篤志로써 설립된 민족의 학술

사상을 연구하는 기관이다.

그동안 율곡문화원은 율곡회관의 건립을 위하여 노력하는 한편, 율곡사상의 현대화·대중화를 위하여 대내적으로 교수들의 합동연구회를 정기적으로 가져왔으며, 금번 그 사업의 일환으로 한국학 연구에 근본 자료가 되는 희귀한 제고전, 제문헌을 조사 수집하여 발행하기로 하고 제1차로 『태학지』를 영인 발간하게 되었다.

『태학지』는 주지하는 바와 같이 우리나라 대학의 규모와 역사의 기록으로서, 근세 한국교육사의 유일한 근본 자료이다. 이제까지 한 번도 출간하지 않은 사본寫本으로 정조의 명에 의하여 당시 성균관 대사성 민종현閔鍾顯이 찬한 것이다. 본서는 해제에서 이가원李家源 교수가 상세히 논술한 바와 같이, 귀중본임에도 아직까지 일반에게 알려지지 않았던 것이다. 한국교육사에 대하여는 삼국시대로부터 이미 태학에 관한 기록이 『삼국사기』나 『고려사』에 나타나는 바이지만 『태학지』는 중국의 대학 제도와 한국의 대학사를 일관하게 기술하였으며, 특히 이조시대의 태학의 내용에 대하여는 제분야에 걸쳐 분류 체계화하여 서술하였다.

『태학지』의 내용을 대별하면, 학사 행정과 인재 선거選擧와 문묘 전사文廟典祀에 대하여 기록되어 있으며, 중앙의 최고학부인 태학과 경중사학京中四學과 지방학교인 향학鄕學, 그리고 전국의 서원과 제사諸祠에 대하여도 기록되어 있으므로, 한국유학사는 물론 한국교육의 이념, 교육제도, 사회윤리, 가치의식의 변천, 철학사상 등 전통적 정신풍토를 이해하는 데에 귀중한 자료이다.

우리나라 대학의 역사는 고구려 시대에 태학太學(372년)이라고 칭했으며, 신라시대에는 국학國學(682년)이라 칭하였고, 고려시대에는 국자감國子監(992년)이라 칭하였으며, 이조시대에는 성균관成均館(1397년)이라 칭하였다. 이와 같이 역대로 그 칭호는 바뀌었지만 우리 민족의 국립대학으로서 그 규모와 정신이 일관하여 왔다. 그 교과 내용은 모두 유교정신에 입각하여 유교경전을 위주로 하였으며, 문학·사학·제자학·율학·산학算學·의학 등도 교수하였던 것이다.

태학은 단순히 학문만 연구하는 곳이 아니라, 문묘를 대학 내에 건립하고 공부자孔夫子를 위시하여 중국과 한국의 선성先聖 선현先賢들을 향사享祀하는 성역이다. 모성존현慕聖尊賢하는 숭앙심을 두텁게 하며, 사회의 정의와 민족의 정기를 이곳에서 기르는 풍화의 근원이었던 것이다.[1] 정치이념의 근본 바탕을 이루고 진리의 탐구와 인재를 양성하는 것이 대학의 기능이며 사명이었다.[2] 그 기본정신은 인의仁義와 충효忠孝를 교육의 이념으로 했음을 알 수 있다. 당시의 교과과정에 의하면 『논어』와 『효경』을 필수교양으로 하였다. 이것은 인과 효의 사상을 강조한 것으로, 가정생활이나 국가생활에서 사회의 공동체 의식과 상호부조 의식을 보급하는 것이요, 평화와 봉사정신을 배양하는 것이라 하겠다. 의와 충의 사상은 국가를 방위하고 사회 정의를 수립하는 데 큰 역할을 하였으며, 조국과 민족을 수호하는 민족의 정기가 되었던 것이다. 여기서 국가와 민족을 위하여 목숨을 바치는 것을 미덕으로 삼았음을 알 수 있다.

문묘에 종향從享된 우리나라 제현은 항시 격군심格君心하는 것과 정시속正時俗하는 것을 자신의 사명으로 여겨 생애를 바친 민족의 지도자들이었다. 따라서 그들은 모두 민족이 받드는 스승이요, 한국유학의 정수를 상징하는 바라 하겠다. 이에는 고관대작을 숭상하는 것이 아니라 높은 인격과 학문과 의리를 숭앙하는 것이요, 제왕帝王도 성묘聖廟에 석전釋奠을 드려 태학의 존엄성을 나타냈던 것이다.[3]

---

1 『退溪文集』 권41, 「諭四學師生文」 "學校 風化之原 首善之地 而士子 禮儀之宗 元氣之寓也."

2 『弘齋全書』 권183, 『群書標記』, 〈太學志〉 "誠以學校爲制治之本 而造士興賢 又學校之大政也."

3 「釋奠祝文句」 "道冠百王 萬世之師."

이퇴계 선생과 이율곡 선생은 16세기 한국유학의 전성기에 있어 쌍벽을 이루었으며, 학문에 있어서 전인미도前人未到의 경지를 개척하였을 뿐 아니라, 민족과 사회 발전에 구심적 역할을 하여 왔다. 그 인격과 덕행과 학설은 일본이나 중국에까지 영향을 주었으며 근세 한국정신사에 지주가 되었던 것이다. 특히 이조에서의 성리학은 유학의 철학사상을 심화시킨 것으로, 단순히 정치나 윤리뿐만 아니라 이론유학의 절정을 이루었다. 참된 의미에서 성리학은 공리공론이 아니며, 인간의 존엄성의 근거와 자유의 본질과 평화의 의의를 보다 순수하고 철저하게 나타낸 학문체계라 하겠다.

전통적 봉건사회에서 상하의 구분이 엄격하였음에도, 인권에 있어서는 성인과 대중이 동일한 것이며 군君과 민民, 지식인과 무식인이 차이가 없는 것이라고 율곡은 말하였다.[4] 이조시대에는 건국 이래 정치적으로 적서嫡庶의 구별을 심히 하여 현직顯職을 금고禁錮하였다. 이에 대하여 한국의 도학자들은 이를 반대하고 인재의 등용에 적서의 구별을 하는 것은 천리와 인륜에 어긋나는 것이라고 항소抗疏함으로써 인권의 옹호를 주창했던 것이다.[5]

율곡은 일찍이 공론公論에 의한 여론정치를 주장하고[6] 노예의 해방을 건의하였다. 생민生民의 문제가 교민敎民에 선행하여야 한다는 정책을 강조한 것은 국민 경제를 중시한 것으로 이 모든 정책은 근대의식의 선구라고 아니할 수 없다. 이러한 원리를 구현하는 것이 참다운 정치이며 참다운 교육이라고 보는 것이다. 이에 어긋난 정치 정책이나

---

4 『율곡전서』 권27, 『擊蒙要訣』, 「立志章」 "蓋衆人與聖人 其本性則一也 人性本善 無古今智愚之殊."

5 『燕巖集』 권3, 「擬請疏通疏」 "先正臣趙光祖建白于朝曰 …… 而又有分別適庶之法 夫人臣願忠之心 豈有間於適庶 而用舍偏隘 臣竊痛惜."

6 『율곡전서』 권34, 「연보」, 〈辛巳, 46세〉 "擇士類曉達時務 而留心國事者 凡有建白之言 皆下其司 商議定奪 以革弊政."

사회제도에 대하여는 왕명이라 할지라도 경연계사經筵啓辭나 소장疏章을 통하여 불인不仁을 간하고 불의에 항거하였으니, 이는 진리와 대중을 위한 고난사요, 희생사였다. 이 같은 사실을 연구한다는 것은 과거를 회상함이 아니라 미래를 지향한 오늘날 민족사회에 있어 우리의 좋은 전통을 이어받아 앞으로 나아갈 바 방향을 밝히는데 도움이 되고자 하는 뜻에서이다.

『태학지』의 발간이 만시지탄이 없지 않으나 시대적 요청에 부응한 것으로, 유자儒者는 물론 한국학 연구에 관심을 가진 국내외 제학자諸學者 교수들의 많은 연구에 귀중한 자료로서 도움이 되기를 바라마지 않는 바이다.

본『태학지』영인에 있어서 많은 협조를 해 주신 성균관 권중해權重海 관장, 이재서李載瑞 부관장 제위諸位와 율곡 선생 14대 종손 이재능李載能 씨와 성균관 소장『태학지』를 대본으로 서울대학교도서관 소장 사본『태학지』와 대조 심정審定함에 있어 노고를 하신 성균관 전의典儀 권숙權璹 씨와 출판에 있어 희생적으로 수고해주신 원문사元文社 제씨諸氏에게 심심한 감사를 표하는 바이다. (1970. 7)

Ⅱ.『影印 十淸軒先生 文集』序

— 십청헌 김선생 기념사업회, 1982 —

십청헌 김세필金世弼은 성종 4년(1473)에 탄생하여 중종 28년(1533) 60세를 일기로 세상을 떠났다. 이 시기는 사화기士禍期로 조야(朝野)의 많은 사림들이 참혹한 박해를 당하던 때였다. 제10대 연산군으로부터 제13대 명종에 이르기까지 약 반세기 동안 사대사화가 일어났으니 무오사화·갑자사화·기묘사화·을사사화가 그것이다. 연산군 4년 무오사화 때에 십청헌은 이미 사마시司馬試를 거쳐 식년문과式年文科에 급제하여, 학문과 인격을 겸비하고 정치무대에 참여하였으며, 불의와 비리에 오염되지 않은 36세의 신진사류였다.

흔히 사화와 당쟁을 지배계층의 정권 다툼으로 동일시하지만, 사화는 권세와 이익을 탐내는 소인배가 청렴 정직한 사류士類를 무고하게 박해하는 일이고, 당쟁은 정치인들 사이에 반목하고 편당을 만들어 세력 다툼을 하는 것을 말한다.[7]

조선조 건국 후 초기 약 1백년은 승평昇平을 이루어 세종대에는 정치적 문화적 기반을 구축하였다. 세조의 왕위 찬탈이 있은 후 성종에 이르는 사이에 형성된 훈구파勳舊派에 대하여, 여말선초 이래로 학문과 의리를 중시하는 정몽주·김숙자·김종직을 정맥으로 하는 사림들과 사육신·생육신을 비롯하여 세조의 찬립簒立을 거절한 절의파들은 은연중 합세하여 저항하게 되었다. 훈구세력은 정권과 권력을 배경으로 한 정치인, 즉 양반이라 한다면, 사림파는 학문과 의리를 닦아 진리를 추구하여 백성을 위하여 그릇된 정치를 비판하고 저항하는 선비들인 것이다. 당쟁과 사화가 다른 것처럼, 양반과 선비도 같은 것은

---

7 李建昌,『黨議通略』,「原論」"士禍者 小人之害士類 固其宜也 黨論則士類自相爭."

아니다.

송시열宋時烈은 「신도비명」에서 십청헌에 대해 "타고난 자품資稟이 고명하며, 평소에 수양을 쌓아 격치성정格致誠正으로 근본을 삼으며, 글을 지음에 꾸미는 가식이 없었다. 가정에서는 어버이를 모심에 그 효성을 다하며, 조상을 받듦에 그 정성을 다하며, 자제를 교육함에 한결같이 예법을 준수하며, 관무를 처리함에는 염결廉潔 정직하며, 더욱이 도덕을 개제開濟하여 많은 선비들의 경중敬重을 받았으니 당시 조정암 같은 제현과 그 규모와 기상이 같았다"고 하였다.

이같이 십청헌은 학문과 식견 및 덕행이 높은 도학자이며 경세가이다. 십청헌은 전 생애를 통하여 그 행적과 말씀과 심법心法에서 영원히 없어지지 않을 한국의 이상적 선비상을 드러냈다. 택당澤堂 이식李植이 "옛사람들이 말한 세 가지 썩지 않는 것을 선생께서 거의 갖추었다"[8]고 한 것은 적절한 표현이라 하겠다. 『춘추좌씨전』에 '삼불후三不朽'를 말하여 "입덕立德·입공立功·입언立言"이라 하였다.

십청헌이 사은사謝恩使로 명나라 북경에 다녀왔을 때는 기묘사화가 일어나 정암 조광조를 비롯하여 조정의 많은 선비들이 살육과 유배를 당한 직후였다. 누구도 감히 군왕의 잘못을 말하지 못할 때 십청헌은 경연석상에서 "조광조를 사사賜死한 것은 전하의 잘못입니다"라고 직간하고, 『논어』에 "허물이 있으면 고치기를 꺼리지 않는다"(過則勿憚改)고 하였으니, 그 과실을 알아서 속히 고친다면 이는 과실이 없는 것이요, 과실이 있으면서도 고치지 않는다면 이것이 진실로 과실이 되는 것이라고 눈물을 머금고 반복 진술하였다. 이는 시비是非와 곡직曲直을 말씀으로 증거한 것이니, 이른바 '입언'이라 할 것이다.

『중종실록』에 의하면 십청헌이 광주목사廣州牧使로 있을 때 이웃의

8 「十清軒先生文集序」 "古人之所謂三不朽者 先生殆備矣."

여러 고을에는 다난하여 문제가 많았지만 광주읍만은 무사하므로, 재상인 정광필鄭光弼이 당시 사람들에게 그 연유를 물으니 부역이 균평均平하기 때문이라고 하였다. 또 전라도 관찰사로 재임할 때에는, 남원南原의 삼호족三豪族의 발호로 민폐가 심하여 민원民怨이 있음에도 아무도 두려워 감히 발설을 못하였으나, 십청헌이 이를 밝히고 바로잡아 실효를 거두었다고 한다. 이 모든 사실들은 행동으로 의리를 실천해 보인 것이니 이는 '입공'이라 하겠다.

담헌湛軒 홍대용洪大容도 일컬은 바와 같이, 본래 선비라 함은 세력에 의지하지 않고 정도를 걸으며, 예법을 존중하여 천하의 부富로도 그 뜻을 뺏지 못하며 빈한하여 누항陋巷에 있을지라도 그 즐거움을 고치지 않는다. 나아가서는 사해에 혜택을 입히고, 들어앉아서는 도를 천재千載에 밝히는 것이 참선비라 하였다. 나라에 선비가 있는 것은 사람에게 원기元氣가 있는 것과 같다. 기가 흩어지면 사람이 죽듯이 나라에 선비가 없으면 그 나라가 멸망하는 것이다. 십청헌의 '입언'과 '입공'이 이같이 확실하고 정대한 것은 일조일석에 이루어진 것이 아니라, 온축된 수양과 시비를 판단할 수 있는 학문과 능력, 그리고 고상한 인품과 정대한 심법心法에서 연유하는 것임을 알아야 할 것이다.

십청헌은 본 문집 부록에도 보이는 바와 같이, 학문이 고명박후高明博厚하여 모든 경전과 고전에 능통하였다. 제경諸經과 사서史書 중에서도 특히 『주역』과 『중용』에 대한 조예가 깊어 이에 대한 저술이 많았다고 한다. 일찍이 경연의 『성리대전』 진강관進講官으로 선발되었는데, 하루는 경연에서 다른 동료들이 난해한 구절을 당하여 실색失色했을 때, 십청헌은 창졸간에 이를 해독하여 막힘이 없었으니, 감탄하지 않은 이가 없었다고 한다. 십청헌이 광주목사로 있을 때에는 경연에서 『역학계몽易學啓蒙』을 논하다가 모르는 곳이 나오면 십청헌을 불러오도록 하였다 한다. 『주역』과 『성리대전』은 조선조 학술문화의 근본을 이루는 철학적 저술이다. 이것에 능통했다는 것은 그 학문의 깊이를 짐작케 하는 것이다.

양명학이 우리나라에 전래한 것은 대개 퇴계 이황 당시라고 하지만, 십청헌은 이보다 훨씬 앞서서 양명학이 선종禪宗의 심학心學으로 반주자학임을 갈파한 바 있다.[9] 왕양명(1472~1528)은 십청헌(1473~1533)보다 1년 연상이다. 당시 동유東儒들은 양명학에 대해 전혀 모르고 있었을 때였다.

십청헌은 북경을 두 번이나 왕래하였다. 한 번은 질정관質正官으로, 또 한 번은 성절사로 다녀왔는데, 이때 송·원·명 제유들의 경서 주석서를 많이 구입하여 제가의 집설集說을 새롭게 연구하였다고 한다. 이와 같이 진리 탐구에 정연하여 당시 학계에 원로로 많은 제자들이 배출되었다. 당시 모재慕齋 김안국金安國은 여주驪州에서 문하생을 지도했고, 십청헌은 음죽陰竹에서 문하생을 지도하였다. 모재는 과문科文을 지도하였으나 십청헌은 경학과 도학을 주로 지도하였다 한다. 학문 경향이 스스로 다름을 알 수 있다.

십청헌의 이름은 세필世弼이요 자는 공석公碩, 호는 십청헌, 또는 지비옹知非翁이다. 본관은 경주로, 첨정僉正 훈薰의 아들이다. 고려말의 문신이며 충신인 상촌공桑村公 김자수金自粹는 십청헌의 고조부이다. 을사사화 때의 직신直臣 충민공忠愍公 저䃴는 십청헌의 아들이며, 문로門路가 정대하고 도학이 고명하다는 일컬음을 받은 남곡南谷 김의金嶷는 십청헌의 증손이다.

십청헌은 멀리 공자를 도맥道脈으로 하고 주자학을 본령으로 하여 선성 선현을 법받았을 뿐 아니라, 가까이는 가규家規를 지켜 상촌공 이래 의리의 정학을 계승하고 그 유풍遺風과 여운餘韻을 후손에게 전수한 모범적 선비 가통家統을 지킨 분이다.

---

9 『십청헌집』, 권2, 「又和訥齋」 "陽明老子治心學 出入三家晩有聞 道脈千年傳孔孟 一毫差爽亦嫌云 紫陽人去斯文喪 誰把危微考舊聞 學蹈象山多病處 要君評話復云云."

대개 선비라 하더라도 '독선기신獨善其身'함에는 철저하지만 '겸선천하兼善天下'의 자애를 베푸는 데는 능하기 어렵다. 그러나 십청헌은 효孝·제悌·자慈의 어느 부분도 소홀히 하지 않았다. 『중종실록』 5년(1510) 12월조에는 십청헌의 상소문이 나오는데, 정치 원리에 관한 상세하고 격조 높은 내용들이 들어 있다.[10] 이는 정암 조광조가 나라에 올린 진계陳啓보다 수년 앞선 명문이요, 그 원리는 지금도 참고할 만한 것이라 하겠다. 일곱 조목에 걸쳐서 진술한 상소의 내용을 보면 ① 심치체審治體 ② 경제사敬祭祀 ③ 엄궁곤嚴宮梱 ④ 목종척睦宗戚 ⑤ 척사위斥私僞 ⑥ 휼민생恤民生 ⑦ 신형옥愼刑獄이다.

① '심치체'라 함은 정치하는 본체를 밝힌다는 뜻으로, 통치의 원칙이 뚜렷하여 자주 변경함이 없어야 하며, 그 원칙은 세력과 형벌로만 해서는 안된다는 것이다. 이는 건전한 헌법정신을 나타낸 것이다. ② '경제사'는 나라의 종묘를 경건히 받들어 종족宗族의 근본을 망각함이 없어야 한다는 뜻이다. 이는 가치관의 통합과 민족의 공동체 의식을 고취하는 국민 도의와 종교적 신성성을 국가적 차원에서 밝힌 것이라 하겠다. ③ '엄궁곤嚴宮梱'이라 함은 궁중에 외인 출입을 엄하게 하여 인아척속姻婭戚屬의 사사로운 정치 간섭을 배제하여 국가를 어지럽게 하는 단서를 막자는 것이다. ④ '목종척'이라 함은 종척간에 반목하지 않고 환애懽愛하여 인심을 감동케 하자는 것으로, 옛날 제왕들의 득과 실이 종척의 화和, 불화에 달린 것을 경계한 것이다. ⑤ '척사위'라 함은 국사를 논의하고 인물을 천진薦進함에 사사로운 감정에 치우쳐 공정을 기하지 못하는데 나라에 병폐가 있음을 지적한 것으로 국사는 공사公私의 구별이 엄격해야 함을 말한 것이요, 사위私僞가 심지心地에 있어서는 안 되니 이는 청검자수淸儉自守한 관리상을 가장 바람직한

10 『중종실록』, 5년 12월 8일(庚寅)조 참조.

것으로 제언한 것이다. ⑥ '휼민생恤民生'은 백성들이 곤고困苦함을 궁휼히 여겨서 위정자나 권문가에서 방수防戍와 축역築役을 함부로 시키지 말고 생업을 해쳐서는 안 된다는 것이다. 즉 국민경제를 부유하게 하여 손하익상損下益上하지 말도록 한 것이다. ⑦ '신형옥愼刑獄'은 형벌로 죄없는 백성을 다스림을 능사로 하지 않고, 왕도로 감화시키는 것을 먼저하며, 형옥을 삼가 연좌連坐나 형장 고문을 지나치게 해서는 도리어 백성의 원망을 쌓게 된다는 것이니 즉 인권을 보장하고 형벌을 삼가라는 뜻이다.

이와 같은 정치사상은 십청헌의 도학정신과 의리정신에서 우러난 것이요, 경전과 주자의 성리학을 근본으로 활용한 것이었다. 그러나 갑자사화 당시에 전라도 흑산도黑山島로 장배杖配되고 기묘사화에 경기도 유춘역留春驛으로 유배되면서도 국사를 심히 걱정하고 불의에 저항하였다. 3년 뒤 임오년(1522)에 방면된 후로는 조정에 나아가 벼슬하기를 단념하고 후학 양성에 여생을 바쳤다. 임오년 당시에 십청헌의 나이는 50세였다. 십청헌은 스스로 지비옹이라 호하고, 지비천知非川 가의 황지荒地에 학당(工學堂)을 짓고 후학을 계도하였다.

지비옹이라 함은 중국 춘추시대 사람 거백옥蘧伯玉이 행년 50세에 이르러 지난 49년 동안의 잘못을 깨달았다고 한 데서 연유한다.[11] '지비천'이란 명칭도 지비옹이 스스로 지은 것이다. 십청헌이 나이 50세로 지난날을 회상하여 다시는 세상에 나오지 않고 자신의 수양과 후생의 교화에 힘쓰겠다는 결의와 각오를 나타낸 바라 하겠다. 이는 이해와 감정에 지배되지 않을 뿐 아니라 심공心功과 심덕心德을 갈고 닦아 그 '입덕'의 공을 쌓으려는 일대 각성이라 하겠다.

'십청헌'이라 한 것은 무슨 연유인가? 자호自號인가? 아니면 다른

11 『논어』「憲問」註 "蘧伯玉 行年五十 而知四十九之非."

사람이 부른 칭호인가? 『숙종실록』 10년(1684) 9월조에 남구만南九萬이 "김세필은 스스로 호를 십청이라 하였는데, 또한 기묘명현이다"(世弼自號十清, 亦己卯名賢)고 한 것을 보면,[12] 십청헌이 자호임을 알 수 있다. 십청헌의 후손가에 소장된 『선세사실先世事實』을 보면 '십청'이란 호의 의미를 정확히 알 수 없다[無由的知]고 하였고, 또 십청헌이 열 가지 동청목冬青木을 정원에 심은 것에서 연유하여 '青' 자가 '清' 자로 와전된 것이라고도 하지만 이 또한 확실치 않다고 하였다. 이밖에 '열 가지 맑은 덕을 일컫는다'(十件清德之稱)고 해석하는 이도 있지만 역시 의심이 난다고 하였다.

위에서 일컬은 바와 같이 십청헌은 나라에 충성하고 가정에 효도하는 선비상의 모범이라 하겠다. 십청헌의 고조부 상촌공은 고려말의 충신이며 효자로서 이름이 나 그 원거지遠居地인 안동에는 정려旌閭가 있고 지금도 효사비가 있다고 한다. 상촌은 벼슬이 도관찰사都觀察使에 이르렀지만 고려가 망하게 되자 안동에서 나오지 않았다. 조선조 태종이 병조판서로 불렀으나 사양하고 '충신불사이군'의 의를 지켜 서울로 오는 도중 광주廣州 추령秋嶺에 이르러 음약자진飮藥自盡하였다. 이것은 상촌공 신도비에서 "삼가 마음에 부끄러움이 없고자 함이니, 후세에 알아주고 알아주지 않음이 공에게 무슨 상관이 있겠는가"(祗欲無愧於心 後世知不知 何關於公)라고 한 바와 같이, 조선의 건국을 반대한다는 뜻이기보다는 '스스로 마음에 부끄러움이 없게 한다'는 청정심淸正心에서 나온 처사라 하겠다.

당시 야은冶隱 길재吉再를 비롯하여 고려조의 유신遺臣들은 모두 이같이 공통된 심정을 가졌다. 「길야은 신도비문」을 보면 "야은은 오늘의 백이숙제伯夷叔齊라"고 했으니, 상촌도 백이숙제의 충절을 흠모

12 『숙종실록』, 10년 9월 11일(甲戌)조 참조.

하였으리라 생각된다. 안동으로부터 광주 추령에 이르러 유명遺命을 남기고 자결하여, "이 자리에 장사지내고 비석을 세우지 말라"고 한 것은 우연한 사실이 아니다. 이 추령에서 포은 정몽주의 묘소까지는 거리가 아주 가까우니, 이 또한 백이숙제의 충절을 정몽주와 함께 하고자 한 것으로 생각된다.[13] 십청헌은 평소 정몽주·이색 등 제현과 더불어 서로 친밀한 사이로서 공사동전共死同傳하는 뜻이 있었음을 짐작하게 하는 것이다.

『맹자』에서 "백이는 성지청자聖之淸者"라 하였다. '청' 자는 백이숙제의 인품과 절의를 상징한다. 십청헌은 위에서 말한 가통을 이어받아 스스로 '청' 자를 가지고 자호로 쓴 것이라 추측된다. 따라서 자연에 의탁한 것만이 아니라 그 인격의 청순함과 조상을 그리는 효심이 내포되어 있으니 백세청풍百世淸風의 '청'으로 보는 것이 옳다고 하겠다. '십'은 숫자가 아니라 온전하고 결함이 없다는 뜻이다. 십청헌이란 온전하게 맑기를 바라는 집을 상징하는 아호라 하겠다. '지비옹'이라든가 '십청헌'이란 호만 가지고도 관인관세觀人觀世를 할 수 있을 것이다.

특히 후학으로서 『십청헌선생문집』의 서문을 씀에 감회 깊은 바 있으니, 십청헌의 문집에 나와 있는 바와 같이, 필자의 16대조 수재공睡齋公 류인귀柳仁貴(1463~1531)와 십청헌이 서로 시를 창수唱酬한 시목詩目이 보이려니와, 두 분의 교분이 두터웠음을 알 수 있다. 이뿐만 아니라, 『연산군실록』에도 동 10년(1504) 4월에 지평 김세필은 청풍으로, 그리고 정언 류인귀는 회덕으로 장배杖配된 사실이 있듯이,[14] 갑자 이래로 두 분이 함께 화를 당하였다. 후손된 사람으로 감구지회感

13 『知川書院誌』, 권2 "行至廣州 飮藥自盡 以遺命因葬于其地 卽所謂秋嶺者 而與圃隱先生墓 相去密通 其亦願埋首陽之義也."

14 『연산군일기』, 10년 4월 1일(壬辰)조 "杖配持平金世弼淸風 正言柳仁貴懷德."

舊之懷를 금할 수 없는 바이다.

율곡 이이는 사림士林의 중대성을 말하여

> 예부터 국가가 의지하고 국가를 유지케 하는 것은 사림이다. 사림은 국가의 원기元氣이다. 사림이 성하고 화합하면 그 나라가 다스려지고, 사림이 격하고 분열하면 나라가 어지러워진다. 사림이 패하여 없어지면 그 나라는 망하게 된다.[15]

고 하였듯이, 아무리 나라가 부강하고 국민 생활이 윤택하다 할지라도 참되고 정의로운 선비가 없어서 사회의 기강이 문란하고 무질서하다면, 국가 장래를 결코 보장할 수 없게 될 것이다.

오늘날 의리를 버리고 실리만 추구하는 현대사회에서 사회정의와 건전한 교양을 회복하는 일은 무엇보다도 긴절緊切한 과제라 할 수 있다. 이제 십청헌의 문집이 약간권이라도 남아서 국역國譯되어 세상의 빛을 보게 되어 다행한 일이라고 생각된다. 많은 사람들에게 읽히고 연구되어 그의 인품과 사상과 경륜이 알려짐으로써 새로운 길을 비추어 주기를 바란다. (1981. 12)

15 『율곡전서』 권7, 「辭大司諫兼陳洗滌東西疏」 "自古國家之所恃而維持者 士林也 士林者 有國之元氣也 士林盛而和 則其國治 士林激而分 則其國亂 士林敗而盡 則其國亡."

Ⅲ. 『동양철학연구』 自序

— 槿域書齋, 1983 —

이번에 나의 주갑周甲을 당하여 동학 제우諸友의 권고로 그 동안 탐구하여 온 철학적 사상의 제문제諸問題들을 묶어 『동양철학연구』라는 제題의 저서를 상재上梓하게 되었다. 이 책은 동양철학 일반에 대하여 서술하였지만, 필자는 특히 한국철학을 주안목主眼目으로 하여 논구한 것이다.

동양사상을 크게 말하면 이대조류二大潮流로 나눌 수 있다. 그러나, 동아시아 제민족諸民族의 사고방식이나 가치관은 추상적인 인도사상의 심학心學보다 현실적인 중국의 실학사상으로부터 영향을 많이 받고 있다. 불교사상이라 할지라도 그것이 한국이나 일본으로 직접 수입된 것이 아니라, 중국의 한문문화를 매개로 하여 전래되었던 만큼, 중국문화와 사상을 그 바탕으로 이해하지 않고서는 한국불교 내지 일본불교도 옳게 이해할 수 없다. 중국에 있어서는 공자를 중심으로 하는 경학사상과 노장老莊을 비롯한 제자학諸子學이 중국적 사고의 이대조류를 이루고 있다.

공자의 인문주의와 노장의 자연주의는 동양의 종교와 철학뿐만 아니라, 전자는 윤리, 정치 및 교육에 그리고 후자는 문예 및 과학에 영향을 주어 그 사상적 배경을 이루고 있다. 그리고, 후한後漢 이후로 전래된 불교사상은 중국사상계에 지대한 충격을 주었고, 수·당대 불교는 그 절정을 이루었으며, 그 후 송대 성리학 형성의 매체媒體가 되었다고 할 것이다. 이런 뜻에서 이 책의 제2부에서는 근본유학根本儒學 및 도가사상의 본질과 영향을 논술하여 송학宋學 성립의 이론 배경을 부각시키고자 하였다.

한국사상을 이해함에 있어서 우리는 유·불·도 사상의 본질과 그것이 한국에 전래되어 활용된 양상을 자세히 살펴야 하며, 그보다 먼저 있었던 한국사상의 원류를 탐구하여야 할 것으로 본다. 이 책의 제1부에서는 한국사상의 원류를 탐색한 것이며, 제3부에서는 한국의 성리학과 실학 및 양명학의 맥락을 고구考究하였다.

한국사상사에서 외래사상의 수용 양상과 사회적 변천 과정과의 관계를 개관槪觀하면, ① 삼국시대는 전국시대로서 패하지 않고 승리하여야만 생존할 수 있었던 만큼, 전체의 단합과 개체個體의 희생을 요구하는, 다시 말하면 개체를 도외시한 전체의 철학이 요구되었다. 불교의 보편철학과 유교의 '충도忠道'는 이에 활용되었다. ② 고려시대는 도교의 색채가 짙은 자연주의적 요소가 지배적이었다. 그러므로, 사상적으로도 풍수지리, 도참圖讖, 예언 등 신비주의가 성행하였으며, 사회적 혼란이 계속함에 따라 전체와 유리遊離된 개체와, 개인의 자유자적自由自適을 숭상하는 경향을 보였다. 당시의 문예사조가 이를 잘 반영한다. ③ 여말선초에 있어서 주자학을 중심한 성리철학은 개체와 전체를 균형 있게 조화하는 논리를 발전시켰다. ④ 임병양란壬丙兩亂 이후 허탈한 국력을 회복하기 위하여 실학이 대두되었고 실사구시의 학풍을 달성하게 되었다. 성리학에서도 재래의 천인관계天人關係로부터 인물관계人物關係로 전환하여 사물의 세계로 관심을 돌렸다. ⑤ 서세동점西勢東漸에 따른 개화기의 사상은 구체적 개인이 문제였다. 공公을 우선하고 사私를 버리는 성리학적 윤리관으로부터 개인과 사인私人이 문제되었다. 이는 생명과 재산을 소중히 여기는 근대적 사상으로의 전환을 뜻한다. 이것이 서학西學 접근이 우리의 전통과 갈등하면서도 사회적으로 근대화에 영향주는 바라 하겠다. 한말 이래로 일어나는 한국의 신흥종교들은 한결같이 위로부터 내려오는 '선천주의先天主義'를 거부하고 아래로부터 올라가는 '후천사상後天思想'을 제창하는 공통성을 지니고 있다.

동양사상 내지 한국 철학사상을 현대적으로 조명할 때, 과학기술 문명과 경제산업사회의 능동적 개발을 저해하는 요인으로 지적되는 측면도 없지 않겠으나, 구미 선진국이 가지는 현대적 모순들은 해결되기 어렵다. 과학이 발달하고 기능적 합리주의가 현대인의 생활을 편리하게 하고 편의를 제공한다 할지라도 현대 사회가 안고 있는 불안과 갈등과 투쟁은 우리를 행복하게 해 준다고 믿기는 어렵게 되었다. 화합보다는 분열의 시대요, 동질적 상호협력보다는 이질적 대립의 관계이며, 물질적 가치는 높아졌으나 인간이 소외된 불행의 시대를 살고 있는 것이다. 도덕의식의 타락과 폭력의 자행恣行은 개인이나 집단을 넘어서 국제사회에 공공연히 만연되고 있다. 이같은 현대 사회의 병리현상病理現狀은 치유할 길이 없는 것이다. 이에 비추어 한국철학사상은 본질적으로 인간의 생명을 중히 여기며, 상대의 인격을 상호 존중하는 인도주의와 화합정신이라 하겠다. 홍익인간弘益人間의 개국정신과 요익유정饒益有情의 신라불교정신과 도불원인道不遠人의 유교사상의 한국적 수용과 인내천人乃天의 천도교사상 등은 한국사상의 일관된 특질이며, 이를 현대적으로 재인식, 재창조하는 것은 우리에게 부하負荷된 절실한 과제라 생각된다.

1983년 계해癸亥 11월 초설일初雪日

Ⅳ.『한국사상과 현대』自序

— 동방학술연구원, 1988 —

금년 2월을 기해 30여 년간의 대학 교단생활을 마치고 정년퇴임하게 되었다. 지금부터 40여년 전 성균관 캠퍼스에 들어온 이래, 대성전大成殿 행단杏壇 아래서 배우고 가르치며, 연구하기를 하루같이 지내다 보니 정년인데도 실감이 나지 않는다. 후학과 동학들이 정년기념으로 지난날 내가 주위의 요청에 의해 부득이 집필하였던 논고와 수상隨想들을 모아서 성책成冊, 출간한다고 하니, 먼저 부끄러운 생각이 앞서며, 새삼 나 자신을 돌이켜 생각해 보게 되었다.

옛 사람이 말하기를 "말을 함부로 하지 않는 것은 몸이 그 말에 미치지 못할 것을 부끄러워했기 때문이다"라고 하였는데, 이제 나는 지난날 주위의 요청에 못이겨 주초走草했던 논설들을 다시 모아 놓았으니, 마음에 차지 않음은 물론이려니와, 겸연한 생각을 금할 길이 없다. 지난 회갑 때에도 후배들의 주선으로 기념 저술인『동양철학연구』를 상재上梓한 바 있었는데, 그 책에는 내 자신이 비교적 자율적으로 생각하여 쓴 원고들이 모아졌으나, 이번에 출간되는『한국사상과 현대』라는 책자에는 주위의 종용에 의해 타율적으로 집필된 원고가 대부분으로서, 집필 이후 산일散逸되거나 까맣게 잊어버린 것도 적지 않다. 그런데 이것이 65세 정년퇴임 기념 저술이라 하니, 나의 학문의 총결산인 것 같이 되어 더욱 부끄럽기 그지 없다.

그러나 이것이 내가 동양철학을 좋아하여 공부해 온 역정임에 틀림없고 보면, 하나의 자화상인 것 같은 생각이 든다. 일찍이 퇴계退溪 선생은 사우師友들과 논도강론論道講論했던 왕복 서한을 빠짐없이 모아 놓고 수시로 보면서 자성하는 자료를 삼아 자아수련自我修練에 힘썼다고 한다. 이 얼마나 진실한 태도인가. 그런 의미에서 비록 부족하긴 하지만 이 책자 역시 나의 미급未及하고 불민한 것을 반관자성反觀自

省하는 데 도움이 되었으면 한다.

『서경書經』에 이르기를 '유효학반維斅學半'이라 하였거니와, 남을 가르친다고 하는 것은 나의 배움에 반이 된다. 나의 30여 년의 교단생활을 돌이켜 볼 때, 나는 가르침을 업으로 하는 교수나 남의 사표師表라는 의식보다는 위기지학爲己之學을 힘써 구도求道하는 마음으로 생활하여 왔다. 이런 의미에서 이 긴 세월이 자신을 반성하고 성숙하게 하는 삶이었다고 생각한다.

퇴계 선생은 「회암서절요서晦菴書節要序」에서 말하기를, 주자朱子의 서간집書簡集이나 대화록을 읽고 완미玩味하는 것은 이론이 아닌 실정實情에 즉卽하여 눈에 보는 듯, 귀로 듣는 듯 실감적實感的으로 감발感發·흥기興起하여 선각先覺들의 학문 규모와 엄한 심법心法을 체득하고, 이를 계기로 정주성리학程朱性理學을 깊이 이해하며 더 올라가 공맹孔孟의 성학聖學을 두로 살피는 것은 이 모두가 '나 자신을 위한 학學'이 되는 것이라고 하였다. 이는 참으로, 자신을 아는 것이 철학이라고 한 말과 같이 우리에게 동감을 주는 절실한 교훈이 된다고 아니할 수 없다.

나는 글을 쓰는 것보다 사색하기를 좋아하고, 군적群籍을 섭렵하기보다는 한 책이라도 깊이 이해하여 그 요체를 탐구하기를 좋아했다. 이번에 본의 아니게 책을 이루게 되었으니, 과연 나에게 무슨 유익함이 있겠는가 하는 자책감이 앞선다. 우리 선현들의 경우를 보면, 대개 생존시에 문집을 내는 예가 없고, 훗날 후학들이 선생의 글을 편집·간행하는 것이 상례이다. 그러나 꼭 할 말이 있고 후세에 전할 필요가 있어서 생전에 저술로 남기는 경우가 없지 않았으니, 이퇴계의 『성학십도聖學十圖』나 이율곡李栗谷의 『성학집요聖學輯要』가 그런 예라고 하겠다.

이제 이 책의 내용을 일별一瞥해 보니, 젊어서부터 은퇴기에 이르기까지의 나의 지나온 학문적 관심과 경향이 나타나는 듯하다.

본서는 목차에서 보는 바와 같이 4부로 구성되었다. 중국의 고전정신古典精神과 인도적印度的 사유, 그리고 서구적 사고 유형을 때로는 잠심몰두潛心沒頭하기도 했지만, 마침내 나의 관심은 우리 나라의 고전정신古典精神과 학술문화로 귀착하게 되었으니, 먼저 '전통사상의 근본 탐구'에서는 한국적 사유방식과 가치관의 본질을 규명하고자 했고, 이어서 동방사상의 사유 속에 궁극적 신념 체계가 무엇인가 하는 종교적 이해에 관심을 가졌으며, 한국학 연구의 고문헌적古文獻的 탐구를 통하여 자료의 빈곤을 타개하고자 나름대로 관심을 기울였으며, 끝으로 한국의 전통사상이 오늘날 어떻게 재인식, 재비판, 재창조되어야 할 것인지 현대화 가능성을 탐색해 보았다. 그러므로 논제論題와 집필 연대를 통해서 보면, 나의 학문 경향이라든지 관심의 대상과 변이 과정을 대강 엿볼 수 있게 한다.

우리의 역사를 돌이켜 보면, 우리는 주변국들의 많은 노전으로 숱한 시련을 겪으면서도 강인하게 삶의 의지를 관철해 온 문화민족이다. 강토도 적고 인구도 많지 않으면서, 유구한 역사와 전통을 단절시키지 않고 문화적 정체를 유지해 온 그 열렬한 힘은 어디에서 나오는 것일까 생각해보지 않을 수 없는 문제이다. 오늘날 한국은 기적이라 불릴 만한 경제성장으로 후발국後發國의 대열에서 선두주자로 부상하였으며, 정치적으로도 후진성에서 탈피하여 세계의 이목 속에 선진국형의 전환을 이루어 간다고 하겠다. 그러나 우리 민족의 공동 지표와 이념적·사상적 비전은 매우 취약하다. 따라서 민주·공산 두 진영간의 갈등으로 민족이 나아가야 할 온당한 사상적 지표를 상실하고 혼미混迷를 거듭하고 있다. 남북분단으로 인한 민족의 분열과 갈등을 어떻게 극복하며 동질성을 회복하여, 상이相異한 이념과 체제의 장벽을 어떻게 초극超克할 수 있느냐 하는, 우리 민족 공동지표로서의 차원 높은 사상과 철학의 창출創出이 요구되고 있다. 한국인이라면 누구나 이런 반성을 절실히 할 줄로 안다.

그럼에도 현실은 이와 거리가 멀다. 정치·경제·사회 분야 등 눈에 보이는 가시적可視的 차원에 급급하여 우선적 과제로 삼지만, 남북통일을 위한 이념과 철학의 모색이라든지, 민족 공동체의식이나 동질성의 회복 문제, 그리고 민족 화합을 위한 가치관의 정립이라든가 하는 눈에 보이지 않는 차원은 등한시하고 있다. 다시 말해서 사상적 독립이 되어 있지 않다는 말이다.

현재 세계의 모든 국가는 제도나 체제에 있어 생산에 의한 물질적 실리의 추구를 기본으로 한다. 이 점에서는 공산주의 국가나 민주주의 국가간에 서로 다를 바 없다. 다만 생산과 분배, 그리고 소유에 있어 그 방법이 다를 뿐이다. 그런데 기독교를 비롯한 모든 종교는 이념적·추상적 가치를 추구하는 존재의 개념 체계이다. 전자가 땅에 근본한 사유방식이라고 하면, 후자는 신이나 하늘에 근본한 사상체계라고 할 수 있다. 그런데 이념과 물질, 천天과 지地로 갈라져 서로 빙탄불상용氷炭不相容의 관계처럼 됨으로써, 천·지·인 삼재三才 중에서 인간이 소외되는 현상을 낳게 된 것이다. 따라서 인간소외, 인간성의 상실은 현대문화의 가장 큰 특징이며 취약점이라 하겠다.

그러나 앞으로 21세기를 맞이한 인류의 역사는 초월적 종교관으로부터 인간에게 내재한 신성성神聖性을 추구하는 인간화에로 돌아올 것이며, 물질주의에 의한 향락과 퇴폐로부터 본래의 모습을 회복하여 인간이 물질의 우위에 서는 인간화의 시대로 승화해 가야 할 것이다.

이같은 차원에서 보면, 한국사상의 원형은 본질적으로 인간 속에 건곤乾坤의 요소가 중화中和를 이루어 성숙한 인간을 지향하는 것이 그 특질이라 할 수 있다. 이러한 관점에서 한국사상의 세계사적 의미를 밝히는 일은 한국 지성에게 부여된 사명이라고 생각한다.

끝으로 이 책이 출간될 수 있도록 산일散逸된 자료를 일일이 수집하고 편집, 교정에 이르기까지 세심하게 애써준 후배 동학 여러분에게 충심으로 감사하며, 특히 이동준李東俊 교수와 남상락南相樂 교수, 그리고 대학원생 김인규金仁圭·최영성崔英成 군의 노고에 대하여 사의를 표하는 바이다.

1988년 무진戊辰 2월 입춘立春

Ⅴ. 『儒學史上 崔冲의 위상』 賀序
— 文憲公 崔冲 선생 기념 사업회, 1999 —

문헌공文憲公 최충崔冲 선생의 학덕을 기리는 학술발표회에 축사를 드리게 된 것을 무한한 영광으로 생각하며 또한 송구스럽게 생각합니다. '한국유학사와 최충의 위상'이라는 제목하에 권위 있는 교수들이 철학·역사학·문학 등 여러 방면에서 심도 있는 연구로 최충 선생의 위상을 재정립하는데 공헌하리라 믿습니다. 저는 축사를 겸해서 간략하게 몇 가지만 언급하고자 합니다.

지금까지 고려시대의 학술 문화를 연구하는 데 어려운 점은 그 당시의 문헌 자료가 불충분하다는 것입니다. 『고려사』 등 각종 문헌이 있긴 하지만 이들 대부분은 고려조를 부정하고 세워진 조선조에 의해 여러 차례의 수정을 거쳐 만들어졌기 때문에 사료에 있어서 두찬杜撰으로 된 부분이 없다고 할 수는 없습니다. 예를 들면 『삼국사기』의 군왕君王에 관한 실기實記는 '본기本紀'라고 기록되어 있는데, 『고려사』에는 '세가世家'라고 하였으니, 이는 고려조를 낮추어 본 것이라 하겠습니다. 그리고 고려조의 충신들은 대부분 혹독한 화를 당하였고, 그 분들에 관한 문헌들도 산일散逸되어 지금 전하는 것은 극히 일부에 지나지 않는 형편입니다. 이런 까닭에 최충 선생의 유학사적 위치와 그 학통에 관하여 현재의 자료로는 규명이 어려운 것이 사실입니다.

그러나 다행히도 『화해사전華海師全』이라는 책이 전해지고 있습니다. 조선조를 반대하던 고려조 충신들에 관한 문헌들은 거의 불태워졌으나 요행히 이 책만은 비장되어 오다가 조선말에 발견되었습니다. 이 책은 '화해사華海師(중국과 우리나라의 스승)'인 문정공文貞公 불훤재不諼齋 신현申賢이라는 유학자에 관한 글입니다. 이 책은 문정공 신현 선생의 업적과 학문, 유교의 연원, 도통道統, 사우師友 관계 등에 관하여 비교적 상세히 기록되어 있습니다. 이 책은 불훤재 신현의 후학에 해당하는 운곡耘谷 원천석元天錫과 복애伏崖 범세동范世東에 의해 기록된 것입니다. 이 책의 발견으로 인하여 최충 선생의 학문과 업적, 그리고 유교의 연원 및 학통에 관하여 새롭게 조명할 수 있게 되었으니, 실로 다행한 일이 아닐 수 없습니다.

이 책에는 「동방연원록」과 '동방연원도'가 아래와 같이 기록되어 있습니다.

【 東方道統圖 】

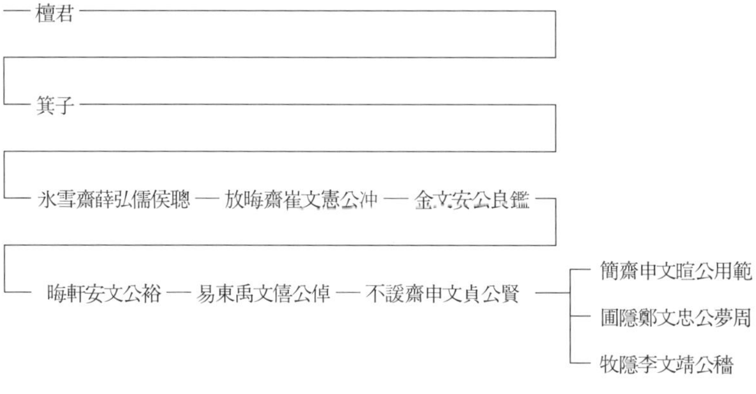

— 檀君
— 箕子
— 氷雪齋薛弘儒侯聰 — 放晦齋崔文憲公冲 — 金文安公良鑑
— 晦軒安文公裕 — 易東禹文僖公倬 — 不諼齋申文貞公賢
  — 簡齋申文暄公用範
  — 圃隱鄭文忠公夢周
  — 牧隱李文靖公穡

이와 같이 고려조에는 문헌공 최충 선생이 도통에 있어서 최초가 됩니다. 그리고 다음에 김문안공金文安公 양감良鑑이 최충 선생의 유학 도통을 이었고, 그 후 문성공文成公 안향安珦으로 이어집니다. 그러면 이런 근거가 어디에 있으며, 어떻게 증명할 수 있느냐가 문제입니다. 다행히도 이 책이 그 연유淵由를 입증하고 있습니다. 안문성공이 어디에 연원하는가 하면 바로 최충 선생으로부터 내려온 것을 알 수 있습니다.

『화해사전』에 의하면, 안문성공이 말하기를 "만약에 최충 선생이 중국에서 공자 문하에 있었다면 또한 반드시 뛰어난 제자가 되었을 것이다. 문물제도의 창설·시책의 광범廣汎함과 온화하고 우아한 용모와 지조는 중유仲由나 염구冉求보다 훨씬 뛰어났다"[16]라고 하였습니다. 또한 운곡 원천석이 말하기를 "기자箕子가 동방에 온 후에 홍유후弘儒侯 설총薛聰이 비로소 학통을 열었고, 그 후에 문헌공 최충이 중흥대창中興大創하였다"[17]라고 하였습니다. 고려조에 유학은 최충 선생에 의해 크게 열렸다고 모두 평가하였습니다.

조선시대에 최충 선생에 대해여 소홀히 한 원인은 문헌 부족 뿐만 아니라 고려 십이공도十二公徒를 사장지학詞章之學 내지 과거지학科擧之學으로 평가하여 주자학적 입장에서 보는 성리학적 의리지학義理之學이 아니라고 보았기 때문이 아닌가 생각됩니다.

주자학은 고려 충렬왕대에 들어왔다고 보는데, 최충 선생(984~1068)은 주자朱子(1130~1200)나 정명도程明道(1032~1085)보다 앞서고, 주염계周濂溪(1017~1073)보다도 33년 선배입니다. 그러니까, 최충 선생을 주자학적 입장에 국한하여 평가하는 것은 옳지 않다고 봅니다.

그런데 주자학 전래 이전에는 중국이나 한국이 모두 유·불·도를 겸섭兼攝했습니다. 신라시대를 예를 들어보면 부자간이라 할지라도 원효元曉는 불교, 설총은 유교를 신봉했습니다. 그리고 고려시대에는 유학자들이 대부분 노老·불佛을 겸섭하였습니다. 『삼국사기』의 저자인 김부식金富軾은 대각국사大覺國師의 비문을 짓기도 하였습니다. 그러한 가운데 최충 선생도 예외가 아닙니다. 문제는 불교나 유교, 도교를 모두 알고 있지만 그 중심이 어디에 있느냐에 달려 있습니다. 최충 선생은 유교에 그 중심이 있습니다. 선생의 실제 가르침은 유교 경전이었고, 유교 입장에서 도교·불교를 이해한 것입니다. 그것은 정명

---

16 『화해사전』(한국족보신문사, 1995), 565쪽, 「東方淵源錄」 "安晦軒日 崔文憲先生使在洙泗 亦必爲高弟 而設施所廣 溫容雅操 過仲由冉求遠矣"

17 위의 책, 566쪽 "耘谷日 自箕聖于東 始啓薛弘儒侯 其後崔文憲中興大創."

도·정이천이 유교 입장에서 도교와 불교를 이해하였던 것과 같은 것입니다.

최충 선생은 오대五代에 걸쳐 군왕을 보필하면서 유교 경전을 원리로 하여 정치·경제·외교·군사 등 국정 전반에 대하여 훌륭한 역할을 수행한 경세치용에 밝은 학자였습니다. 물론 '격군심지비格君心之非' 하는 유자儒者의 사명을 다하였습니다. 『동국사략東國史略』에 최충 선생을 평하여, "고려 개국 초창기에 문교文敎가 성하지 못하였고, 광종光宗 시에 과거제도를 두었으나 사장지학에 치우쳐 후학의 모범이 되지는 못하였다. 최충 선생은 현顯·덕德·정靖·문종文宗 사조四朝에 역사歷仕하면서 학문으로 명성을 떨쳤으며, 사문흥기斯文興起를 자임自任하여 후학을 모아 교회불권敎誨不倦하니 배우러 오는 자가 날로 성하여 당시 십이도중 머리가 되었다. 동방에 학교 교육이 왕성하게 된 것은 최충 선생으로부터 시작되었으며, 국가의 동량지재棟梁之材가 여기에서 배출되었으니, 이는 모두 최충 선생의 공로이며, 이로 인하여 그 당시 최충 선생을 '해동공자海東孔子'라고 불렀다"[18]라고 하였습니다. 최충 선생은 조정에 나아가서는 행의이달기도行義而達其道하고 은퇴하여서는 회인불권誨人不倦하고 계왕성이개래학繼往聖而開來學하였으니, 이는 유학에 있어서 진유眞儒라 아니할 수 없습니다.

유교가 지향하는 것은 이상과 현실, 문文과 무武를 겸비하는 것입니다. 체용體用이 해비該備하고 현미무간顯微無間하여 형이상과 형이하를 모두 겸해야 진정한 의미에서 유교라고 할 수 있습니다. 공부자孔夫子의 도에 최난처最難處는 '일이관지一以貫之'의 '일一'과 시중지도

18 柳希齡(1480~1552) 著, 『동국사략』 권6, 崔冲條 "史臣曰 高麗開國 庶事草創 未遑文敎 光宗好文 雖委任雙冀 然其文辭 病於浮藻 不足爲後學模範 冲歷仕顯德靖文四朝 以文學名世 興起斯文爲己任 收召後進 敎誨不倦 摳衣者日衆 爲當時十二徒之首 東方學校之盛 由冲始 自是文章豪傑之士 彬彬輩出 鋪張國家之制作 中國稱爲詩書之國 以至于今者 何莫非冲之賜也."

時中之道의 '시時'를 동시에 알고 행함을 완수하는 데 있습니다. 그런데 이런 유교의 본질이 바로 최충 선생의 학풍입니다. 선생은 경세지학經世之學뿐만 아니라 문장지학과 의리지학에도 밝은, 전체를 포괄하는 보다 큰 차원의 학자입니다.

마지막으로 설총 선생의 문묘 배향에 관해서 언급해 보겠습니다. 처음에 현종 11년(1020)에 최치원崔致遠 선생을 문묘에 배향했는데, 최충 선생이 이에 반대를 했습니다.[19] 고려 현종이 11년에 최치원을 문묘 배향한 동기가, 최치원이 학문과 문장이 탁월한 데도 있지만, 그보다도 "계림鷄林(경주)은 황엽黃葉이요 곡령鵠嶺(개성)은 청송靑松"이라는 시구가 밀찬조업密贊祖業(고려 왕건 태조)하여 그 공을 잊을 수 없다고 현종이 칭송하여 증내사령贈內史令을 삼고 성묘聖廟에 종향從享한 것을 알 수 있습니다.[20] 이는 유학의 본질과는 어느 정도 거리가 있는, 학문 외적인 문제로 최치원이 문묘에 배향되었다는 것으로도 볼 수 있습니다. 그래서 최충 선생은 최치원이 문묘에 배향되는 것을 반대하고 대신에 설총을 문묘에 종향해야 한다고 주창하였습니다.

설총 선생은 유자로서 은유隱喩로 격군심格君心하는 내용인 「화왕계花王誡」를 지었는데, 당시 군왕이었던 신문왕神文王이 자청해서 제왕帝王들이 경계警戒하는 글로 삼게 하라고 하였습니다.[21] 격군심지비

---

19 『화해사전』, 553~554쪽, 「동방연원록」 "顯廟庚申 以崔致遠 乃從祀聖廡, 先生摘指斯文之害 不可添瀆大聖之廟廡 請以薛子從享 使後進懲知進就之擇精 雖不得黜致遠 然壬戌以薛子終成從享 使後進辨徵知擇就."

20 『삼국사기』 권46, 「열전」, 〈최치원〉 "初我太祖作興 致遠知非常人 必受命開國 因致書問 有鷄林黃葉 鵠嶺青松之句 其門人等至國初來朝 仕至達官者非一 顯宗在位 爲致遠密贊祖業 功不可忘 下教贈內史令 至十四歲太平二年壬戌五月 贈諡文昌侯." 『고려사』 권4, 현종 11년 8월 丁亥 "追增新羅省侍郎崔致遠內史令 從祀先聖廟廷."; 동 14년 春正月 丙午 "追封崔致遠 爲文昌侯."

21 『삼국사기』 권46, 「열전」, 〈설총〉 "於是 王愀然作色曰 子之寓言 誠有心志 請書之以謂王者之戒."

格君心之非를 상소문에 직간直諫하다가 도리어 유배되고 사약을 받는 예에 비하면 은유와 우화로 왕 스스로 감복케 한 것은 설총 선생이 성묘聖廟에 종향될 만한 유현이라고 최충 선생은 본 것입니다. 설총 선생은 군왕들에게 선정善政의 요도要道가 용현用賢에 있음을 깨우치게 하였을 뿐만 아니라, 이두吏讀로 유교 경전 교육의 대중화에 뛰어난 업적을 남기기도 하였습니다. 그리하여 현종이 2년 후 설총 선생을 문묘에 배향하였는데, 이는 최충 선생의 건의에 의한 것으로 이를 통하여 선생의 학문과 의리義理를 엿볼 수 있습니다.[22]

이와 같이 최충 선생은 고려조 5대 조정에서 국정 전반에 걸친 경세치용지학經世致用之學의 역량이 남달랐으며, 문장지학 뿐만 아니라 의리지학에도 밝은 그야말로 고려조 유학 중흥에 탁월한 업적을 남긴 대학자였습니다. 실로 문정공 신현이 "최충 선생은 설총보다 더 훌륭하다"고 평한 것은 과찬이 아니라고 하겠습니다.[23]

이런 점들을 보면 우리는 최충 선생에 대해 한층 더 연구하여 객관적으로 납득될 수 있는 사실의 고증이 필요하다고 여겨집니다. 최충 선생에 관한 문헌이 부족하여 유학사에서 최충 선생의 위상이 정평正評을 받지 못했다고 생각됩니다. 이런 관점에서 이번 발표회가 다만 최충 선생의 업적에 관한 재조명일 뿐만 아니라, 한국 유학사를 새롭게 재조립하는데 기여할 것으로 믿으며 축사에 대신하는 바입니다.

1999년 10월

---

22 『화해사전』, 548～549쪽, 「동방연원록」 "耘谷曰 薛子可以導化世君 而善格君心之非 薛子可謂眞儒者也 薛子可配聖廡而安者也 大矣哉 我顯聖不納崔文憲之言致遠不可入享聖廡 而追封入享則雖失之 然聽文憲之言 而以薛子追封弘儒侯 入享聖廡 則豈不爲中興主樹植士風之盛擧哉."

23 上同, 565～567쪽 "申文貞曰 薛子廣設施聖哲廟 始創學校極備 而依規區畫 設施垂統之極 開蒙進用之趣 崔子過薛子遠矣."

Ⅵ. 梁在悅, 『유교와 인간주체의 철학』 序
— 동아시아, 2000 —

지난해 1999년 5월 17일, 천만 뜻밖에 양군梁君 재열在悅 교수의 부음訃音 전화를 받고 이런 일도 있는가 애통한 비감을 이길 수가 없었다. 18일 아침 일찍 서울로 올라가 삼성병원 고 양군의 빈소를 찾았다. 유족들과 친족 몇 사람 뿐 정경이 쓸쓸하였다. 성대成大 출신 동학들은 보이지 않는다. 먼저 와서 초종初終의 준비를 마치고 잠시 집으로 돌아갔다고 한다. 빈소 앞에 사진과 위패가 있어 분향을 하고 앉아서 양군의 명복을 빌었다. 위패에 "고故 학생부군學生府君 신위神位"라고 써 있었다. 상주를 불러 "고 철학박사 안동대학교 교수 남원양공南原梁公 재열지구在悅之柩"로 다시 쓰게 하고 유족인 노모와 상주 대학생 아들에게 조문 인사를 마치고 힘없는 발걸음을 옮겨 돌아 온 지 1년이 지났다.

양군 1주기를 당하여 동학 친우 선후배들이 그동안 망인의 유고를 정성 들여 하나 하나 수집 정리하여 "수주水周 양재열 교수 유고집"을 발간하게 되니 참으로 동학들의 우의는 감복할 일이다. '유생유사有生有死는 이지당연理之當然'이라 하겠지만 내 나이 팔순이 불원不遠한데 젊은 제자 양군의 유고집 서문을 쓰다니 이 어찌 순리라 하겠는가?

나와 양군과의 사이는 대학에서부터 대학원 석사·박사 과정의 지도교수로서, 그리고 그 후 대학교수가 되어 지난해 순직할 때까지 30여 년을 학문 연찬과 세상 고락을 같이 해 온 터이다. 대학에 재직시에도 매년 춘추로 2회씩 개최된 동양철학 연찬회에 빠짐없이 동참하였다. 1998년 5월 10일 동양철학 교수 세미나를 단천정사丹川精舍 연경당研經堂에서 마친 후 촬영한 사진에서 양군의 모습을 보니 남달리 새롭고 귀하게 보인다.

우리가 살고 있는 오늘의 세계는 인류 역사상 최대의 격동기요 대전환의 시대라 하겠다. 구한말 망국의 비운과 일제 강점기 민족적 수난, 8·15 광복의 빛도 보기 전에 국토의 분단과 민족의 분열, 6·25의 동족상잔, 그 후 남북 동족간의 갈등 등의 와중에서 양군은 태어나 진정한 인간의 삶이 무엇이며 바른 진리가 무엇인지에 대하여 고민하였다. 그리하여 일찍부터 조생석사朝生夕死의 뜻을 세우고 성균관대학교 유학대학에 들어와 철학을 공부하게 되었다. 그는 철학 중에서도 특히 성인지학聖人之學, 공자의 도를 배우고자 하였던 것이다.

양군이 1967년 3월에 동양철학과에 입학할 때 나는 양군을 처음 보았다. 호량호량하고 애띠게 보였으나 알고 보니 중·고등학교 및 대학 입학 자격 점정고시까지 독학으로 공부하였음을 알고 그는 입지가 굳은 독신호학篤信好學의 선비상인 것을 알게 되었다. 그의 전공은 유학 중에서도 가장 철학적인 영역이라 할 수 있는 송명리학宋明理學인 정주程朱의 성리학과 육왕陸王의 심리설이다. 그의 석사 논문은 「조선조 후기 성리학에 있어서 인물성동이론人物性同異論에 관한 연구」이며, 박사논문의 과제는 「유가에 있어서 인간주체人間主體에 관한 연구」로서 그 부제가 정주학과 육왕학을 중심으로 한 것이다.

동양철학을 연구하는 사람들이 가장 중요하고 근본 문제라고 할 수 있는 성리학 공부를 회피하는 수가 많다. 유학철학에 있어서 가장 난해하고 그 체계가 방대하며 심원하기 때문이다. 양군은 이 같은 과제를 내가 지도교수로서 권고 할 때 흔쾌히 받아 들였다. 양군의 자품資稟이 호직好直하고 호학好學하여 평생을 두고 연구할 수 있고, 또한 현대사회에 철학적으로 공헌할 수 있는 과제라고 생각되었기 때문이다.

송대 정명도程明道, 정이천程伊川 형제가 아버지의 인도로 주염계周濂溪 선생을 만났을 때 염계선생이 묻기를, 안자가 "거루항居陋巷 낙역재기중樂亦在其中"이라 하였는데 그 '낙'이 무슨 '낙'이냐고 물었다. 이에 답한 내용이 정이천이 저술한 「안자소호하학론顔子所好何學論」이다. 여기에 호학好學이라 하는 말은 일반 사람들이 말하는 호학이 아니라 공맹도학孔孟道學으로서 성리학을 의미한 것이라 하겠다. 송명리학을 인간주체의 차원에서 고찰하고자 함은 현대사회의 철학과 종교, 윤리와 교육, 정치와 사회 제문제와 관련하여 그 현대적 가치를 재창출하라는 데 그 의도가 있는 것이다. 다만 완벽한 논문이 되기에는 부족함이 있다 할지라도 그 문제를 제기하고 그 방향을 탐구하려는 의도는 새로운 시도라 아니 할 수 없다.

유교는 원래 천지인 삼재三才 중에 인간 자아를 중심으로 천도天道를 이해하고 지도地道를 실천하자는 것이다. "건칭부乾稱父 곤칭모坤稱母 여자막언予玆藐焉"이라 하였지만 나의 명덕明德을 통해서 천도를 밝히고 지도를 이행하는 책임과 사명이 부하負荷되어 있는 것이다. 그러므로 유교에서 '도불원인道不遠人'이라 하여 인간주체에서 진리를 탐구한다. 즉 추상적 인간이 아니라 구체적, 개별적 현실적인 나 자신이 진리대상인 것이다. '인人→위기爲己→극기克己→성기成己→성물成物' 이같이 주체의 완성을 통해서 객체가 자연적으로 바르게 되는 것이다(正己而物正者也). 이렇게 말하면 서양의 휴머니즘과 일맥상통하는 듯이 보이지만 그러나 그 의미 내용이 각별한데 대하여 유의해야 할 것이다.

휴머니즘의 역사를 보면 신(divinity)과 인문(humanity)이 판별되어 있다. 신에 예속되는 인간이거나(중세의 인문주의), 신과 대립하는 인간(근대의 인간주의)이다. 포이에르바하(Feuerbach)가 말한대로 고대는 자연중심의 사고, 중세는 신 중심의 사상, 근대는 인간중심의 시대라 할 수 있다. 근대 서양의 인간관은 신의 예속으로부터 벗어나며, 전통적 관습의 제약에서도 탈피하여 자유분방·반항·투쟁·독립과 해방·창조와 발전 등 중세적 가치관을 부정하는 인간관이다. 이와 같은 인간관은 동양의 신神·인人이 상화相和하고 인人·물物이 조화하는 인도주의와는 다른 것이다. 제2차 대전 후 서양철학에 있어 주체성의 문제가 쟁론화하였다. 종래의 합리주의적 관념이던가 실증주의적 사조에 대하여 주체적 존재로서 실존의 철학이 심화되는 항면 과학철학, 분석철학, 환경철학으로 향내적 방향과 향외적 방향으로 대립하게 되었다.

실존을 중심으로 심화된 주체의 철학은 윤리적 행위의 주체 또는 인식론적, 존재론적 주체 등의 주체를 중심으로 하는 문제로 전개되어 갔다. 역사학, 정치학, 경제학, 과학기술의 정책, 종교, 정치운동, 노동운동, 농민운동 등 광범한 영역에서 인간의 주체의 권익, 자유, 이익배분 등 그 주체의 개념이 확산되었다. 주체의 문제는 철학적 영역에 국한하지 않고 현대사회 전 영역에 걸쳐 문제되었다. 현대를 대표하는 변증법적 사고의 투쟁발전론과 실리를 추구하는 욕구의 무제한 개방은 사회를 화합하기보다는 분열을, 상호 이해보다는 상호투쟁으로 혼란을 조장할 뿐이다. 세계화 시대를 앞에 놓고 인류의 행복과 세계의 평화를 추구하는 철학이 과연 어디에서 창출될 수 있을까 반성할 때, 동방의 치천하지대경대법治天下之大經大法이 현대사회에 적응될 수 있도록 연구하는 것이 동양철학도의 공동의 과제로 그 연구가 수행되어야 한다. 양군의 연구 과제는 그 문제를 제기하고 그 방향을 설정하는 데 기초를 놓았다고 할 것이다.

양군은 이제 우리 곁을 떠났다. 인거문존人去文存하니 못다 이룬 부분을 동학과 후인들이 공동으로 성취하기 바란다. 양군에게 너무 큰 과제를 주어 학문의 길, 진리탐구의 고행을 하다가 물연 장서長逝하니 애재哀哉 애재라. 평소에 말이 적고 행동이 민첩하던 양군은 불러도 대답이 없고, 그 날렵한 용모와 그 시원한 웃음 소리 다시 들을 수 없고 볼 수 없다. 내 그대에게 묻노니 "진기도이사자 정명야(盡其道而死者正命也)"라 했으니 순수기명順受其命할 수 밖에 없으나, 차마 노모와 미성未成한 아들을 남겨 두고 그렇게 좋아하던 사우師友들을 버리고 갔단 말이냐. 그대 응당 다음 가사와 같이 대답하리라. 애재라.

구스리 바회예 디신돌 구스리 바회예 디신돌

긴힛ᄂᆞᆫ 그츠리잇가
즈믄 ᄒᆞ ㅣ ᄅᆞᆯ 외오곰 녀신ᄃᆞᆯ 즈믄 ᄒᆞ ㅣ ᄅᆞᆯ 외오곰 녀신ᄃᆞᆯ
신信 잇ᄃᆞᆫ 그츠리잇가.[24]

2000년 6월 5일

---

24 고려 가요 '정석가'의 일절. "구슬이 바위에 떨어진들, 구슬이 바위에 떨어진들, 끈이야 끊어지리이까. 천 년을 외로이 사신들 천 년을 외로이 사신들, 믿음이야 끊어지겠습니까."라는 뜻(崔英成記).

Ⅶ. 裵鉀齊, 『孝道大事典』 추천사
—韓國孝道會, 2006—

현대사회는 개인이나 집단이나 국가를 막론하고 근본적 가치관이 자기이익을 위한 실리추구에 있다. 실용주의와 능률주의 가치추구는 과학기술의 경쟁적 개발을 촉진시켜 우리가 살고 있는 시간과 공간을 압축하여 인류공동의 생활무대인 지구촌을 만들어 놓았다.

그리하여 동방의 사회는 인간생명을 중히 여기며 인간관계를 화목하게 하는 인륜사회이다. 특히 한국 전통사회는 영육쌍전靈肉雙全 사상이 그 요체이다. 우리말로 효는 나의 근본인 어버이를 찾아 뚜렷하게 하는 마음이며 행위이다. 이 같은 동방의 효사상은 상고 이래로 동아시아 전반에 걸쳐 있는 공동의 가치관이며 행위의 규범이다.

본 사전의 특징은 두 가지 면에서 고찰할 수 있으니, 하나는 원리와 원칙을 설하는 이론적(앎) 측면이요, 또 하나는 이를 실천하는 방식(삶)의 측면으로 나누어 서술되어 있다. 본서의 3대 특징을 표기하여 ① 가정교육의 보감寶鑑 ② 보은효친報恩孝親의 명제命題 ③ 입신양명立身揚名의 등대燈臺로 대별하고, 그 내용의 목차에 있어 제1집에서부터 제15집까지로 분단하여 편집하였다. 이론적 측면에서는 유가의 경전, 특히 『효경』의 원리를 상술하였을 뿐만 아니라, 불교·기독교, 서구식 효사상, 한국의 신흥종교의 가치관 등을 망라하여 현대사회의 효사상을 논술하였다. 실제로 이를 실천, 실행해온 사례를 우리나라 『삼국사기』, 『삼국유사』, 『조선왕조실록』 등에서 고루 열거하였으며, 효행 이외의 인사예절과 사회생활의 격식과 준칙을 골고루 열거, 제시하였다. 단순한 이론, 앎의 세계에 머무르지 않고 이를 성찰, 체득하여 실천의 삶의 세계로 거듭나게 하는 감동을 주는 저술이라 하겠다.

공자가 육경六經을 산술刪述하고 모든 천도와 인사의 도리를 설명했음에도 불구하고 다시 『효경』을 찬술한 것은, 효행이 아니면 모두가 관념적 구이지학口耳之學에 빠질 수 있기 때문이다. 백 가지 행동이 효가 아니면 성립되지 못하고 만 가지 선善도 효가 아니면 실행될 수 없다.

『효경』도 몸소 체득하여 사람들이 마음속에 느껴 감동을 받고 감흥할 수 있는 발심發心의 계기를 열어야 한다. 이 『효도대사전』은 기성세대는 물론이요, 자라나는 청소년들과 주부들까지도 가정마다 비치하여 수시로 열람하여 실생활에 도움이 되기를 권장하는 바이다. 본서의 출간이 세도인심世道人心에 기여하는 영향이 막대함을 절감하는 바이다.

이러한 때에 송사 배갑제 선생이 『효도대사전』을 출간하여 이 세상에 내놓은 것은 우리나라 현실에 비추어 어두운 밤길에 밝은 등불을 만난 것 같이 반갑고 의미 있는 일이다. 진심으로 축하해 마지않으며 이에 무사蕪辭로 추천사에 대하는 바이다.

Ⅷ. 李東植,『도정신치료 입문』祝賀辭
— 漢江水, 2008 —

오늘 소암素庵 이동식李東植 박사의 모수耄壽를 기하여『도정신치료 입문』(프로이드와 융을 넘어서)이라는 570페이지나 되는 저술을 하여, 그 출판기념회를 하게 된 것을 충심으로 경하하는 바입니다. 본인은 정신치료 의사도 아니며 서양 과학문명의 전문인도 아니면서 오늘 출판 축하식에 인사를 드리게 된 데 대하여 외람되고 미안한 생각이 듭니다. 다만 이동식 박사와 나 사이는 40년 이상 막역한 익우益友로서 친하게 지내왔을 뿐 아니라, 나의 전공이 동양철학 특히 한국철학인 까닭에 '도와 정신치료'라는 도학관계道學關係로 인사를 드리게 된 것 같습니다.

소암 박사는 그 저술에도 있는 바와 같이 66년의 전 생애를 정신치료 전문의사로서 학불염學不厭 교불권敎不倦에 남다른 정열과 강인한 의지로 창의적 업적을 쌓은 분이라 생각됩니다. 필자의 저술에도 소개한 바와 같이 동서를 막론하고 의학·철학·종교계의 저명한 학자, 전문 교수들의 저서를 광범하게 탐독하였을 뿐 아니라, 수많은 국제대회에 참가하여 독창적인 연구 발표를 보아도 경탄하지 않을 수 없습니다.

그의 저서는 이번에 나온『도정신치료 입문』외에『현대인의 정신건강』,『현대인과 스트레스』,『현대인과 노이로제』등 모두 학계에 공헌하는 저술이라 하겠습니다. 특히 오늘 소암 이동식 박사 문하생들이 이런 출판 축하 기념회를 주관해서 선생님께 보은하는 자리이기도 합니다.

소암 박사는 1980년 "전통사상과 현대과학"이라는 심포지움에 참가하여 '도와 과학'에 대한 발표를 할 때

우리나라에서는 '도'라 하면 지식인이나 대학교수에 이르기까지 현실

에서 동떨어진 허무맹랑하고 관념적이고 황당무계한 것이고, 원시적이라는 생각을 가지고 있는 것을 서양의 과학철학과 결부시켜서 구체적으로 제시하고자 한다.

라고 말씀한 것과 같이, 도에 관해서는 현대인들 뿐만 아니라 동양의 옛날에도 참으로 이해하기가 쉬운 일이 아닙니다. 노자老子는 말하기를 "상사는 진리를 들으면 부지런히 실천에 옮기며(上士聞道, 勤而行之), 중사는 도를 들으면 그럴 듯 같기도 하며 그렇지 않은 것 같기도 하여 주저한다(中士聞道, 若存若亡). 하사는 도를 들으면 크게 껄껄 웃나니 만약 하사가 진리를 듣고 웃지 않는다면 그것은 참된 도가 아니기 때문이다(下士聞道, 大笑之. 不笑, 不足以爲道)"(『老子』 제41장)라고 하였다.

소암 박사 저술에서

도정신 치료의 탄생은 내가 어려서 집안의 여인이 울고 불고 하는 것을 보면서 "인간의 행복과 불행은 감정 처리 여하에 달렸다"는 것을 깨닫고, 사람들이 불쌍해 보이고, 남을 이해하려고 하고, 나쁜 사람을 보아도 저렇게 될 나쁜 경험이 있어서일 것이라고 생각되어, 남을 미워하지 않았던 것에서부터 시작되었다고 생각이 된다.

라고 말한 것 같이, 인간의 행복과 불행은 감정처리 여하에 달렸다고 한 것은 사람이 만족한데도 더 큰 허욕虛慾으로 부족하다고 생각할 수도 있고, 부족해도 족하다고 느끼는 사람은 항상 만족하고 행복한 것입니다. 그러나 이것은 도인이 되었을 때 항심恒心을 가질 수 있는 것이요, 일반인은 어려운 환경을 감내하지 못하는 것입니다. 소암 박사가

> 날이 갈수록 확실해지는 것은 정신치료 뿐만 아니라 인간생활에서 가장 소중한 것이 '남을 배려하고, 자기를 존중하는 마음'이라 하는 것이다.

라고 하였듯이, 오늘날 세계평화는 국제간의 상호 독립과 의존 관계가 여하한 원리에 의해서 이루어지는가 하는 것이 문제입니다. 각 민족의 문화적 특수성을 보장하면서도 국제간에 화합을 이루어야 한다는 뜻입니다. 자민족의 문화적 정체正體를 확인하고 창조적으로 천명하여 인류 문화 발전에 이바지하여야 할 것입니다. 이런 뜻에서 소암 박사는

> 중국을 숭배하는 모화사상慕華思想이나 우리나라가 일본의 식민지가 되어 갓게 된 일제와 시양에 대한 열등삼을 극복하고 주체성을 세워야 한다는 염원이 '도정신 치료' 탄생의 뿌리가 되었다.

고 하였습니다. 소암은 자기의 정체를 확인하는 뜻에서 우리 문화와 역사에 대한 관심이 남다른 것을 알 수 있습니다. 우리나라 사람들의 심성이 남을 잘 배려하고 자기를 존중하는 이런 점을 가장 많이 간직하고 있고, 수천년 전부터 중국 사서史書에 기록된 동이문화東夷文化, 고조선문화에 대해서 특별히 관심을 가지고 연구한 것을 알 수 있습니다. 고조선을 가리켜 군자국이라고 중국 고기록에 되어 있고, 공자가 중국에서 도가 실현되지 않는 것을 애석하게 여겨 동이東夷에 가 살고 싶다고 한 『논어』의 구절을 본 저술 서설에 기록하고 있습니다.

> 오늘날 서양문명이 전세계를 뒤덮고 서양문명이 막다른 골목에서 도를 만나게 되는 상황을 보여주고 있다.

또 소암은

동양인은 외적 세계를 분석하고 지배하는 과학 기술을 천시하고, 내적 세계를 이해하고 정복하는 것을 지상의 목표로 삼고 도를 숭상해 왔다. 오늘날 서양인은 외적 세계의 정복을 자기이해와 자기제어 없이는 자기파멸의 위협이 증대됨을 깨닫고, 인간의 내부 세계의 이해와 자기조복自己調伏 인간성숙의 필요성을 느끼고 실존사상, 정신분석, 정신생리학에서는 인간 내부의 이해와 지배, 인간의 성숙을 지향하고 있으며, 이와 병행해서 도에 대한 관심이 높아져 가고 있다. 한편 동양에서는 과거의 외부 세계 정복을 천시한 전통으로 과학 기술에 발달이 뒤지게 되어 서양의 침략을 받고 빈곤에 허덕이던 쓰라린 경험에서 소위 근대화란 기치 아래 급속히 과학기술을 도입하려는 나머지, 우리의 도를 완전히 무시하고 파괴하는 근대화로 달음질 해왔다. 그러면서 서양문명은 전세계를 뒤엎어 기계화, 조직화로 외적 지배를 강화해 감으로써 인간의 내적 지배는 약화되는 비인간화, 인간상실, 자기성실로 달음질하고 있다. 여기에서 절실하게 현대 문명의 위기를 극복하는 치료제로서 도의 지대한 의의를 볼 수 있는 것이다.

고 설파했습니다.

과학 기술의 발달을 배경으로 하는 현대사회에는 인간의 운명을 위한 두 가지 가능성을 보여준다고 하겠습니다. 하나는 인간을 행복하게 하는 인간 해방의 가능성이고, 다른 하나는 인간을 수단시하고 조종하는 가능성입니다. 인간이 과학을 순기능으로 활용하느냐 역기능으로 악용하느냐 하는 것은 과학 자체의 문제가 아니라 이것을 이용하는 인간의 문제요, 윤리적인 문제입니다. 여기에서 참된 인간상을 확립하는 조건으로서의 도가 문제가 되는 것입니다.

한국에서 가장 유명한 운허耘虛 스님이 소암 이동식 교수가 쓴 「한국에서 정신치료 및 카운셀링의 철학적 정초定礎 서설」을 보시고 보내온 장문의 편지에서 "평생 고대苦待하였던 것"이라고 소감을 말했다고 합니다. 그리고 유학의 대가인 이상은李相殷 교수가 1970년 한국철학회에서 소암이 발표한 「도의 현대적 의의」라는 강연을 들으시고 고려대에 가서 "평생 고대했던 것"이라고 했다는 말을 간접으로 들었다고 했습니다. 나는 직접 이상은 교수에게서 이동식 박사의 동양의 도와 관련한 강연에 대해 동양철학에서 고대로부터 내려오는 인심도심설人心道心說을 현대 정신분석으로 설명하는 것을 듣고 칭찬하는 것을 들었습니다. 뿐만 아니라 '도정신치료'에 관한 연구를 세계 각국의 국제학술대회에서 발표하여, 지금은 동양의 '도정신분석' 정신치료에 대하여 새로운 학설과 학파로까지 인정하게 되었다고 합니다.

이동식 박사의 저술은 동양학자이건 서양학자이건 간에, 또 전공이 각기 다르다 할지라도 동양사상의 본질과 서양사상의 특질을 비교 대조하여 이를 종합한다는 뜻에서는 일대 창견으로 누구나 일독一讀할 것을 권장해 마지않는 바입니다. 읽어보면 참신한 맛을 알 것입니다(飮水者, 自知冷暖).

소암 이동식 박사는 구십의 노령에도 노익장으로 학문에 정진하는 분입니다. 만수무강하여 소암 박사의 새로운 학문의 불이 점화되어 타기 시작하고(火之始燃) 샘의 물방울이 처음 흐르기 시작하여(泉之始流) 장차 구원久遠의 거화炬火가 되고 장강대하長江大河로 성장 발전하기를 기원하는 바입니다.

X. 극동대학교 설립 10년사 축사

금년 2008년은 극동대학교가 창설된 지 어언 10년을 맞이하는 해로서 자타가 경하하며 축복하는 바입니다. 20세기에서 21세기를 바라보는 인류 문명세계는 대전환의 새 천년(new millennium)을 맞이하는 급속한 변화의 시기로서, 종전의 10년이 아니라 100년을 능가하는 대변혁을 가져왔으며, 앞으로 새로운 지구촌 인류 가족의 세계화 시대를 맞이하게 될 것입니다.

극동 대학을 창설하신 류택희 설립자 겸 명예총장 님은 일찍부터 교육사업에 뜻을 두어 우수한 인재 양성에 생애를 바쳐 오셨습니다. 고전에 이르기를 "군자가 인생에 있어 최고의 즐거움이 있으니 천하의 영재를 얻어서 교육하는 것이라"고 하고 "천하의 왕노릇하는 즐거움은 이에 따라올 수 없는 것이라"고 하였습니다. 유택희 총장님이 바로 이에 해당하는 분이라 하겠습니다.

극동대학이 여타 대학과 특이한 점을 들어 말한다면 홍익인간弘益人間 정신에 입각하여, 자신을 성취하고 남을 편안케 하여 자타가 행복하게 되는 행복한 가정과 사회를 이룩하자는데 있는 점이라 하겠습니다.

우리나라 교육법(교육이념)에 보면 "교육은 홍익인간의 이념 아래 모든 국민으로 하여금 인격을 도야하고 자주적 생활능력과 민주시민으로서 필요한 자질을 갖추게 함으로써 인간다운 삶을 영위하게 하고 민주국가의 발전과 인류공영의 이상을 실현하는 데 이바지 하게 함을 목적으로 한다"고 되어 있습니다. 이 목적과 취지를 십분 이해하고 이에 맞는 교육을 실시하는 대학이 바로 극동대학이라고 하겠습니다.

가정과 국가와 인류가 행복하기 위하여 두가지 영역이 충족되어야 한다고 생각됩니다. 하나는 정신적 측면이요, 하나는 물질적 측면입니다. 정신적으로 마음이 편안하고 안정하며 쾌락하여야 하며, 또 다른 영역은 물질적 측면으로는 빈곤하지 않고 풍요로우며, 불편하지 않고 편리하며 부족함이 없이 자족하여야 한다는 것입니다. 인간은 서로가 존경받고 자유롭고 평화롭게 살아가기를 바라며 물질적으로 풍요롭고 정신적으로도 안정된 사회에서 질 높은 문화를 누리며 행복하게 살아가기를 원하는 것입니다. 오늘날 인간은 과학의 발달로 물질적으로 풍요롭고 편리하게 살고 있습니다. 하지만 다른 한편으로 내일을 예측할 수 없는 불안과 갈등을 감내하기 어렵게 되었음도 사실입니다.

종래의 가치관은 인륜사회人倫社會로서 주종관계의 신분사회라고 한다면, 현대사회는 이익사회로서 자유와 평등을 주장하는 대중사회大衆社會입니다. 앞으로 인류화 세계화 사회는 동서가 화합하여 대중의 공동의 이익과 자유가 보장되고 사회의 정의가 실현되는 대동평화大同平和 사회를 이룩하는 것이 인류 공동의 이상적 목표가 될 것으로 예측할 수 있습니다.

유심적唯心的, 종교적 영역과 유물적唯物的, 경제적 측면이 조화를 이루는 것은 천도天道(靈)와 지도地道(肉)가 겸비된 인간 중심의 인도주의人道主義 사회가 바람직한 인류의 이상으로 여겨지는 것입니다. 극동대학의 홍익인간의 건학이념은 이에 부흥하는 건학정신으로 새로운 인재양성의 산실이 될 것을 기대해 마지않는 바입니다.

재래 전통적으로 동양이라 하면 중국을 중심하여 한국을 동북방東北方 간방艮方이라 하였습니다. 천문도天文圖 이십팔수二十八宿 중에서 기성箕星, 미성尾星 방위인 동북방위를 간방이라 이르고, 이 간방이 다름 아닌 고조선 한국을 지칭하였습니다. 그러나 오늘날 지구촌시대에 전세계를 한 차원으로 고찰할 때, 극동이라 하면 이것은 중국이 아닌 한국을 지칭하는 것이 통념이라 하겠습니다. 그러므로 극동이라 함은 전지구를 한 단원으로 볼 때 한국을 대표하는 명칭이라 아니할 수 없습니다. 이는 곧 앞으로 인류평화의 이상이 한국의 극동대학에서 인류문명의 새로운 동방의 빛으로 빛나게 될 것을 기대해 마지않는 바입니다.

XI. 象隱 趙容郁 박사의 서거를 애도하며

상은 조용욱 박사의 불의의 부음訃音에 놀라움을 금할 길 없습니다. 구십의 고령이심에도 늘 강건剛健하시고, 대학원에서 양명철학을 강의중이시며, 당일 오전에도 선생이 후반後半 날을 몸담아 오신 동덕여대를 다녀오시는 등 노익장의 모습을 보이셨다 하는데, 이같이 홀연히 가실 줄을 누가 알았겠습니까.

상은 선생이시어! 선생께서는 금세기의 시발始發과 더불어 태어나셔서 실로 민족적 수난과 격변의 시대에 파란만장한 세월을 겪어 오신 역사의 증인이셨습니다. 일찍이 향촌의 문한文翰 출신으로 한학을 익히셨으나, 앞으로 전개될 전혀 새로운 상황에 직면하여 이를 각성 통찰하여 학문과 교육의 길을 매진하셨으니, 우리의 동방문화와 민족적 전통을 바탕으로 하면서도 새로운 문물과 학문 조류를 이해 섭취하여 민족의 활로를 근본적으로 천명코자 하셨습니다.

서울에 처음으로 세워진 경성대학의 철학과에 제1회로 입학하여 특히 한·중 철학을 중심으로 동양학을 전공하신 것은 결코 그 뜻이 우연한 데 있는 것이 아니었습니다. 학교생활에서 최우수일 뿐 아니라 어느 방면이든 지도적 역량과 자질을 갖추셨음에도 불구하고, 오로지 도의문화道義文化를 주축으로 한 민족 교육의 사명을 다하신 평생은 사람들이 선생을 더욱 경앙景仰케 하는 소이所以라 하겠습니다.

선생께서는 학문적 조예와 고매한 철학을 갖추셨으면서도 한갓 이론만을 탐구하는 학자에 머물지 않고 보다 평실명백平實明白한 삶의 철학 실천가로서 묵묵히 지적 인격적 감화를 주어 스승의 본을 보이셨습니다. 선생님의 자호字號인 '상은象隱'을 설명하시기를, 진리인 도리가 이상理象 속에 은밀히 내재해 있다고 해서 '상은'이라고 하였습니다. 무형無形한 이치가 유형有形한 언행 속에 있다는 뜻입니다.

선생께서는 오래전부터 최근에 이르기까지 위당爲堂 정인보鄭寅普

선생, 일석一石 이희승李熙昇, 춘강春江 조동식趙東植, 동교東喬 민태식閔泰植, 두계斗溪 이병도李丙燾, 일창一滄 유치웅兪致雄 선생 등 고명한 인사들과의 친숙한 교유와, 이대·연대·서울대·성균관대·고대 등 유수한 대학의 학부와 대학원에서 동양학을 강의하고 학위논문 심사를 지속해 후진 양성에 정성을 다하셨습니다.

그러나 선생께서는 1929년에 처음 교단에 발을 디디신 이래 육십여 성상星霜의 대부분을 여성교육에 치력하셨습니다. 선생의 말씀과 같이 "나라와 겨레의 질이 한층 우수한 것이 될 수 있는 그 모성적母性的 바탕"으로서 바람직한 여성상을 정립하고 배출하신 일이 평생의 업적이셨습니다. '현대 여성의 교양과 한국 여성의 덕성', '이상을 지닌 현실적 존재', '자유와 자율', '개성의 미美', '지성을 닦은 마음가짐과 몸가짐' 이런 것들이 선생의 가르치심이셨습니다. 선생은 여성의 권리와 사회적 지위의 항상이라는 여성운동과 더불어 보다 적극적인 여성의 본분과 사명을 강조하셨습니다.

이른 시기에 중동中東·송도松都·김천 등 고보高普의 교사와 교장, 그리고 동덕여고를 거쳐 동덕여대의 교수, 학장을 지내는 동안 서울시 교육회 자문위원, 사학총연합회私學總聯合會 이사, 서울 사립대학 학회장의 직책을 맡으시면서 교육계를 이끌어온 원로가 되셨습니다. 명예 철학박사, 서울시 문화상, 인촌仁村 문화상 등의 포상은 그 업적을 기리는 표징表徵이었습니다. 그밖에도 우리나라 어문 교육의 올바른 방향을 주창主唱하여, 한자교육을 저학년부터 실시토록 하는데 이바지한 공로 또한 잊을 수 없을 것입니다.

선생은 평소에 수기修己와 치인治人을 둘로 보지 않으셨으니, 치세治世의 원리로서 "천하를 얻는데는 대도大道가 있으니 민심을 얻으면 천하를 얻고 민심을 잃으면 천하를 잃는다"라는 고전정신을 강조하시면서 대중의 마음을 지도자의 마음으로 삼아야 한다고 역설하셨습니다. 지도자가 스스로를 속임이 없고 마음에 부끄러움이 없는 자세와 바탕이어야만 민심이 돌아온다고 말씀하셨습니다.

이제 선생께서는 웃음을 머금고 훌쩍 떠나시오나 남은 이들의 슬픔은 더할 수 없사오이다. 그 온화하고 활달하신 의용儀容을 어디가 찾으리이까. 어두운 밤일수록 별은 빛나거니와 오늘날 어려운 이 시대에 선생의 생애와 학덕은 더욱 길이 기억되고 싹터 자랄 것입니다.

상은 선생이시어, 고이 잠드소서. 삼가 명복을 비나이다.

제3장 서평, 강연, 대담(외)

I. 金泰吉, 『孔子思想과 現代社會』
— 철학과 현실사, 1998 —

평소 친애하는 우송友松 김태길金泰吉 박사가 금년 팔순의 노경老境에 이르러 『공자사상과 현대사회』라는 주제로 단행본을 펴내게 된 것을 매우 기쁘고 또한 뜻 있게 생각한다. 김박사는 서양철학 특히 윤리학·사회철학을 전공한 교수이며 서울대학교를 위시한 여러 대학 젊은이들에게 새로운 가치관 정립에 지대한 영향을 주었다. 뿐만 아니라 대한민국 수립 후 근대화·산업화 과정에서 가치관의 전환에 있어서 선도적 역할을 하여 큰 업적을 쌓아온 분이다. 이번에 동방사회東方社會에서 역사적으로 지대한 영향을 준 공자사상을 주제로 수준 높은 저술을 하였으니 더욱 반가운 일이며 현대사회와 현대인의 입장에서 특히 현대철학사상을 전공한 교수 입장에서 참신한 관점과 주제를 명백한 개념과 논리로 전개·서술한 것은 학계에 전례 없는 일이라 하겠다.

본 저술은 목차에 있는 바와 같이 다산기념茶山紀念 철학강좌의 일환으로 4회에 걸쳐 강연한 내용을 4장으로 나누어 서술한 것이다.

제1장은 「공자의 근본사상」이라 하여 공자 사상 전체를 통관할 수 있는 기본개념들을 연결시켜 설명하였으니 공자의 덕德과 도道와 인仁

과 의義 그리고 효孝와 군자 등으로 나누어 구성하였다.

제2장은 「공자의 인간관과 현대의 문제상황」이라 하여 '인'의 개념을 중심으로 공자의 인간관을 현대의 문제상황과 관련하여 조명하였으며 특히 공자의 인간관을 현대 서방세계의 개인주의 인간상과 관련하여 서술하였고 존재와 당위의 철학적 견지에서 분석하였다.

제3장에서는 「군자의 인간형人間型과 현대사회」라 하여 공자의 바람직한 인간상인 군자의 개념을 현대사회에 비추어 그 장점을 상세히 논술하였다.

제4장에는 「효사상의 철학적 탐구」라 하여 공자의 효사상을 긍정적 시각에서 재조명하였으니 인과 효의 관계, 인과 군자의 상호 연관성을 논하고 현대사회에 있어 효의 의미를 새롭게 재천명하였다.

본서에는 각 장마다 질의응답이 게재되어 있는데 여기에 참여한 토론자는 대부분 동서양 철학교수들이다. 또한 일반 청중과 더불어 현실생활과 관련한 다양한 질의 응답이 있어서 더욱 흥미롭고 뜻 있는 대화라고 하겠다.

이 책은 공자의 인품과 사상과 포부를 잘 알 수 있는 『논어』의 원문을 바탕으로 하여 전개하였다. 공자를 바로 이해하기 위해서는 공자 당시에 문하 제자들과 직접 묻고 대답한 내용을 일차 자료로 삼는 것이 가장 합당한 것임을 아무도 의심할 수 없을 것이다. 『논어』는 공자 후 2500여 년 동안 동양고전 중에서도 가장 널리 읽혀진 책으로 우리나라에서는 삼국시대 이래로 국민필독의 교과서였다. 백제시대 왕인 박사가 일본에 『논어』·『천자문』을 전했다고 하는데 이는 중국에서 일실逸失된 『논어』의 고본古本임이 증명된 바 있다. 또 「논어』와 『효경』을 읽지 않는 자는 관례冠禮의 자격도 주어지지 않았으니 『논어』가 얼마나 필수적으로 읽어야 할 교양서였는지를 알 수 있다.

『논어』의 중심사상은 '인'이며 '인'을 체득한 이가 군자가 되는 것이다. 仁에는 상·중·하 삼품이 있다. 첫째로 인이란 "자기가 원하지 않는 것을 남에게 베풀지 말라"(己所不欲勿施於人「衛靈公」)는 것이라고 한 구절이 2회나 나온다. 이와 같은 인은 최소한의 인으로 남에게 적극적으로 선한 일은 못할지언정 해는 끼치지 말아야 한다는 뜻이다. 그러나 공자가 이보다 적극적으로 설명한 것은 "인이라 함은 자기가 성립하고자 하는 바를 남에게도 성립시켜 주고 자기가 달성하고자 하는 바를 남에게도 달성시켜 주어야 한다"(己欲立而立人 己欲達而達人「雍也」)고 한 부분이다. 이는 적극적으로 인을 남에게 베풀라는 뜻이니 기독교에서 말한 "무엇이든 남에게 대접받고자 하는 대로 너희도 남을 대접하라"는 도덕의 황금률黃金律과 같은 것이라 하겠다.

그리고 이보다 더 한층 올라간 상인上仁은 "자기를 수양하여 백성을 편안케 한다"(修己而安百姓「憲問」)라든가, "널리 백성에게 은혜를 베풀고 민중을 제도한다"(博施於民而能濟衆「雍也」)는 경지이니 여기까지를 仁으로 보고 이상으로 삼았던 것이다. 공자는 스스로 중인中人 이상과 중인과 중인 이하를 각각 상대하여 정도에 따라 적합하게 선도했던 것이다.

송대의 정자程子는 말하기를 "① 『논어』를 읽고 나서 아무 일도 없는 자도 있으며, ② 『논어』를 읽은 후 그 중에 한 두 구절을 이해하고 기쁘다고 하는 이가 있고, ③ 읽고 나서 그것이 좋음을 아는 이가 있고, ④ 읽자마자 바로 좋아서 춤추는 이도 있다" 하였으니 『논어』는 읽을수록 좋고 항상 책상머리에서 떠나지 않는 필독 교양서 였던 것이다

본서는 현대를 사는 모든 지성인들에게 '전통과 현대'의 문제에서 그 상충성相衝性을 살피고 그 조화의 길을 모색하는데 훌륭한 길잡이가 될 것이다. 이 저술에 대한 평가는 독자 스스로 다양하게 할 수 있을 것이다. 물을 마시는 자가 그 차고 더운 것을 스스로 알 것이라(飮水者 自知冷暖) 하였음과 같이 전공 학자는 물론 일반 시민들도 필독, 음미하기를 권해 마지않는다.

Ⅱ. 南東園 著, 『주역해의』
— 나남출판, 2001 —

남동원南東園 선생이 『주역해의周易解義』 전3권을 출간하여 세상에 내놓은 것은 오늘날 우리나라 현실에 비추어 어두운 밤길에 밝은 불을 만난 것 같이 반갑고 의미있는 일로서 진심으로 축하해 마지않는다. 이 저술은 일조일석에 이루어진 것이 아니오, 팔십 평생을 통하여 오직 역리易理를 밝히고자 정진한 결과임을 알 수 있다.

『주역』은 유교의 오경 중 하나로 중국의 고전 가운데 가장 난해하고 접근이 어려운 경전이다. 공자 같은 위대한 성인도 말년에 역易을 좋아하여 "책을 묶은 끈이 세 번 끊어질 정도"(韋編三絶, 『史記』 「孔子世家」)로 열심히 읽었다 하였고, "내 나이를 몇 해만 더 연장해서 역학易學을 연구하게 된다면 나에게 큰 허물이 없을 것"(『論語』)이라 했으니, 역이 얼마나 심오한가를 가히 알 수 있게 한다. 역은 본래 중국 상대上代에서 점서占筮로 되어 있었으나, 공자가 주역 원문의 뜻을 밝히고자 십익十翼을 서술함으로써 유교의 최고 경전이 되었다. 그리하여 중국 한대漢代 이래 청대淸代에 이르기까지 많은 학자들이 그 시대 시대마다 역을 열심히 연구하여 밝히고 활용해 온 것이다.

실제로 사고전서四庫全書의 역서부易書部를 보면 무려 157부 1,757권이나 수록되어 있고, 책 없이 목록만 수록한 것도 이것의 3배나 된다고 하니 그 방대함을 짐작할 만하다.

유교 경전을 해석하면서 자의로 함부로 논술하면 사문난적斯文亂賊이라 하여 공격을 받던 때에도 주역에는 난적亂賊이 없다고 했다. 주역의 진리가 참으로 넓고 깊어 어느 경우에도 해당되지 않음이 없기 때문이다. 중국의 주역은 여러 종파 즉 유교·불교·도교와 여러 학파 즉, 상수학파, 의리학파, 점술학파 등이 다양한 입장에서 각기 그 관점과 논리를 달리하여 논술해 왔다.

한국의 문화는 고대로부터 역리易理와 불가분의 관계를 맺고 있다. 우리나라 국기가 태극기인 것도 역리를 모르면 이해할 수 없다. 한글 창제와 역리 또한 떼어놓을 수 없는 관계다. 훈민정음訓民正音 해례본解例本은 역리를 모르면 해석할 수가 없다.

조선조는 물론 고려나 삼국시대에도 주역은 최상의 경전으로 대학의 교과서였을 뿐만 아니라 과거시험의 주요 과목이었다. 주역은 신라 때 독서삼품과讀書三品科 시험과목의 하나로 쓰여진 이래 유가의 필독서가 되었다.

백제시대에 왕인이 일본에 건너가 학문을 전파할 때도 『역경易經』, 『효경孝經』, 『논어』, 『산해경山海經』을 가지고 갔다고 한다. 일본에서는 그를 '왕인박사'라고 칭한다. 한대에 오경박사가 있듯이 백제의 왕인은 주역박사인 것이다. 우리나라의 특유한 이제마李濟馬의 사상의학四象醫學도 역리에서 연유한 것이다.

주역은 이처럼 우리의 정치, 교육, 윤리, 도덕 뿐 아니라 의약, 천문, 지리, 복서卜筮에 이르기까지 최고의 원리로 자리잡고 있다. 그럼에도 한국문화와 이토록 밀접한 관계가 있는 동방의 위대한 철학사상을 우리 학술계나 대중들이 이해하지 못하고 있는 것이 사실이다.

그런 가운데 남동원 저 『주역해의』는 그 방대하고 난해한 역리를 가장 온당하게 여러 학파 이론의 장단점을 잘 간추려 편벽되지 않으면서도 분명하게, 누가 읽어도 이해가 되고 교양이 될 수 있도록 한글로 쉽게 서술하고 있다.

주역 연구의 가닥은 크게 상수학파象數學派와 의리학파義理學派로 나눌 수 있다. 주역은 유가의 고전이지만 왕필王弼이나 한강백韓康伯 같은 사람은 도가의 입장에서 서술했다. 불교에서도 역리를 해석한 것이 많다. 특히 당대 화엄종의 종밀宗密과 명대 선승禪僧 지욱智旭의 찬합 『주역선해周易禪解』가 대표적이다. 이를 점서占筮로 발전시킨 사람은 한대의 경방京房과 초연수焦延壽 등이다. 『황청경해皇淸經解』에 수

록돼 있다.

남선생의 『주역해의』는 송대 정주학의 의리사상을 중심으로 정이천의 『역전易傳』과 『주자본의朱子本義』를 집중적으로 서술하고 있다. 그러면서도 상수를 참작하여 명대 내지덕來知德의 『주역집주周易集註』의 독특한 견해인 괘상자의卦象字義, 착종錯綜을 인용하여 설명했다. 특히 설괘전說卦傳의 괘도卦圖 설명의 경우, 의리학파나 왕필역주王弼易註에서 부족한 점을 적절하게 보완 설명한 것은 탁견이라 하겠다.

저자는 역의 뛰어난 명주석名註釋을 광범하게 섭렵하여 그 요긴한 점을 적절하게 취했을 뿐 아니라 이경치경以經治經의 방법으로 역리를 천명했다. 주역을 설명하면서 『중용』과 『논어』 등 다른 경전의 의미상통하는 경문을 원용하여 독자들의 이해를 도왔다. 특히 청대 이광지李光地 등이 편찬한 『어답주역절중御答周易折中』과 『십삼경주소十三經註疏』에 나오는 당나라 공영달孔穎達의 『주역정의』를 인용하여 절충 보완한 대목들은 독자들에게 많은 참고가 될 것이다. 그리고 술수적인 점술의 역을 경계한 것도 이 저술의 특징이라 하겠다.

본래 점이라는 것은 신성한 의미가 없는 것은 아니지만 도리에 맞지 않는 것을 욕심으로 강행하여 요행을 바라고 점을 친다면 그 점은 맞지 않는 것이다. 그런 예는 『춘추좌전春秋左傳』에서도 볼 수 있다. 『주역』은 군자를 위하여 도모한 것으로, 소인의 부정한 행동을 경계한다.

주역의 종구終句를 보면, '쾌夬는 결판하는 것이니 군자가 가는 길은 장원하고 영화로우며, 소인이 가는 길은 걱정과 근심만이 남는다'고 했다. 자기 양심에 비추어 스스로 판단할 수 있는 사안은 '상제上帝에게 문하問下'할 일이 못된다. 크게 말해 생사나 부귀는 사람의 능력으로 맘대로 할 수 없는 것이니 점을 칠 필요가 없는 것이다.

다만 긴박한 천하 대사를 두고 인간의 힘으로는 능히 그 가부를 결단하기 어려울 때 거북으로 점치고 시초를 빼어 점을 친 고대 풍속이 있었으나 지금은 그럴 필요가 없다. 미개한 옛날에는 신탁에 의하여 사시를 결단했지만 성숙한 현대사회에서는 중의에 따라 결정하면 된다. 신라시대 6부 촌장이 영산靈山에서 회의를 할 때 사심을 버리고 마을을 청정 허백하게 하여 만장일치로 합의 결정하는 것을 화백和白이라고 했다. 이처럼 중론으로 일을 도모하면 되는 것이다.

서화담徐花潭은 말하기를 "사리판단이 어려울 때 조용히 생각해 보라. 또 다시 생각해 보라. 그래도 판단이 안되면 반드시 귀신이 와서 가르쳐 주나니 이는 귀신이 와서 계시함이 아니라 내 마음 스스로가 통한 것"이라 했다. 사람들이 허욕과 감정과 편견을 버리고 성실하고 순박하게 되면 이는 곧 군자가 되는 것이고 이런 원숙한 경지에 다다른다면 공자가 말년에 말했듯이 "하고 싶은 대로 해도 진리와 법도에 어긋나지 않는다"고 하였으니, 이것이야말로 진정한, 성숙한 자유인의 경지라 하겠다.

이 책은 자기 자신을 디스리는 현대인의 교양서로도 손색이 없다. 읽기를 권한다.

Ⅲ. 圃隱思想의 연구 방향

오늘 포은학회 창립을 기해서, 포은학회 최병준 초대 회장님, 영일 정씨 포은공파 종약원 정춘영 이사장님, 그리고 조순 자문위원님께서 여러 훌륭한 말씀들을 해 주셨습니다. 그동안 어려운 고비를 이겨내고 이렇게 큰 사업을 일으킨 과정도 알았고, 또 그 취지에 대해서도 충분히 알게 되었습니다.

여기 제목이 '포은선생의 사상과 학문을 바탕으로 한국학의 정체성 확립'이라고 되어 있어요. 한국학의 정체성 확립, 대단히 어려운 문제에요. 우리 한민족은, 한반도는 지극히 혼란하여 한 치를 내다보고 예측하기 어려운 단계에 와 있습니다. 정치적, 사회적, 국제적인 혼란 뿐 아니라 사상적 혼란, 가치관의 혼란을 빚고 있습니다. 무엇이 옳고 무엇이 그른 것인가 판단하는 기준, 이것이 흔들리고 있습니다. 지금 남북이 어떻게 만나야 되는가, 평양과 서울이 어떻게 만나야 되는가, 대원칙과 원리가 무엇인가, 그게 없어요.

이런 마당에서 한국민족문화의 정체가 무엇인가, 지난날의 문제가 아니고 오늘날 우리 문제를 해결하고 앞으로 살아야 할 세계화 시대에 정포은 선생이 우리에게 던지는 말이 무엇이고 우리에게 가르쳐주는 내용이 무엇인가, 포은학회는 이런 문제를 논의하자는 학회라고 생각합니다. 학회가 많습니다. 무슨 학회, 무슨 학회 많이 있어요. 그런데 거기에 비해서 '포은학회' 이렇게 말하면 조금 의미가 다릅니다. 다른 것은 모두 학술연구에요. 학문연구에요. 그래서 이론적인 정립을 하려는 거예요. 그런데 포은선생의 연구는 앎의 세계, 학술의 세계를 넘어서서 삶의 세계, 우리의 구체적인 정당한 삶이란 무엇인가를 문제 삼는 학회입니다. 그리고 소신 있게 자기의 학문과 행동을 일치시켜야 하는 겁니다. '삶의 학문', 저는 다른 말로 표현해서 이렇게 말하고 싶습니다. 지금 '포은학회'라는데, 이게 무슨 뜻인가? '포은학'이라는 특수한 영역이 있어서 그걸 연구하기 위한 모임인가? 저는 그것이 아니라고 생각합니다. 그럼 과연 '포은학'이라 하면 어떤 뜻인가? 다른 데서는 없는 걸 얘기해야 합니다. 포은만이 생각하고 포은만이 행동했기 때문에, 그래서 '포은학'이라는 용어를 쓸 수 있다, 이렇게 생각하는 겁니다.

보통은 포은 선생에 대해 그 '충정衷情'만을 떠올립니다. 그러나 '충정'은 포은 선생의 생애와 학문 속에 들어있는 한 단계에요. 선생이 가지고 있는 높은 이념과 철학과 인생관과 세계관이라는 게 있어요. 그것이 있기 때문에 충정이 나온 것입니다. 우리가 그런 걸 철두철미하게 생각하지 않고는 거기까지 넘어설 수가 없어요. 보통사람은 말로는 다 얘기해도 결국엔 득실이라는 차원을 넘어가질 못해요. 보통사람은 자기에게 이익이 되면 여러 가지로 봐서 긍정하는 것이고, 불리하면 어딘가 사양하는 거예요. 또 사람을 살린다면 그건 좋아해요. 그러나 죽음이 온다고 할 때에는 두려워합니다.

그러나 '득실과 생사를 초월한 세계를 가지고 있다'는 것은 아무나 가지고 있는 게 아니에요. 거기가 중요해요. 의리는 천추만세에 남는 것이고 득실과 생사는 일시적인 것이다, 일시적인 것으로 천추의 의리를 덮고 무시할 수가 없는 것이다, 이게 포은선생의 학문과 행동의 세계입니다. 그렇게 생각할 때에, '내가 포은을 배운다' 하면, '내가 포은과 같이 닮아서 그렇게 할 수 있는가?' 이것을 생각해야 됩니다.

포은이 무슨 말을 했다, 무슨 논설을 이렇게 썼다, 포은 선생이 외교에 관해서 이런 말을 했다, 포은 선생이 이런 시를 썼다, 그건 포은학의 실체가 아니라 현상인 것입니다. 우리는 현상을 통해서 본질에 들어가야 하고, 그것이 나하고 어떤 관계에 있고 우리 인류와 어떤 관계가 있나, 이렇게 생각할 때에 진정으로 배우는 보람이 있고 내가 다시 거듭나게 되는 것입니다. 이것을 생각할 때면 머리를 숙여서 자괴하고, 오히려 선생을 바라보면 감사하고 미안하고 존중하는 마음이 우러

나오는 거죠. 그렇지 않고 문자로 하고 언어로 하는 학문은 이와는 관계가 없는 거예요.

보통 지금 학회는 언어, 문자의 학문을 하고 있고, 이해한다는 데 그치고 있는 거예요. 앎의 세계에 그쳤고, 행동의 세계에 책임을 못 지는 그런 차원에 그친 겁니다. 그렇기 때문에 '포은을 배운다'는 말은 쉬운 것이 아니요, 대단히 어려운 것입니다. 자기가 자기의 십자가를 지는 것이요, 자기가 자기를 완전히 극기할 수 있는 힘을 기르는 것이며, 자기를 다스릴 수 있는 무아의 경지에 가야되는 것입니다. 여기에 들어가면 유교도, 불교도 기독교도 다 이 안에 있는 겁니다. 이런 진실한 생명의 철학을 우리가 배우고 실천하기 위해서 학회를 만들자, 이렇게 생각하는 것이 좋겠습니다.

오늘날 가치관의 혼란이 여러 가지 있는데, 크게 말하면 두 가지가 있어요. 첫째는 지구상에서 가장 큰 화약고로서, 그게 터지면 안 되고, 그것이 잘되면 평화가 온다고 하는 것이에요. 그것이 어디냐, 바로 한반도라고 생각합니다. 평양과 서울이라 생각해요. 이 지구상에 자유민주주의와 공산주의의 대립이 어지간히 수습이 됐어요. 다 됐어요. 월남도 공산통일 됐고, 독일은 민주통일이 됐고, 또 중국과 대만은 싸우지 않아요. 관세도 물리지 않아요. 총을 쏴도 이렇게 쏘지 똑바로 안 쏴요. 거기는 해결될 수 있는 길이 있어요. 오직 한반도가 어떻게 되느냐가 대단히 중요한 문제에요. 이 문제를 어떻게 해결 하느냐. 여기에 해답을 주지 않으면 안 돼요. 지금 이렇게 경제교류하고, 장관도 교류하고, 다 할 수 있어요. 기차도 왔다 갔다 하고. 근본적으로 이데올로기의 대립을 어떻게 화해하고 해소 할 수 있느냐, 그 문제가 해결 되면 나머지는 해결되고, 그게 해결 안 되면 좋아지다가 무너질 수 있어요. 거기에 대한 해답을 줄 수 있는 게 무언가, 이게 중요한 것입니다.

또 하나의 중요한 문제가 있다고 하면 무언가? 그것은 이 '땅'에 붙은 경제적인 문제, 가진 자 안가진 자의 대립이 아니라, 정신적인 대립인데, 종교 간의 대립입니다. 지금 아프가니스탄에 미국이 가서 통치하고 힘으로 대결하고 있는 것과, 거기에 반발하는 폭력으로 나오는 테러가 중요한 문제로 부각되고 있는데, 이건 '땅'에 붙은 문제가 아닙니다. 물론 거기도 경제 문제가 있겠죠. 하지만 종교문제에요. 회교도와 기독교도가 어떻게 화해할 수 있나, 이게 해결이 안 되는 거예요. 모든 종교가 사랑하고, 양해하고, 이해하고, 봉사하고, 다 잘해요. 어떤 종교든 다 잘해요. 불교는 불교대로, 기독교는 기독교대로, 천주교는 천주교대로, 회교도는 회교도대로 다 해요. 그런데 타종교와 만났다 했을 때 금을 딱 그어요. 종교 간의 대립, 이 문제를 어떻게 해결하느냐. 해결이 잘 안 돼요. 가진 자와 안 가진 자의 대립보다 훨씬 잔혹하고 잔인해요. 이걸 어떻게 해결할까, 이것이 해결이 되는가 안 되는가, 전 세계가 여기에 대해 관심을 갖고 있어요. 어떻게 되는지 주목을 하는 거예요. 이것은 해결할 수 있는 법이 없다고 해도 과언이 아니에요. 그렇다고 해서 회교도가 테러로 해결을 할 수 있느냐면, 해결 못해요. 그럼 이것이 끝날 수 있느냐? 끝나지 않아요.

종교 간의 대립 갈등 문제는 '하늘'에 붙은 얘기이고, 가진 자 안 가진 자의 갈등은 '땅'에 붙은 얘기인데, 이 두 문제를 어떻게 해결 하느냐, 이것이 중요한 것입니다. 이 문제는 달리 말하면 종교와 과학의 문제로, 과학과 종교를 어떻게 화해시키느냐가 중요한 것입니다. 오늘날은 과학을 통해서 기술이 발전하고, 기술을 통해서 경제가 발전하고, 경제를 통해서 나라가 풍부해 지는 것으로 제일의 가치관을 삼은 거예요. 지난날에는 종교적 가치를 제일로 쳤지만, 지금은 경제적 가치, 현실적 가치를 더 칩니다. 돈이면 돼요. 돈이면 애비도 죽이고, 어미도 죽이고, 늙은 부부도 이혼한다 이거에요. 도덕적 심리는 없어요. 돈 밖에 없어요. 재력 밖에 없어요. 여기서 가진 자와 안 가진 자의 대립이 생기는 것이에요. 또 종교 간에도 대립하고, 종교와 과학 간에도 대립하여, 지금 전 세계가 지금 들끓는 거예요. 이런 문제에 대해서 말할 수 있는 철학과 이념과 원리가 있다면 그게 무엇일까 요구하는 거예요. 없어요.

거기에 대해서 포은선생한테 물어보자, 그 얘깁니다. 가치관의 혼란을 얘기하자면, 과거에는 동양은 동양대로 살아왔고, 서양은 서양대로 살았어요. 그러나 오늘날 현대사회라는 것은 동양은 동양대로 따로 있지 않고, 서양은 서양대로 따로 있지 않습니다. 세계가 국경이 없어지는 세계화 시대에 살고 있어요. '글로벌 소사이어티'라는 차원은 전 인류가 소통하고 살아야 하는, 치국시대를 지나서 평천하의 시대에 돌입한 것입니다. 여기에서 우리는 어떠한 철학과 어떠한 이념을 가지고 살아야하는가, 이런 방대한 문제를 우리가 가지고 있는 것입니다.

동양의 가치관이 뭐냐? '인륜주의 가치관'이에요. 무슨 말이냐면, 인륜 도덕적 차원에서 옳은가 그른가를 따지는 거예요. 이것은 시비법칙을 따지는 가치관입니다. 그런데 서양 사람들은 그런 것이 아니에요. '공리주의 가치관'이에요. 어떻게 하면 이익이 되나, 어떻게 하면 더 물질적으로 풍부하게 되나, 또 권력을 가질 수 있나, 이것을 따지는 것이에요. 물론 공리라고 해서 나쁜 것은 아닙니다. 물질이 있어야 사는 거니까, 나쁘게 보면 안 돼요. 그러나 그것에 편중하고 공리적인 것으로 갈려면, 욕심을 내야 되거든. 내가 욕심을 내면 상대방이 욕심을 또 내거든. 그러면 욕심끼리 대결을 하니까, 여기에는 갈등과 투쟁이라는 게 있을 수밖에 없어요. 현실적 차원에서는 욕구를 개방하는 게 원칙이에요. 어떤 의미에선 그걸 '기업가 정신'이라고 하는 것이에요. 의욕이 왕성하지 않으면 기업을 못해요. 그런데 이건 반드시 남과 대립을 하게 되고, 경쟁하게 돼있는 거예요. 그러니까 경쟁을 미덕으로 생각하지, 나쁘다고 생각하지를 않아요.

더군다나 오늘날 현대를 지배하는 사고방식은 변증법적 사유인데, 그 변증법이라는 건 뭐냐? 여기 A라고 하는 정체가 있다면, 반드시 거기에 반대되는 상대방이 있는 것이다. 여기 기업주가 있다고 하면, 바로 노동자 계급이 대립해 있는 거다. 통치자가 있다고 하면, 피통치자가 있는 것이다. 정책에 대해서, 세계에 대해서, 안티테제라는 게 있다. 그런데 그 두 관계는 대립과 모순의 관계다. 대립과 모순의 관계는 뭐냐? 갈등의 관계이며, 투쟁의 관계이다. 투쟁을 통해서만 테제와 안티테제가 신테제로 발전하고 성장하는 것이다. 투쟁을 통해서만 발전된다. 이처럼 투쟁의 이론이 변증법 이론의 핵심인 것입니다.

이 투쟁의 철학도 그렇고, 현대는 욕망의 사회고, 사회가 전부 경쟁과 투쟁이에요. 그러니까 지금의 가치관은 인륜적, 도덕적 가치를 말하지 않고, 전부 투쟁의 논리에요. '파이팅!' 애나 어른이나 모두 다 '파이팅! 파이팅!'입니다. 그것 밖에 없어요. 그것은 좋은 게 아니에요.

우리는 이런 현대사회를 잘 분석해야 해요. 그런데 동방의 사회는 그게 아니란 말이에요. 우리의 전통 사회는 그게 아니라는 말이에요. 무엇이 옳고, 무엇이 그르냐. 옳은 일은 하지만, 그른 일은 안한다. 절대로 안한다. 그게 무어냐? 선비정신이에요. 한국은 선비정신의 나라에요. 특히 한반도 한국인 조선족이 그래요. 현대엔 이런 것이 없어요. 구한말에 서구의 나라가 막 동방으로 몰려올 때, 서구의 지식인이 중국을 보고, 한국을 보고, 일본을 보고 다보고 평을 해서 말했습니다. '당신, 중국 가볼 때 어떤 나라라고 생각합니까?' 'land of merchant, 상인의 나라'라고 했습니다. 중국 사람들은 전부 실리, 어떡하면 이익보나, 상하가 앉으면 그 애기입니다. 그러니까 상인의 나라에요. '일본을 가면 어떻소?' 일본은 가보니까 '무사의 나라, land of knight.' 그러니까 그 사람들은 박물관에도 투구하고 일본도日本刀 큰 것 갖다 놓습니다. 그게 일본이요. 성격도 그래요. 사무라이 제 배 갈라 할복하고, 남은 꾹 찌르고. 일본은 무사의 나라다. 무사가 비굴하진 않으니, 좋은 점도 있겠죠. '한국은 어떤 나라냐?' '한국은 다르더라. 한국은 land of schola, 선비의 나라다.' 만나보면 다 옳고 그른 애기, 좋은 애기 그런 걸 하더라. 군자의 나라요, 옳은 걸 실천하고 그른 걸 미워하는 선비의 나라요, 의리의 나라다.

중국·일본·월남 이거 다 한문권이에요. 호치민胡志明 같은 사람도 한문 잘해요. 그 사람 유교를 한 번도 반대하고 욕한 일이 없어요. 월남도 한자문화권, 한국도 한자문화권, 일본도 한자문화권, 수천 년 역사의 전통이에요. 이걸 모르면 서구도 모르고 동방도 모르고, 아무런 방향도 못 잡아요. 내 지금 위치와 입각지를 모르니까 방향을 못잡죠.

한국은 옛날부터 '군자의 나라'에요. '군자국가'라고 하면 뭐냐? '호양부쟁好讓不爭, 양보하기를 좋아하고 다투지 않는다.' 이게 중국 사람들이 하는 소리야. '호양부쟁'이라는 말은 2000년 전에 쓰인 『한서漢書』「지리지地理志」에 나오는 말이야. '조선 사람들은 양보하기를 좋아하고 다투지를 않는다. 그리고 호생지덕, 생명을 존중히 여기는 사상이 동방사람에게 있다. 그리고 평화를 애호한다. 동방사람들은 평화를 좋아한다. 동쪽에 이르러 해가 뜨는 곳에 이르면 太平이라는 크게 평화로운 나라가 있는데, 그 나라 사람들은 군자들이 살기 때문에 그렇다. 군자들이 있기 때문에 평화를 사랑한다.' 이런 내용이 『이아爾雅』라고 하는 책에 있어요. 그 책도 2000년이 넘은 거예요. '크게, 평화로운' 두 자로, 그게 태평양太平洋이에요. 요새 지리학자들도 그거 모르지. 우리는 군자국君子國이고, 양보하기를 좋아하고 다투지를 않는, 생명을 존중하는 평화로운 나라. 그걸 뭘로 증명하나. 우리는 반만 년 역사를 가지고 있지만, 이 동방에 소수민족이 많았어요. 여진이니 말갈이니 그런 족속이 20여개 있었어요. 그 가운데 하나가 조선족이에요. 지금은 거의 다 없어졌어요. 한국만이 반만년의 역사를 가지고 있어요. 지금도 한반도라는 건 말이야 육자가 와서 회담을 하니, 인류의 축소판 아니에요? 함부로 못해요. 중국이 하고 싶어, 안 돼. 미국이 하고 싶어, 안 돼. 지금도 당당해요. 그러니까 우리는 생명을 존중히 여기고 평화를 사랑하고 서로 사랑하는 원리를 갖고 있어요.

그런데 오늘날 가치는 뭐냐? 생명을 존중히 하느냐? 물질을 존중히 하고 돈을 존중히 여기고 생명을 경시한다. 이거 한국뿐 아니죠. 전 세계가 그러죠. 죽이고서 돈을 달래. 살리고서 달래면 좋잖아. 죽여요. 복면하고 애도 찌르고 어미도 찔러요. 칼로 찌른단 말이에요. 이게 우리 것이냐. 아니에요. 다 우리 것 아니에요. 우리 전통은 끊어 졌어요. 변질됐다고. 우리가 이렇게 본다면, 지금은 생명이 아니라 재물이고, 평화가 아니라 승리고, 상생이 아니라 투쟁이고, 그게 현대 가치관이에요. 이걸 가지고 어떻게 우리가 앞으로 '세계화'를 하겠어요. '통일'을 하겠어요.

이렇게 생각한다면, 동양의 가치는 인륜적 시비를 따지는 인륜사회인데, 서구는 득실과 손익을 따지는 공리사회, 이익사회입니다. 현대는 동방의 인륜 사회적 정신과 서구의 공리주의적 사고라는 것이 합치는 세계화시내에 와있습니다. 여기 어떻게 이 두 문제를 융화시킬 수 있겠는가? 이게 대단히 중요한 거예요.

'달가達可'는 포은 선생의 자字에요. 성균관 교수인데, 강연이 아주 석연釋然하고, 누구든지 항복하게 얘기를 해요. 그 때 그 학장이 누구냐면 이목은李牧隱이야. 목은선생이 이 포은의 강의를 평해서 '달가는 횡설수설, 이렇게 횡으로도 말하고 종으로도 말하는데, 무슨 말을 하던지 무비당리無非當理라. 이치에 합당하지 않는 말이 없다. 모두 이치에 합당하다.' 그랬어요. 포은을 '이학지조理學之祖'라고 했는데, 이것이 단순한 게 아니에요. 고려 말에 주자학이 들어왔는데 그냥 그걸 배우고 모방한 게 아니에요. 이해를 해서 그 말하지 않은 다른 말도 알 수 있었어요. 『주역』에도 능통했어요. 사서삼경, 사서육경, 칠경, 구경, 십삼경이 있는데, 제일 어려운 게 『주역』이에요. 거기서 성리학이, 주자학이 도출되는 거예요. 그렇기 때문에 성리학을 잘하려면 『주역』과 『성리대전性理大全』을 잘 알아야죠. 그래야 동양의 성리학을 해요.

세종대왕이 집현전集賢殿을 만들고 제일먼저 들어온 게 오경대전五

經大全이에요. 거기서도 기본적으로 연구한 게 뭐냐. 『주역』이에요. 『주역』이 맨 꼭대기에 들었어요. 역리易理를 모르면 아무것도 못해요. 인문과학, 사회과학, 자연과학 아무 것도 못해요. 그 『주역』에서 정치의 원리가 나옵니다. 세종대왕의 정치는 집현전 학사들의 연구업적과 저술내용을 반영한 정치입니다. 훈민정음, 주역에서 나온 거예요. 훈민정음 해례본解例本이 한문으로 되어 있어요. 세종대왕 당시에 만든 것, 그것이 훈민정음 원본이에요. 근데 거기는 『주역』의 원리, 음양의 원리, 오행의 원리, 삼재三才의 원리, 그 기본적인 원리가 들어 있어서, 그걸로 한 거예요. 훈민정음은 과학입니다. 이 발음을 하는 정음正音이라고. 구강口腔에서 소리 나오는 과정을 가지고 기역, 니은, 디귿, 리을 그거 다 거기서 나온 거예요. 한글이 아니에요. 훈민정음이지. 아주 과학적인 거예요. 그게 어디서 나오냐? 역리易理에서 나오는 거예요. 집현전 학자들, 역리에 환하거든. 정치, 경제, 사회 다 그걸로 나오는 거예요. 그러니까 그걸 배우지 않으면 안 되는데, 그걸 능하게 다룬 분이 바로 포은선생이에요. 그리고 『논어』, 『맹자』 이런 걸 강의하는데, 그 주석에도 없는 얘기를 하시거든. 그게 이치에 맞는데. 당시의 주석에는 그런 내용이 없었다고. 나중에 호병문胡炳文이 지은 『사서통四書通』이라는 주석서가 들어와, 보았는데, 거기 나오는 내용하고 똑같아. 오히려 더 잘 아셨다고.

이게 성경聖經이고 중요하다면, 받들고 배워야지요. 내가 진리를 다 알았다, 해석했다, 깨달았다 하면, 이 글은 내 마음을 주석하는 주석서 밖에 안 되는 거예요. 진리를 체득하면 그게 나를 주석하지, 내가 그걸 주석하지 않아요. 우리가 이렇게 진리에 들어가서 성찰하고 체득한다는 게 진짜 공부지. 언어, 문자만 배워서 뭘 하겠냐고? 그거 짓거리면 뭐해요. 능력도 없으면서. 갔다 왔으면 해결 해야죠. 지금 38선 문제, 어떻게 해결합니까? 그 말을 해야지요. 그래야 학문이지.

특히 유학이라고 하는 것은 다른 학문하고 달라요. '하늘'의 문제를 얘기해요. 천도天道가 있어요. 또 인도人道가 있어요. 사람의 도, '어질 인' 자. 또 그거만 있지 않고 현실의 문제를 해결해야 돼요. 구체적인 행동의 제재, 구체적인 제도의 문제, 이걸 해결해야 돼요. 다른 종교는 하늘과 사람. 그걸 얘기해요. 하나님 얘기하고 박애, 하나님 얘기하고 자비, 하나님 얘기하고 사랑. 근데 현실 문제를 해결하라면 못해요. 유교는 현실 문제를 얘기할 수 있어요. 천·지·인 삼재를 다 꿰어서, 원리가 현실의 사안이고 현실 속에 원리가 내재하게 말하지 않으면 진유眞儒가 아니에요. 그러니까 이렇게 들여다보면 굉장히 어려운 겁니다.

우리가 이런 문제를 생각하면 『주역』을 잘 공부해야 하는데, 거기다가 성리학을 보태야 돼요. 다시 말하면 유교의 최고가 누구냐. 공자가 최고 아니에요. 공자는 2,500년밖에 안되는데. B.C 551년에 나서 72세 밖에 못시셨기든. 그럼 2,558년 밖에 더 돼요? 그럼 2,500년밖에 역사가 없느냐? 왜 없어. 찬란한 역사가 동방에 있는데. 그럼 그거 어디서 왔느냐? 공자가 아니지요. 요순堯舜에서 왔지요. 요순은 4,400년을 올라가야 돼요.

공자의 사상은 '조술요순祖述堯舜하고 헌장문무憲章文武'라. 요순에 대해선 할아버지로 진술한다. 공자가 '나는 술이부작述而不作'이라. 진술에 의해, 내가 창작한 건 없다. 과거에 있던 걸 내가 정리한 것이다. 정리한 거예요. 『주역』도 공자가 한 게 아니에요. '십익十翼'이라는 주석을 원문에다가 붙인 거지. 그러니까 거슬러 올라가면 요순인데, '요순이 실제 인물이냐'가 문제가 됐어요. 그전엔 다 믿었어요. 중국 사람들이. 그랬더니 청조淸朝에 와서 고증학이 발달하고 서양학문이 들어올 때부터 의심하기 시작했어요. 그런데 1898년서부터, 그러니까 한 110년 됐네요. 주周나라가 3,000년 밖에 안됐는데 그 이전, 적어도 300년 이상 더 올라가서 2300년 넘는 공자 이전에 은나라 소둔촌小屯村에서 유적지가 발견 됐어요. 여러 가지가 나오는데, 유물이 그대로 있어요. 거기에 갑골이라고 있어요. 거북이 등에다가 점을 치기도 하고 글자도 쓰고 한 게 있는데, 그 때 종이가 없으니까, 거기서 나왔어요. 과정을 설명하면 상당히 복잡합니다만, 그 창고가 발견 됐어요. 이렇게 들어보니까 탁, 균열이 돼요. 그럼 문구가 안 보이는데 깨진 거북이 등을 딱 맞추면요 글자가 살아나요. 한 마리 갖다 놓고 보면 여러 가지 사건으로 따져 갖고 점을 했는데 그걸 알아요. 그걸 사진으로 찍어서 해독을 하는 거예요. 얼마가 나왔느냐. 16만 편片이 나왔어요. 굉장하죠. 그게 갑골학이에요.

거기에 일식·월식에 관한 기록이 있어요. 은나라 때 월식의 기록이 네 번이나 있어요. 일식하고. 근데 갑골학 모르는 현대 과학자가 중국 안후이(安徽)에서 고대에 일식이 어떻게 있었나, 도표를 내보니, 거꾸로 역산逆算해서 시간까지 다 나와요. 천문학적으로 계산 하니까. 그런데 그 갑골학이 딱딱 맞아요. 거기에 동방기록 얘기가 나오고, 순임금이 실제 거기서 나왔어요. 청조의 고증학자가 금석학을 그리 잘해도 갑골문자 하나도 못 봤어요.

우리는 그 사상이 쫘악 내려오는 거예요. 『주역』의 원리는 음양의 원리인데, 음양의 원리가 갑골에 있어요. 그 갑골의 문구가 『주역』에 나오는 문구와 통하는 게 있어요. 벌써 갑골에 음양사상이 있었거든. 『주역』이 처음이 아니에요. 더 올라가면 우골牛骨, 소뼈에 적어 놓은 게 있는데, 거기에도 음양이 나와요. 그건 적어도 5,000년 6,000년 올라가는 거예요. 그것은 어디 것이냐? 은나라 것이 아니고 동이족이 쓰던 거다. 동이족이 음양사상의 시조다. 동부족 이래 그것이 갑골로 가고, 갑골이 주역으로 가고, 그래서 오늘날 이게 있다. 그걸 다 증명했어요. 갑골을 안 하는 사람은 몰라요. 아는 사람은 중국서 다 최고 학자라고 그래요. 인정을 해요. 내가 만났어요. 그 사람들. 내가 1960년대부터 했기 때문에, 다 알아요. 유명한 사람들 다 만나 봤어요. 인정해요.

우리나라는 굉장한 문화국으로, 전통으로 그런 게 있다고. 우리는 이 반만년 속에 외국의 침략을 200회 이상 받았대요. 그런데 한 번도 패망한 일이 없어. 그러나 반만년 동안에 한 번도 외국을 먼저 침략한 적은 없다. 와, 그 놀랠 일이죠. 세계의 지도국이다. 여기서 나온 사상, 여기서 나온 철학, 여기서 나온 새로운 이념들은 세계적인 거예요. 세계의 문제를 해결할 수 있는 좋은 철학이 무궁무진하게 쏟아져 나와요. 여기서.

여기에 포은선생이 가지는 생애와 학문과 그 취지가 무언가 하면, 그야말로 고급의 세계를 가졌는데, 요순의 세계를 얘기하는데, 요순의 세계가 뭐냐? 형이상학으로 생각하기 어려운 높은 세계에 있는 걸로 알지만, '명천리明天理 정인심正人心'이라, 천리를 밝히고 인심을 바르게 해서, 성현을 높이고 도덕을 높여서, 지극한 정치를 하는 거다. 사람들은 높은 진리를 가지고 오는 줄 알아요. 천리를 밝히고 인심을 바로 잡는다고 하는 그런 높은 이야기를 하는데, 포은선생은 그렇게 말하지 않아요. 요순지도堯舜之道가 무어냐 하면, 음식남녀를 벗어나지 않는 것이래요. 우리가 음식을 먹잖아요, 그리고 남녀 간에 가정생활을 하잖아요. 그 속에 요순의 지극한 이치가 있다는 것입니다. '우리의 일상생활 속에 지극한 하늘의 진리가 내재한다는 것이다.' 다른 사람은 그렇게 말하는 사람 없어요. 그러니까 선생님은 고도한 이상과 구체적인 현실이 하나로 만나게 한 거죠.

이상주의자들은 현실에 어둡고, 현실주의자들은 이상에 어둡습니다. 그 둘이 만나게 했다는 데 포은 선생이 의미가 있는 것입니다. 그러니까 '불교인들이 산속에서, 사람 없는 데서, 조용한 달밤에 강물이 흐르는 데 앉아서 참선해서 진리의 세계를 구한다고 하지만은, 가소롭다. 그 높은 진리가 어디 있느냐? 우리의 눈에 보이고 귀에 들리는 이 경험세계 이것을 초월해서 진리가 있다고 생각 하지만, 그 자체 속에 진리가 있는 걸 모르고 이걸 벗어나서 진리를 구한다니, 가히 우습지도 않다.' 이것은 진리를 구하지 말라는 게 아니에요. 구하지만, 현실에서 그 속에 내재해 있는 것을 구해야 한다는 것입니다. 이 세상에 혼인도 안하고, 부모도 버리고, 산속에 가서 이렇게 해야 한다는 그런 게 아니라는 거죠. 여기에 참 의미가 있는 겁니다. 그러니까 인간 속에서 진리가 나오는 거예요. 그걸 체득하는 거예요.

그럼 지금 모든 종교가 위로 올라가지 않아요? 위로 올라가. 하나님, 어떤 사람은 부처님, 알라신, 하늘 이렇게 다 올라가지만, 선생님의 진리는 그 높은 진리가 어디 있느냐 하면은 내 마음 속에 있다, 깊이 들어가면 자기 속에 자기가 그 하늘을 만나고, 부처님을 만나고, 알라신을 만나고 여기서 만난다는 것입니다. 그러니까 초월적인 신이 아니라 인간 속에 내재한 자기 속의 자기를 발견하는 것입니다. 진정한 자기를 발견 하라는 것입니다. 그러니까 밖에서 보면 부처님은 이거고, 기독교의 하나님은 이거고, 유교는 이거고, 다 다른 것이지만, 안으로 들어오니까, 인간 마음 본성에서 찾으니까, 불교도 여기와 있고, 기독교도 여기 와있고, 도교도 여기와 있고, 마음에 들어와 있으니까 다 만나잖아요. 그런 방향으로 가지 않으면 지금 종교 통일이 되지 않아요. 그냥 덮어 놓고 모여 앉아서 상대방을 반대하지 않고 존경하는 이런 식이 아니야. 이 속에서 그걸 만나야 돼요.

우리 동방은 효성이 지극해. 조상숭배 해. 그러니까 우리는 집집마다 족보가 있어. 그리고 조상 무덤이 융성해. 다른 데는 그런 거 없어요. 우리나라는 그게 있어. 옛날에 광개토대왕 묘를 가던지, 지금 저 공주를 가 보세요. 왕릉이 어떠한가. 개인의 집도 묘가 얼마나 융성한가. 그걸 잘 하는 건 조상숭배에 관념이에요. 조상숭배의 관념이 뭘 어떻게 하는 건가 하면, 지금 지석묘, 돌멩이, 이렇게 고인돌, 지금 그게 부지기수지만, 정형으로 된 게 지금 한 5,000개쯤 이 지구상에 남았데요. 이렇게 넓적한 거 올려놔서 턱 얹어 논 거. 그게 지금 저 이베리아반도, 지중해 연안, 인도에 다 있어요. 근데 동방에는 황해 연해주 지대에만 있습니다.

산동반도, 발해지역, 요동반도, 남만주, 서북조선 요 황해 연해주 지대에 뱅 돌아가면서 아주 전형적인 고인돌이 있는데, 서구에 있는 거반 이상이 이 황해 연해주 지대에 있데요. 근데 그 주인이 누구냐. 이게 제단이냐, 묘냐. 근데 묘라는 것을 발견 했어요. 그 속에 시체가 들어서 유골이 있단 이 말이야. 묘란 말이야. 그 묘를 잃어버리지 않기 위해서 큰 돌을 갖다 놓고, 짐승도 침범 못하게 하고, 장마에 떠내려가지도 않게 한 것이지. 이것이 조상숭배 관념인데, 아시아에 있는 건 전부 고조선 사람들 꺼야. 만주인이나 중국인이 아니고. 우리 꺼야. 지금 가보세요. 이 저 대전·여수·순천 거기 박물관에 가면 유물이 많아요. 전부 코리안, 조선족 꺼예요. 고대유물이에요.

이렇게 본다면, 우리는 고대로부터 조상숭배를 해왔어요. '시조소자출지제始祖所自出之際', 시조가 나오는 근원에 대해서 물어야 한다, 그게 유교의 본질이에요. 근데 그걸 그대로 나타내는 게 한민족韓民族이에요. 한민족 조상숭배의 제일 효자가 누구냐 물으면, 순임금이야. 공자가 말하고 경서에도 나와. 순임금이 하늘에 대해서, 조상에 대해서 최고의 효자였다고. 근데 그가 조선 사람이니까, 우리 문화라고. 지금 중국도 족보 없어요. 일본도 없어. 서양은 더군다나 없고. 우리는 적어도 7-800년 족보가 다 있어요. 집집마다 다 있어요. 지금도 추석 되고 그러면 산소에 가서 전부 벌초하느라 정신없잖아요. 다른 민족엔 그런 거 없어요. 이건 특수한 겁니다. 그러니까 위로 올라가면 어떻게 되느냐. 아버지께 효하니까 형제간에 우애 있고, 조상을 우리가 숭배하니까 집안이 화목하고, 국조國祖 단군檀君에까지 가니까 민족이 화목한 것입니다.

하늘에까지 올라가면 전체가 다 통일되는 것입니다. 일본사람은 일본사람인데 조상을 통해서 하늘로 갔어요. 중국 사람도 조상을 통해서 하늘로 갔어요. 유대인들, 자기들 조상을 통해서 아브라함을 통해서 어디로 갔나? 하늘로 갔어요. 우리가 유교를 한다고, 공자가 유교의 으뜸가는 선생이라고 해서, 공자 자손은 아닙니다. 우리가 예수님을 믿는다고 아브라함자손 아니잖아요. 그게 정륜正倫이에요. 하나님을 믿어도, 생명의 근원이 다른데, 정륜으로 가서 믿어야 돼. 하늘까지 가니까 황인이나, 흑인이나, 백인이나 모두 공동체 아닙니까? 생명의 동심동덕同心同德으로 갈 한 인류가 아니냐, 형제가 아니냐 말이야. 그래서 세계화가 되는 거지. 종교의 대립을 해소 할 수 있다는 이 말이에요. 우리가 이러한 사상을 포은 속에서 배워야 되는 거예요.

그러면 과학과 물질을 가지고 싸우는데, 과학과 물질이 사람을 위해서 있는 거냐, 사람이 물질을 위해서 있는 거냐 하면, 과학이 사람을 위해서 있어야죠. 사람이 물질을 위해서 있는 게 아니잖아요. 과학이 우리에게 고마운 존재고 세계를 하나로 만드는 원동력이 됐다, 지식기반 사회, 지식 정보화 사회, 세계화 사회를 과학이 만들었다, 대단히 좋죠. 우리 먹을 거 없다 해도 과학으로 얼마든지 만들 수 있다. 돼지도 소같이 키울 수 있고 얼마든지 할 수 있다. 좋은 일 아네요? 그렇지만 그건 사람이 과학을 위해서 있는 게 아니에요. 과학이 사람을 위해서 있는 거예요. 그러니까 과학을 어떻게 인간화 하느냐. 이게 중요해요.

과학 자체는 중성적인 거예요. 과학은 가치관이 아니에요. 그러나 이걸 사람이 쓸 때에 그 과학문화를 순기능적으로 좋은 데 쓸 수도 있고, 나쁜 데 쓸 수도 있어요. 지금 이 컴퓨터 문명, 이 세련된 현대 조직문명을 책임자가 이용해 먹으려면 얼마든지 감쪽같이 해버릴 수 있어요. 이게 순기능을 하느냐 역기능을 하느냐는 과학의 문제가 아니라 그걸 사용하는 인간의 문제인데, 그건 윤리의 문제고 도덕의 문제지 과학의 문제가 아니라는 말이에요. 그런데 그걸 무시하고 과학만 따지면 어떻게 됩니까? 과학을 인간화해야 한다는 인도주의 철학은 인간에 의미를 두는 거예요.

그리고 종교가 있는데, 종교 간에 싸워요. 그러나 잘 생각해봐요. 인간의 생명을 위해서 종교가 있는가, 종교를 위해서 인간의 생명이 희생 되어야 하는가. 간단하잖아요. 옛날에는 그렇게 못했어요. 오늘날은 인간이 자유와 자립을 할 수 있습니다. 그렇기 때문에 신을 초월적인 데서 구하지 말고, 내 마음 속에서 성령聖靈을 구하고 불성佛性을 구해야 합니다. 인간으로 돌아와야 해요. 과거에는 못했어요. 미숙한 사회라서. 성숙한 사회, 성숙한 인간 속에는 하늘의 의지가 내 속에 있는 거예요. 그래서 이 양심의 소리, 성령의 소리, 불성의 소리, 이것을 행동으로 나타내라. 그렇게 말한 게 포은 선생이에요.

종교의 싸움도 인간 속에서 해법을 찾을 수 있고, 과학의 싸움도 인간의 삶에서 해법을 찾을 수 있다면, 오늘날 세계화 문제에 중요한 힌트를 받는 것 아니겠습니까? 이렇게 생각하면, 우리에게 의논해야 할 내용이 많이 있는데, 시간 관계상 이걸로 마치겠습니다. 다만 지금도 포은선생이 살아 계신다는 걸 조금 증명하겠습니다. 이태조李太祖의 입장에서 볼 때는 당시 경제·사회·국제 문제 모두가 혼란이있습니다. 원나라가 없어지고 명나라가 생기고, 불교가 타락해서 이게 술집인지 절집인지도 모를 정도였습니다. 따라서 더 이상 갈 수 없으니, 창업·개혁하지 않으면 국민이 살 수 없다는 말이었어요. 그건 그대로 이치가 있는 거예요. 포은 선생의 생각은 '나는 나라의 최고 책임자다, 문하시중이다. 따라서 이 나라를 최후까지 섬겨야 한다. 어떻게 절로 가느냐. 나는 내가 이미 내 자리를 결정하고 가야할 방향을 정한 거다. 당신들이 할 일은 당신들 일이고, 나는 내 도리를 하는 거다'라는 것이었습니다. 그러니까 조선의 건국을 반대하는 이론이 아니었습니다. 저긴 저기대로 옳고 여긴 여기대로 그 이유가 있는 거예요.

그럼 같은 주자학인데, 어떻게 둘로 갈라질 수가 있느냐? 해석이 달랐던 것입니다. 그 때 상황은 정치·문화·사회·국제 관계가 더 이상 유지할 수 없었던 것입니다. 역사에는 창업·수성守成·경장更張의 시기가 있는데, 당시는 고쳐서 되는 게 아니라 헐어내고 다시 지어야 할 창업의 시대다, 이렇게 판단하는 사람들은 창업하는 방향으로 간 것입니다. 포은의 생각은 '내가 수상인데, 최고의 책임잔데, 그렇다고 내가 절로 갈 수 있느냐. 나라와 더불어 내가 생명을 같이 하는 거다. 그게 내 도리고, 내가 해야 할 일, 내 운명이다. 그걸 바꾸면 안 돼. 어떻게 내가 내 임무를, 내 나라를, 내 조국을 책임 안지고 가겠느냐. 내가 운명을 같이 하려고 그런 거다'라는 것이었습니다.

백이伯夷·숙제叔齊는 무왕武王의 혁명을 반대했어요. 그래서 수양산에서 고사리 캐먹다가 죽었어요. 그렇다고 무왕이 백이·숙제를 반대했느냐? 절대로 반대하지 않았어요. 그 혁명을 안 할 수 없어 했지만, 백이숙제가 그렇게 한 그 충심에 대해서는 그 가치를 천추만대에 이어갈 수 있도록 그 정신을 존귀하게 여겼던 것입니다. 이 둘이 모두 있는 것을 이해해야 돼요. 그래서 하나는 천명사상天命思想이고, 하나는 윤리강상倫理綱常인 것입니다. 포은은 윤리강상을 택한 것입니다. 사람도 살다가 죽는 때가 와요. 생년월일, 몇 년, 몇 월, 며칠, 몇 시에 낳다. 생사주生四柱. 그렇지만 사람은 몇 년, 몇 월, 며칠, 몇 시에 죽는다는 망사주亡四柱도 있는 것입니다. 근데 나는 모르고 살지. 그 걸 알면 불행하니까 모르게 해놨어요. 그러니까 나라도 생긴 날이 있고 가는 날이 있는 거야. 그게 명命이라고 하는 거예요. 명을 모르면 안 돼요. 명을 알아서 순종해야 해요. 죽어도 괜찮아요. 죽을 때 죽는 거야. 안 죽을 때 죽으면 안 돼요. 죽을 자리에 죽게 되면 순하게 임종을 맞는 게 제일이라는 말이야. 이것을 초월한다는 건 보통 수양해서 되는 게 아닙니다. 문자·언어를 가지고 하는 게 아니라는 거예요. 사람이 바로 되는 진리를 내가 체득해서, 거듭나는 길을 배우는 것이에요. 할 말이 많은데, 너무 시간이 많이 가서, 이것으로 제 말씀 마치겠습니다. 감사합니다.

(포은학회 창립 기념강연, 원제 「포은 정몽주선생의 사상과 학문의 연구방향)

Ⅳ. 원로와의 대담 : 한국철학의 어제와 오늘
— 동양적 사유와 서양적 사유 구조 —

일시: 1977년 1월 18일
장소: 일지사 『한국학보』 회의실

1. 유교와 불교의 철학적 반성

柳承國: 오늘 오래간만에 고 박사님 모시고 대담하게 된 것을 저로서는 영광으로 생각합니다. 오늘 대담하는 내용은 한국철학의 어제와 오늘을 넓은 의미에서 그 흐름을 반성해 보려고 하는 것입니다. 그 중에서도 특히 동양적 사유와 서양적 사유 구조의 특징과 접근양상 및 그 방법에 대해서 선생님의 높은 의견을 듣고 후학들에게 참고가 되기를 원하는 뜻에서 그런 방향으로 말씀을 나눴으면 합니다.

우리나라에 서양철학이 들어온 것도 거의 1세기 가까운 역사를 가졌습니다마는 넓게 말해서 일제시대의 철학하는 양상이 있었고, 해방후에 독립과 더불어 한국의 지성들이 우리의 입장에서 철학하는 시대가 있다고 생각합니다.

高亨坤: 1세기라고 했는데 아주 먼 데까지 소급하면 그렇게 될는지 모르되, 신후담愼後聃의 「서학변西學辨」이나 유길준兪吉濬의 『서유견문西遊見聞』의 학문 항목에 나온 것은 일종의 견문기이고, 서양철학을 직접 이 땅에 유입했다고 볼 수는 없어요. 우리나라 사람들이 외국 가서 공부한 걸 보면, 1920년대에 최두선崔斗善 씨가 독일 가서 철학을 공부하고 왔지요. 그러나 그때는 항일운동이라고 하는 역사적 소용돌이 속에서 모든 지식계급이 혼란을 받고 있던 때니까 차분하게 학문을 유입하여 토착화시킨다는 것은 도저히 바랄 수가 없었어요. 그저 공부하고 왔다, 이거죠.

그 다음에 숭실·연희전문학교가 있어 문과에 철학과인지 영문과인지 하는 것이 있었지만 철학적으로 기여가 없었지요. 1922, 3년에 들어와서, 한국 사람이 독립대학을 세우려니까 그 운동을 무마하기 위해서 경성제대가 생기고, 거기에 철학과가 생기고 해서 거기부터가 본격적으로 철학을 받아들인 시초라고 볼 수 있을 거예요. 그러니 불과 약 5, 60년이죠.

柳承國: 네. 엄격히 말해서 반세기라고 보면 좋겠습니다. 그렇게 현대적인 데까지 구체적으로 나오기에 앞서서 한국사상사의 과거를 회상해 볼 때, 현대철학적인 입장에서 재평가를 해본다면 재래의 우리나라의 정신구조 바닥에 깔려 있는 기초를 말하면 유교사상과 불교사상을 빼놓고는 설 터전이 없다고 생각되는데요. 현대철학적인 측면에서 그러한 이질적인 유교와 불교가 어떻게 만날 수 있느냐는 것을 생각을 하고 우리의 전통적인 것을 정립해 가면서 그 위에다 외래사상이 접근되는 과정을 살펴보았으면 합니다. 박사님께서 특히 불교를 서양철학과 더불어 전공하신 지 오래고, 근자에 은퇴하신 후부터 본격적으로 무게 있는 저술들이 나오곤 하는데, 불교를 현대철학에서 조명해 볼 때 어떠한 의미를 발견할 수 있는지, 유학과는 어떤 관계를 맺을 수가 있는지 말씀을 들었으면 합니다.

高亨坤: 유학, 성리학에 대해서는 유 박사가 잘 아니 내가 감히 할 말이 없지마는, 전통사상 중에 중요한 한 부분이 되고 있는 불교사상이 우리의 민족 심정 위에 토착화해서 오늘날까지도 전통을 이루고 있는 것은 사실입니다. 역사 사실에 대해서는 잘 모릅니다만 유교가 한사군, 고구려시대에 들어왔다고 볼 수 있나요?

柳承國: 그렇게 봐야겠지요. 벌써 한사군을 두었다는 것은 중국문화·학술이 이식되었다고 봐야지요.

高亨坤: 현저하게 저술이 남겨진 것은 없잖아요? 문화형태로는 수

입됐지만.

柳承國: 낙랑시대 사람으로 왕경王景은 『주역』에 대한 조예가 깊었다 하였으며, 중서衆書를 박람博覽하여 특히 천문·술수術數·기예技藝에 능하여 한漢 명제明帝 때 치수공사에 공이 있어 여강태수廬江太守가 되었다 하였으니, 이를 보면 한반도의 학술이 중국으로 역유입된 것을 알 수 있습니다. 우리가 묘지명墓誌銘이라든지 비문 같은 금석의 고문古文을 통해서 그 흔적을 알 수 있습니다. 고구려 초, 『유기留記』 1백 권의 역사가 편찬될 정도로 한문이 발달하였다면 한문과 유학은 불가분의 관계로 보아 유학의 전래는 기원전으로 소급되는 셈이죠. 고구려 소수림왕 2년(372)에 국립대학으로서 유학대학을 세웠다 하였고, 우선 광개토왕비廣開土大王碑만 하더라도 서기 414년에 세운 것인데, 거기에 쓰여진 한문의 수준, 고전정신, 서예 등 놀라울 정도로 중국문화가 고구려에 들어와 이미 한국화하고 있기 때문에 일찍이 소급된다고 보겠습니다.

高亨坤: 나는 그걸 잘 알지 못해 이렇게 대강 생각했지요. 우리의 전통사상으로 우리 민족감정에 큰 영향을 주었다는 점에서, 유학은 조선조에 들어와서 성리학이 유입되고 거기서부터 활발하여져서 우리 민족감정에 영향을 끼친 걸로 생각했습니다. 여기에 대해서 불교는 고구려 때부터 들어와 신라·고려에 전성을 이루고, 조선 초기에 척불론斥佛論으로 뒤로 후퇴하기는 했지만 역시 민족신앙으로서 영향을 주었고 ……. 그러고 보면 우리 전통으로서 뿌리를 박은 그 연대와 깊이로 볼 때 유교보다는 불교가 적어도 1천 3~4백 년 가량의 깊이를 더 가지고 있다고 보았죠. 그동안에 고려 때, 불교는 국가의 종교로서 유명한 승려들이 많이 나와 왕사王師·국사國師로서 대우를 받고, 그래서 조선조의 척불론에도 불구하고, 우리 민족 심정 중에는 이 불교가 씻을래야 씻을 수 없는 민족신앙을 형성하고 있다고 생각합니다. 그런 관계로 볼 때 우리 전통에 있어 불교라는 것을 무엇보다도 음미 분석해 볼 필요가 있으며, 그것을 마음 속에 간직해 장차 그걸 어떤 형태로 나타나게 하느냐가 중요하다고 생각합니다.

柳承國: 조선조 시대에는 유교 일색이었으니, 억불정책으로 불교를 이단시했기 때문에, 사회적인 제약 속에서 마음껏 발휘할 수가 없었지요. 그래도 불교가 외면적으로 산간불교로서 상당히 온축된 연구가 있었다고 보여집니다.

高亨坤: 그뿐 아니라 대유가大儒家들도, 중국에서는 정이천程伊川·정명도程明道가 척불론을 주장했다 하지만, 선禪에 대한 이해가 도저到底하잖아요? 또 주자朱子도 역시 『주자전서朱子全書』에서 그런 견해를 표명했고, 우리나라의 율곡·다산도 '선'에 대해 이해가 아주 깊습니다. 추사秋史도 특별히 노老·불佛에 깊다고 할 수 있죠. 그러한 점을 볼 것 같으면 조선조에서도 불교의 경향이란 무시 못할 것이죠.

柳承國: 그렇습니다. 얼른 보면 조선조 시대는 불교가 없는 줄 아는데 그렇지 않고, 모래 밑으로 흐르는 물결이 있다고 하겠지요. 고려, 신라 통일이전 삼국시대에 올라가면 중국의 한문문화가 일찍 들어와 정치·교육 방면에 많은 영향을 준 것을 볼 수 있어요. 그러나 불교가 들어와 토착화한 이후에는, 우리나라의 정신문화 내지 사유의 차원을 심화시킨 것과 불교가 깊이 이해됨으로써 민족정신사에 미친 영향의 비중을 높이 평가하지 않을 수 없습니다. 중국이나 일본과 비교해도 신라불교, 고려의 특출한 선종사상禪宗思想은 오히려 중국불교사나 일본불교에 영향을 주고 있으니까요.

高亨坤: 그건 그렇습니다. 그 점은 매우 의미 있게 생각합니다.

철학적인 관심에서 볼 때에는 각도를 달리해 보면 또 다릅니다. 가령 우리가 현실생활을 하는데 국가의식을 갖는다든가 하는 관점에서 보면 유교사상이란 것이 정말로 자기인격을 도야하고 치국治國 평천하平天下하는 현실생활을 하는 데 지침이 될 만해요. 거기에 대해서 불교는 현실 위주라 하긴 해도 역시 좀 물러서는 것이죠. 우리 가치의 세계는 인정하지 않거든요. 유교는 가치체제를 정립하는 데 본색이 있지만, 불교는 주객대립에 있어서 가치는 버려야 한다고 하니까요. 현실이 어둡긴 했겠지만 국가를 경영하는 견지로 보아서는 예전 사람이 어떻게 국교로 했던지 알 수가 없어요. 그때는 사회가 좀 단순해서 그랬는지는 몰라도…….

철학적 견지로 봐서는 매우 독단인지는 모릅니다만, 우리 전통 속에서 다시 빛을 내게 할 측면이 있다고 할 것 같으면 역시 불교라고 생각해요. 왜냐하면, 이 점에서 유 박사는 나와 견해가 다를 것입니다만, 유학으로 말하자면, 원시유교뿐 아니라 최근의 성리학까지도 포괄해서, 진리의 세계를 대상으로서 객관적으로 관찰하는 서란 말예요. 설명하는 사람이 여기 있고 설명되어지는 진리의 세계가 따로 있지 않아요? 그래서 주객 대립에서 대상적으로 그것을 파악하려고 해요. 그러기 때문에 아무리 다른 차원적 세계라 하더라도 그것을 객관적으로 주객대립의 입장에 서서 고찰하고 관찰하고 연구할 수 있는 거예요. 그런 의미에서 형이상학적이라고 말한다면 불교는 그와 다릅니다. 그 진리의 세계가 우리의 인간적 사유를 떠나서 있지 않단 말예요. 가령 유교에선 인간적 사유가 진리를 대상적으로 보고 관찰하고 설명한 것이지만 여기엔 그것이 아니고, —진리의 세계가 달리 있지 않고, 형이상학적으로 딴 세계에 있지 않고— 현실적으로 살고 있는 이 세계이고 그 세계가 동시에 인간적 사유와 일여관계一如關係에서 서로 떠날 수 없이 공존·공속共屬하는 지적세계로 생각한단 말예요. 말하자면 진리의 세계가 우리의 현실적 생활을 떠나서 형이상학적으로 따로 있는 것이 아니고, 우리 현실적인 세계일 뿐 아니라 이 현실 세계가 또 주객대립으로서 보아지는 세계가 아니라, 인간적 사유와의 관련에서 인간적 존재와 사유의 공존관계, 한 마디로 말하면 지적세계입니다. 형이상학적인 실체의 세계가 아니라 지적세계로 본단 말씀입니다.

그러니까 그것을 서양철학으로 볼 때는, 서양철학은 형이상학에서 칸트의 인식론을 거쳐 훗설의 체험분석으로 오잖아요? 그렇기 때문에 그런 서양철학의 흐름으로 볼 때는 불교의 선의 세계는 아주 철학에 가깝지요. 형이상학이 인식론을 거쳐 세계를 지적세계로 보는 것이니까. 포스튤라트로서 한 이념의 세계로 보는 것이 아니라, 우리가 직접 현실적으로 경험할 수 있는 세계죠. 끌어 내려오는 조류에 비치면 불교 쪽이 훨씬 더 가깝지요. 또 불교는 인간사유와 일여의 관계가 있다고 할 뿐만 아니라, 현실적 세계가 인간적 사유와 공존한다기보다 차라리 인간적 사유 자신이 현실적 세계란 말이지요. 그래서 서양철학의 훗설 같이 체험분석을 하는 데 아주 가까워진단 말이에요. 더군다나 하이데거에 이르면 존재와 사유의 공존관계라고 해서, 종래 서양철학에서는 용납 못한 이야기지만, 퍽 가까워졌고. 그러한 의미에서 불교사상이 현대철학에서 매우 의미가 있는 것이고 내가 『선禪의 세계』를 쓴 것도 그런 관점에서 본 것입니다. 하이데거는 '선'에 대해 상당히 관심을 가졌던 것 같아요.

일본에서도 역시 그에 대한 저술이 있은 것으로 알고 있습니다. 그렇다고 '선'이 하이데거의 사상과 꼭 같다는 건 아니지만, 세계의 현대사상의 조류가 그렇게까지 와서 '선'사상과 접근하려고 손을 내미는 것을 피부로 느낄 만하게 되었죠. 그런 걸 어떻게 해 봤으면 해서 그렇게 써 봤죠.

2. 儒·佛의 특징과 접근방법

柳承國: 유교와 불교가 갈등을 일으켜서 이대조류를 형성해 왔지만, 오랜 역사 속에서 상호교섭 관계를 가져왔는데요. 지금 고 박사님 말씀을 요약해 말하면, 우리가 말하는 색계色界·색상色相의 세계와 공계空界가 둘이 아니고 곧 '즉卽' 자를 통해 일여一如라는 뜻이지요. 둘이라고 할 수 있고 하나라고도 할 수 있는 색즉시공色卽是空, 공즉시색空卽是色하는 '즉卽' 자의 관계로 문제가 집약된다고 하겠습니다. 넓게 말해서 유교는 현실의 학문이라고 하지만, 이걸 철학적으로 자꾸 심화시켜서 들어가면, 대상적인 세계를 진리라고 하기에 앞서서 그 대상을 누가 말하느냐, 어떤 견지로 말하느냐 하는 인간문제로 집약된 것이 성리학이라고 볼 수 있지요. 성리학의 근본적 문제가 인성론人性論에 있는 소이所以가 그것이지요. 그래서 무극無極이라고 하면 보이지 않는 소극적 세계이고 태극太極은 적극적인 대大(有)라 할 때 '무극생태극無極生太極'이 아니고 '무극이태극無極而太極'이라고 하는 데에 성리학의 본령이 있다고 하겠습니다. 즉 무無에서 태太가 생生함이 아니고 '무'의 극이 곧 '태'의 극이라는 뜻입니다.

高亨坤: 그게 바로 성리학이 정이천·정명도의 성주학으로 발전한 것이라고 생각하는데요. 그때 당대唐代의 문화가 일반으로 문학에도 선禪의 취미가 있지만, 역시 유학이 선의 사상을 받아들여서 거기에 유교를 하나 더 차원 높게 한 것, 그것이 바로 성리학이라고 생각해 봤어요.

柳承國: 일반적으로 그렇게 철학사에서 많이 설명하지요. 그런데 그러면 그것이 불교냐 유교냐 할 때에, 유교인이 반발하지 않는 이유는 어디 있는가를 생각해 볼 필요가 있겠습니다. 성리학을 불교라고 부르지 않고 유교라고 납득하는 데 문제가 있습니다.

高亨坤: 그렇죠. 그러면서 성리학이 동시에 척불론斥佛論을 얘기했습니다.

柳承國: 그 대목이 왜냐고 할 때에 역시 성性이라는 것은 추상적·관념적인 '성'만 애기하는 게 아니라, 생태학적으로 인간의 신체를 도외시하지 않고 인간에 내재한 인간의 본연한 모습을 일컫는 것으로서, 실체의 관념과 순수 개념을 맞붙이는 인간자아로 돌아왔다고 하는 의미에서, 역시 현실 개념을 동시에 말하고 있는 것입니다. 성즉리性卽理라고 한 성리性理는 인간 자성自性의 진리를 말한 것으로 진리가 인간을 떠나 따로 동떨어지게 존재하지 않는다는, 이른바 '도불원인道不遠人'이라는 인간론으로 집약되는 것입니다. 그것을 심화시켜서 인극人極을 확립시키는 동시에, 그러한 인간들이 모여 사는 사회를 성립시키는 이론으로 발전되는 만큼, 유불儒佛이 이론상 대립하지만, 역시 인간의 순수한 인간성의 회복이라는 면에서 만날 수 있는 가능성이 있지 않은가 합니다. 유불관계의 매개성을 이러한 방향에서 생각해 보는 것이 어떨까 합니다.

高亨坤: 그렇게 설명을 듣고 보니 나도 납득이 갑니다만, 그래도 이것은 다를 거예요. 가령 인성이 천부天賦됐다는 것은 천명이 인성에 있어 자각을 하는 형태란 말예요. 인간의 사유를 통해서 '천天'을 형이상학적 실재로 자각을 하는 것이지요. 그런데 불교에선 방향이 좀 다르죠. 가령 진여眞如라든지 공空이라든지 하는 데 있어, 그것이 현상現象의 세계, 색상色相의 세계로 발전하는 것이 아니라 단 하나뿐이고, 주객대립에서 보면 미혹迷惑의 세계, 주객대립을 버리고 각覺한 것으로 보면 진여의 세계이게 하나로 딱 붙었단 말예요. 그런데 거기는 그런 형이상학적 실체가 있어서 어느 단계에 와서 인간이 자각을 하는 것 아닙니까?

柳承國: 그렇죠. 명명덕明明德해서 자각할 수 있는 가능태可能態가 있다는 것이지 명명덕이 다 됐다고 보는 것은 아니란 말이겠지요. 명명덕은 우리가 어디서 받아 오는 게 아니라는 뜻에서는 이미 주어진 것이라 하겠으나, 명덕明德을 다 밝힌 상태에 있지 않은 우리 범인凡人이 명덕을 밝힌다고 하는 측면에서 보면 차이가 생기는 것이겠죠.

진리 자체가 차이가 있다고 설명하는 게 아니라 인식하여 가는 단계로서는 문제가 있다는 것이죠.

3. 근대사상사에서의 문제점

柳承國: 지금까지는 과거의 유불사상을 현대철학적인 입장에서 반성해 보는 것이고, 우리가 좀더 나아가 한국근대사상사에서 가장 문제삼을 것은 실학사상이 두드러지게 부각되는 듯합니다. 실학은 숙종 이래 영·정조에 이르러서는 상당히 문제가 됐습니다. 그러나 한국사상 속에는 의리학義理學을 중심으로 하는 주자학적 성리학이 주류를 이루어 왔거든요. 성리학의 내용은 의리학으로서 인간이 물질에 의해 지배를 받을 수 없다는 자주성·주체성의 문제를 강조한 것으로 정통을 유지해 왔는데, 임진왜란이나 병자호란 등 외세의 침략을 받은 후에는 민족의 보존을 위해 국력의 배양이 절대 필요함에 따라 실학사상이 대두됨으로써 그 두 학파가 은연중 대립해 왔지요. 그래서 실학사상은 개화사상과 성격을 같이하고 의리사상은 민족주체성이라는 측면으로 나아가 서로 대립하여 발달해 왔지요.

高亨坤: 의리사상이란 것이 잘 보면 민족자주겠지만, 개화당하고 반대라면 사대주의와도 일치됩니까?

柳承國: 사대주의는 아니지요. 성리학은 주체성의 학문이지 사대주의 학문이 아닙니다. 다만 그것을 사회학적으로 접근해 본다든가 역사적인 측면으로 볼 때의 폐단을 말하는 것뿐이죠. 두 사상의 핵심을 말하면, 하나는 주체의식을 강조한 것이고 하나는 개화의식을 주창하는 것인데, 그 두 측면이 다 민족적으로 필요하다고 보겠습니다. 그것이 현대로 연결되면서, 실학사상은 개화사상 및 근대정신으로 연결되는 성질의 것이라면, 의리사상은 보수사상 및 오늘날 민족의 자주성 내지 주체성이라는 것으로 연결된다고 하겠는데, 이에 대해서 사학가·문학가·사회학자들이 논란을 많이 했습니다. 그런데 철학적 측면에서는 아직도 반성이 되어지지 못했다고 보겠습니다. 말하자면 실용주의 내지 실증주의적인 문제의 측면과 또 자주성과 전통성에 대한 반성에는 아직 철학적 조명을 해 보지 않았단 말씀이지요. 사학가나 일반 사회학자들이 보기 이전에 철학자들도 이러한 문제를 철학적으로 반성해 보아야 될 것이 아닌지, 역사의 평가문제라든지 사관史觀의 문제라든지 여러 가지가 있으리라고 생각됩니다.

18세기 이후 서양의 종교사상, —천주교라든지 개항 1백년으로 개신교가 들어온 지도 1백년이 되었습니다만—과학사상이 들어옴으로써 우리 한국의 정신문화 내지 사회구조가 근본적인 변혁을 가져오는 영향을 받습니다. 좋은 의미에서 근대화의 여명黎明을 주는 것이라 하겠으나, 서양의 세력이 한국에 접근해 옴에 따라 그 그늘 속에 들어간다는 것을 의식한 한국 지성인들은 이에 대하여 부정적인 태도를 취한 것도 있으니, 서양문물의 아시아 접근에 대하여는 두 가지 면에서 평가할 수 있을 것으로 생각됩니다. 보수세력들은 서양의 학문과 사상을 하나의 침략으로 규정하고 이에 대하여 척사위정斥邪衛正이라는 용어를 많이 쓰지요. 그러나 서양의 입장이나 천주교의 입장에서 볼 때는 천주교 박해라 부릅니다. 이와 같이 척사斥邪와 박해가 대립이 되었는데 이 두 상반 모순되는 개념은 오늘날 우리 학계에선 공존해 쓰고 있거든요. 그러니까 이 문제도 한국철학사의 입장에서의 가치판단이나 민족정신사 내지 민족사의 측면에서 어떻게 설명해야 할 것인가 하는 것도 문제가 아닌가 합니다. 넓은 의미에서 실학과 의리학이 서로 상반된 입장에서 이론 전개를 해 왔지만, 더 들어가면 척사냐 박해냐 하는 구체적인 대립은 우리 사상사 정립에 중요한 문제를 가지고 있기 때문에 이런 것도 어떻게 생각해야 할는지.

高亨坤: 그러한 영역은 역사의식의 면으로서 받아들일 것이지요.

철학이라는 견지에서 볼 때는, 물론 자기 민족감정을 체계 있는 서술로 나타내는 철학도 대단히 중요하고 꼭 필요합니다마는, 일반적으로 볼 때 다른 학문과 비교해서 철학은 내셔널리즘이라기보다는 코스모폴리탄이즘이죠. 인종 전체의 존재 문제를 다루는 것이지요. 그러기 때문에 그런 역사의식에서 다루는 것은 우리가 어떻게 판단해서 평가를 내릴 수 있을지는 모르겠지만 내 생각은 이렇습니다.

한쪽에서 박해라 할 때, 천주교도들이 그 교리의 입장에서 보면 박해이지만, 민족감정에서 보면 그것은 척사위정이 됩니다. 꼭 같은 한 가지 사실인데 보는 면에 따라서 다른 것입니다. 그러면 지금 유 박사가 하시는 말씀은 어떤 평가기준이 옳으냐, 그 평가기준을 척사위정으로 보느냐, 박해로 보느냐를 물은 것 같은데요. 지금 말씀한 대로 견해 차이입니다만, 사실은 개화당 사람들도 민족 주체성을 전혀 잊어버리고서 그런 건 아니지요. 말류末流에 가신 그런 사람이 있었는지는 몰라도, 적어도 개화당의 취지로 보아서는 우리의 민족문화를 연결하고 더 새로운 형태로 발전하게 하려는 의미에서 서양문화나 제도를 받아들이고자 한 것이니까, 거기서도 주관을 소홀히 한 것은 아니라고 생각해요. 또 의리사상이나 척사위정의 측면을 보더라도 단순히 주체성만 내세운 것은 아니지요. 그때에는 세계정세에 의해서 판단이 그러했을 뿐이지 옛날엔 유교·불교도 다 받아들였으니까요. 그러나 오랫동안 관습상으로 정신의 지주가 되어 왔으니까 그러한 견지에서 볼 때에 세계정세를 잘못 판단한 거란 말예요. 거기서도 받아들이지 않으려는 건 아니에요. 그저 척사위정이라는 말이 표시하듯 바른 것을 받아들인다는 것이 아닙니까. 무턱대고 일방적으로 배척한 건 아니죠. 따지고 보면 어디에 역점을 두느냐, 받아들이는 데 역점을 두느냐, 주관에 역점을 두느냐 이 차이만 있는 것이지, 개화당이라고 주관을 무시하고 받아들이자는 것도 아니고, 척사위정에서도 그런 것은 아닐 거예요. 하기야 대원군 같은 사람은 그런 책임을 져야 하겠지만요.

柳承國: 지금 중요한 것은 판단기준이 어디냐 하는 게 중요한 문제인데요. 역사학계에선 문제가 많이 되고 있습니다.

高亨坤: 류홍렬柳洪烈 박사 같은 사람은 박해라고 하지요?

柳承國: (웃음). 물론 그렇게 되지요. 그런데 동양사—중국사, 한국사에서 사상적으로 충격적인 사건이 들어 있는데, 하나는 불교의 전래이고, 또 하나는 근세 서구사상의 전래라고 볼 수가 있지요. 불교의 전래는 중국에는 후한 명제明帝 때, 서기 1세기 후반에 들어왔고, 한국에는 4세기에 고구려에 들어왔으며 신라에 들어온 것은 6세기쯤입니다 마는, 그때의 불교는 하나의 사상으로서만 들어온 것이고 정치·경제·군사력을 동반한 것은 아니었습니다. 다만 사상적인 측면에서 영향을 주었기 때문에 정신생활에는 많은 영향을 주었어도 사회제도에까지는 동요를 가져오지 않았어요. 그러나 근세 서양사상의 접근은 경제력과 군사력이 동시에 침투했단 말이죠. 그러니까 이것에 지배당하는 것은 국가체제를 지배당하는 것과 같은 영향을 받았단 말씀이죠. 그러기 때문에 사상적 측면보다도 경제·정치·군사적인 위압감을 느낀 게 서세동점西勢東漸에 따르는 그때의 동양인이라 볼 수 있어요. 그렇기 때문에 자주성이란 것이 자기확보, 민족보존이었죠.

高亨坤: 예전에는 불교경전 같은 것을 구하기 위해서 인도에까지 가서 가져왔는데 비해서, 서구사상은 군함에다 싣고 왔거든요.

柳承國: 그런 걸로 볼 땐 자기의 민족보존이란 강한 의식이 지배하지 않을 수 없단 말이지요. 조금 심층으로 들어가서, 철학적이나 논리적인 문제에 앞서서 우선 그런 제약을 받고 있기 때문에 주체성을 말한다 하더라도 그 사람들은 진지한 대결을 했던 것입니다.

류의암柳毅庵(1842~1915) 같은 이도—근세 성리학자 화서華西의 문하로 유명한 의병장이며 성리학자지만—그랬거든요. 남의 나라를 빼앗을 때는 토지를 빼앗는 것이 아니라 정신을 빼앗는 것이고, 정신을 빼앗은 다음에 토지를 빼앗는 것은 문제가 아니라고 보았어요. 그 때 자주적인 정신확립이 없이는 우리가 투쟁을 할 수 없고 자기보전이 있을 수 없다고 생각을 하여, 자주권의 확보 위에서 대화를 해야지, 개화해 놓고 자주권의 확보라는 건 순서상 있을 수 없고, 그러니까 내가 개화를 반대하는 것이 아니라 개화에 앞서 자아의식을 주장하는 거다 하는 얘기를 한 일이 있어요. 이로 보면 개화주의를 주창하는 분은 서구문화를 편리하게 받아들여 국력배양 한다는 것을 강조는 했지만 거기선 순국열사는 볼 수가 없거든요. 그런데 의병운동을 강조하고 절의를 강조한 사람들은 순국한 이가 죽 연달아 있거든요. 전국의 의병도 전부 그 관련이지요.

그러니까 그런 걸로 볼 때 단순하게 과소평가해서 무가치한 걸로 평가해 버릴 수는 없죠. 우리의 정신사, 민족사적으로 그걸 승화시켜서 보다 보편화하는 것은 있을 수 있지만, 그걸 부정해서 단절시킬 수는 없다는 것이 우리가 철학적으로 반성해야 할 점이 아닐까 생각합니다.

高亨坤: 그러나 그것은 사상주체 속에서 필연적 동기가 있을 것입니다. 왜냐하면 주관을, 민족정신을 고취하는 의리와 대의명분을 찾는 것은 봉건주의 사상이고, 서구사상으로 들어온 것은 산업혁명을 지난 시민사회의 사상이거든요. 그러니까 봉건주의 사상에서는 순국열사라든가 하는 것이 나올 수 있지만 서구사상에서는 평민주의로서 나도 '하나'라고 하니 —그때 사람들이 그렇게까지는 생각하지 않았다 해도 그 원리는 그런 것이거든요— 거기에서는 순국열사라는 게 나올 수가 없지요.

柳承國: 나올 수가 없지요. 개화는 잘 살기 위한 수단이지 그 주체가 목적은 아니거든요. 가령 미국의 세력을 가지고 미국적인 개화를 한다든지, 일본을 업고서 일본적인 개화를 한다고 할 때에 그 아래 몇

대까지만 가면 주체정신보다는 친일·친미의 경향이 되고 말거든요. 그런 걸 보면 우리가 소홀히 해 넘길 것은 아닌 것 같습니다.

다만 봉건주의가 갖는 하나의 반발적인 형태이고, 또 왕정복구라는 하나의 의미에 지나지 않는다라고만 평가할 수 없는 성리철학의 세계성·보편성의 문제—인간은 너와 나의 차별이 없다고 하는 인성론, 내 인격의 깊은 터전 속에 너의 인격과 통할 수 있는 공주관성共主觀性, 태극관太極觀, 보편성을 전제하는 것이기 때문에, 이걸 단순하게 민족주의라든가 복고주의라고 판단하기는 어려운 것이라고 생각됩니다. 그 실례를 들어 말한다면 청조淸朝의 중기 이후에는 사상적인 큰 변화를 가져왔거든요, 청조 초기 이래로 고증학—실증주의 실학사상이 지배를 했는데요. 그래서 금석학의 발전, 문자학·문헌학 내지 고서古書의 편찬으로 사고전서四庫全書 등 모든 학문이 전문화했거든요.

高亨坤: 완당阮堂 김추사金秋史도 거기서 배웠지요.

柳承國: 예. 그렇게 분과적으로 전문화하다 보니까 학문 범위가 아주 협애狹隘하고 좁아졌단 말이죠. 그때 청조는 중화민족이 아니고 만주족이었죠. 그래 주권을 빼앗긴 시대이기 때문에 명말청조의 의리학파들은 배청의식이 강했었죠. 그걸 무마하기 위해서 모든 학자들을 사전 편찬이라든지 특수 연구에 종사하게 해서 정신을 딴 데 못 쓰게 했던 시대가 아닙니까. 그러니까 금석학 같은 것이 발달은 했지만, 청조 중기 이후부터는 민족감정, 민족의식이 고취되어 청조에 대해 반발이 일어났는데 공양학파公羊學派라는 게 생겼어요. 공양학은 공자의 춘추학春秋學의 한 학파죠. 『공양전』·『좌씨전左氏傳』·『곡량전穀梁傳』을 춘추삼전春秋三傳이라 하는데, 그 공양학파라는게 복수주의復讐主義 사상이 강하게 있어요. 나라의 역적·반역은 최후까지도 보복해야 한다는 요소가 거기 들어 있습니다. 또 거기에서는 역사발전이라는 것이 난세로부터 승평升平 소강상태小康狀態로, 승평 소강상태로부터 태평太平 대동세계大同世界로 이렇게 삼단계 진화법인 삼세설三世說이 있다는 걸 공양학파들은 말하고 있어요. 그러기 때문에 주체를 강조하는 복구사상이 한민족의 만주족에 대한 배청사상으로 연결이 되지요. 또 역사발전의 단계가 있어 평화 경지에 가려면, 어지러운 세상에서 중간 단계를 지나간다는 개혁이론을 거기다 집어넣었지요. 그래서 개혁사상이 들어 있는데 그것을 전개시킨 이가 강유위康有爲라고 볼 수가 있거든요. 유명한 중국의 유신변법운동維新變法運動을 전개한 사람이죠.

高亨坤: 양계초梁啓超와 같은 시대의 사람이지요?

柳承國: 양계초는 바로 그 밑 단계의 사람이요. 그런데 그분이 공자의 사상을 혁신사상으로 규정하고 그것을 변법자강운동變法自强運動으로 전개하는 동시에 철학적인 내용 이론은 공양학의 춘추정신으로 전개했습니다. 그것이 나중에 신해혁명에까지 그 흐름이 연결되거든요. 그래서 손문孫文은 전통사상을 혁신해 가지고 서구의 입장에서 중화민국을 만들고 전통을 연결시켜서 삼민주의三民主義라는 것이 형성이 됐단 말입니다.

高亨坤: 그게 그런 깊이가 있는 거군요.

柳承國: 예. 그렇기 때문에 중국에서는 공양학파가 전통사상을 한갓 봉건주의로 정지시키지 않고 좀 더 전진시켜서 현대의식에 까지 연결시켜 중화민국을 탄생시켰지요. 우리는 춘추 의리사상을 고취하고 조국 광복운동을 전개했지만, 그것이 좌절되고 일본의 점령하에 들어가니까 그것이 철학적으로 현대사상과 연결되지 못한 것이지요.

그러니까 이걸 단순하게 하나는 봉건주의체제고, 하나는 시민사회체제이기 때문에 여기는 자유주의가 있고 저쪽에는 복고주의復古主義가 있다고 평할 수 없는 내재적인 가능성이 있는 걸 우리가 철학적으로 반성해야 할 것이 아닌가 하는 생각을 합니다.

그리고 아까 그 척사론과 박해론에서는, 정치·군사적인 측면에서는 척사를 당연히 하게 되는 겁니다. 우리가 순수 종교적 측면이나 철학적인 가치관의 내면으로 볼 때는 사실 공통된 요소가 있으며, 오늘날에 와서는 그것의 접근 가능성을 발견할 수가 있다고 생각되기 때문에, 우리가 그런 형태적인 또는 이해 관계적인 의미에서 민족감정으로 보지를 않고, 좀더 들어가서 인간의 내면성으로 철학과 종교를 심화시켜 볼 때는 역시 카톨릭의 교리와 동양사상과도 이질적인 요소는 있지만, 그래도 인간의 내면 속에서 만날 수 있는 가능성이 있지 않나 하는 것이 철학적으로 반성되었으면 하는 생각에서 말씀드리는 것입니다.

高亨坤: 예. 아주 치밀한 분석입니다.

4. 일제시대의 철학과 그 반성

柳承國: 그 다음에 우리가 조금 더 나아가서 지금까지 한국철학사상사를 훑어 볼 때, 철학이라고 하는 말은 철학과가 생겨 가지고 철학을 정식으로 학과로 설치하고 철학교수가 철학전공생에게 강의하는 강단철학이 시작된 이후로부터 일컬을 수 있다 하겠습니다. 선생이 교수하고 학생이 배워서 전수되는, 그런 철학이 계승되었다고 할 수 있겠습니다만, 그러나 그것은 아까 선생님께서 말씀하신 대로 3·1운동 후 1923년 우리가 민족적으로 자주독립을 전제하고 민립대학民立大學을 세우려고 하는 운동이 짙어지자 총독부에서 그걸 제지하고, 경성제국대학을 세우면서 일본사람들의 정신에 맞는 대학을 설립하고, 거기서 일본사람들이 철학을 가르쳐 왔습니다. 이러한 사실과 우리 한민족이 수천 년 이민족 사이에서 우리의 전통을 유지하고 생존권을 보존해 왔다는 정신사적 측면에서 볼 때, 그리고 거기에서 우리의 정신이 철학적으로 연계되는 작업으로서의 철학을 했다고 하는 측면에서 볼 때,

일본 식민지시대의 식민철학과 우리의 자주정신이 독립운동, 항일투쟁과 연결되어 나타난 철학정신과의 관계성이 오늘날에 와서 반성을 요구되는 것이 아니겠는가 하는 생각이 듭니다.

왜 이렇게 말하느냐 하면, 역사학계를 보면, 일제시대 일본을 중심한 역사가도 있고 그것과 대립하는 한국의 역사가들도 있어서, 말하자면 『청구학총靑丘學叢』을 만든 일본 사람들의 학파라든지 이에 대립하기 위하여 만든 진단학회震壇學會라든지 하는 것은 그래도 뭔가를 논리적으로 우리 한국사 정립을 위해서 노력한 맥락이 있거든요. 국어학에서도 조선어학회 사건 등이 있죠. 그것과 관련할 때에 우리의 철학정신이 우리의 터전과 우리의 입장을 근거로 해서 거기에서 세계지식을 구하고 보편성을 추구하면서, 우리의 입장과 세계의 입장이 한 초점에서 만날 수 있는 노력을 어떻게 하겠는가 이것이 좀 문제가 되지 않을까요.

高亨坤: 사실은 그렇습니다. 내 자신 역시 경성제대를 나오고, 흔히 그런 말을 듣습니다만, 그런 말을 들을 적마다 얼굴을 붉히고 부끄러운 생각도 없지 않았습니다. 그런데 일반 바깥에서 보는 사람들의 견해와 약간 다릅니다. 경성제대가 일본 사람들의 식민지 교육 학교라고 했지만요, 물론 그런 개인들도 있었지요. 모某 일본문학 교수는 강의실에 한국 사람이 있는데도 우리 민족을 여지없이 욕을 합니다. 그런 사람이 있어요. 하긴 그 사람은 저희 나라도 욕을 하니까요. 저희 나라에서도 예전 교토京都에 부모가 오래 살아 귀찮으니까 사방으로 내던져 거리 거리에 송장이 썩고 했다고 욕을 했지요. 그 바닥에는 민족감정이 있지만, 우리를 지도하는 식민지적 관점에서, 더구나 철학과에서는 우리를 지도한 것으로 느끼지는 않았어요. 가령 아베 요시시게(阿部能成) 같은 이는 여기서 수필을 쓰는데 상당히 리버럴리스트가 돼서 식민지 냄새가 나지 않았어요. 그래 오히려 그 책이 총독부에서 발매發賣 금지를 당했습니다. 그리고 그 분이 여기서 정년도 마치지 못하고 일고교장一高校長으로 간 것도 다 총독부하고 서로 의사가 맞지 않은 것이 많이 작용했어요. 또 그와 다른 교수들도 그렇게 느끼지는 않았습니다. 바닥에는 무엇이 있는진 몰라도.

그러나 왜 그러면 그런 서구사상을 받아들일 때 민족감정을 토대로 해 가지고 받아들여서 거기에 하나의 형태 있는 것을 만들지 못하고 그저 받아들였느냐, 이런 측면이 또 있는데, 철학은 그렇게 쉽지 않은 일입니다. 역사라든지 사회과학 방면은 잘 모르겠습니다마는, 철학이라는 것은 코스모폴리탄적인 경향이 일반적인, 존재 일반에 대해 운운하는 학문이기 때문에 그 시대에 대한 감각이 문학작가들처럼 예민하지 못해요. 헤겔이 말한 것과 같이 미네르바의 올빼미는 밤이 어두워져야 날기 시작한다고, 철학이란 뒤쫓아서 정리하는 것이지 앞에서 무슨 암시를 준다고 하는 것은 별로 없었어요. 항상 암시를 주는 것은 문학적 작가들이 하여 예술적 활동으로 표시가 되고, 그 다음에 그것이 어느 정도 굳었을 때 정리해서 한 체계로 표시하는 것이 차이이기 때문에, 그렇게 쉬운 일은 원체 아닙니다. 더욱이 우리가 일제하에 있으면서 우리 역량도 부족하긴 했지만, 철학 자체의 그런 본질적인 요소가 있어요. 그래서 그렇게 쉽게 하지는 못했을 것입니다. 오히려 그보다는 비난을 한다면 '손문의 삼민주의처럼 철학 있는 정치를 왜 못했느냐, 그 철학을 더욱이 전통적인 것에서 구해 가지고 외래 것을 받아들이는, 철학 있는 정치를 왜 못했느냐' 이런 비난이 타당할 것입니다. 왜냐하면 조정암趙靜庵 같은 분은 어떠했는지 몰라도 일반으로 한말의 유학자들이 반일운동을 하고 또는 자결하는 일은 있었어요. 정치적으로 반항을 한 것이지, 학문 자체에 있어서 항일하기 위해 이론적이고 개혁적인 무기를 내세운 것은 없었다고 생각하는 데 그건 어때요? 그건 유 박사가 잘 알겠죠?

柳承國: 예. 역시 중국·일본·한국 상황이 다르다고 생각되는데요. 일제시대에는 물론 일본 사람이 통치하는 교육제도, 정치제도가 한국에 와서 틀을 잡고 있었지만, 그래도 불교인들 가운데도 그렇고 유교인들 가운데도 단순한 행동주의자가 아닌 사람들은 상당히 저항적 이론을 전개했습니다. 가령 얼마만큼 평가를 해야 할른지 모릅니다만, 33인 중의 한 분인 한용운韓龍雲 같은 분도 무력한, 단순한 관념적인 불교가 아니라 좀더 현실에 참여하고 적극적인 불교로 돌아와야 한다는 불교유신론佛教維新論을 내고 직접 행동을 통해서 청소년이라든지 일반 대중 계몽운동을 전개했지요.

또한 한말의 유학자들 중에도 두 가지 조류가 있었어요. 하나는 순수이론을 전개한 성리학파로 전우田愚 같은 분이 있었고, 또 하나는 이러한 성리학을 정치사회에 응용하여 외세에 저항한 절의학파로 류중교柳重教·최익현崔益鉉·류인석柳麟錫·곽종석郭鍾錫 같은 분들을 들 수 있지요. 이 절의학파들은 이론과 행동을 한 몸에 지닌 분들로 성리학자이며 동시에 의병 영수들이었으니, 이것으로 보아도 그들의 저항운동이 단순한 행동주의만이 아닌 저항적 이론과 철학이 있음을 알 수 있지요. 이것을 춘추정신春秋精神이라 부르지요.

高亨坤: 예. 지금 한용운韓龍雲 이야기를 했습니다만, 그분이 직접 정치운동으로서 항일운동을 직접 행동으로 표시하긴 했지만, 그렇다고 그 사람이 불교사상이라든지 선禪의 이해에 있어 새로운 국면을 항일운동에 맞춰서 나타냈냐 하면 그런 것은 없다고 생각합니다. 『승방비곡僧房悲曲』 같은 것을 써서 문학적 표현으로 반항의식을 표시했지만, 그 사람의 불교사상 쪽에서는 하등 그런 것이 없어요. 『십현담요해十玄談要解』 같은 명작도 있어요.

매월당梅月堂도 『십현담요해』에 관해 해석을 하고 한용운도 했지만 비교가 안 됩니다. 연세대학교 민영규閔泳珪 교수가 한용운 것을 치우고 매월당을 했다고 하지만, 그 사람은 문헌학적·고증학적 관점에서 그럴 것입니다. 직접 두 분 분석을 놓고 볼 것 같으면, 한용운의 『십현담요해』는 기막힌 명문이고, 그 사람이 선종 계통도 아닌데 그렇게 '선'에 대해 잘 알고 있어요. 그는 충분히 존경할 만한 사람이지만, 그렇다고 해도 한 걸음 더 나아가서 이념상으로 무슨 변혁은 없었어요. 그저 단순히 현실주의적인, 말하자면 대처주의帶妻主義를 총독부에 건의한다든지 ……. 그래서 불교를 현실적 세계에 맞도록 하는 개혁운동을 했지만 이론 자체에 별 것은 없다고 생각합니다.

柳承國: 그건 견해 차이가 좀 있겠는데요. 대중불교 그리고 현실불교로 불교의 이념을 구체화시키고 생활화하고 상황에 알맞게 적극적으로 제시했다고 하는 것은 역시 다른 불교인들과는 다르지 않았나 생각됩니다.

高亨坤: 그런 점은 있겠습니다.

柳承國: 또 유교의 측면에서는 최면암崔勉庵이라든지 류의암柳毅菴이라든지 영남의 곽면우郭俛宇 등이 상당한 이론과 투쟁을 했단 말씀이지요. 그러나 단순한 독립운동을 했다는 게 아니라 무엇이 옳고 무엇이 그르냐 하는 춘추정신의 주체성·의리성을 천명하여 사실 판단과 가치판단을 정확하게 하고 행동 지침을 제시했다고 할까요. 그런 건 조금 승화하면 사회사상 뿐 아니라 철학사상에까지 연결이 되는데, 우리 철학하는 사람들이 그러한 요소들을 좀더 계승해서 현대철학적으로 주체의식과 우리의 문화의식이라는 것이 연결되었으면 하는 아쉬움을 느끼게 됩니다. 그래서 우리가 단순하게 강단철학講壇哲學을 물려받고 물려준다는 것에서 하나 더 들어가서 철학하는 우리의 입장과 정신을 다시 한 번 반성하는, 그래서 학문은 어디까지나 객관적인 보편성을 유지하면서도 우리의 상황성에 맞도록 그 보편이 특수에 살아

나도록, 그리고 우리 민족의 리더쉽에까지도 직접 또는 간접으로라도 영향을 줄 수 있는 철학이 요구되지 않나 생각합니다. 이런 측면에서 과거의 사상을 단절시키지 말고 좀더 발전시켜서 현대로 연결시키고 미래지향적으로 나갔으면, 철학도들이 좀더 힘 있는, 철학하는 의미를 여기서 발전하지 않겠는가 하는 생각을 잠깐 해 본 것입니다.

高亨坤: 참 좋은 얘긴데 그것 참 쉽지 않아요.

5. 동양철학의 비교연구방법

柳承國: 그리고 맨 처음 말씀드린 것처럼 오늘날 동서사상과 현대사상·전통사상이 혼미해서 어떤 구심점을 붙들지 못하고 대화의 공약수를 찾지 못하고 있는 상태인데요. 그것이 철학사상이든 종교사상이든 사회사상이든 간에 전반적으로 잡다한 사상들이 각기 초점을 여러 개를 가지고 존재해 있는데 이러한 것들을 어떻게 집근시키는가, 여기 대해서는 학문연구 방법론적인 문제와도 관련이 있다고 생각됩니다. 성급한 비교를 해서 이것도 저것도 아닌 남의 웃음거리를 만드는 비교연구의 졸작拙作도 있기가 쉽고요. 그렇다고 해서 학문의 독자성과 전문성을 강조해서 서로 관련을 갖지 않는 서양철학과 동양철학을 완전히 분리해 버린다든가, 서양철학 중에서도 영미 계통, 독불 계통을 완전히 분리해 버린다든가 하여 전문화하는 경향이 너무 심하면 상호 교류하고 공헌하고 상호 발전시키는 계기를 갖지 못하게 되겠지요. 그런데 대해 연구방법론적으로 주의할 점이 많다고 생각되는데, 고 박사님이 이와 관련하여 후학들의 연구하는 태도·방법에 대해 좋은 말씀을 해주셨으면 합니다.

高亨坤: 요, 근래 그런 경향이 두드러지게 나타나고 있습니다. 서양철학하던 사람들이 서양철학의 자기 고장을 떠나서 동양철학이란 영역으로 출가하는 것이 많은데, 철학이라는 것은 일반적인 관점·개념을 세워서 연결해 체계를 세우는 것만 철학이 아니고, 나아가 인간성 내지 민족감정·현실적 생활을 표현하는 넓은 의미에서의 철학이 되어야 하니까, 우리로서는 우리의 민족감정, 우리 전통문화라는 토대 위에서 외래문화를 받아들이고 서양철학도 받아들여서 새로운 우리 전통을 세계사조의 변천에 맞춰 따라 가지고, 우리의 철학을 세계사상의 광장에 전시할 수 있고 제시할 수 있으면 제공하고, 또 서양 것도 받아들여 우리 것을 체계적으로 표현을 하는 그런 일이 바람직한 일입니다. 그것은 상당한 연륜, 장구한 세월이 지나지 않고는 그렇게 쉬운 일이 아닙니다. 그런데 요 근래 흔히 바깥의 사람들한테 철학하는 사람들이 비난을 듣고 있습니다. 아무개는 서양철학 한다더니 퇴계를 하고 누구는 불교를 하고 …… 서양철학은 텅 비었다고 내가 책방에서 그 소리를 들었어요. 그가 누군지, 서양철학 하는지 모르는 사람이예요. 둘이 서로 얘기하고 비난하는 것을 들었는데 비난을 들을 대목도 있어요.

서양철학하는 사람이 동양철학을 한다고 하는 것은 말하자면, 철학의 목표는 단순히 개념의 유희, 개념의 체계화에만 있는 것은 아니고, 그것은 우리의 생활신조·생활감정과 결부시켜 가지고 생활환경을 체계적으로 표시하는 데 있다고 할 것 같으면, 무엇보다도 우리가 서양철학을 해도 결국 우리의 민족감정 위에서 하는 것이 옳고, 그것이 바람직하기는 합니다. 그러나 서양철학의 방법론이라든지 또는 서양철학의 위대한 사상가들의 저서를 충분히 많이 읽어서 그 사람들이 어떻게 사색했는가, 사색하는 방식 절차를 충분히 소화해야 합니다. 한 사람 것만 가지고도 안 되고, 철학자에 따라서 모두 개성적인 사상을 경고했으니까 충분하게 그걸 소화하고, 그 다음에 그걸 바탕으로 해서 우리 민족감정·전통을 정리하는 곳으로 비로소 들어가야 할 거예요. 그런데 이제는 그렇지도 않고, 그냥 서양철학하는 사람이 퇴계를 쓰는데, 서양철학을 한 사람이라도 그러한 논문은 필요가 없는 것이지요. 그건 동양철학하는 사람이 쓸 거예요. 그러니까 그런 점은 근신해야 할 거예요.

적어도 방법론을 서양철학에서 배운다고 하지만 나는 방법론도 어느 의미에서는 동양철학에서 배운 것도 있어요. 가령 한 사람의 사상을 이해하려면 숙독을 해야 합니다. 여러 번 읽는데 첫 번에는 잘 이해 못하더라도 자꾸 몇 번 읽고 읽으면 그동안에 그 사람의 생각과 가까워집니다. 그 관계를 보면 첫 번에는 약 40%밖에 모를 정도로 막연하다가도 또 읽으면 50%쯤 되고 나중에는 90%쯤 돼서 점점 명석해지는 거예요. 그래서 우리의 연송법連誦法이라는 것도 공연히 연송하는 것 아닌 줄 알아요. 대개 새벽 4시나 3시에 일어나서『대학장구大學章句』같은 것 단숨에 연송하는데요, 우리 어렸을 때 밤낮 하는 것 한 번 알아서 이해했으면 됐지 뭐 그렇게 자꾸 읽나 했지요.

柳承國: 40번 읽고 100번 읽은 것은 다르지요. '독서백편의자통讀書百遍義自通'이라 하지 않습니까?

高亨坤: 그렇죠. 왜냐하면 읽는 데 있어 무엇인가 발효가 됩니다. 사람의 심정 속에서요. 젓갈이 덜 익으면 비린내가 나고 오랜 시간이 흘러야 곰삭아서 뼈와 살이 저절로 흐늘흐늘 해질 적에 맛이 나듯이, 상당히 큰 사람의 사상은 많이 숙독을 해서 비로소 그 사람과 같은 심정까지 되어야만 그 사람의 사상을 이해했다고 할 수 있는 거예요. 그것도 한 사람뿐 아니라 여러 사람을 해야 되니 많은 시일이 걸려요. 어느 겨를에 우리 생활감정, 전통문화를 정리하게 되느냐 하는 데 대한 비난이 있을지는 모르겠지만, 적어도 그만한 노력을 하지 않으면 안 될 줄 압니다. 그런데 동양철학한 사람들이 쓴 논문과 아무런 차이도 없는 퇴계니, 율곡이니, 원효를 쓴다는 것은 자기 본 고장을 내버리고 출가하는 것과 한 가지예요. 충분하게 서양철학 한 사람이 어느 정도의 서양적 사유방법을 터득한 위에 그 다음에 우리 고향으로 돌아와서 우리의 민족감정과 전통문화에 체계를 준다는 식으로 해야한단 말이죠.

柳承國: 정말로 체험담을 말씀하신 것 같은데요.

高亨坤: 내가 하나 조건부로 말씀드릴 것은, 그러면 당신은 『선의 세계』를 쓰고 불교를 연구했는데 그러면 그런 식으로 됐느냐고 물으면 할 말이 없습니다. 그러나 우리야 뭐 늙고 다시 바라볼 것도 없지만 앞이 창창한 사람들로서는 촉박한 생각을 할 필요가 없어요.

또 부탁하는 말 하나는 서양철학을 전공한 사람이 서양철학을 하더라도 순서 있게 해야 할 것입니다. 그렇지 못한 건 첫째는 교수의 책임입니다. 내가 대학 다닐 때 일인日人 교수가 독일 가서 훗설과 하이데거를 연구한 분인데, 그걸 수입해 가지고 다짜고짜로 그것부터 배웠거든요. 그랬는데 그게 절차가 있게 배워야 했어요. 적어도 칸트를 충분히 해야 해요. 정직하게요. 칸트는 정직해요. 여기까지는 알고 여기는 모르겠다는 정직한 것을 먼저 배워야 합니다. 골격으로서 칸트를 먼저 배우고 그 다음에는 데카르트·훗설을 통해 그 체험 분석하는 걸 알아야 해요. 우리가 진리의 근본을 찾을 때 그 기준을 어디다 두느냐 하면, 바깥에 둘 수는 없는 것입니다. 내 자신의 명증성에 둘 수밖에 없는 것이에요. 그걸 치밀하게 분석해야 하기 때문에 데카르트·훗설을 잘 읽어야 해요. 그러고서 그 다음에 하이데거·사르트르를 읽든지 해야지요. 우리는 거꾸로 됐지요.

柳承國: 공부하는 철학도에게 좋은 참고가 되는, 직접 체험한 말씀을 해주신 걸로 압니다. 역시 충분하게 소화하는 시기를 갖고 그걸 난숙하게 속을 음미하는 시기를 가진 다음에, 거기서 융합하는 단계가 생겨나서 그것의 비교 연구가 자연적으로 되는 것을 말씀하였는데, 그런 것은 개인에 있어서도 그렇고 시대에 있어서도 그런 것 같습니다. 불교가 한대漢代에 처음 들어왔지마는 삼국시대의 소화기를 거쳐서 수·당의 절정기 불교가 형성됐고 그것이 다시 송대에 와서 유불의 종합을 후기에 이룬 것과 마찬가지로, 우리가 서양사상도 해방 후에 많이 배웁니다마는, 그것을 더 적극적으로 원전에 가깝게 충분히 소화를 하고 서구인들 수준과 같이 이해한 연후에, 그것이 전성기를 이루는 단계를 지나서 다시 동서사상의 융합단계에 들어간다면 아주 이상적인 것이라고 생각합니다.

高亨坤: 우리가 곧 그렇게 될 수는 없지만 우리가 목표하는 것은 그랬으면 좋겠다는 거예요. 중국 사람들의 당대唐代의 그것을 본받았으면 좋겠어요. 당대의 문화·문장·문학 같은 것은 물론이지만 성리학이라는 것도 역시 선禪의 사상을 많이 배웠지요. 그러나 그렇다고 해서 선의 사상은 아니거든요. 성리학이 동시에 척불론이니까요. 그런 것 모양으로 우리도 서양철학을 수입해서 공부를 해도, 장차에는 그러한 우리 민족·전통사상을 살리자는 것은 바람직한 일입니다마는, 당분간 어려울 것 같아요. 그러나 우리도 그동안에 강단철학만 하디가 근래에 학위논문으로서 상당히 주목할 만한 것이 많이 나왔어요. 예전에 우리 강단이란 것은 일본사람들이 하던 걸 배워 가지고 그저 전달하는 것이지 하등 우리가 한 것이 없습니다만, 요새 학위논문 중에는 매우 의욕적인 것이 많이 있어요. 물론 만족하게 생각하진 않아도 이제 공부들을 시작했구나, 후생가외後生可畏의 정도로구나 해서 참말로 기쁜 현상이라고 생각되고 한편으로 두렵다는 생각이 들 정도입니다. 앞으로 더욱 그런 방향으로 가면 우리가 당대唐代에 성리학이 그렇게 좋은 성공을 거둔 것처럼 그렇게 될 수 있을 것입니다.

柳承國: 그러니까 성급한 한국화를 서두르지 말고 외래사상 자체를 충분하게 그 입장에서 이해한 연후에 거기서 자연적으로 한국사상에 대한 응용이 나올 수 있도록 해야 하겠다는 거죠.

高亨坤: 그렇다면 한국문집을 많이 읽어야 할 것입니다. 예전 사람은 일일이 인용문을 어디서 인용했다는 말도 쓰지를 않지만 요새는 출처를 반드시 밝혀 시비를 하고 있는데, 그래서 그런지 요새 학문하는 사람들이 논문을 쓴다고 하면 대개 그러기가 쉽습니다. 자기의 주장이 하나 있으면 그것을 내세우기 위해서 인증을 하는데, 인증을 하려면 그 사람 사상을 충분히 알고 그 대목을 인증해야 하는데, 책도 읽지도 않고 목록을 뒤적뒤적해 가지고 거기 근사近似한 것을 쑥 뽑아다가 인증을 하면 그런 건 대단히 위험한 일이죠. 그저 책을 많이 읽고 그 사람을 충분히 이해한 뒤에 꼭 필요한 부분만 인용을 해야 하는데. 지금은 그렇지 않겠지만 옛날 과도기에는 보통은 철학사전 같은 데 들쳐보면 다 있는 것을 인용하곤 했어요. 칸트면 『칸트렉시콘』 같은 것을 보면 누구 책 몇 페이지라고 다 있거든요. 그러면 그 책 읽지도 않고 그 책을 인용하곤 했지요.

6. 한국철학계의 현황과 제언

柳承國: 그런 것은 학문적으로 책임을 질 수가 없는 거죠. 지금 한국의 철학계를 반성해 보면 해방 후 철학도들이 많이 늘었고, 각 대학마다 철학과가 많이 생겨서 철학 인구가 상당히 늘어났다고 하겠습니다. 철학 저변 인구가 많아졌고 그래서 학문하는 사상·조류에 있어서는 여러 가지를 강의하고 전달을 받게 됐는데, 1960년대 이전까지만 하더라도 실존주의 사상이 상당히 많이 학계에 풍미를 하고, 그게 하나의 주류를 이루다시피 했다고 생각을 합니다. 물론 그것만 있는 건 아니고 고전철학이라든지 미국의 실용주의 철학이라든지 과학철학이라든지가 있어 왔지만 그래도 실존주의가 상당히 비중을 차지해 온 것을 느끼는데, 1960년, 즉 4·19 이후에 들어와서는 일단 그것을 지양하는 것 같은 느낌을 받았습니다. 그 후에 과학철학·언어철학 그리고 고전에 대한 관심이 점점 깊어지는 듯합니다. 그래서 그런 여러 가지 사상 조류들이 한국에 소개되면서 전공이 갈라지고 좀더 세분화하는 느낌이 있습니다. 환도還都 직후 1953년 한국철학회가 성립되어, 당시에 고박사님이 초대 회장을 역임하신 것을 기억합니다. 활발하게 철학도들의 철학하는 풍조가 한국사회에 두각을 나타내었다고 보는데 그 후 약간 침체기가 중간에 있었습니다마는, 다시 요 근래에 철학회 활동이 커져서 잡지도 많이 나오고 강연회도 많고 외국인의 초청도 가끔 있고 하더군요. 전공이 다른 여러 분야 사람들의 상호 대화에 있어서 전문화하면서도 상호 보완작용을 하는 것이 있어야 되겠다고 생각하는데 거기 대해서 말씀을 해 주셨으면 좋겠습니다.

高亨坤: 좋은 현상이에요. 말하자면 이 근래 조금 활발해졌다고 하는 것은 그만큼 우리의 철학이라고 하는 분야가 연륜이 쌓였다는 뜻이지요. 더욱이 철학회 활동으로서 동서철학 또는 교육·미학美學 관계 사람들이 합해서 토론의 광장을 갖는다 하는 것은, 한 사람의 생각이 편협하게 가지 않고 퍽 폭이 넓고 구체적인 것으로 되도록 제동을 하는 좋은 역할이 될 수 있어요. 더욱이 전통적인 사상을 서구적인 체제로서 서술한다고 하는 것이 우리의 과제라고 할 것 같으면, 그런 과제를 풀기 위해서도 동양철학과 서양철학하는 사람이 그렇게 서로 토론하는 광장을 갖는다는 것, 그것은 매우 좋은 현상이고 앞으로도 계속이 되어야 할 것입니다.

柳承國: 요즈음 철학하는 경향을 크게 나누어 보면, 철학이 철학의 본령을 지켜서 그걸 심화시키는 데로 가려는 경향성의 일면과, 또 하나는 철학이 역사문제나 사회문제와 연관을 시켜서 조명해 보려는, 기능적인 작용을 해 보려는, 사회철학이랄까 역사철학이랄까 하는 경향성의 두 측면이 두드러지게 나타나는 것 같은데요.

高亨坤: 그러니까 고문헌·고대철학에 대한 연구와 또 역사철학같이 사회분야와 접촉을 갖는 두 가지 면이 있다 이거죠?

柳承國: 예. 예를 들면 현상학을 한다 하면 현상학을 그 자체의 깊은 이해를 위한 철학적인 노력과 그 현상학을 통해서 새롭게 사회이론 분석에 응용해서 현상학적으로 분석하려는 응용철학적 측면이 근자에 철학회의 토론에서도 많이 나오고 하는데요.

高亨坤: 한 때 현상학이 한참 유행할 적에는 법률에서도 판례를 낼 때 현상학을 이용해요. 문학에서는 물론이고, 모든 분야에서 현상학적이라는 것이 매우 유행을 했죠. 모든 분야에 있어 다른 철학적 원리라고 할까 새로운 사조로 표현한다는 것은 매우 좋은 일일 거예요.

柳承國: 근자 한국 철학계에서도 과학적 측면에서 철학을 하는 분석철학이라든지 언어철학이라든지 뭔가 실증주의적인 측면에서 철학을 하는 분들과, 좀더 가치문제라든가 형이상학적인 측면에 관심을 갖는 분들이 있는데, 거기서도 형이상학이냐 반형이상학이냐 하는 걸 문제 삼고 있습니다.

高亨坤: 그런 분위기는 해소되어야 할 거예요. 내가 여기서 누구라고 얘기하지 않습니다만 토론하는 데서 그런 걸 본 일이 있어요. 분석철학적인 논리적인 문장으로 표현하는 것만이 철학하는 것이라고 생각해서 다른 쪽의 형이상학적 언사를 비난하고, 또 어떤 사람은 그와 반대로 분석철학이 무슨 철학이냐고 하는데 그런 태도는 지양되어야 하는 것입니다. 뭐든지 새로운 사상이란 것은 꼭 생물적인 환경과 같아요. 우리가 밀폐된 방에 있으면 건강상 좋지 않습니다. 활짝 문을 열어놓고 신선한 공기를 마셔야 건강에 좋듯이 사상이라는 것도 늘 새로운 것을 접촉해야지 새로운 것이 없이 그냥 제자리에 머무를 것 같으면 멸망이나 한가집니다.

훈고학이 비난의 대상이 된 이유라면 그런 것이죠. 새로운 것이 늘 필요한 것이지요. 새로운 것이라는 건 나와 늘 반대되는 것이라야만 새로운 것입니다. 나와 같은 것은 새로운 게 아닙니다. 나하고 반대되면 반대될수록 가장 새로운 것입니다. 그러기 때문에 반대사상은 늘 주의를 하고 지켜봐야 하는 노력이 필요한 것입니다.

柳承國: 역시 자기 전공을 지키면서도 상대방의 학설에 대한 이해와 상호 교육을 한다는 것은 대단히 중요하다고 생각합니다.

高亨坤: 사실은 칸트도 별다른 것이 없습니다. 알다시피 이성론과 경험론을 한 용광로에 넣어서 연결을 다시 시킨 것 아니에요? 다 그렇게 다른 새로운 것을 받아들여야만 되는 거죠.

柳承國: 장시간 선생님께서 이 다음에 두고두고 교훈이 될 좋은 말씀 많이 해 주셔서 대단히 감사합니다.

高亨坤: 천만의 말씀입니다.

柳承國: 고 박사님께서는 일찍부터 수년간 후학을 지도해 주신 대선배 선생님으로 생각하고, 또 한 분 지금 안 계십니다마는 박종홍朴鍾鴻 선생님께서 일찍부터 후학들에게 좋은 영향을 주셨고, 지금도 논문과 철학을 저희들이 흠모합니다마는, 박 선생님과 고 선생님은 저희 철학하는 사람으로서 마음 속에 잊을 수 없는 은사라고 생각합니다. 서양철학을 하시면서도 또 동양철학에 관심을 가지셔서, 박선생님은 유교적인 측면에 —물론 불교도 하셨습니다만— 많은 논문을 발표하셨고, 고 선생님께서는 불교적인 측면에 많은 관심을 가지시고, 평소에 논문 한 편 잘 안 쓰시던 선생님이 은퇴 후에 역작을 자꾸 내셔서 저희들에게 큰 영향을 주고 계십니다. 그래서 불교에서도 아주 어려운, 고차원적인 선사상禪思想에 대한 전개를 정밀하게 철학적으로 해 주신 데 대해서 저희들이 다시 없는 표본이 되신다고 생각합니다. 특별히 박종홍 선생님께서는 유교에서도 성리학적 측면을 여러 해 동안 연구하시고 정리해 주셔서, 후학들에게 길을 인도해 주신 데 대해서 감사하게 생각합니다.

지금 이런 입장에서 생각하면 또 하나 서글픈 생각이 드는 일이 있습니다. 작년 1년 동안 많은 선배 학자를 잃었습니다. 서양철학에서 박종홍 선생님이 돌아가시고, 그 전에 동양학에 박식한, 특히 한문에는 가장 권위가 있는 성락훈成樂熏 선생님, 또 가을에 손명현孫明鉉 선생님을 잃었습니다. 연말에 와서는 이상은李相殷 교수님도 돌아가셨어요. 이상은 선생님은 동양철학 분야에서 한국에 가장 공헌이 많으시고, 후학 지도에 소신 있게 시是와 비非를 분명히 하시고 책임 있는 지도를 해 주셨는데, 선생님이 돌아가신 데 대해 대단히 마음 아프게 생각하는 것입니다. 고 박사님을 뵈니까 더욱 그런 생각이 납니다.

高亨坤: 철학 얘기를 하니까 자연 그분들 말씀이 나오게 되지요.

柳承國: 선생님의 좋은 말씀을 길이 간직해서 후학에 많은 참고가 되도록 하겠습니다. 대단히 감사합니다. 수고 많으셨습니다.

V. 동방문화 연구원 창립 취지문

오랜 역사와 빛나는 문화전통을 수호해온 우리 민족은 1945년부터 일제로부터의 해방과 더불어 국가의 주권을 계승, 회복할 사이도 없이 근대적 국제질서의 개편 과정에서 국토 분단의 비운과 민족 분열의 비극을 가져왔으며, 군정軍政을 지나 대한민국 건국 이래 40여 년 동안 서구 근대화의 충격 속에서 동방 전통문화의 정체성이 상실 내지 단절되는 위기를 맞게 되었다.

현대 사회의 특징은 서구화된 산업 문명과 서구 민주주의의 실리추구와 자아 중심적 경쟁심과 투쟁정신만을 고취하여 개인이나 집단이나 국가를 막론하고 그 근본적 가치관이 도덕적 양심과 협동 봉사보다는 자기 이익을 위한 실리 추구에 두고 있다.

우리나라 대한민국은 6·25 동란으로 인한 폐허를 딛고 일어나 이 땅에 자유 민주국가를 건설했으며 국민의 열화와 같은 발전 의지로 놀랄 만한 경제성장을 이룩하였으며 이러한 성장을 바탕으로 88올림픽을 성공적으로 성취하여 국위를 세계만방에 과시하였다. 그러나 이 저력을 국가발전에 승화하지 못한 채 오늘날 우리나라 현실은 다양한 통일 논의로 인한 정치적 혼란과 이념적 갈등과 지역 간, 계층 간, 노사 간의 대립이 격화되어 가고 있으며, 사회적으로도 젊은이의 도덕의식의 타락과 더불어 퇴폐풍조의 만연과 폭력의 조직화 현상은 온 국민들에게 적지 않은 불안감을 안겨주었다.

율곡선생은 말하기를 “병 잘 고치는 명의名醫는 사람이 살찌고 수척함을 보지 않고 맥박에 병이 있는가 없는가를 살피며, 정치 잘하는 사람은 나라가 편안함과 위태로움을 보지 않고 나라의 기강이 서있는가 문란한가를 살핀다”고 하였다. 현대 정치인들은 국가 경제의 빈부만을 문제로 삼고 국가의 기본정신과 기강의 확립을 부차적인 것으로 돌리고 있다.

오늘날 우리나라와 국가의 정령政令을 세우지 못하고 사회의 기강과 질서가 확립되지 않는 것은 온 국민의 국가 공동목표와 공동가치관이 확립되어 있지 않기 때문이다. 국가의 공동목표와 공동가치관은 대한민국 국민이면 누구라도 수호해야 할 정당한 것으로 믿어지는 가치의 의식이다. 가치의식은 스스로 그 정당성을 자각하고 이를 계승하여 단절시킬 수 없다는 자신의 주체성으로 인하여 형성되어지는 것인 만큼 누구라도 부정할 수 없는 공동 기반이다. 이에는 여야與野도 없고 빈부貧富도 관계 없는 공동 기반이어야 한다. 이와 같은 공동 목표가 확립되었을 때 국민의 가치관과 행동규범의 체계가 확립되게 된다. 오늘날 국민의 가치관이 혼미해지고 행동규범이 문란해진 것은 국가의 기본 목표가 확립되지 않은 데서 연유한 것이라 하겠다.

국가의 목표가 확립되지 못하고 우리의 가치관과 행동방향이 혼미해지면 신상필벌信賞必罰의 보상체계報償體系가 전도顚倒하게 된다. 잘한 사람과 못한 사람이 그 평가를 정당하게 받지 못하고, 잘못한 행동과 잘한 행동이 가치판단을 전도한다면 이런 사회는 협동심과 자발적 참여를 기대하기 어렵게 된다.

모든 후진국들이 근대화 과정에 있어 첫째, 국가경제를 급속도로 성장시키며 둘째, 정치적으로 민주화를 이루어 인권평등과 공동참여를 고취하며 셋째, 사회적으로 사회 보장 제도를 완비하여 복지사회를 건설하려는 공동목표를 지향하고 있다. 따라서 전근대적 사고방식과 사회체제를 근대적 양식으로 전환轉換해 가야 하는 것은 당연하다 하겠지만, 그러나 세계의 각 민족들이 자기문화의 특징과 제민족諸民族의 자주적 정체성을 도외시한다면 진정한 근대화를 성취할 수 없을 것이다. 국제사회에서 민족의 다원성을 부정하지 않는 한 세계의 평화는 성취될 것으로 믿는다. 원효의 말대로(融二而不一) 둘이 융합하였다 하여 하나가 되는 것은 아니라고 한 뜻이 그것이다.

이제 우리가 동아시아와 한국의 전통적 사상과 문화와 가치관을 반성하고 연구하는 것은 동양문명의 세계사적 역할이 무엇이며, 인류 현대사와 21세기를 전망함에 있어 어떻게 대처해 나갈 것인가를 모색, 탐구하기 위한 것이다. 세계사의 흐름을 회고해보면, 문명의 중심지는 고대의 지중해 문명으로부터 근대의 대서양 문명을 거쳐 태평양 시대로 전이轉移해 오고 있다. 환태평양 문화권 속에서도 서태평양 즉 동북아시아는 세계의 주변이 아니라 중심권의 역할을 하게 되었다.

국제정치의 가장 중요한 변수는 경제력의 변수에 기인한다고 하겠다. 일본을 위시한 중국·한국 등 동북아 지역이 1983년 이래 경제적 우위를 차지하게 되고 앞으로 21세기는 경제적 중심권이 될 것을 경제 전문가들은 전망하고 있다. 따라서 정치·군사·사회·문화 전반에 걸쳐서 세계의 이목이 동북아시아로 집결되고 있다. 특히 한반도는 38선을 중심으로 세계사적 근본문제가 축약되어 있는 것으로, 그 난제 해결의 고민을 한민족이 전담하고 있다.

21세기의 인류사회의 새로운 전망은 한반도로부터 개창開創되어 갈 것을 예견한다. 가장 고통 받는 한민족은 그 고민과 노고로부터 가장 위로 받는 민족이 될 것을 의심치 않는다. 특히, 한국의 전통사상과 문화의 특징은 첫째, 평화를 사랑하는 민족이며, 둘째, 가장 인간의 생명을 존귀하게 여기는 인도주의 문화에 철저했던 민족이다. 중국고전에 해 뜨는 동방의 나라 조선은 태평太平이라 불렸고, 군자국君子國이라 불렸다. 그 사람들은 인자하다고 하였다. 오늘날 우리가 태평양이라 부르는 용어도 이 태평에서 유래한 것이다. 건국신화의 홍익인간弘益人間이라든가 재세이화在世理化의 근본정신은 이를 잘 증명한 것이다.

동양의 정치사상에는 정덕正德·이용利用·후생厚生 세 가지가 있다고 하였다. 오늘날 선진국과 후진국들의 근대화의 목표를 말하는 과학화와 민주화와 복지사회 건설은 이용과 후생의 차원을 넘지 못한다. 한편 눈에 보이는 경제적 부강과 정치적 권력을 위한 투쟁의식은 고취되었으나, 정덕의 차원인 비가시적 인간의 양식과 합리적 이성과 도덕적 정서는 결여되어 있는 것이다. 동방문화의 이와 같은 장점을 계승 발전시켜 현대의 취약성을 보강하고 건전한 사회와 생활문화를 재정립할 필요성이 절실히 요구되는 바이다.

이제 우리는 21세기를 맞이하여 경제대국으로서 성장할 뿐 아니라 문화대국으로서 우리의 위상을 재정립하여야 한다. 이와 같은 목적을 수행하기 위하여 동방문화 연구원을 창립함으로써, 한국 민족의 정체성을 확인하고 민족사적 전통성을 확립하여 통일문화를 창조하고 나아가 세계문화 질서의 전기轉機를 마련하는 데 공헌하고자 한다.

1989년

Ⅵ. 한국 청년에게 고함

우리 인간에게 과거와 현재도 중요하겠지만 미래는 더욱 중요하다 하겠다. 오늘이 있고 미래가 있으므로, 인간은 삶의 활력소를 얻게 되고 보다 더 아름답고 선하며 진실된 삶을 꿈꾸게 되는 것이다. 청년들이 건강하면 이 나라의 장래도 건강할 것이고 청년들이 아름답고 지혜로우면 우리나라 또한 아름답고 지혜로울 것이 틀림없다. 따라서 청년은 무엇보다도 우선 아름답고 씩씩하고 바르게 살아야 할 것이다.

청년은 어두운 것보다는 밝은 것을 보려고 하고, 추한 것보다는 아름다운 것을 더욱 추구해야 한다. 우리가 부정적인 측면도 역력히 보아야 하지만 그보다도 그 속에 긍정적인 것이 더욱 중요하다는 것을 관심 있게 보아야 할 것이다. 우리의 민족사에서도 구부러지고 막히고 어두운 것이 있다. 그것도 반성하는 뜻에서 우리가 역력히 성찰해야하겠다. 그러나 그 중에서도 곧고 트이고 밝은 면이 있다면 그것을 보다 소중하게 인식하고 재창조에 계기를 삼는데 힘써야 할 것이다.

청년들의 미래에 대한 계획은 개인의 성취뿐만 아니라 민족사의 장래의 발전과 영광을 확보하는 원동력이 된다고 하겠다. 청년들에게 미래가 있다는 것은 그 만큼 어려움이 많음을 동시에 의미하는 것이다. 우리가 처해 있는 조국의 현실은 밝은 면에서 보면 무한히 가능성이 있고 자타가 부러워하는 모범국가라고도 하겠지만 어두운 면을 보면 해결해야할 모순과 난제를 많이 안고 있다고도 하겠다. 이러한 명암이 엇갈리는 현실 속에서 오늘날 젊은이들이 취해야 할 결단과 지혜와 용기는 쉬운 것이 아니다. 그 수많은 갈림길에서 어느 하나를 결정해야 할 때마다 고통이 뒤따를 정도로 어떤 것이 옳고 그른 것인지, 어떤 것을 취사선택해야 하는 것인지 그 가치 체계에 혼돈을 일으키고 있는 것이 사실이다. 또 여러 가지 유혹도 많다. 그러한 고통과 유혹을 이겨내기 위해서는 큰 용기가 있어야 한다. 따라서 우리가 미래에 대한 뜻이 있고 밝은 삶을 설계하는 동시에 자기가 살고 있는 가족과 민족과 국가를 저버릴 수 없는 것이다.

우리는 생각하고 선택하기 이전에 이미 그런 환경 속에 인연으로 태어난 것이다. 이 운명의 공동체를 내가 나를 자중자애하듯이 아끼고 사랑하고 영광되게 미래를 건설해야 할 것이다. 미래는 이런 청년들의 두 어깨에 달려 있으며 밝은 내일을 창조하기 위해서 고통과 시련을 이겨내는 지혜와 각오와 노력이 필요하다. 과거 수천년 역사를 회고해 볼 때 오늘의 우리나라는 가장 변혁기에 살고 있다 하겠다. 특히 우리의 현실은 대단히 어려운 상황에 있다고 해도 과언은 아니다. 그것은 국토가 분단되고 민족이 분열되어서 40년 이상을 같은 분단 생활을 해 왔다. 이것은 우리의 자의라기보다는 국제 상황 속에서 부득이 타율적으로 이루어진 측면이 많다. 더욱이 같은 민족으로서 남북이 갈려서 그 사상과 정치적 제도가 판이하게 대결해 왔다. 이런 상황을 보고 자라는 젊은 청년들은 사상과 가치 체계에 혼동을 가져올 수밖에 없다. 뿐만 아니라 전근대사회로부터 이 근대화 과정에서 급속도로 사회가 격변해가고 있다. 종래의 제도나 가치관을 가지고는 감당할 수 없는 사회로 변천하고 있다. 여기에서 재래의 가치관을 가지고도 현실적으로 맞지 않고 또 우리가 수구적 가치관을 도입했다 하더라도 우리의 역사적 문화적 배경이 다른 동방 한국에서 서구의 문화가 그대로 적합하지도 않은 것이다. 따라서 우리가 현실에서 일어나는 모순과 갈등을 해결하고 바람직한 문화창조를 하기 위해서는 새로운 가치의식과 현실에 의한 통찰력이 있어야 한다.

그러나 그것을 해결할 수 있는 시간적 여유와 이해할 수 있는 역량이 감내하기 어려운 상황에서 격변하고 있는 것을 볼 때에 지성인들도 사회를 이끌어 간다기보다는 오히려 사회에 매설정하고 바람직한 방향으로 나갈 수 있다고 생각하겠는가? 이러한 문제는 오늘날 우리가 처한 현실에서 사회나 국가에 있어서 우리가 공동으로 관심을 가져야 할 문제라고 생각된다. 분단 상황에서 우리가 무엇을 어떻게 하는 것이 옳고 바람직한 것인가 하는 점에 대해서 가지는 생리를 충분히 바람직하게 발휘할 수 있는 비전과 무대가 없다고 해도 과언이 아니다. 이것이 오늘날 우리에게 우리 현실에서 일어나는 청년들의 문제라고 생각된다.

우리는 지구상에서 분단국을 많이 본다. 동독과 서독도 있고 중공과 대만 등이 있지만 한국의 남북 분단은 갈등과 혐오가 대단히 심한 것이다. 분단국이라 하더라도 다른 나라에서는 동족상잔은 하지 않지만, 우리는 같은 민족으로 동족상잔을 해왔으며 앞으로도 그러한 갈등이 일어나지 않는다고 보장하기 어렵다. 이러한 불행한 상황 속에서 우리가 지금 살고 있다.

그러면 이러한 현실 속에서 여러 가지 문제가 있지만 그러한 문제들을 어떻게 해결할 것인가? 아마 청년들이 여러 가지로 학문에 힘쓰고 자기 수련에 힘쓰지만 이 사회와 정치적인 문제에 대해서 관심은 가지지 않을 수 없는 것이 현실이다. 우리는 여러 가지 문제가 있다고 하겠지만, 그러한 문제에도 큰 문제도 있고 적은 문제도 있다. 이러한 난관을 해결하기 위해서 우리 민족이 서로 화합 단결해서 남북 관계에서도 우위의 입장을 확보하고, 한민족 스스로의 발전과 영광을 위해서는 스스로가 책임질 수밖에 없는 것이 오늘날의 국제현실이다.

그런데 우리가 화합단결을 한다 하더라도 이러한 어려운 민족사의 문제를 극복하기 어려운 현실임에도 우리가 스스로를 반성할 때 대한민국 내부에 있어서도 갈등과 반목과 분열이 심하다. 우리는 이 민주주의 사회에 살면서 다양성을 인정한다. 개인의 자유와 독립을 인정하고, 그 개성의 존재 이유를 인정해 주어야 한다. 집단 간에도 그 집단의 존재 이유를 상호 충분히 이해해 주어야 한다. 이것은 민주주의 사회에서 다양성을 인정하는 당연한 일이라 하겠지만, 오늘날 우리의 현실은 다양은커녕 서로 이해관계에 심각한 대립과 분열을 초래하고 있다. 분열과 다양은 서로 다르다. 그 공동의 기반이 같으면서 그 수단과 방법을 달리할 때 다양이 인정되는 것이다. 나무로 말한다면 큰 나무가 자유롭게 가지를 뻗고 있지만 공동의 뿌리에서 나와야 한다. 그 나무가 많은 꽃과 열매와 잎이 달려 있지만 그 각도는 제각기 다를 뿐 아니라 중첩된 잎은 하나도 없다. 각각 다양하게 자기의 위치를 가지고 있지만, 그것이 먼 태양을 향해서 공동의 지표를 가지고 있는 것이 나무의 생리인 것이다.

우리가 각각 다양하게 살면서도 공동의 기반이 있고, 또 미래를 향한 공동의 목표가 있어야 한다. 그 공동의 목표가 희미할 때 혼란과 분열이 오는 것이다. 여러 가지 문제가 있다 하더라도 우리 민족과 국가가 나아가야 할 공동의 목표가 무엇인가, 국가의 지표가 무엇인가, 우리 민족의 바람직한 미래상이 어떠한 것인가를 뚜렷이 인식해야 한다. 이것이 희미할 때, 이 계층은 이리로 가자고 하고, 저 계층은 저리로 가자고 하고, 이 집단은 이것이 옳다고 하고, 저 집단은 저것이 옳다고 한다.

그 목적은 같지만 정책과 수행방법이 다양하다고 하는 것도 당연한 것이다. 그러나 근본이 분열되었다고 하는 것은 바람직하지 못하다. 민족사가 나아가는 방향이 뚜렷하고 민족사의 방향이 개개인을 억압하지 않고 그 자유와 인권이 보장되고 그러면서 전체를 조화롭게 할 수 있는 민족사의 맥락이 미래지향적으로 뚜렷이 서야 한다. 그러한 민족사의 장래는 바로 세계사, 인류사의 방향에 역행하지 않고 인류공영에 이바지 할 수 있는 것이어야만 한다. 그 민족과 국가라고 하는 것도 개인의 자유와 인권이 억압되지 않는 한에서 우리 국가의 지표가 성립되어야 한다. 나의 목표가 국가의 목표, 민족의 목표이어야 하며, 이것이 바로 세계사적 방향이라고 할 때 그것은 바람직한 이상이요 철학이라고 하겠다. 이것이 무엇인가, 그러한 민족의 국가의 공동의 지표가 무엇인가 무력하게 되었을 때 우리의 가치 체계가 비로소 정립되는 것이다. 그 방향으로 가는 것은 가치 있는 것이고, 그 방향을 역행하는 것은 몰가치적이고 반가치적인 것이라고 말할 수 있다. 그 방향으로 촉진하는 사람은 우리가 박수갈채를 보낼 사람이고 그것을 둔화시키고 역행하면 지탄하고 나아가 범법자로 취급하게 되는 것이다.

그러므로 우리의 공동 목표가 뚜렷이 설 때 비로소 제 2단계로 규범체계 가치체계가 성립되는 것이고, 그 가치체계를 향해서 우리가 개인이나 우리의 모든 공동체 의식이 그 방향으로 행동을 하고 결단을 하고 성취하는 모든 역량을 발휘할 때에 그것을 많이 하고 잘하는 사람에게는 그 보상이 많이 가고 그것을 역행하는 자에게는 보장이 아니라 제재하는 체계가 성립되는 것이다. 즉, 그 방향으로 가는 자는 상을 받고 역행하는 자에게는 벌을 주는 보상 체계가 비로소 서는 것이다.

우리의 목표가 뚜렷하지 않고 가치 체계가 혼미할 때는 그 결과가 무엇이겠는가. 상 받을 사람이 상을 받지 못하고, 벌 받을 사람이 벌을 받지 않게 된다. 벌 받을 사람이 노리어 상을 받고, 상 받을 사람이 벌을 받는 가치 전도의 결과가 온다면, 그런 사회 그런 국가에 누가 동조하고 협력하겠는가. 우리는 먼저 우리민족이 나아가는 공동목표가 무엇인가 깊이 성찰하고 우리 민족사의 방향이 뚜렷하게 정립되도록 노력해야 할 것이고, 이것이 무엇보다도 가장 긴급하고 중요한 과제라고 하겠다.

따라서 거기에 맞는 가치체계가 성립되고 우리의 행동 양태가 모두 우리의 생각과 행동이 그 방향으로 향해서 가도록 되어 있을 때 우리 청년들이 방황하지 않고 뚜렷하게 앞으로 갈 수 있는 것이 청년들 자신에게만 있다고 할 수 없고 우리 국민 전체가 가지고 있는, 오늘날 한국 지성이 책임져야할 공동의 과제인 것이다. 이러한 것을 생각할 때 우리는 우리 한국의 젊은이, 한국의 지성인 또 한국의 지식인들이 무엇을 어떻게 할 것인가 하는 문제의식, 시대의식을 절감하여야 할 것이라고 본다.

대개 지난날 '지식인'이라고 하면, 가치 중립적인 사람들, 보편적 객관적인 지식을 소유한 사람들, 자기의 전문지식을 지닌 사람들이었다. 그러나 오늘날에는 단순한 가치중립적인 객관자가 아니라 스스로 국가에 양심적으로 봉사하여 처해 있는 환경과 서 있는 바탕에 대해서 책임과 긍지와 사명을 느끼는 양심의 지성인으로서 지식인이여야 할 것이다. 따라서 아무리 젊은이들이라 하더라도 우리가 당면하고 있는 민족의 문제, 우리 민족의 역사, 미래창조의 문제에 대해서도 아울러 생각하지 않을 수 없다. 그렇게 자기의 전문적 지식을 통해서 우리사회가 안고 있는 우리 민족이 안고 있는 공동의 문제를 깊이 활력적으로 종합적으로 해결할 수 있는 책임을 지는 것이 지식인이 가져야 할 태도라고 하겠다. 단순하게 진리의 추구냐 현실에 참여할 것이냐 하는 점을 이원적으로 흑백논리로 분단하지 않고, 우리의 지식과 우리가 추구하는 진리가 바로 민족 국가 사회에 직접 간접으로 공인할 수 있는데 맥락이 통할 수 있도록 포괄적인 지성인이 되어야 할 것이다. 그런 의미에서 한국의 지식인과 청년들은 오늘날의 현실을 누구보다도 관심을 가지고 통찰하는 동시에 우리가 해야할 방향과 문제가 무엇인가를 분명히 포착해야 하는 것이다.

인간소외 내지 자아상실, 주체성이 상실된 현실이다. 신은 있지만 인간은 종이고 물질은 얻었지만 인간은 잃어버렸다. 인간을 원자리를 다시 회복시키는 것만이 앞으로 21세기가 지향하는 방향이라 하겠다. 과거의 19세기가 전근대로부터 근대로 전환하는 제도개혁의 시대라고 하면, 20세기는 산업을 발전시키고 풍요로운 경제성장을 이룩하여 성장해온 산업경쟁의 시대라고 하겠다.

적어도 인간이라고 하는 것은, 신의 종이 아니라 인간 속에 신성한 하나님의 성질이 내재해 있는 성신이 역사하는, 부처님의 성질이 인간 속에 내재하는 불성佛性의 인간화, 성신聖神이 역사役事하는 인간은 하늘의 성질이 인간에게 와서 인성을 형성하는 그러한 성리性理의 인간으 재인식되고 다시 태어나야 할 것이다. 또 물질 또한 단순한 자연의 물질은 의미가 없다. 인간에게 봉사할 수 있는 물질이어야만 비로소 경제적 대화가 되는 것이다. 그것이 경제적 상품이 되고 대화가 되려면 인간에 봉사할 수 있는 물건으로 재구성될 때 의미가 있는 것이다. 다시 말하면 인간이 물질 위에 있어야 한다. 땅을 밟고 있는 인간이지 물질을 이고 있는 인간이 아닌 것이다. 가치 전도를 바로잡기 위해 새로운 인간상이 부각되어야 하는 것이다.

우리가 하늘도 중요하고 땅도 소중하지만 그것을 화합하고 있는 인간이 더욱 소중하다. 하나님의 뜻을 실현할 수 있는 아들로서 인간이 뚜렷하게 되어야 한다. 물질보다는 인권을 소중하게 하는 사회가 되어야 하는 것이다.

우리의 5천 년의 역사는 '인간중시'의 기풍으로 그 맥락을 이어왔다. 경천애인敬天愛人이라 하지만 역시 '홍익인간弘益人間'의 차원에서 인간을 부각시켰다. 불교에서도 피안의 세계에 니르바나(涅槃)가 있다고 하지 않고, 그 불성이 인간의 심성 속에 내재한다고 한다. 그렇기 때문에 그 깊은 심상心想을 발휘할 때 바로 그것이 니르바나를 형성하는 것이다. 대승적 차원에서 인간적 차원에서, 이치만의 세계에서 피안을 보고자 하는 것이 원효대사의 대승불교라 하겠다. 원효대사는 『십문화쟁론』에서 "우리는 깊은 숲을 찾아가는 사람이다. 숲속에서 숲을 못 본다. 나무가 있을 뿐이고 숲이 없다"고 말하였다. 나무를 버리고는 숲을 찾을 수가 없다. 나무가 모인 것이 숲이다. 이렇듯이 현실을 떠나서는 열반의 세계도 없다. 생사와 번뇌의 고통이 있는 현실에서 우리가 어떻게 인식하느냐에 따라서 고통 많은 세상이 열반의 세계로 전환하는 것이다. 현실을 떠난 피안의 세계에서 이상경理想境을 찾는 것은 안 된다고 하는 것이 원효의 대승사상이다. 이것이 신라불교의 정통이라고 할 수 있다.

이와 함께 중국의 성리학에서는 리기설理氣說을 말할 때 인간을 우주론적으로 말하고 한국의 성리학, 퇴계·율곡의 성리학은 인간 속에 리기가 있다고 한다. 율곡 이이는 인의예지仁義禮智의 깊은 심성이 우주의 이치와 같은 것이고 인간에게는 희로애락의 감정이 있는데 그것이 자연과 기운이 같다고 하였다. 그러므로 우주적인 리기설이 아니라 인간 속에서 이성과 감성을 잘 조절하는 것이 바로 성리학의 초점이라고 강조해서 우주론적 성리학을 인성론적 성리학으로 전환시켰다. 이것이 한국 성리학의 특징이다. 또 천도교의 인내천人乃天 사상도 같은 취지이니, 하늘이 어디에 있느냐, 인간의 심층심리 속에 천성이 내재한다고 한다. 인간은 감성적인 욕심의 인간도 있지만 양심과 이성의 인간이 있다. 깊이 들어가면 하늘의 성질이 내재해있다고 해서 인내천을 강조한 것이다. 이렇게 인간을 중시하고 인간 속에 하늘의 성질을 내재시키고 물질적 요소를 긍정하는 영육쌍전靈肉雙全의 사상으로 발전시켜온 것이 화랑도의 정신이고, 한국사상의 본령이라고 하겠다.

앞으로 21세기 태평양시대를 맞이하여 한국은 주변국이 아니라 중심국으로 역할을 할 것이다. 한국의 지성들은 보다 선각자로 선도자로 역할할 수 있는 인격과 지혜와 덕성을 연마해야 할 것이다. 우리는 소유의 가치관과 존재의 가치관을 조화시켜야 한다. 존재의 가치관과 소유의 현실을 함께 보아야 한다. 이들이 조화를 이룰 수 있는 인간존중사상이야말로 진정으로 인간의 양심과 이성에서 대화할 수 있고 화합할 수 있는 것이다.

우리의 사상을 집약적으로 말하면, 인간존중의 사상과 화합의 원리에 있다고 하겠다. 분열의 시대를 화합으로 이끌고, 비인간화의 시대를 인간화 동질화의 시대로 지향하는 것이 우리의 바람직한 방향이다. 우리의 지성들은 우리 전통사상의 이러한 큰 맥락을 잊어서는 안 될 것이다. (1988. 2)

Ⅶ. 三顯一藏

'삼현일장'이란 말은 글자 그대로 셋은 나타나 있고 하나는 감추어져 있다는 것이다. 셋은 보이지만 하나는 안 보인단 말이다. 우리가 살고 있는 대자연과 사물들을 살펴보면 잘 알 수 있다. 삼현일장이란 학설이 옛 글에 있다. 이를 구구절절 설명하려면 너무 많아 다만 참고로 하면서, 성서적聖書的 측면에서 살펴보려고 한다. 대개 사람들은 보이는 것만 중요하다고 생각하고 보이지 아니하는 것에 대해서는 대수롭게 보는 예가 많다. 그 보이지 아니한 것으로 말미암아 그 자체가 유지하고 자라나게 하는 것을 알 수가 있다. 그것이 무엇인지 이제 차례로 살펴보고자 한다.

三顯一藏之理

세 번은 활동하고 한 번은 쉰다.

옛 사람들의 양생법의 기본에 3은 드러내고 1은 숨겨둔다는 것이 있다. 이것이 곧 겨울이요, 씨앗의 의미이다.

食物 먹을거리

우리가 먹는 음식을 살펴보기로 한다. 모든 음식은 영양을 공급해 주기 때문에 사람뿐만 아니라 모든 동물들 또한 같다. 참으로 귀중한 것이 아닐 수 없다. 그런데 먹을거리 수는 일일이 셀 수 없을 정도로 많이 있다. 대충 종류별로 보아도 여러 종류가 있음을 알 수가 있다. 우선 곡식류만도 수백 가지가 될 것이다. 고기류, 물고기류, 그리고 여러 채소와 과일이 있다. 모양도 각각 다르다. 나타나 있기 때문에 보인다. 또한 색이 있다. 모양이 좋은 것도 있지만 좋지 않은 것도 있다. 색깔이 아름다운 것도 있지만 아름답지 않은 것도 있다. 먹는 음식은 그 모양이나 그 색깔로 호기심을 끌기도 한다. 그러나 정작 중요한 것은 바로 맛이다. 맛이 있어야 먹는다. 모양이 아무리 예쁘더라도 맛이 없으면 소용이 없다. 색깔도 마찬가지다. 색이 아무리 아름답고 고와도 맛이 없으면 소용이 없다. 그런데 그 맛은 보이지 않는다. 나타나 있는 것보다 나타나 있지 않는 맛이 중요하다. 맛이 보이지 않는다고 해서 없다고 하겠는가?

맛은 종류에 따라 다르다. 짠맛·단맛·신맛·매운맛·고소한 맛·쓴맛 등 많이 있다. 그 많은 여러 가지 맛을 잘 조화해서 만든 것이 요리이다. 아무리 훌륭한 요리사라 할지라도 맛이 없는 물건을 가지고는 요리를 만들 수가 없다. 맛이 여러 가지 있기 때문에 다양한 요리를 만들 수가 있다. 훌륭한 요리사는 그 맛에 대한 연구와 조화에 대한 연구를 해야 좋은 요리를 만들 수 있다고 본다.

예수님이 말씀하시기를 "너희는 세상의 소금이니, 만일 그 맛을 잃으면 무엇으로 짜게 하리요. 후에는 아무 쓸데없어 다만 밖에 버려져 사람에게 밟힐 뿐이니라"(마태복음 5:13)고 하셨다. 소금은 맛의 원조격이다. 여기서 소금의 귀중함을 엿 볼 수 있다. 우리가 먹는 식품에서 보이는 부분이 있고 보이지 않는 맛이 있는데, 보이는 부분도 중요하지만 보이지 않는 맛이 중요함을 알 수 있다.

植物

지구상에는 종류를 셀 수 없을 정도로 많은 수억만의 초목이 있다. 식물도 살펴보면 보이는 부분이 셋이 있고 안 보이는 것이 하나 있다. 식물에는 줄기와 가지가 있으니 보인다. 그리고 잎이 보인다. 또 꽃이 보인다. 또 열매가 보인다. 그래서 보이는 것을 보고 좋으니, 아름다우니 여러 가지 말로 찬사를 보내고 감탄하며 사랑한다. 더욱이 열매는 동물이 먹으니 소중하고 고귀한 것이다. 그런데 보이지 않는 부분이 있으니 뿌리이다. 뿌리는 땅에 묻혀 보이지 아니한다. 보이지 아니하는 뿌리보고 찬사를 보내는 사람은 드물다. 뿌리가 보이지 않는 땅 속에서 부지런히 수분을 공급해 주어 싹이 나고 줄기가 자라고 가지가 생기고 잎이 피고 꽃이 피고 열매가 열려서 잘 익게 하는 역할을 한다.

뿌리가 없으면 지상의 식물은 살 수가 없다. 식물에게 가장 중요한 부분은 보이지 아니하는 뿌리이다. 이 뿌리를 소중히 여기고 아껴야 한다. 만약에 뿌리가 '나도 솟아나 보이겠다'고 땅에서 솟아나면 그 식물은 결국 죽고 말 것이다. 이로써 보면, 보이는 것만 중요한 것이 아니라 보이지 아니하는 뿌리의 소중함을 식물에서도 깨달을 수 있다.

建物

모든 건축물을 살펴보면 천태만상이다. 지극히 호화로운 건물, 웅장한 건물, 고층건물, 단층건물 등등 제 나름대로 형상과 채색을 자랑한다. 보이기 때문에 호평을 하며 감탄도 한다. 그러나 보이지 않으면서도 큰 역할을 하는 것이 바로 기초이다. 기초는 땅에 묻혀 보이지 않는다. 그래서 기초에 대해서는 사람들이 별로 말은 안 한다.

그 보이지 아니하는 기초 때문에 웅장한 건물이 설 수 있다. 호화로운 건물이라도 기초가 없으면 절대로 설 수 없다. 고층 건물일수록 기초가 땅 속으로 깊이 넓고 크게 튼튼하게 기초가 있어야 한다. 기초는 땅 속에 묻혀 있어야지 지상으로 드러내서 보이면 안 된다. 그 건물에서 가장 귀중한 부분은 기초가 된다는 것을 알아야 한다. 만약 보이지 않는다고 해서 기초를 소홀히 하면 그 건물은 제대로 설 수 없다. 기초하는 것을 보고서 그 건물을 잘 짓고 못 짓는 것을 알 수 있다. 보이지 않는 곳이라고 기초를 소홀히 하면 그야말로 헛수고가 되고 지상을 마무리 잘 했다 하더라고 무너지고 만다. 보이지 아니하는 기초가 얼마나 중요한 것인가.

四季節

일 년에는 봄·여름·가을·겨울이 있다. 봄·여름·가을은 보이는 것이 많아 즐길 수 있지만 겨울은 눈에 묻혀 쓸쓸하고 삭막해서 쓸모없고 무가치한 계절로 생각하기 쉽다. 근래에는 사람들이 설경雪景을 즐기며 스키를 하지만, 옛글에서는 '추수동장秋收冬藏'이라고 하였다.

겨울은 감추는 계절이다. 겨울을 춥기 만하고 아무 쓸모없는 계절로 알기 쉽지만 그런 것은 아니다. 겨울을 지나 봄이 오면 봄나물을 먹는다. 그 시기를 지나면 먹을 수 없다. 구근류球根類를 보면 봄에 싹 나기 전에 먹는 맛과 싹이 만발해 나온 후에 먹는 맛이 각각 다르다. 이는 겨울에 축적해 놓은 에너지에 의한 것이라 할 수 있다.

겨울은 이듬해를 준비하는 기간이다. 그렇지만 나타나 있지 않으니 대수롭게 여기지 않는다. 겨울에 준비가 없으면 새봄에 결코 새 것은 볼 수 없다.

사람

사람들을 살펴보자. 우선 체격이 보인다. 형상이 보인다. 또 얼굴색이 백인·황인·흑인·홍인 등으로 보인다. 건강한 몸, 허약한 몸, 병이 있는 몸, 불구의 몸 등은 나타나 있어서 보이기 때문에 나름의 존재의식을 갖게 한다. 그러나 사람에게도 나타나 있지 아니한 것, 육신의 눈에 보이지 않는 부분이 있다. 그것은 영혼이다. 영혼은 보이지 않으므로 있는지 없는지 사람들은 잘 인식하지 못한다.

사람의 용모는 전 세계에 똑같은 사람이 단 한 명도 없다. 심지어 일란성 쌍둥이라도 조금은 다르기 때문에 구분이 될 수 있다. 만약 똑같은 사람이 있다고 하면 인간 세계는 혼란스러울 것이다. 사람들이 똑같지 않은 것은 조물주 하나님의 신비인 것이다.

그리고 나타나는 것은 우선 인간들의 질서가 유지된다. 사람들은 보이는 육체를 성장시키는데 최선을 다 하지만, 영혼에 대해서는 대개 소홀히 한다. 종교는 육체보다 영혼을 더 중시한다. 육체는 제한적이고 잠깐이기 때문이다. 그러나 영혼은 영원한 존재이다. 영혼이 없으면 육체는 존재할 수 없기 때문이다. 초목이 보이지 아니하는 뿌리가 없으면 존재할 수 없듯이 사람도 똑같은 이치이다. 이것을 가르치고 보여주는 역할을 종교가 한다. 종교가 영혼에 대하여 바른 지시와 교훈이 없다면 종교적 가치는 존재하지 않는다.

『성경』에서는 철저하게 영혼에 진리를 교시하고 교훈을 명확하게 기록하고 있다. 영혼이 건재해야 하고 영혼이 깨끗해야 구원을 받는다고 역설했다. 깨끗한 영혼을 간직하려고 예수 그리스도를 믿고 따르는 것이다. 예수 그리스도의 보혈의 피로 속량贖良되어야만 깨끗하게 되기 때문이다.

하나님

"태초에 하나님이 천지를 창조하시니라"(창세기 1:1)고 하는 말씀을 우리는 잘 알고 있다. "지으시고 하나님께서 보시기에 좋았더라"고 하였다. 하나님이 지으신 대우주 만물을 보면 참으로 아름답고 신비스럽다. 하나님이 지으신 대자연은 웅장하고도 한없이 자애로우며 인간을 품어준다. 저 망망한 바다를 볼 때, 저 건너 어딘가에 천성天城(하늘나라)이 길이 있는 것 같은 감상을 갖게 한다.

높은 산을 보면 위엄이 있어 보이고 어떠한 푸근한 감도 주곤 한다. 우리 옛 글에 '산앙취인山仰取仁'이란 말이 있다. 산을 우러러 보면 어진 마음을 갖게 된다는 말이다. 하나님께서 지으신 대자연은 다 참되고〔眞〕 선善하고 아름답고〔美〕 사랑스럽다. 이는 하나님이 진眞·선善·미美·애愛의 근원이시기 때문이다.

그런데 하나님이 만드신 우주 만물은 나타나 있어 보이기 때문에 좋아하고, 기쁘게 즐겁게 지내지만, 지으신 하나님은 나타나 계시지 아니한다. 그렇기 때문에 인간들은 착각을 하여 하나님을 도외시하고 도리어 하나님이 지으신 것들을 우상으로 섬기고 숭배하고 있다. 그래서 하나님이 노여워하신다고 『성경』 로마서 1장 18~23절에서 자세히 훈계하셨다. 하나님은 지으실 뿐만 아니라 쉬지 않고 이 우주를 운행하신다. 예수님은 "하나님 아버지께서 쉬지 않으시고 일하시니 나도 쉴 사이 없이 일해야 한다"고 하셨다(요한복음 5:17).

사람이 스스로 지혜 있다고 하지만, 그 마음이 허망하고 어둡고 미련하여 썩어질 우상을 섬기므로, 하나님이 버리신다고 한 것이다. 버림받은 사람은 금수와 같이 되며 멸망의 길로 간다고 하셨다.

국가 사회

우리가 살고 있는 국가 사회에는 정치·경제·산업·문화·종교 등이 있다. 여기에도 분명히 뿌리의 역할을 할 부분이 있다. 어느 것이겠는가. 정치나 경제, 산업은 나타나야 할 부분이고 이 모든 것들이 잘 움직이고 조화를 이루려면 정신이 필요할 것이다. 정신력은 나타나 있지 아니하고 보이지 않는다. 정신력은 국가사회에서 신경이고 맥이다.

종교는 정신력을 담당해야 한다. 종교가 정신운동을 제대로 하면 정치가 잘 되고 경제도 잘 돌아가고 산업이 발전된다. 종교가 부패하면 그 사회는 썩게 되어 있다. 이는 동양이나 서양이나 옛날이나 지금이나 역사가 증명한다. 종교가 썩었다는 것은 뿌리 역할을 못했다는 말이 된다. 뿌리가 병들면 나무가 죽는 이치와 같다. 이 사회의 뿌리가 되는 종교가 왜 병들고 썩었느냐 하는 것이다.

先知者

구약의 선지자先知者, 예언자들을 생각해 보면, 그들은 당시에 정신계뿐만 아니라 후세까지도 큰 영향을 끼쳤다. 그들은 하나 같이 은거隱居하였다. 나타나 있지 않으면서도 정신계를 좌우했고 사람들은 그들을 신임하고 존경의 대상으로 받들었다. 그들은 높은 자리에 있지 않았다. 권위를 나타내지도 않았다. 그들은 맑고 깨끗하고 가난한 삶을 살았다. 그들이 중시하는 것이 물질에 있지 않으니 마음과 정신이 너그럽고 풍부했다. 그렇지만 나타나 있지 않았다.

예수님의 말씀(마태복음 6장 2~6절)

① 사람에게 보이려고 의를 행하지 않도록 주의하라(1절).

② 구제할 때 나팔을 불지 말고 오른손이 하는 것을 왼손이 모르게 하라(3절).

③ 기도할 때 골방에 들어가 문을 닫고 은밀한 중에 계신 아버지께 기도하라(6절).

예수님 당시 종교 지도자(마태복음 21장 12~13절)

예수님께서 예루살렘 성전을 청결하신 그 역사적 사실을 보고 읽는다. 성진을 이용하여 돈 버는 행위를 했다. 질기를 기회로 돈을 착취하는 행위이다. 종교 지도자가 하나님보다 돈을 좋아하고 하나님을 팔아 돈을 벌자는 행위였다. 물질이 눈을 가렸다. 물질이 있어야 하나님 사업도 할 수 있다는 그릇된 마음이었다고 본다. 그들은 물질의 종이 되었다. 지위를 이용해서 돈을 벌었다(마태복음 23장 1~7절). 물질이 눈을 가리니 성전이고 하나님이고 보이지 않았다. 모세는 자리에 앉아서 권위만 행사하는 행위는 본받지 말라 하였다. 무거운 짐은 남에게 지우면서 자신은 손가락 하나도 움직이지 아니하는 행위를 책망하였다.

남에게 보이려고 겉치레하는 행위, 상좌에 앉기를 탐내며 랍비(rabbi)라고 교만하고 위세를 부리는 것을 책망하시며, 그들은 이 세상에서 이미 받았으니 하늘나라에서는 못 받는다고 말씀을 하셨다. 이는 은밀한 데 있어 뿌리의 역할을 하지 아니하고 세상과 같이 나타나려고 하는 행위에 대해서 책망하신 것이라고 본다.

예수님께서 너희는 소금이라고 하셨다. 소금의 맛은 짜지만 소금이 들어가지 않고는 어떠한 맛도 낼 수 없고 어떠한 요리도 만들 수 없다.

소금은 맛의 원조이다. 사람은 짠맛을 먹어야 한다. 그래서 소금은 반드시 있어야 한다. 이처럼 소중하지만 맛을 내기 위해 자기를 희생한다. 그래서 새로운 것이 창출된다. '너희는 세상의 소금이니' 하신 말씀은 곧 진리이다.

예수님께서 자기를 낮추시고 죽기까지 복종하시고 부활하시니, 새 생명이 창출된 첫 열매가 되셨다. 현재 한국 기독교 지도자를 주님께서 보시고 어떠한 말씀을 하실까. 소금의 역할, 식물 뿌리의 역할은 잘하고 있다고 보실는지. 주님만이 아실 것이다. 냉철하게 주님 말씀에 비추어 반성할 것은 반성해야 할 때가 아닌가 한다.

* 이 글은 장인되시는 靜巖 金東玉 목사님에게 초안해드린 내용임.

제4장 碑文類(외)

I. 高麗忠臣 桑村金先生忠孝大節崇慕碑

상촌 김선생이 자정입절自靖立節하신지 거금距今 585년이다. 이제 후학들이 선생의 숭고심원崇高深遠한 학덕 공적을 각석비현刻石丕顯하여 영세불망永世不忘키 위하여 지천서원知川書院 묘정廟庭에 "고려충신 상촌김선생 충효대절숭모비"를 수립竪立하게 되었다.

무릇 도지재천하자미상망道之在天下者未嘗亡이나 대인이행고待人以行故로 성현출세聖賢出世를 대망待望하는 것이다. 성인이 출현하면 능통천하지지能通天下之志하며 능성천하지무能成天下之務라 하지만, 그러나 사회와 역사의 변천에 있어 영허소장盈虛消長과 궁통비태窮通否泰의 수數를 면할 수 없는 것 또한 역리易理이다. 차소위此所謂 "천명지소위天命之所爲요 비인지력지능급자야非人智力之能及者也"라 한 것이다. 선생이 이에 해당한다고 하겠다.

오호라, 강건중정순수정剛健中正純粹精한 자질로도 고려말 국운장흘지제國運將訖之際에 인신人臣의 도리를 극진하게 하였지만 국조國祚를 회복하지 못하고 진췌盡瘁하신 분이 바로 상촌 선생이시다.

상촌 김선생의 휘諱는 자수子粹이다. 후에 개명하니 자수自粹요 자는 순중純仲이요 초자初字는 거광去礦이며 상촌은 호이다. 경주인慶州人이며 신라왕손으로 고려검교태자태사高麗檢校太子太師 인관仁琯은 선생의 팔대조요 조祖의 휘諱는 영백英伯이니 삼사부사三司副使를 지냈고 부父의 휘는 어琣니 관官이 통례문부사 지제고通禮門副使知制誥이다. 비妣는 일직손씨一直孫氏로 삼중대광三重大匡 판삼사사判三司事 복천부원군福川府院君 홍량洪亮의 여女이다. 고려 충정왕忠定王 3년 단군기원 3684년 신묘에 경상도 안동부安東府 금곡동金谷洞에서 차남으로 출생하셨다.

천성이 지효至孝하고 총민聰敏하였으며, 친가·외가 모두 세세문한世世文翰 가정에서 자랐으나 일찍이 엄부嚴父를 여의고 자모慈母 손씨의 유교 교훈과 외조의 가르침을 받고 성장했다. 19세 때 모친께서 "너는 성균관에 입재入齋하여 학식을 연마해서 장차 문과급제하라"고 하시니, 선생은 "모친을 모시지 않고 어떻게 떠나 가겠습니까" 하자, "네가 공부해서 큰 사람이 되어 입신행도立身行道하고 양명어후세揚名於後世하여 나라에 사표가 된다면 어미도 마음이 얼마나 즐거우며 네 아버지의 영혼인들 얼마나 기뻐하시겠느냐? 이것이 큰 효니라"고 하셨다. 모친의 가정교육이 정대正大함을 알 수 있다. 말씀대로 상경上京하여 생원시生員試에 장원으로 합격하여 성균재생成均齋生이 되었다. 사우師友들과 학문연마와 인격도야에 정려精勵하던 중 불행히도 1년 여만에 모친 환후患候로 귀향하여 구약시탕求藥侍湯하는 정성을 다했으나 모친상을 당하고 시묘侍墓 3년에 애훼지극哀毁至極하여 보고 듣는 자 무불휘루無不揮淚라 하였으며, 국왕도 이를 알고 정려旌閭를 명하고 화공에게 여막廬幕에서 시묘하는 모습을 그려오게 하고 이를『동국삼강행실록東國三綱行實錄』에 기록하게 했다 한다. 후일 그 지역을 '시묘동侍墓洞'이라 부르고 그 마을을 효자리孝子里라 불렀다. 안동부 남문 밖에 '효자 고려 도관찰사都觀察使 김자수지리金子粹之里'라고 새겨 효자비를 세웠다.

춘추대의春秋大義의 의리지학義理之學을 근본으로 하는 선생의 남다른 학문 연원은 불훤재不諼齋 신현申賢 선생의 문정門庭에서 전수傳

受된 것이다. 주자학 전래 이후의 고려유학사를 『동유사우록東儒師友錄』이나 『전고대방典故大方』에 의거하면, 안향安珦을 주자학의 시초로 하여 그 문하에 백이정白頤正과 권보權溥·신천辛蕆·우탁禹倬 등이 있다. 그 후 백이정과 권보는 문하생이 있어 계승되는데, 우탁과 신천은 그 문하 계승이 보이지 않는다. 우탁은 안향의 문하로, 창의적으로 난해한 고전인 역경易經과 성리서性理書를 해득하고 순정유학純正儒學 특히 정주학을 중심으로 이단을 배척함이 강렬하다. 『화해사전華海師全』에 의하면 우탁 문하에 불훤재 신현이 있어 그 도움을 많이 받는다는 기록이 있다. "禹易東每歎曰 門幸有申君賢 吾之成就 老得百倍 其自謙德如此"라 하다. 신현은 당시 고려 국내 뿐만 아니라 원元의 대학자까지 그 학문의 심원深遠함을 칭찬하고 원제元帝가 스승으로 대하고 '불훤재'라는 호도 주었다고 한다. 그 신현의 『화해사전』〈제자안諸子案〉에 나오는 사람이 이백인이 넘는다. 이 세자록諸子錄에 정몽주鄭夢周·이색李穡·김자수가 있다. 또 정몽주가 김자수 외 육인이 모인 자리에서 말하기를 "達可嘗曰 文貞(申賢)之道 如天地之囿物"이라고 칭송했다. 우탁 계열의 학풍은 의리학을 위주로 하여 노불老佛을 배척했다고 한다. 타학파들은 유교 경학 외에 문장학과 불교·도교 등 제자학諸子學을 겸섭兼攝한다. 그러나 순정 의리학파는 '식사도息邪道 척노불斥老佛'이 그 특징이다.

상촌의 관직 경력은 『고려사』 열전, '김자수'조의 상소문에 의하면 "曾忝言官, 暫爲郡守, 超拜大司成, 又兼左輔德" 등 관직을 역임하였다는 구절이 발견된다. 그 외 『고려사』「세가世家」와 「열전」에 의하면 세자시학世子侍學, 좌우상시左右常侍, 형조판서 등에 제수되었다. 그러나 공양왕 4년 4월에 포은이 피살되고 고려가 망하자 두문동杜門洞에 들어갔다가 안동에 은거하여 태조 이성계나 태종 이방원이 수차 관직을 제수하였지만 불응하고 무언견와無言堅臥하였다. 순조 5년 영조계비英祖繼妃 정순왕후貞純王后 승하시昇遐時 영중추부사 이병모李秉模

가 왕명을 받들어 찬한 지문誌文에 이르기를 "后姓金氏, 籍慶州, 新羅金姓之後, 至高麗末, 有諱自粹號桑村, 有孝行, 我太宗大王徵以官, 自以麗氏臣, 殺身以立節"이라고 기록했으니, 선생이 이씨왕조에 벼슬하지 않은 것은 분명하다.

공민왕 23년 문과에 장원급제하고, 우왕 초에 간관諫官 좌정언으로 왕의 시상불공정施賞不公正을 지적하다가 왕의 노여움을 사서 돌산突山으로 유배되었다. 선생은 국문관鞫問官에게 "先王置諫官, 所以補君之失也. 自古王言, 有不可, 諫官諍之願諸公, 察國家置諫官之意"하라고 했다. 선생은 정대하게 왕의 처사에 불가함을 지적했다. 공양왕 2년 4월에 좌상시가 되어 상소함에 죄동벌이罪同罰異의 법불공평을 시정하여 이정방헌以正邦憲하다. 공양왕 3년에 성균관 대사성, 세자좌보덕世子左輔德을 받고 올린 장문의 상서문上書文을 보면 치정治政의 잘못을 지적하고 제왕帝王의 심법心法과 처물처사處物處事의 원리를 설명하였으며, 불교와 음사淫祀의 부당함을 지적하였다. "願殿下, 存心以居, 對越上帝, 雖居幽暗之中, 常若有臨之者, 及其應接之際, 尤謹其念慮之萌, 視聽言動, 必以禮, 出入起居, 罔不敬, 而其處事, 不蔽於私欲, 不流於姑息, 則此心之敬, 足以感天心, 而消變異, 斡敎化, 而興邦國矣"라 하였으니 유교철학의 진수를 간명하게 진술하였다. 대월상제對越上帝하여 수거유암지중雖居幽暗之中, 상약유림지자常若有臨之者라 한 것은 유교의 윤리도덕이 신성한 종교의 차원에까지 이른 것을 말한 것이다. 형이상의 원리가 추상적인 것이 아니라 내 마음의 성실을 통해서 형이하인 구체적인 시청언동에 있어 사욕에 가리지 않으며 고식에 흐르지 않고 마음의 경건함이 천심天心에 감동하여 출입기거와 처물처사에서 합리성과 윤리성이 예절에 맞도록 하면 정교政敎가 바르게 되고 이흥방국以興邦國이라고 하였으니 상촌 철학의 심오함을 알게 한다. 천도天道와 인도人道와 지도地道, 즉 천·지·인 삼재가 일관하며, 이상과 현실이 일원화되게 하는 유교철학의 진수를 천명한 것이다. 공자사상의 기본인 일이관지一以貫之와 시중지도時中之道를 상촌 선생은 잘 체득한 것이라 하겠다. 배불론排佛論에서도 불교의 교리 자체를 비판한 것이 아니라, 구복이생지념求福利生之念으로 많은 사탑寺塔을 남조濫造하여 국비國費와 민력民力을 낭비하는 폐단을 지적한 것이다.

선생은 말년에 누징불기屢徵不起하니 태종은 엄지嚴旨를 내려 만약 김자수와 권근權近이 부름에 불응한다면 부모처자父母妻子를 반드시 죽인다고 위협하였다. 이 때 양촌 권근은 백세의 노모에게 화가 미칠까 두려워 부득이 굴절屈節했다. 태종은 또 선생을 형판刑判으로 부르니 불응하면 죽임을 당할 것이요, 죽지 않고 부름에 응한다면 지조를 버리고 하늘과 부모에게 득죄得罪하는 것이니, 죽느냐 굴절하고 사느냐 양자택일의 극한 상황에 처해진 것이다.

구차하게 살아서 인仁을 해치느냐, 살신殺身하여 인仁을 이루느냐 하는 취사선택의 문제에 대해 상촌 선생의 선택은 의심할 여지가 없었다. 이 소식을 들은 상촌 선생은 조상의 사당에 들어가 결별을 고하고 아들을 데리고 즉일卽日로 길을 떠나 서울로 향했다. 광주廣州 추령秋嶺에 이르러 "차지此地가 즉오사소의卽吾死所矣"라 하고, "비록 여자도 이부二夫를 섬기지 않거늘 황위인신이사이성지군況爲人臣而事二姓之君이리요. 만일 내가 실신失身하면 지하에서 무슨 면목으로 부父와 군君을 대하랴" 하고, "내가 죽은 후에 신물입비愼勿立碑하고 여초목동부與草木同腐케 하라" 하고, 절명사絶命詞 "평생충효의平生忠孝意를 금일유수지今日有誰知오 일사오휴한一死吾休恨이니 구원응유지九原應有知리라"를 읊고 종용從容히 음약자진飮藥自盡하였다. 광주 추령은 포은 선생의 묘소 근처이니, 포은 선생과 생사를 같이 하겠다는 뜻이 아니겠는가. 기고其孤가 유명遺命대로 추령에 장葬하고 묘표墓表를 세우지 않았다.

선생은 자설字說에 밝힌 바와 같이 성인될 것을 자기自期함으로써 소시少時로부터 뜻을 세웠으며, 공맹孔孟의 가르침을 젊은 시절부터 익히 배워 살아온 지사志士 인인仁人이다. 의리를 중심한 도학이 세간의 공리주의 학파와 다른 점은 여기에 있다. 스스로 택한 길이므로 종용취도從容就道한 것이다. 또한 원천우인怨天尤人함이 없이 이신순도以身殉道한 것이다. 보통 사람은 '이신순도'는 감히 못하고 '이도순호인以道殉乎人'하니 세력에 반부攀附한 충성일 뿐이다. 선생은 은殷의 백이숙제伯夷叔齊와 같이 채미採薇할 권리도 자유도 없고, 한漢의 엄광嚴光과 같이 야인野人으로 기조磯釣할 자유도 없으니 슬프지 않는가. 모든 고려 충신들이 후대 조선왕들에게 추증追贈이나 시호를 받았지만 상촌 선생만은 독궐서산지향獨厥西山之享하니 어느 누가 개탄치 않으랴. 그러나 상촌 선생은 치명수지致命遂志하였으므로 부족함이 없는 영원한 복락福樂을 누리리라 믿는다.

선생의 도학은 가학家學으로 전수되어 세세世世로 도학과 절의와 문장과 행의行誼가 현저하게 전후상응前後相應하여 죽백竹帛에 혁혁하니 지천서원知川書院에 배향한 선정先正들이 상촌 선생의 후광後光이시다. 선생의 도는 유구미창愈久彌彰하여 조세어융평措世於隆平하고 안민어인수安民於仁壽하여 위만세 개태평爲萬世開太平할 것을 기원하는 바이다. 선생의 십팔대손 동옥東玉 양정학원養貞學院 이사장이 모선지성慕先之誠으로 내촉비문乃屬碑文하니 여사불획명余辭不獲命하여 추서여차追敍如此하고 인위지명因爲之銘하니 명왈銘曰

鶴鳴秋嶺　聲聞于天　天有大道　人有正倫
道之大原　存乎至善　國之承命　結于忠丹
不朝古峴　有誰解論　故主江陵　慟哭北向
情其性俗　性其情聖　在昔孔門　十哲居上
得仁者誰　顏回見中　杜門古洞　七十二忠
行仁者誰　先生獨往　何謂獨往　執義自靖

致命遂志　身困道亨　千里壯道　求仁得仁
從容中道　帝王難臣　敬受天爵　人爵何善
維玆知川　祠宇自昔　至今多士　慕義紀蹟
地不忍荒　水不忍革　拓土立石　山河新色
忠孝卓節　萬古不泐　首出庶物　咸寧萬國

檀紀四三三一年 戊寅 三月 日
大韓民國學術院會員 成均館大學校名譽敎授
後學 哲學博士 柳承國 謹撰

Ⅱ. 梅竹軒成先生(三問)事蹟碑

人有節義者, 未必能有文章, 有文章者, 未必能有節義。然其有文章節義, 而爲萬世忠臣者, 惟我梅竹軒先生一人而已。列聖朝崇褒之典, 可謂至矣。但惜其無嗣, 而衣履之藏, 尙在疑信之間, 則千秋之下, 猶令人不禁零涕矣。彼貪叨富貴, 忘先王託孤之恩, 殺害忠良, 貶降舊君, 而竟行弑逆者, 抑何心哉。至今數百年之後, 聞其事, 讀其史者, 雖閭巷婦孺, 莫不憤歎而怒罵之, 則於此可見天理之未泯, 而人心之不死矣。民之秉彝, 極天罔墜者, 非此之謂歟。先生姓成氏, 諱三問, 字謹甫, 號梅竹軒, 昌寧人也。太宗戊戌, 生于洪州魯恩洞外第。將降, 空中有問曰生乎, 如是者三, 故以爲名云。世宗乙卯生員, 戊午及第, 丁卯重試壯元。歷事世宗文宗端宗三朝。始祖諱仁輔, 高麗中尹, 代有顯官。至朝鮮朝, 諱汝完, 號怡軒, 除門下侍中, 不就, 謚文靖。生諱石瑢, 號檜谷, 寶文閣大提學, 謚文肅, 卽公之曾祖也。祖諱達生, 判中樞, 謚襄惠。考諱勝, 號赤谷, 與六臣同節死。英宗朝, 謚忠肅。妣竹山朴氏, 縣監襘之女。配延安金氏, 載寧郡守仍之女, 墓在洪州魯恩洞忠肅公墓傍。禍作日, 夫人寫先生神主, 抱負孥屬處而祭之。子元, 賢而好學, 丙子前, 無后早沒, 妻爲官婢全節。子孟詹孟平孟終, 當年皆被收死, 嗣仍絶。女爲府使朴臨卿妻。外孫朴壕, 文科, 中宗朝戶判, 朴增贈參議, 朴垾別坐。孟詹一女, 適正郎柳輯。弟府使三聘三顧三省, 竝坐死。先生從叔校理諱熺號仁齋, 亦繫獄受刑十餘次, 圍籬金海。露梁之南, 四墓列焉, 人傳爲六臣墓。而俱有標石, 曰成氏之墓朴氏之墓兪氏之墓李氏之墓云。當時義士收瘞四人於此, 而不敢顯刻, 以是稱之耶。其後, 又有一墓者, 謂成摠管墓云。世傳有僧取六臣屍, 負而瘞之, 僧是梅月堂云。又有恩津之地, 有一墓, 長松生其傍, 民指謂先生一肢, 徇示至縣庭, 因瘞于此云。顯宗壬子, 戶曹書吏嚴義龍, 偶於仁王山崩崖間, 見有瓷器。開視之, 中有三個栗主, 其一卽先生, 其二卽先生外孫參贊朴壕夫妻也。義龍驚異之, 奔告諸士大夫。於是, 搢紳章甫爭趍展拜, 即以神輿, 權安先生外裔嚴纘家。士人南宅夏等問禮于尤翁, 尤翁曰:「先生節義, 當百世祀之, 而其餒幾年于玆矣。今玆事, 天誘嚴吏之衷也。天旣啓之, 人又埋之, 豈其所忍? 先生舊宅, 尙在洪州魯恩洞, 奉安于此, 則禮所謂神返室堂者。雖缺於始, 而得行於今矣」於是, 諸生通于先生外裔及族屬之在洪州者, 奉而南歸, 因此而士林尊享之。光武壬寅, 仁齋公後裔贊政岐運, 疏請以族子周英奉先生祀, 上特命許之。謹按, 端宗忠義錄曰: 先生爲人, 詼諧放浪, 坐臥無節, 外若無持守, 內實堅確。世宗製訓民正音時, 明翰林學士黃瓚, 謫遼東, 命先生見瓚質問音韻, 往返十三。文宗在東宮, 沈潛學問。每月明人靜, 手持一卷, 步自集賢殿直廬, 與之問難。一日夜半, 將脫衣欲臥, 忽聞戶外屐聲呼謹甫而至。先生顚倒迎拜。丙子事覺, 世祖親鞫, 叱曰:「若等何爲反我?」先生抗聲曰:「欲復故主耳! 天下誰有不愛其君乎? 進賜平日, 動引周公, 周公亦有是否? 余之爲此者, 天無二日, 民無二王故也」世祖頓足曰:「受禪之初, 何不阻之而依我, 今乃背我乎?」先生曰:「勢不能也。吾固知進不能禁, 退有一死而已。然徒死無益, 忍以至此者, 欲圖後效耳」施灼刑, 顔色不變, 顧叱申叔舟曰:「始與汝在集賢殿時, 世宗抱元孫, 顧謂儒臣曰, 寡人千秋萬歲後, 卿等須護此兒, 言尙在耳。汝獨忘之乎?」蓋先生之學, 先立乎其大者, 故其執心以堅應事以直, 有如是, 而節義之巍, 與喬嶽爭高, 日月並明者也。其重試對策曰:「萬化非此心則不興, 庶政非此心則不行, 爲人上者, 存此心而擧此法, 則於爲治乎, 何有? 古昔哲王之爲天下國家, 如是而已矣」肅宗辛未, 復官, 英宗戊寅, 贈吏曹判書, 謚忠文。享綠雲洛濱勿溪忠烈忠谷愍節彰節諸院若祠, 配肅慕殿廡, 崇報之義 次第無憾矣。若乃狀德之文, 先正清陰尤庵諸先生贊述已備矣。如我眇末, 安敢爲贅哉? 維此達田, 乃仁齋公遺宅之地, 先生奉祀孫及祠宇之所在, 而祠宇頹圮。故族後孫周億, 謀諸宗中, 請援於官, 改築廟堂, 煥然復新。河珠百一在洙等, 繼之而詢謀於京鄕搢紳章甫, 樹此事蹟碑, 其褒忠奬義之誠, 慨世憂道之意, 實有可尙者耳。顧今世衰道微, 人綱壞敗, 忠逆無分, 利義無別之時, 此事其爲風化之助, 其可曰少哉。系之以銘曰:

忠貫日月, 氣凜霜雪。忠臣義在, 苟活不屑。殺身成仁, 孔聖有訣。維玆達田, 祠宇自昔。至今多士, 慕義紀蹟。地不忍荒, 水不忍革。北土立石, 山河動色。危忠卓節, 萬古不泐, 後之君子, 觀此必式。

先生成仁後五百二十八年,

後學 韓國精神文化硏究院長 哲學博士 晉州 柳承國 謹撰

Ⅲ. 經歷公墓碑銘

府君諱依, 姓柳氏, 籍晉州。高麗金紫光祿大夫中書令左右衛上將軍諱挺, 爲上祖。五世而有諱椼, 諡良和, 官匡靖大夫贊成事。高麗忠烈王時, 以密直司使, 如元, 賀聖節, 事載麗史。寔府君之高祖也。曾祖諱仁茂, 朝顯大夫版圖摠郎。祖諱槩, 興威衛郎將。考諱光甫, 奉順大夫判司僕寺事。妣平州韓氏, 左右衛保勝別將諱禧之女。府君始仕朝鮮朝, 官至中訓大夫東北面都巡問使經歷所經歷。以子若孫之貴, 贈嘉善大夫吏曹參判兼同知義禁府事五衛都摠府都摠管, 生卒年及言行錄, 皆泯滅無傳焉。配贈貞夫人一直孫氏, 密直司左代言諱得壽之女。育二男, 長宗植, 嘉靖大夫檢校工曹參判。次陽植, 嘉靖大夫戶曹參判。世稱伯參判季參判。伯參判, 莊陵癸酉靖難後, 不樂仕宦, 退去于文義荊江之下, 以山水自娛, 壎篪相和, 以終老焉。伯參判男長永貞, 贈通訓大夫司僕寺司正。次永修谷山郡守。次文通通訓大夫司諫院司諫。次文達顯信校尉忠贊尉。女長適東萊鄭而元判官。次適全州李義崑司直。次適谷山延井濼上護軍。次適慶州李咸靖司果。季參判男長自濱, 通訓大夫舍人春秋館知製敎。次自汾進士。次自漢文科壯元。女延安金脩知中樞, 光州金謙光參贊, 寧越辛仲琚舍人, 皆其婿也。竊伏念我柳姓, 爲東邦著族, 前乎府君, 而有世世衛社樹勳之烈祖, 後乎府君, 而文章德行, 無代無之。伯參判宗植, 三子司諫文通, 文通長子禮曹參議仁貴, 四子文貞公左贊成仁淑。仁貴子戶曹參議希齡, 世稱柳門三世四翰林。文貞公兄弟子姪, 文章節義, 蔚爲乙巳名賢。西坰根, 典文衡, 位貳相, 文章勳業, 爲穆陵名臣, 寔府君之五世孫也。季參判陽植, 長子春秋館知製敎自濱, 文壯舍人。次進士自汾, 文壯舍人。次自漢, 文壯舍人。女長延安金脩知中樞, 次光州金謙光文壯參贊, 次寧越辛仲琚舍人。世稱柳門三壯元五舍人。其前後, 以文以武, 可謂與國同休戚矣, 則朝家贈諡之典, 士林俎豆之奉, 固其所也。世德之美, 雖非後生小子之所敢言, 而苟非先蔭之厚, 自修之篤, 又安能至此之盛哉。府君巾舃之藏, 在廣州慶安驛葛麻伊洞驛里癸坐之原。而星霜閱久, 陵谷遷夷。床石及儀物, 埋土無餘。且子孫誠薄, 曠闕省謁, 不敢的其當窆之位。所以惶感深切, 罔知攸措。自己亥年, 設壇于里之艮方谷, 而歲享之。然猶不能無慊慊然者。不肖承國, 是憂是懼, 以宗親之僉意, 旁搜文獻, 實查向坐, 確認其當地, 而不貳焉。關係考證, 皆保藏於大宗會。自是, 瞻掃時行, 邱木封植, 蓋時之早晚, 有待而然歟。抑府君之靈, 陟降左右, 使不肖輩得免夫逋慢不誠之罪也歟。記曰, 先世無美而稱之, 誣也; 有而不知, 不明也; 知而不傳, 不仁也。今旣有矣, 又知矣, 敢不圖其所以傳之之道乎? 爲吾祖之苗裔者, 雖各派其派, 邇遠異所, 耕讀殊業, 而其本也則一也。願自今益敦崇祖之誠, 勉修睦族之誼, 無或墜先徽之萬一也。石役告訖, 不肖承國, 記其顚末, 以示來後, 遂序次如右, 繼以銘曰:

丕顯我祖　肇基東土　歷朝簪纓　乃文乃武
于家于邦　俗成鄒魯　惟玆慶安　世藏之麓
英靈陟降　遇者必式　庶我諸裔　均霑遺澤

年　月　日

十九代孫 韓國精神文化研究院長 哲學博士 承國 謹識

Ⅳ. 文簡公十清軒金先生遺墟碑

余嘗序十淸軒金先生遺集之譯本。非敢曰知先生也, 而生於數百載之下, 仰高風而慕懿德, 則自謂不後於人矣。先生道高一時, 扶植綱常, 已錣享于八峯書院矣。而忠原士林以爲陰竹之留春, 是先生被謫之地, 講道牖後之墟, 迺於知非川上, 設俎豆之儀, 額之曰知川書院。其義取先生嘗自號以知非翁, 名其所居之川, 亦以知非也。旣而以桑村金先生, 訥齋朴先生, 忠愍金先生, 南谷金先生, 秋谷金先生, 鶴洲金先生, 醒巖金先生, 追配之。春秋大節高麗忠臣桑村先生, 卽先生之高祖也。訥齋先生, 是先生講磨之友也。其餘諸先生, 以道學, 以德政, 以節義, 各著聞于世, 先生之後孫也。謹按, 十淸軒先生, 諱世弼, 字公碩, 諡文簡。新羅金氏王之後。先生天資甚高, 學本洙泗, 家世以儒業。其道義之交, 則有趙靜菴金慕齋之諸賢。於經筵陳啓, 則特以周易中庸性理大全, 及審治體等七條爲旨, 在當時上下之所推重, 可知也已。嗚呼! 先生之時也殆哉。岌岌乎國政多門, 朋論橫騰, 不惟世類之立無其地, 屠人夷族, 前後相望, 所謂士禍之累起, 是也。然而先生獨於筵席, 能繩君之過, 以白靜菴先生之無罪。雖因小人輩啣之, 竟至杖配, 而其確乎不拔之志, 匡君救國之道, 足以聳天下, 而法後世矣, 何其壯也。所可惜者, 累經斬鏁之餘, 先生之偉蹟, 無有發揮而傳述者。又胤子持平公, 於乙巳之禍被刑以沒, 則其未能收拾襲藏也明矣。惟有遺文若干篇, 可以窺其萬一, 而李澤堂之序, 尤菴宋先生之銘, 徵其金石而已。抑又知川一區, 先生之遺馨, 亘百世而不泯, 士林春秋之享, 羹墻有所, 則只文字之寂寥, 何足爲有無哉。至若先生世德之美, 院宇之興替, 自有別, 其玆不復焉。顧今世級漸降, 道喪文弊, 人不知彛倫之爲何物。于斯時也, 僉君子慕先生之遺德, 不詢而謀同, 就知川之舊址, 立石而寓不忘之義。其於崇賢衛道之誠, 一大盛擧也。將有聞先生之風, 而懦者立, 頑者廉, 於邦家之治化, 亦豈少補之云哉。以承國之忝名於刻末, 亦與有榮焉。玆爲之記。

檀紀四千參百拾八年乙丑五月　日

韓國精神文化硏究院長 哲學博士 晉州 柳承國 謹撰

V. 承議郎尙衣院別提 贈戶曹參判晉州柳公墓碣銘 幷序

都下安城治之大德辰峴里, 負坤而封者, 卽我府君之幽宅也。舊有短碣, 僅書姓諱, 年久歲深, 風磨雨洗, 石面剝泐, 字畫不辨。嗚呼, 仰惟繼承之業, 必多積累。 功當世之覩, 記宜有百世之傳, 世代浸遠, 文獻無徵, 至若生卒年月, 亦無所稽, 後裔之恨, 愈久愈切。今於十餘世後, 山下裔孫, 以顯刻隧道之議, 會于墓庭, 鳩財伐石, 屬文於不肖, 義不敢以不文固辭, 玆以謹據譜乘, 略敍如左。

府君諱紝, 字景成, 姓柳氏, 貫晉州。以高麗中書令上將軍晉康府院君諱挺爲始祖。寔生諱淑, 神虎衛保勝中郎將, 封晉寧府院君, 寔生諱敦植, 監門衛上將軍, 封晉原府院君, 高麗高宗四年, 以後軍兵馬使, 討平契丹, 事見麗史。寔生諱洪林, 樞密院副使戶部尙書, 封晉陽府院君。世襲功載, 麗朝四世封君。厥後累仁積德, 縉紳相繼, 五傳而有諱依, 入朝鮮朝, 官至都巡問使經歷。贈吏曹參判, 卽府君之五代祖也。高祖諱陽植, 世祖朝, 官至戶曹參判。曾祖諱自濱, 官至校理。祖諱茵珍, 原縣監。考諱祖諶, 保寧縣監, 司憲府監察。贈戶曹參議。妣贈淑夫人安東金氏, 士人胤孫之女。寔生府君, 官至承議郎尙衣院別提, 贈嘉善大夫戶曹參判兼同知經筵春秋館義禁府事五衛都摠府副摠管。配贈貞夫人驪興閔氏, 郡守興之女。後配贈貞夫人坡平尹氏, 府使希老之女。墓與府君同祔。府君有二男三女, 男長淸梅堂諱命元, 宣祖朝, 官至英陵參奉, 贈戶曹判書。當光海昏朝, 斥廢母論, 仍不仕, 而退去淸州。自是子姓因居焉。次得元, 无后。女長驪興閔夢龍, 左議政。次孫繼先生員。次李仁基。諱命元, 有二男二女。男長晩翠堂諱後聖, 仁祖朝, 歷典高陽楊州等十八邑, 佐三朝有功。顯宗三年壬寅十月, 階陞一品崇祿。先三世之追贈, 皆以崇祿府君之貴推恩也。次希聖宣傳。女長東萊鄭亨吉中樞。次慶州金坵崇祿。內外曾孫以下, 不盡錄。噫! 府君之文章勳業, 懿行令德, 雖曰無文不考, 其潛光之耀, 積陰之厚, 徵之以門戶之烜爀, 子姓之蕃衍, 而不可誣也。承此餘韻, 曷不休哉。遂爲之銘曰。

允矣吾姓, 麗朝爲始。四世封君, 恩寵無比。自後五世, 克濟其美。逮夫李朝, 世德踪趾。根固枝達, 源深流長。甡甡後承, 久而益彰。辰峴之阡, 衣履攸藏, 我述我先, 匪敢掄揚。

傍十四代孫 不肖承國謹撰。

檀紀四千三百十七年下元甲子二月上澣。

承議郎尙衣院別提 贈戶曹參判晉州柳公紝之墓。

配 贈貞夫人驪興閔氏 配 贈貞夫人坡平尹氏 祔左。

Ⅵ. 抗日獨立運動志士 慶州金公相九之墓碣銘

지사志士 김공金公 상구相九의 초휘初諱는 호상浩相이요 호는 죽헌竹軒이니, 신라 왕족으로 여조麗朝의 판도판서版圖判書 휘 장유將有는 20세조요, 조선조 문간공文簡公 충암沖庵 휘 정淨의 백형伯兄인 창릉참봉昌陵參奉 장암공壯庵公 휘 광光은 14세조이다. 고조는 휘 순태順泰요 증조는 증贈 통훈대부通訓大夫 군자감정軍資監正 휘 수근秀根이요, 조祖는 휘 정희貞熙요 고考는 휘 기옥基玉이다. 비妣는 영월엄씨寧越嚴氏이다.

공은 고종 을미(1895) 정월 1일 청원 북이면北二面 서당리書堂里에서 태어나 그 영오穎悟한 천품天稟으로 가학을 계승하여 박섭강기博涉强記함으로써 견자見者들은 모두 대기大器의 성취를 기대하였다.

기미년 3월 1일 항일 독립운동 시위가 전국에서 봉기蜂起하사 공은 4월 1일 동료인 이시우李始雨·김정환金貞煥·장성이張星伊와 더불어 신기리新基里 동민洞民을 규합하여 동일同日 박모薄暮에 신기리 전산前山에서 오십여 명의 군중 대표로 선봉이 되어 '대한독립만세'를 고창高唱하며 시위하다가 왜헌倭憲에게 피체被逮되었다. 이에 공은 왜정법정倭政法廷에서 "나의 행위는 한국 민족으로서 정의正義 인도적人道的 의사발동意思發動이다. 범죄가 될 수 없다"고 항변抗辯하였고, 또 "너희들은 왜 이와 같이 부당한 법을 우리에게 과科하여 동양 평화를 파괴하느냐"면서 쾌히 자신의 의사를 주장하였다.

공은 이에 2년 여의 옥고와 모진 고문으로 인하여 출옥 후 그 여독餘毒으로 신음하다가 정묘(1927) 9월 25일 그 통분痛憤을 씻지 못한 채 서거하였으니, 33세의 방년芳年이었다. 아! 슬프도다. 이는 참으로 지사 김공 한 사람의 비애悲哀만이 아니라 온 민족의 비분悲憤이로다.

배配는 전주최씨 일충日忠의 따님으로, 고종 을미(1895) 6월 4일에 태어나 계미(1943) 3월 2일 졸하니 부덕婦德이 있었다. 생일남生一男

하니 홍복洪福이요, 부婦 경주최씨는 인석仁錫의 따님이다. 시생是生에 오남일녀하니, 남男은 종식鍾植·윤식允植·완식完植·준식俊植·현식鉉植이요, 여女는 선희善姬이다. 종식이 생일남하니 응찬應燦이요, 윤식이 생일녀하니 미경美景이다.

영윤令胤인 홍복은 선친의 유지遺志를 받들어 자손을 교육하고 자신 또한 각별히 처신하며, 오직 위친일념爲親一念 뿐이었다. 이에 인근의 유지제현有志諸賢들이 공의 행의行義를 기리고 윤자胤子의 효심에 감동되어 당국에 독립유공자 추서追敍를 신청하고 기념비 건립을 주선하자, 윤자 홍복은 선친의 본의에 위배되는 일이 된다고 사양하니, 이 참으로 '유시부시자有是父是子'라 어찌 참다운 미덕이 아니랴.

이에 그의 독립유공獨立有功을 천양闡揚코자 하여 건비建碑 추진 위원장 장학수張學洙 씨가 나에게 비명을 청해 왔다. 공의 윤자 홍복은 나와 동문同門의 의誼가 있고, 또 공의 의義를 추모하는 뜻으로 불문不文을 무릅쓰고 다음과 같이 명銘한다.

公之抗日示威起兮여　忘身報國景行行兮로다
之死之生其義一兮여　百世之下風激越兮로다

단기 4318년 을축(1985) 정월 1일
한국 정신문화 연구원장 철학박사 류승국 찬撰
기념비 건립추진 위원회 입立

Ⅶ. 慶州金公閔煥墓碑

慶州金閔煥, 高麗朝諱自粹號桑村刑判○代孫, 李朝中宗朝諱世弼號十淸軒吏判○代孫。祖考諱濟斗, 祖妣谷山延氏, 父卿東玉牧師利川養貞女子中高等學校設立理事長, 妣廣州李氏。一九四四年五月十三日, 生于利川郡麻長面芍村里第。天性聰慧穎悟, 文詞夙就, 事親至孝, 謹愼篤行, 鄕黨稱之。歷高陽廣州中高敎師, 利川養貞女子中校長在職中, 一九八九年二月二十日十八時, 輪禍殉職。配陳氏, 有子基宗基婉。銘曰:

赫赫簪纓, 月城華閥, 十淸先蔭, 連綿不絶。念祖修德, 文學樂悅, 據坐皐比, 奮勵志節。遽遭輪禍, 身運終窒, 去而上仙, 冥福無疆。芍藥山下, 地靈膺祥, 奚卜佳城, 體魄攸藏。天慳地護, 應無後艱, 庶幾精靈, 永世奠安。

Ⅷ. 竹庵全州李公炳主之碑銘 并序

금강지상錦江之上 계룡산하鷄龍山下에 산하山河의 맑은 정기를 타고 독생덕인篤生德人하니, 천성이 명민明敏하고 인품이 관후寬厚하도다. 직이온直而溫하며 강이화剛而和하여 애민여기愛民如己하고 우국여가憂國如家하는 지사인인志士仁人이 있으니, 즉시유아죽암이공卽是惟我竹庵李公이시다.

죽암 선생은 구한말 경술국치 후 3년 계축癸丑 11월 3일에 백제 고도古都 공주 땅에서 탄생하여 대한민국 광복 후 단기 4329년 병자丙子 1월 6일에 서거하시니 향년이 84세이시다. 선생의 생애 전반은 일제 암흑기요 후반은 조국 광복 이후이다. 일제 패망과 더불어 조국 통일 독립을 회복치 못하고 남북분단과 민족분열의 와중에서 1세기에 가까운 파란만장한 생애시었다. 조국의 휴척休戚과 더불어 그 애환哀歡을 같이 하였도다. 죽암 선생은 통일 조국과 안보, 그리고 인류 평화 건설을 위한 입덕立德과 입공立功과 입언立言의 삼불후三不朽는 우리 민족과 더불어 영원히 빛날 것이다.

논하건대, 세상 사람들은 불구어명不求於名이면 즉탐어리卽貪於利하나니, 불탐불구자不貪不求者는 개역선의蓋亦鮮矣니라. 이는 '참선비'만이 할 수 있는 것이다. 인지소욕人之所欲이 생生보다 더한 것이 없으며, 인지소오人之所惡가 사死보다 더한 것이 없도다. 그러나 이 생사보다도 더 소욕所欲하며 또 소오所惡함이 있으니, 이는 오직 대의大義가 있을 뿐이다. 진실로 의지소재義之所在라면 수사생雖捨生이라도 불피不避하며, 진실로 비의지소재非義之所在라면 수취천하雖取天下라도 불위不爲하나니, 이는 백세불역百世不易의 정론定論이라 하겠다.

당금지세인當今之世人은 불치불인不恥不仁하며 불외불의不畏不義하며 불견리不見利면 불권不勸하나니, 지사인인志士仁人은 조야朝野를 막론하고 판탕극의板湯極矣로다. 또 있다 하여도 은거불출隱居不出하는 이 때, 윤의允矣라 오직 죽암 이공만이 가이당지可以當之로다.

공은 자저自著에 말하기를 "나는 젊을 때부터 이 정의를 생활신조로 삼고 육십을 지나도록 살아왔다. 흔히 많은 사람은 얄팍하게 살려고 한다. 현실적으로 득得을 보고 사는 것 같지만, 종국에 가서는 그 인생은 실패하고 만다. 그러나 남이 알아주든 아니하든 정의로만 살면 그 인생은 종국적으로 후회 없는 인생이 된다고 믿는 것이다. 나는 앞으로의 남은 인생도 이 정의를 좌우명으로 삼고 살아갈 결심이다. 관뚜껑을 덮을 때 덜 후회로운 인생이 되기 위해서이다"라고 입지立志, 독행篤行하였으니, 맹자가 말한대로 선립호기대자先立乎其大者면 소자불능탈小者不能奪이라 함과 같도다. 세상의 어떠한 유혹에도 빠지지 않게 된다. 또 말하기를 "사람은 죽을 것을 알고 살아야 한다. 그러면 살아서 하는 행위가 잘못될 수 없느니라"고 하고, 또 말하기를 "죽어서도 망亡하지 않는 사람이 있으니 의롭게 산 사람이다"고 했다.

선생은 천품天稟이 돈후명민敦厚明敏할 뿐 아니라 가학유원家學有源하여 의로운 가정에서 태어나 원법선성遠法先聖하고 근수가규近守家規하였으니, 연산군 무오사화 때 좌화坐禍하였을 뿐만 아니라, 6년 뒤 갑자사화 때 화급천양禍及泉壤한 명현 정간공貞簡公 한재寒齋 이목李穆 선생의 15대손이다. 한재 선생은 무욕이호인無欲而好仁하며, 무외이오불인無畏而惡不仁하는 유일한 직인直人이다.

죽암지의竹庵之義는 숭유중도崇儒重道하여 경앙선성景仰先聖하며, 아국我國의 의리학파 포은 정선생圃隱鄭先生, 한재 이선생, 정암 조선생靜庵趙先生, 우암 송선생尤庵宋先生, 화서 이선생華西李先生, 면암 최선생勉庵崔先生 제선정諸先正을 경모敬慕하여, 문집의 번역, 사상과 생애에 대한 연구와 도의선양대회를 전국적으로 실시하였다.

죽암의 생애는 4기로 나눌 수 있으니, 청년시절은 교사教師 시기요 장년시절은 의사醫師 시기요, 중년은 의정議政 시기요, 말년은 사회교화 시기이다. 그 분의 의義의 철학은 4기를 통하여 일관되었다. 의로운 교육으로 민족혼을 각성케 하였으며, 일제시에 독학으로 발분역학發憤力學하여 서양 의사 시험에 합격하고, 독일 유학을 마친 뒤 의원醫院을 개설하여 빈한한 동포들의 병고를 무료 또는 염가로 증구拯救하였으니, 이 또한 의로운 생활이라 하겠다.

의정 생활 16년에 그 의리사상을 정치를 통하여 구현하였으니, 이해득실로 실리實利를 추구하는 현대 정당정치에 있어, 선생은 정치는 인민을 위한 정치가 되어야 하고, 인민이 정부나 관료를 위하여 존재하는 것이 아니라고 역설, 강조하였다. 사회 문화 정책에 있어서도 한글 전용 문제와 동성동본 결혼을 법으로 제정하려 할 때 아무도 이에 반대할 수 없었다. 그러나 죽암 의원은 대통령의 비위에 거슬림에도 불구하고 이해, 득실, 영달에 관계없이 홀로 직언, 간언諫言, 독대獨對하여 반대 의견을 강력히 진술하여, 이 법 제정을 유보하게 한 것은 의정사상 특기할 만한 사례라 할 수 있다.

흔히 '정의'라고 하면 현실과 유리遊離된 관념적 정의를 이르기 쉬운 것이 종전의 가치관이다. 군자는 유어의喩於義하고 소인은 유어리喩於利라 하여 이익을 도외시한 정의를 말하지만, 죽암의 정의관은 불합리한 현실을 정의롭게 처리하는 것이 참다운 정의라고 하였다. 현실을 타개하지 못하는 정의는 참다운 산 정의가 아니라고 하였다. 위정자나 정치 지도자가 자기의 이익을 도모하는 것은 사회악社會惡에 속하지만, 국리민복國利民福을 위하여 대중의 이익을 도모하는 것은 위정자의 산 정의요, 산 정치라고 역설하였다. 경제를 도외시한 정치는 참 정치가 아니라고 역설하였으니, 재래의 정의관과도 다르며, 현대의 정치사상과도 다른 전통과 현대가 조화를 이룬 정의관이며 정치관이다. 그리하여 정의는 종국적으로 인간 생명을 존귀하게 여기며, 인권을 존중하여 인권의 평등과 소유의 형평과 사회 질서의 확립과 인류평화 세계로 발전하는 길이 되는 것이다.

종교 간의 갈등의 해소도 교리나 신관神觀을 가지고 대립하는 것이 아니니, 유교의 인의仁義와 불교의 자비와 기독교의 박애博愛가 다를 리 없다. 인의와 자비와 박애는 종교가 다르다 할지라도 인간 생명을 존귀하게 여기고 인권을 보장하는 원리에 있어서는 공통된 것이니, 이것이 종교가 대화해 나가야 할 길이라고 세계 종교대회에서 역설하였다. 사람의 귀중한 생명을 위하여 종교가 역할을 하는 것이지, 사람의 생명이 종교를 위해 존재하는 것이 아니라는 점을 역설하였다. 미숙한 종교로부터 성숙한 종교는 피안彼岸의 신神에서 인간에게로 그 신성성神聖性과 영명성靈明性이 전환해야 함을 역설하였으니, 이는 금세기 종교관의 탁견이라 아니할 수 없다. 인간 성취를 위한 교육과 의인醫人, 의세醫世가 기규일야其規一也라 하겠다.

한국 유교가 전인미도前人未到의 경지를 개척하였다고 하는 인성론人性論의 성리학설은 군자국君子國 홍익인간弘益人間의 인도주의와 평화 애호사상은 앞으로 세계화 시내에 재소명되어야 할 것이다. 이를 선도적으로 갈파하고 종교 간의 갈등을 해소하는 거화炬火를 든 분이 죽암 이병주 선생이라 하겠다.

선생의 영윤令胤 항규恒圭 장관이 비문을 나에게 요청함에 사부득辭不得하여 죽암 이공의 사상과 업적을 후세에 기념하기 위하여 위와 같이 약술하고 다음과 같이 명銘하노라. 명왈銘曰:

山河儲精　篤生英姿　天稟敦厚　克紹先熙
哀纏風樹　孝感靈知　景仰先聖　踐守家規
友愛眷屬　勤儉成基　誨人無倦　學行不離
隨時隨處　或死或醫　窮有樂志　達無自私
議政三選　民心悅怡　愛民如己　憂國克粟
義不阿世　德能謙卑　成均敎化　不伐博施
年逾八耋　猶冀德漪　允矣君子　百世不虧
寒齋之直　竹庵之義　寒竹猗猗　青丘彌禔

Ⅸ. 晉康祠廟庭碑銘 幷序

此晉康祠, 維我晉州柳氏始祖高麗金紫光祿大夫中書令左右衛上將軍晉康府院君諱挺安享之廟堂也。以二世祖神虎衛保勝中郎將晉寧府院君諱淑, 三世祖通議大夫監門衛上將軍兵馬使晉原府院君諱敦植, 四世祖贈金紫光祿大夫門下侍郎同中書門下平章事判典理司事行銀青光祿大夫樞密院副使戶部尙書晉陽府院君諱洪林, 五世祖匡靖大夫都僉議贊成事判民部事上護軍諡良和公諱桷, 五世祖奉常大夫軍簿摠郎晉興府院君諱槫, 凡四世五位配享焉。惟玆晉州一境, 自古以山川景觀之美, 人物風俗之盛, 稱于一國。飛鳳山止于北, 而爲鎭山, 南江經其南, 而爲橫帶, 臥龍山在江南, 而爲案山, 大海展案外, 而爲明堂, 儘天星地紀, 湊合吉祥之地。而其中水谷元堂, 實我先祖發祥之基也。維我始祖, 誕降於高麗文宗朝, 而官至金紫光祿大夫中書令左右衛上將軍, 輸忠竭力, 爲國柱石, 得封晉康國, 而爲晉康府院君。積德累仁, 基命定命於萬世, 以裕後昆, 此吾柳氏之貫晉州, 而晉康祠之所以設也。子若孫, 曾若玄, 張旺家業, 繼世封君。玆後, 歷麗朝, 及李朝, 上下近千載之間, 官內外文武, 得封君, 賜諡者, 與夫道學節義文章行誼之著顯者, 前後相望, 而列於竹帛。在朝則與同休戚, 而盡忠君護國之誠, 在鄕則扶植綱常, 而盡孝友詩禮之敎, 奕世箕裘, 愈久彌彰, 而爲一國之鼎族, 此豈非山川湊吉祖宗發祥之所致歟。然始祖以下, 六位之邱壟, 失傳於李朝革世之後, 使先祖不得香火之奉, 而欿泣於九天之上, 後世雲仍, 失伸誠之所, 而彷徨於邱壟之間者, 歷五百餘年之久矣。去戊午春, 國中諸宗, 齊會于京師, 謀所以建立始祖祠宇, 及編纂大同譜兩大事。緣情制禮, 黽勉從事, 歷四年, 壬戌春, 創建晉康祠正殿于元堂故里。同年冬, 譜事告成。迺於四月十八日, 奉安神位于正殿也。濟濟諸宗, 齊明盛服, 肅敬奉祀, 方其盥水, 迎神奠幣, 獻爵拜興, 升降之際, 洋洋乎, 如在其上, 如在其左右。僾然見先祖雍穆之容, 肅然聞劍佩之誠, 莫不油然發孝悌之心, 崇祖敬宗之誠, 倍切于前, 睦族敦親之情, 尤深於今。於是, 神人並伸塞鬱之情於無窮之世, 而無餘恨矣。若使後孫, 體念此意, 愼厥身修, 毋忝祖先以之內, 而種德裕後外, 而護國安民, 永世無替, 受天福慶, 則豈不韙哉? 翌年癸亥, 以十月三日開天節, 定世一祀之日, 因築遠紹崇德東西兩齋, 繼而建四世祖尙書公遺墟碑閣, 淨化神域, 凡經五年, 而告成于今。諸宗慕先之誠, 亦云大矣。任事諸宗, 乃屬不佞曰, 「不可無前後事實之記, 以示後世子孫」, 其序之辭不獲, 乃序之如右, 刻石立于廟庭。因爲之銘曰:

南江之北　鳳山之陽　有屹其廟　乃曰晉康
積德累仁　天篤降祥　子孫千億　茀祿無疆
念祖修德　豈敢曰忘　敬修簠簋　歲供烝嘗
列祖來格　劍珮鏘鏘　洪林日月　萬柳春長

二十八世孫　大韓民國學術院會員 成均館大學校教授 哲學博士 不肖承國 謹撰
一滄 杞溪 兪致雄 篆
世宗朝 甲寅字本 內閣版經書 集字
檀紀四千三百二十年 丁卯年 陽十月三日乙酉 開天節立

【번역문】

이 진강사는 우리 진주유씨의 시조이신 고려 금자광록대부 중서령 좌우위 상장군 진강부원군 휘 정挺을 모신 사당인데, 2세조이신 신호위 보승중랑장 진녕부원군 휘 숙淑과 3세조이신 통의대부 감문위 상장군 병마사 진원부원군 휘 돈식敦植과, 4세조이신 증 금자광록대부 문하시랑 동중서문하평장사 판전리사사 행 은청광록대부 추밀원부사 호부상서 진양부원군 휘 홍림洪林과, 오세조이신 광정대부 도첨의찬성사 판민부사 상호군 증시贈諡 양화공 휘 욱栯과 역시 오세조이신 봉상대부 군부총랑 진흥부원군 휘 부榑 등 사세오위四世五位를 배향하였다.

여기 진주 일대의 지경은 예로부터 산천 경관의 아름다움과 인물 풍속이 성한 것으로 온 나라 안에 일컬어졌다. 비봉산이 북쪽에 멈추어 진산鎭山[1]이 되고 남강이 그 남쪽을 거쳐서 가로띠〔橫帶〕가 되었으며, 와룡산臥龍山이 강의 남쪽에 있어 안산案山이 펼쳐져 명당이 되었으니, 천성天星[2]과 지기地紀[3]를 다해 길상吉祥이 모인 땅이다. 그 중에서도 수곡水谷의 원당元堂은 우리 선조께서 발상하신 터전이다.

우리 시조께서는 고려 문종조에 탄강하시어, 벼슬이 금자광록대부 중서령 좌우위 상장군에 이르렀고, 충성과 힘을 다하여 나라의 주석지신柱石之臣이 되었으며, 진강국晉康國에 봉함을 얻어 진강부원군이 되셨는데, 어진 덕을 쌓고 베풀며 명命을 기초로 만세에 명命을 정하여 후손들을 넉넉하게 하였으니, 이것이 우리 류씨의 본관을 진주로, 또 진강사晉康祠가 세워진 연유이다.

아들과 손자, 증손과 현손이 가업을 왕성하게 하였고, 대를 이어 봉군封君을 받았는데, 이후로 고려조 및 이조를 거쳐 상하 천년에 가까운 사이, 내외 문무의 벼슬에 올라 봉군되거나 시호를 받은 분과 도학·절의·문장·행의行誼로 이름난 분이 전후로 상망相望하여 죽백竹帛(史書)에 나열되었으니, 조정에 있을 때는 기쁨과 근심 걱정〔休戚〕을 나라와 같이 하여 충군호국忠君護國하는 정성을 다하였고, 향촌鄕村에 있을 때는 강상綱常을 부식하여 효우시례孝友詩禮의 가르침을 다하였다. 여러 대 가업을 계승〔箕裘〕하여 오래 될 수록 더욱 드러나 일국의 정족鼎族이 되었으니, 이 어찌 산천의 길함이 모여 조종祖宗이 발상한 소치所致가 아니겠는가.

그러나 고려에서 이조로 나라가 바뀐 뒤에 시조 이하 여섯 분 조상

---

1 도읍이나 城市의 후면에 위치한 산.

2 日·月·星·辰을 말함.

3 땅을 성립시키고 유지시키는 자연의 힘.

의 묘소〔丘壟〕를 실전失傳하였으니, 선조로 하여금 향화香火를 받지 못하고 천상天上에서 소리 없이 우시게 하였고, 후세의 자손〔雲仍〕들로 하여금 정성을 드릴 묘소를 잃고 언덕 사이에서 방황하게 했던 것이 5백 년이 지날 만큼 오래 되었다.

지난 무오년(1978) 봄, 국내의 여러 종친들이 서울에서 함께 모여, 시조의 사당을 건립하는 것과 대동보大同譜를 편찬하는 것 두 가지 큰 일에 대하여 도모하였는데, 우러나는 정감情感에 따라 예의 절차를 제정하고 힘써 종사하여 4년이 지난 임술년(1982) 봄에 원당元堂의 고리故里에 진강사의 정전正殿을 창건하게 되었고, 같은 해 겨울에 보사譜事 역시 완성을 고하였다. 이에 4월 18일, 정전에 신위를 봉안하게 될 때, 수많은 여러 종친들이 일제히 성복盛服을 밝게 하고, 엄숙하고 경건하게 제사를 받들게 되었다. 손을 씻고, 신을 맞고, 폐백을 드리고, 술잔을 올리고, 절하고 일어서고, 정전을 오르내리니 침으로 성대하였다. 선조께서 윗자리에 계신 듯하고, 좌우에 계신 것 같아 어렴풋이 선조의 화목한 모습을 뵙고, 숙연하게 검패劒珮의 소리를 듣는 듯하니, 저절로 효제孝悌의 마음이 발동하여, 선조를 숭앙하고 종친을 공경하는 정성이 전보다 곱절로 간절하고, 친족끼리 화목하는 정이 지금보다 더욱 깊어지도다. 이에 신인神人이 함께 무궁한 세상에 막히고 답답했던 정을 폈으니 여한이 없도다. 만약 후손으로 하여금 이 뜻을 체념體念하고 자기의 몸을 삼가 수양하고, 밖으로 나라를 지켜 백성들이 편안토록 하여 영원토록 바꿈이 없음으로써 하늘의 복경福慶을 받는다면 어찌 아름답지 않으랴.

그 이듬해 계해년(1983)에 10월 3일 개천절을 해마다 한 번씩 제사를 드리는 날로 정하였고, '원소遠紹', '숭덕崇德'의 동서 양재兩齋를 축성했다. 그리고 이어서 4세조 상서공의 유허비각遺墟碑閣을 세워서 신역神域을 정화하였는데, 모두 5년이 걸려 완성을 고하였으니, 지금까지 여러 종친들의 선조를 숭모하는 정성은 대단하다고 할 것이다.

일을 맡은 여러 종친이 이에 재주 없는 나에게 부탁하되 "전후의 사실을 적어 후세의 자손에게 보여줌이 없다면 안 될 것이니, 그대가 서序를 지어달라!"고 하였다. 사양해도 들어주지 않으므로, 이에 오른쪽과 같이 서序를 짓고 돌에 새겨 묘정에 세운다. 그리고 이어서 다음과 같이 명銘한다.

남강의 북쪽이요
비봉산의 남쪽에
우뚝 솟은 사당 있으니
바로 진강사라 한다.

어진 덕을 널리 베풀매
하늘이 인정 많아 상서로움을 내렸으니
수많은 자손들의
복록이 무강無疆하리라.

조상을 생각하고 수덕修德하는 것을
어찌 감히 잊는다고 하랴.
경건하게 제기祭器를 닦아
해마다 제사를 올리네.

열조列祖께서 강림降臨하시어
검패劍珮 소리 쟁쟁하니
홍림洪林의 해와 달처럼
만류萬柳에 봄빛이 영원하리라.

28세손 대한민국 학술원 회원 성균관대학교 교수 철학박사
불초 승국承國이 삼가 찬함.

〔附〕晉康祠始祖祝文

伏以

儲精毓祥 天降碩德

乃文乃武 國之柱石

豊功偉烈 賜土賜爵

光被山河 名垂竹帛

玆薦馨香 靈必有格

邦家以賴 昇平年億

엎드려 생각하건대

정기를 모으고 상서를 기르사

하늘이 이 땅에 석덕碩德을 내리셨네.

훌륭도할사 문무겸전하시어

이 나라 주석이 되셨네.

거룩한 그 공열이시어

채지采地와 작위를 받으셨네.

광채는 산하를 덮고 이름은 죽백에 빛나네.

이에 삼가 제물을 드리오니

영령이시어 내려 흠향하소서.

나라와 후손은 이를 힘입어서

억만년 태평을 누리도다.

X. 柳致松總裁還甲紀念文

大道之行也, 天下爲公, 選賢與能, 講信修睦。故人不獨親其親, 不獨子其子, 使老有所終, 壯有所用, 幼有所長, 矜寡孤獨廢疾者, 皆有所養。男有分, 女有歸。貨惡其弃於地也, 不必藏於己, 力惡其不出於身也, 不必爲己。是故謀閉而不興, 盜竊亂賊而不作。故外戶而不閉, 是謂大同。

晩翠柳總裁翁, 天賦旣厚, 家學有源。而嘗從事於仁民壽國之道, 備閱風霜, 髮已晧而志益高。其於黨政始終, 亦莫非爲國爲民之至意。今總裁翁六十一晬, 在甲子八月 日, 而國內外之彦, 槪以華三箕五之壽壽之。於是, 特進以禮運大同之說者, 是擧黨同志之誠懇也。願吾總裁翁, 躋不老之域, 而得遂其志, 置國家於泰山之安, 使斯民各得其所也。

年　月　日

民主韓國黨同志一同

부 록

| 師友錄 |

Ⅰ. 박사학위 논문 심사요지

Ⅱ. 혼인 축하시와 축사

Ⅲ. 미국에서 보낸 서한

Ⅳ. 내가 본 道原

Ⅴ. 道原의 回甲에 즈음하여

Ⅵ. 道原 박사의 古稀를 맞아

Ⅶ. 내가 본 道原 박사

Ⅰ. 박사학위 논문 심사요지

■ 李相殷 선생(主審)

유학사상 형성의 연원적 탐구
—인방문화人方文化와 관련하여 갑골문을 중심으로—

一. 본 논문은 갑골학의 성과를 도입하여 상고시대 동이족東夷族—회맥족濊貊族 문화의 윤곽을 탐색하고, 그것을 토대로 상고 유학사상의 근원을 찾아보려고 한 점에 있어서 우리의 고대 사상사 연구에 새로운 일면을 개척하였으며, 아울러 우리의 사상사 정리에 있어서 문제되는 주체성 확립의 근거를 제시하려고 시도한 점에 있어서 큰 의의를 가진다.

二. 본 논문은 다음 세 가지 점에 있어서 우리 학계에 기여하는 바 크다고 본다.

ⓐ 갑골학의 성과를 도입함으로 인하여 우리나라 고조선시대 연구의 실마리를 찾게 되었다.

ⓑ 단군 관계 기록의 신화적 전설적 성격이 전항前項 신방법新方法의 연구로 인하여 점차 사실적 성격을 띠게 되어, 우리 고대사의 연대 추정에 새로운 서광曙光을 비치게 하였다.

ⓒ 동이문화와 은상문화殷商文化의 밀절密切한 관계를 밝힘으로써 고조선 문화의 영역과 그 성격에 대한 인식을 좀더 명료하게 하였다.

三. 본 심사위원회는 이상 2개 항목에 대하여 의견의 일치를 보고, 이 논문의 학술적 가치를 인정하고, 해박한 관계 문헌의 조사, 참증參證에 대한 저자의 노고를 높이 평가하였다.

四. 이상 3항의 평가에 따라서 본 위원회는 가부 투표에 의하여 본 논문을 철학박사 학위논문으로서 '가'하다 함에 의견의 일치를 보았다.

이상

1974년 11월 28일

류승국 교수 철학박사 학위논문 심사위원회

주심 이상은李相殷

Ⅱ. 혼인 축하시와 축사

▒ 柳永模 선생

1. 축시

수왕다방 앞 봄비가 부슬부슬 내리는데
전세 버스로 아침에 떠나도 전안례奠雁禮를 할 수 있네.
광주 미처 못가 곤지암 길이 질척거리니
용인龍仁을 용인해야 이천으로 통할 수 있다네.*

水王房前春雨雍　貰車朝發保輸鴻
廣州未達昆池潦　容認龍仁利川通

2. 축사

덧덧한 날을

오늘은 두 사람이 이마마흔 오늘을—오늘에— 가지게

* 1958년 3월 25일, 혼인 당시 종로 3가 수왕다방 앞에서 전세 버스로 경기도 이천 결혼식장으로 출발하였다. 아침에 출발해도 전안례를 치를 수 있었다. 이 날 봄비가 내려 땅이 질척거려 곤지암에서 용인으로 길을 바꾸어 이천으로 갔는데, 결구에서는 혼인식장까지 가게 된 경로를 말함과 동시에 '용인'과 '이천'에 담긴 뜻을 빌려 신랑과 신부의 앞날을 축원한 것이다. 곧 용과 같은 지능을 갖추고 인자한 마음으로 너그럽게 살아야 세상의 험한 바다와 강을 통할 수 있다는 의미이다. 이천은 이섭대천(利涉大川)의 줄임말이다(崔英成記).

류영모 선생 친필 축사

앞서 살며 자란 것의 덧덧과

이제 오늘로 둘이 서로 마지의 덧덧ᄒᆞ렴과

뒤로 길히 덧덧하게 살기로――――――

더욱 오늘 우리로 지내는 이 일이 우리 씨알 겨레에게 이담 오는 날이 덧덧을 더ᄒᆞ는 날로 환히 밝도록 옿로부터 ᄒᆞ이심이 계시어지이다.

두 사람은 이 하루를 덧없는 이 날에 휩쓸어 보내지를 말아요! 이 날 하루가 두 사람 몸 속에 한 살림으로 늘 길히 밝아지이다.

그럴 것 같으면 우리 모디의 오늘만은 뚜려시 한옿님 계서 주신 날을 한옿님 계로 드린 날이 되오리다.

Ⅲ. 미국에서 보낸 서한

▪ 朴鍾鴻 선생

서울 출발시는 그 더위에 멀리 김포까지 수고로이 전송하여 주셔서 생광生光이었나이다. 별 임무를 띤 여정旅情도 아니요, 그저 사사로운 구경을 떠나는 길에 마치 수선을 떤 것 같아 오히려 송구합니다.

하와이에서는 몇 날 묵으며 마침 서울대 동료 교수 내외분의 안내로 남국南國의 풍정風情을 샅샅이 구경할 수 있었습니다. 유명한 와이키키(Waikiki) 해변의 웅혼雄渾하고도 아름다운 낙조落照를 바라보며, 야자수 그늘에서 불고기 김치 안주에 한 잔 기울이는 아취雅趣는 과연 신선놀음 같았습니다.

켄터키(Kentucky) 루이스빌(Louisville)에서는 장남과 동반, 링컨의 출생지를 찾아 옛날의 통나무집 순방巡訪도 감명적인 것이었습니다.

미네소타(Minnesota) 대학의 차남 학위수여식에 참석 후, 지금은 동부로 와서 뉴욕 근방에 체류하면서 남북으로 제도시諸都市 구경을 하러 다니고 있습니다. 이곳저곳 자동차로 시골 풍경도 재미 집니다.

어제는 IBM의 원자계산기原子計算器 컴퓨터 제작소 내부의 제시설과 제작 과정을 안내받아 참관하였습니다. 인조뇌人造腦라고나 할까요. 그 정치精緻하고도 복잡한 구조가 조그마한 장치 속에 압축되어 비상한 일을 해내는 데는 경탄驚嘆할 뿐이었습니다. 인간의 힘으로 어느 정도까지 이런 일이 가능하며, 질적 차이는 무엇인지 철학적인 과제가 안 될 수 없습니다.

특별한 뉴스가 이곳에 전하지 않는 것으로 보아, 서울의 정세政勢가 그런대로 안정되어 학원도 정상화되고 있는지요?

임우霖雨와 여염餘炎이 개이고 사라지듯이 우리의 학구 생활에 전심專心할 수 있는 맑은 날씨가 어서 속히 찾아왔으면 합니다. 10월 중순 경에 귀국 예정입니다. 부디 귀체만중貴體萬重하심 비오며, 특히 영부인令夫人께 고맙다는 인사 전언傳言하여 주시옵기 형처荊妻의 부탁입니다.

9월 8일* 박종홍 배

柳承國 先生 座下

---

* 원본에는 연도가 없으나 봉투지 소인난消印欄에 1967년이라는 연도가 찍혀 있다.

서울 出發時는 그 더위에 멀리 金浦까지 수고로히 전송
하여 주셔서 生光이었나이다. 別任務를 띤 旅程도 아니오 그저
私私로운 구경을 떠나는 길에 마치 수선을 떤것 같아 오히려 송구
합니다.

Hawaii에서는 몇날 묵으며 마침 서울大 同僚敎授 內外분의
案內로 南國의 風情을 샅샅이 구경할수 있었읍니다. 有名한 Waikiki
海辺의 雄渾하고도 아름다운 落照를 바라보며 椰子樹 그늘에서 불고기
김치 안주에 한盞 기우리는 雅趣는 果然 神仙노름 같았읍니다.
Kentucky Louisville에서는 長男과 同伴 Lincoln의 出生地
를 찾아 옛날의 통나무집 巡訪도 感銘的인 것이었읍니다.
Minnesota大學의 次男學位授與式에 參席後 지금은 東部로 와서
New York近傍에 滯留하면서 南北으로 諸都市 구경을 하러 다니고
있읍니다. 이곳 저곳 自動車로 시골風景구경도 재미있읍니다.
어제는 IBM의 原子計算器 Computer 製作所 內部의 諸施設과
製作過程을 案內받아 參觀하였읍니다. 人造腦라고나 할가요 그 精緻
하고도 複雜한 構造가 조고마한 裝置속에 壓縮되어 非常한 일을 해내는
데는 驚嘆할 밖이었읍니다. 人間의 힘으로, 어느 程度까지 이런 일이
可能하며 質的 差異는 무엇인지 哲學的인 課題가 안될수 없읍니다.

特別한 News가 이곳에 傳하지 않는 것으로 보아 서울의 政勢가
그런대로 安定되어 學園도 正常化 되고 있는지요?
霖雨와 餘炎이 개이고 사라지듯이 우리의 學究生活에 專心할수
있는 맑은 날씨가 어서 速히 찾아왔으면 합니다. 10月中旬頃에 歸
國豫定입니다. 부디 貴體 保重하십시오며 特히 令夫人께
고맙다는 人事傳言하여 주시옵기 荊妻의 부탁입니다.

9月 8日 朴鍾鴻 拜

柳承國 先生 座下

박종홍 선생 친필 서신

Ⅳ. 내가 본 道原

▪ 高亨坤 선생

도원 류승국 박사가 회갑을 맞이하였다. 나와는 사제師弟 관계로 만남이 어언 30년이 되고 보니 그에게 회갑이 되고도 남은 숱한 세월이 흘러간 것이다. 그러나 그럼에도 불구하고 의연한 그 모습, 활발하고 민첩한 그 행동, 자자면면孜孜勉勉한 그의 호학好學의 자태로 보아서는 ―인생은 육십부터라는 말이 있기는 하나― 환갑을 당한 분으로는 보이지 않는다.

이제 환력還曆을 맞는 류박사의 학덕을 기리는 그의 제자들과 사우제현師友諸賢들이 기념논문집을 간행하게 됨에 즈음하여 축하의 글을 적게 된 것은 매우 기쁜 일이 아닐 수 없다.

도원 류승국 박사는 그야말로 호학지사好學之士이다 참된 도리를 찾아 용왕매진勇往邁進한 그의 생애는 사람들로 하여금 감동케 하는 면이 있다. 공자께서도 "조문도朝聞道면 석사夕死라도 가의可矣"라 하셨거니와, 그가 동서학을 막론하고 두루 섭렵하여 유일의 진리를 찾아내려 하는 그 구도정신求道精神은 끝가는 데를 알지 못한다.

도원은 아마도 소시 때 그 어느 기회에 이 숙명적인 학문에로의 길을 예감하고 이 지시에 이끌리어 '욕파불능欲罷不能'으로 그 길을 일왕매진一往邁進하게 된 것만 같이 보인다. 그리고 일람첩기一覽輒記의 그의 비상한 기억력은 그의 공정功程에 추수追隨를 불허하는 성과를 재래齎來케 하였다.

훌륭한 기공技工은 삼대의 관록을 거쳐서야 비로소 이루어진다 하거니와, 학문 역시 아무리 면려勉勵의 공이 크다한들 당대만으로 대성할 수는 없는 것 같다. 도원가道原家에는 가학의 전통이 있다. 문한文翰의 가통家統으로서 일찍이 조선 전기에 괴정槐亭 류문통柳文通, 수재睡齋 류인귀柳仁貴, 정수靜叟 류인숙柳仁淑, 몽암蒙菴 류희령柳希齡 등 삼대三代 사한림四翰林이 배출된 바 있거니와, 인조조의 숙옹塾翁 류흥룡柳興龍 선생이 도원의 선조이고, 특히 가까이 그의 숙부인 취헌醉軒 류헌형柳獻馨 씨는 학문과 기개가 높은 분으로서, 도원에게 크게 영향을 끼친 바 있는 스승이기도 했다. 그러고 보면 도원의 학문은 가위可謂 뿌리 깊은 대목大木이라 할 것이다.

우리가 아다시피 류박사는 일찍부터—근래 풍조로는 소외되었던—동양학에 뜻을 두어 유학의 본고장인 성균관대학에서 공부를 하였다. 그의 예지叡智는 전공前功에 힘을 입어 미구에 유학儒學을 대성하는 데에 이르렀거니와, 그의 야망은 이에 족하다 하지 않고 불자佛者와 유자儒者와 도자道者의 분야에도 깊숙이 파고들었고, 서울대학교 대학원 시절에는 서양철학 분야에서 동서사상의 비교 연구에 치력하기도 했다. 그러므로 그의 학문은 깊이와 넓이를 함께 가지고 있으니, 편협하지 않아 박통博通하고 경색梗塞하지 않아 융통融通한다. 이러한 기반 위에서 그는 다시 동방의 사상을 재발굴, 재조명하여 한국철학 연구에 새로운 기풍을 불어넣는 데 진력하여 왔다.

그 무엇보다도 특기할 업적으로는 그가 갑골문 연구를 비로소 이 땅에 도입하여 동인東人의 원류를 밝힘으로써, 상고대의 한·중 문화 관계를 확연하게 정립한 것을 들지 않을 수가 없다. 또 율곡을 중심으로 한 한국의 성리학과 하곡霞谷 등의 한국양명학, 그밖에 실학파, 의리학파 등 한국철학의 맥락과 특성을 선구적으로 밝혀 한국철학 연구에 견실한 터전을 닦은 공 또한 크다.

류박사가 성균관대학교에서 대학원의 석·박사 학위 과정을 통하여 전국에 수많은 동양철학 내지 한국철학을 연구하는 학자들을 길러낸 것은, 이 땅의 앞날 한국철학 연구에 서광을 비쳐 준 것으로서 그 공적이 두고두고 기리어질 것이다.

그는 또 중국·일본·구미 각국에서 개최되는 국제학술회의에서 괄목할 만한 학술논문을 발표하여 우리의 전통문화를 국외에 선양하였고, 또 한국철학회 회장 재직시에는 한국철학의 연구 방향을 우리의 전통사상 속에서 찾아내는 길에로 유도하여, 철학계에 새로운 자극을 주었다.

그동안 류박사는 대한민국 학술원 회원으로서 중요한 역할을 하였거니와, 그 중에서도 태극기에 대한 역리적易理的 해석에서 그의 심오하고 명민한 공력을 과시한 것을 우리는 보았다.

근자에는 한국정신문화연구원 원장직에 취임함으로써 한국의 전통문화를 발굴 선양하고 이를 재조명하는 역사적 과업을 담당하여 그의 심오한 학력學力을 경주傾注하게 된 것은 매우 기쁜 일이다, 진실로 이 자리에 이 사람! 이 자리가 이 사람을 얻었고, 이 사람이 이 자리를 얻었다고 할 것이다. 학문과 도략韜略을 갖춘 류박사로서는 그 일생에 있어 가장 의당宜當한 자리를 얻었음이요, 정신문화연구원으로서도 찾아내기 힘든 사람을 맞아들인 것이다.

모쪼록 이 연구원이 지닌 중차대한 사명을 다하기를 바라는 마음 간절하다. 우리의 학술·문화를 진흥하고 민족정기를 바로잡을 것은 물론이요, 특히 정신문화의 기초 위에 민족의 삶의 방향을 제시하는 데에 큰 공헌이 있기를 바라며, 이 거룩한 일을 감당해 나갈 건장한 힘이 그에게 주어지를 지도至禱 지도至禱.

(『동방사상논고』 賀辭, 1983)

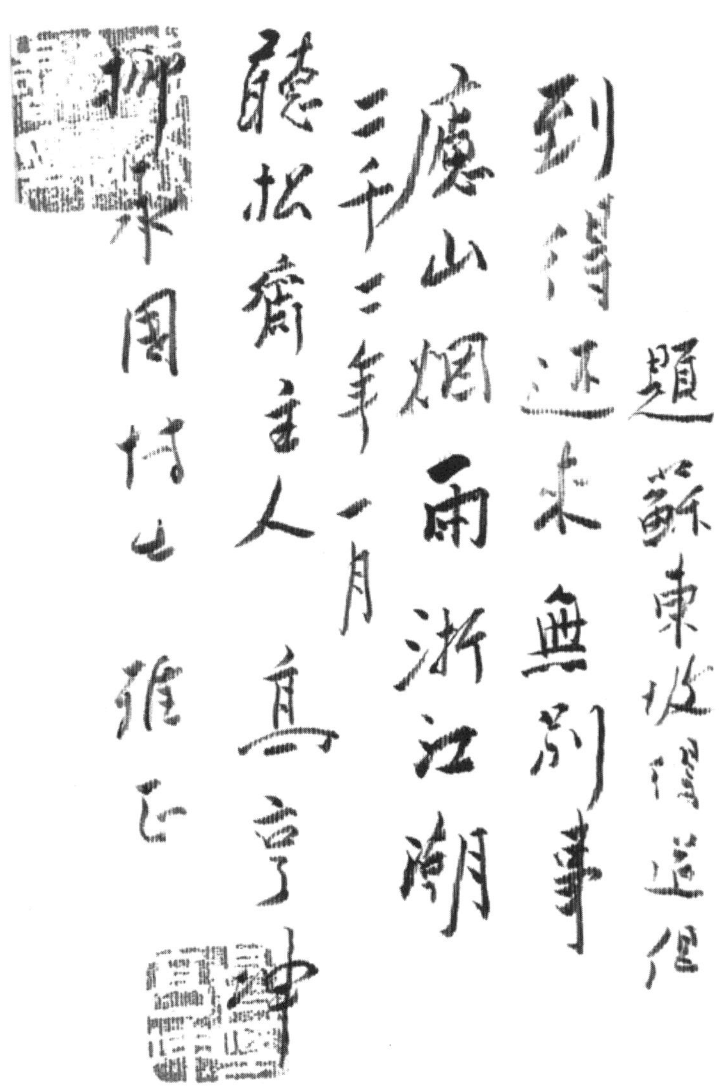

청송 고형곤 선생이 류승국 선생에게 보낸 책 머리에 쓴 글씨

V. 道原의 回甲에 즈음하여

▪ 李正浩 선생

1. 기념논총 서문

도원 류승국 교수는 호학독행好學篤行의 사士이다. 충북 청주시 북교北郊 은곡隱谷 마을 한적한 곳, 죽리竹籬 속에서 출생하여 어려서부터 엄격한 가훈을 받고 성장하였으나, 불행히 일찍 엄친嚴親을 여의고 인자하신 편시하片侍下에서 효성을 다하였다. 그 자당慈堂께서는 후일 독실히 불교에 귀의하여 만백세滿百歲의 향수享壽를 하시고 조용히 세상을 떠나셨다.

도원은 일찍이 가빈家貧하여 약관 전에 일시 교문을 떠나 사회에 발을 들여 놓은 일이 있으나, 이내 거기서 나와 학문에 입지立志하여 국가의 자격 검정을 거쳐 대학에 진학하였다. 그 후 일로매진한 호학독행의 자취는 누구도 쉽사리 추종하기 어려웠다.

학學은 동서를 겸하고 교敎는 선불仙佛을 넘어서 중심을 유儒에 두었으니, 그의 평생 치력이 공자의 정신 재건과 세계 평화의 기성期成에 있음은 자타가 아는 바이다. 그의 고매한 착상, 명쾌한 이론, 심오한 조예는 항상 중인衆人의 선망과 주위의 흠모를 받아왔다. 그가 젊어서부터 오늘에 이르기까지 힘써온 유학 중흥과 성균관대학의 유학대학 청설과 한국철학과 설치 등은 거센 파도와 싸워 이룬 그의 숨은 공적이라 하겠다.

그의 후학 양성에 대한 열의는 지나칠 정도로 엄정하여, 그 문하에서 배출된 석·박사와 국내외의 유능한 인재는 수를 헤아리기 어렵다. 최근 그의 도략韜略과 경륜이 알려져 한국정신문화연구원의 원장직을 맡게 되니, 이는 실로 적재적소의 쾌사快事로서 한국 정신문화의 대발전과 전통사상의 총정리와 우리 나라 및 세계 각국의 인재 발굴과 앞으로 다가올 무량세계無量世界의 무한한 가능성에 대비하기 위한 인재 완성의 길을 활짝 열어 놓아 장래의 인류문화와 사회복지에 크게 이바지하기를 바라마지 않는다.

금년 류교수의 회갑을 당하여 여러 문인 제자들과 평소 그를 아끼고 상종相從하는 사우제위師友諸位들이 뜻을 모아 기념논문집 『동방사상논고』를 간행한다는 말을 듣고 기쁨과 하의賀意에 넘쳐 무사蕪辭를 불고不顧하고 몇 자 사연을 기록하고 아울러 졸시拙詩 일절一絶을 붙여 서序에 대하는 바이다.

理之本原原乎性　道之大原原於天
六十平生性理學　只祝餘生天道宣

(『동방사상논고』 序, 1983)

2. 道原 원장의 취임을 축하하며

도원 류승국 정신문화연구원 원장 雅照

천도운행天道運行에 무왕불복無往不復이라. 일시一時 작소지탄鵲巢之歎이 불무不無하였으나, 만시지감晩時之感은 있지만 그래도 사필귀정事必歸正, 도원이 앉을 자리에 앉게 되니 산중 학옹鶴翁이 기쁜 마음 어디다 주체할 길 없습니다. 더구나 부원장에 김형효金炯孝 박사가 당當하였으니 두 분은 천정天定의 명콤비라 하겠습니다.

한국 문화의 재정리, 재구축, 국내외에의 천명, 계승 인재의 양성, 국가의 문화 정책에 공헌, 국정의 중요 시책에 기여 …… 등등, 그 지다한 역할은 표현을 초월하며, 석일昔日 세종世宗께서 지으신 집현전集賢殿의 구실을 오늘에 구현하여야 할 소명召命이 있다고 봅니다.

매사를 신중숙려愼重熟慮하여 공정하게 얻은 결론은 이것을 과감히 시행하여 개혁과 쇄신의 중정성中正性을 잃지 않도록 하며, 군의群議의 선자善者를 채택하고 타인의 충고에 귀를 기울이기에 인색치 않음은 대인의 포황불하유包荒不遐遺의 아량일까 합니다. 위에 대하여는 시무時務를 바로잡는데 건백建白을 게을리 말고, 아래에 대하여는 군소群小를 용납애육容納愛育하는 온아溫雅를 베풀으면 만사는 흡연翕然히 귀일歸一하리라 생각됩니다.

도원 원장 평생의 일자리라 생각하시고 더욱 자중자건自重自健하시어 정의입신精義入神과 이용안신利用安身의 실實을 거두시기 바라마지 않는 바입니다. 이에 졸음일수拙吟一首 기록하여 축하의 뜻에 대신합니다.

己甲夜半生癸亥

天地設位泰運開

道之大原出於乾

世界一家自此來

계해 회갑을 당하여 익익건왕益益健旺하시고 아울러 귀댁貴宅에 경운慶雲이 항상 감돌기를 기원합니다.

계해 2월 17일(양)

향적산방香積山房에서 학산鶴山 근축謹祝

* 김부원장 각폭各幅 약略하오니 위아선성전축爲我善聲傳祝 바랍니다.

3. 祝道原博士受命*

今年何歲曰癸亥　其人誰何號道原
天維定時人受命　體用之妙方且圓

維鵲爲巢維鳩栖　道原經營匪人居
天理運行無不復　人事歸正當然處

天道運行藉法則　人事歸正勢自然
集賢殿主千載後　群聖堂長萬歲前

天生萬物授其職　尊卑貴賤隨能力
精神文化實重大　苟非其人不充塞

己甲夜半生癸亥　天地設位泰運開
道之大原出於乾　萬邦一室自此來

* 鶴拙平日守病於香積山房, 當癸亥元初, 忽聞道原博士就任精神文化硏究院長職, 喜悅不堪, 乃不顧庸劣, 陳祝詩數句, 以謹表微意, 不過兎脣之壯嘯也。〈元正旬一〉

No.

祝道原博士受命*) 鶴山

今年何歲曰癸亥 其人誰何號道原
天維定時人受命 體用之妙方且圓

維鵲爲巢維鳩栖
道原經營匪人居
天理運行無不復
人事歸正當然處

天道運行藉法則
人事歸正勢自然
集賢殿主千載後
羣聖堂長萬歲前

天生萬物授其職
尊卑貴賤隨能力
精神文化實重大
苟非其人不充塞

己甲夜半生癸亥 天地設位泰運開
道之大原出於乾 萬邦一室自此來

*) 鶴拙平日守病於香積山房當癸亥元初忽聞道原博士就任精神文化研究院長職喜悅不堪乃不顧庸劣陳祝詩數句以謹表微意不過鬼昏之壯嘯也 〈元正旬一〉

이정호 선생 친필 축시

Ⅵ. 道原 박사의 古稀를 맞아

■ 金奎榮 교수

도원 류승국 원장은 그 모발毛髮로 보나 그 신색神色으로 보나 그 기개로 보나 고희를 맞이하는 분 같지 않다. 이에 상기想起하는 것은 그 발분망식發憤忘食에 이어 나오는 공자의 '부지노지장지不知老之將至'인 것이다.

과연 그 가문을 살펴보면 선대로부터 이미 삼대三代 사한림四翰林이 배출되었고, 당대에서도 백세의 향수享壽를 누린 자당慈堂에서 볼 수 있는 장수長壽의 집안에 태어났으니, 학學·덕德·수壽를 겸비한 선조를 자랑할 수 있는 축복 받은 이라고 생각된다.

실로 그 동안 십 수여 년의 친교를 맺어온 바로는, 느낀 바를 진솔히 말하여 그에게서 풍기는 것은, 한 마디로 '선비 풍風, 얼' 즉 '선비 정신'이라 하겠다. 풀어 말하면, 무엇보다도 명분·의리義理에 밝고 예법을 잘 알고 이를 궁행躬行하는 도심道心을 지닌 자者로 보아진다.

이렇게 보이는 소이所以는 아호도 '도원'이려니와, 류승국 원장에게서 볼 수 있는 거취와 발언과 책임감의 분명함이다. 이를 우리는 류원장이 한국정신문화연구원의 원장직을 수락한 연후에 취한 처신, 즉 언명言明과 이에 따른 태도와 그 업적에서 가히 수긍할 수 있다고 생각한다. 듣건대 류원장이 개원開院 후에 원장 임기를 제대로 채우고 깨끗이 물러난 첫사람이라고 한다. 그리고 그간에 한 착상과 설계와 활동은 차치하고 그 업적은 여실히 드러났으니, 작년 말에 완간을 보게 된 한국민족문화 대백과사전 27권이 바로 그것이다.

그럼 이 같은 업적을 낳게 된 그 저력이 어디에 연유하는 것일까? 이것은 두 말할 것 없이 류승국 박사가 생애를 바쳐 쌓아온 학문의 터전에 뿌리박은 탓이라고 하겠다.

참으로 류박사는 오늘의 지금도 학문하는 선비다. 지금도 춘추로 석전釋奠을 드릴 때엔 제관祭官으로 동참하는 류박사가 성균관대학교에 유학대학을 창설한 것은 다 아는 바이지만, 국립대학에도 아직 없는 한국철학과를 동 대학에 신설하였다는 것은 괄목유념刮目留念할 쾌거라고 생각된다. 이것은 동서철학을 남김없이 섭렵하여 동서 고전에 통달한 류박사가 동서를 관종貫綜할 한국철학을 수립하고자 하는 그 고매한 지향志向에서 나온 선비정신의 발로라고 보아지는 소이所以다.

실로 지행일치知行一致를 염원하는 선비는 명실부합을 겨냥하나니, 일찍이 갑골문을 연구하여 동이족東夷族 문화의 원류를 밝힌 것은 오늘의 동방문화연구원을 개원할 예비 단계였다고 보겠다. 노자老子는 '불감위천하선不敢爲天下先'이라고 하였으니, 류원장은 천하 세사世事에 그리 앞서지 않는 것 같이 보이지만, 그의 경력 일람표를 더듬어 보노라면 그 열거한 90여 항목 중에 민주평화통일 정책자문회의의 상임위원으로 관여하고 있는 것을 알 수 있다.

뿐만 아니라 고금을 관철하여 학문을 지금까지 거듭해온 류승국 원장의 문하에서는 호학애지지사好學愛知之士들의 배출로 박사학위의 논문이 도합 27편이나 나오게 되었고, 그 중에는 동서를 막론한 여러 나라 외국인의 기고寄稿도 보이니, 이는 참으로 천하가 모르는 가운데에 류원장이 혼자서 뿌려놓은 씨앗의 열매가 오늘에 이르러 지금 수확의 기쁨을 서로 나누는 것이라고 하겠다.

오늘의 영예를 그지없이 기뻐할진저! 그리고 류승국 원장 문하에서 나온 여러 호학지사들이여, 앞으로 더욱 성장 대성할지어다.

(『동방철학사상연구』, 賀序, 1992)

Ⅶ. 내가 본 道原 박사

■ 趙要翰 교수

금년이 도원 류승국 박사의 고희라 한다. 과연 세월은 여류如流라 하더니, 참으로 전광석화電光石火의 느낌이 든다. 내가 류박사를 처음 대하게 된 것은 6·25 사변 때 피란 갔다가 1953년 환도還都한 이후, 서울대학교 대학원 철학과에서 함께 철학을 공부할 때부터이니, 이미 40년의 세월이 흘러간 셈이다.

그 당시에는 주로 박종홍朴鍾鴻·고형곤高亨坤 선생에게 서양철학을 배웠고, 우리는 나이 차이는 있으나 함께 한국철학회의 간사로 일했기 때문에 자주 만나 공부하고 토론을 벌이곤 하였다. 서양철학의 어떤 문제가 나오면 류박사는 으레히 그것을 동양철학에서는 이러이러하게 본다는 의견을 제시하여 우리에게 늘 화제를 유발하고 흥미를 돋구어서 사우간師友間에 학취문변學聚問辨하고 교학상장敎學相長하는 분위기를 지속시켜 주었다. 오늘날 동서철학이 울연히 일어나서 각기 뚜렷한 학풍을 이룬 것은 아마도 이미 당시에 심은 씨앗이 싹트고 성장한 연유가 아니겠는가 하여 젊은 날의 회상이 더욱 새롭게 느껴진다.

특히 1950년대 후반에 류박사와 나는 이정호李正浩 선생의 권유로 충남대학 철학과에 출강出講하게 되었다. 한 집 같은 방을 쓰면서 몇 해 동안을 왕래하였다. 이와 같이 우리 두 사람의 교유는 다 같이 만혼晩婚이지만, 총각시절부터이다. 총각시절에는 지금 이야기하면서 즐기는 쑥스러운 이야기도 많다. 우리는 만날 적마다 동양철학과 서양철학의 이야기를 주고받았다. 동양철학에 문외한인 내가 동양철학의 출중出衆한 학자이며 명강의로 이름난 그로부터 배우고 일깨움을 받은 것이 참으로 크다. 이것은 나 자신에게 어느 모로 보나 행운이 아닐 수 없다.

도원 류승국 박사는 그의 아호가 보여주듯이 '도지대원道之大原'을 추구하는 석학이다. 한 마디로 도의 대원大原을 희구하는 것이 철학이 아니고 무엇이겠는가. 근본을 도의 중심에 둔다는 것은 어느 세월 어떤 세파世波가 이르러도 흔들리지 않고 굳건히 설 수 있는 중류지주中流砥柱의 바탕이 되는 것이리라 생각된다.

그러나 도원은 진리를 희구함에 있어 유학을 본本으로 하였지만, 결코 편협하지 않아서 고매한 종교와 학술사상에 대하여 항상 개방적이며 포용하는 자세를 취하였다. 그것은 일찍이 류박사가 학생 시절만 하더라도 성균관대학에서 유학을 배웠을 뿐만 아니라, 서울대 대학원에서 서양철학을 이수履修하였고, 또 동국대 대학원에서 김잉석金芿石·김동화金東華 선생을 모시고 불교철학을 연찬하였던 사실과 신·구 기독교 학자들과의 폭넓은 교류를 통해서도 잘 알 수 있다. 그가 배움을 위해서는 발분망식發憤忘食하고 스승을 찾아서는 불원천리하여, 불철주야不撤晝夜 면면자자勉勉孜孜하는 성품의 소유자임을 가까이서 본 이는 누구나 잘 알 수 있다.

그리하여 오늘날 류박사가 성취한 학문적 권위와 명성은 총예명민聰睿明敏하고 일람첩기一覽輒記하는 자품資稟이 바탕이 된 것이 사실이지만, 결코 일조일석에 이루어진 것이 아니요, 강인한 의지와 노력으로 평생을 자강불식自彊不息하고 격물치지格物致知한 나머지 얻어진 당연한 결과라 할 것이다.

과연 류박사는 학교에서는 성균관대 유학대학장과 대학원 동양철학 주임교수를 역임하면서 당시 온갖 어려움 속에서도 학문에 정진하여 유·불·도와 한중철학韓中哲學, 경학經學, 주자학朱子學, 양명학陽明學 가릴 것 없이 수많은 학문적 창견創見을 발표하였고, 이제는 중진 중견 교수들인 제제다사濟濟多士를 길러내어 동방철학의 새 전통을 확고히 정립했다.

한편 일반 학계의 활동으로서도, 누구보다 이른 시기에 대한민국 학술원 회원이 되었고, 한국철학회 회장으로서는 활동하는 회장으로 동서철학의 학풍을 고무진작鼓舞振作하였으며, 특히 한국철학의 위상을 제고提高시키는 데 크게 이바지하였다. 그리고 한국정신문화연구원장으로서는 임기를 다하도록 혼신의 노력을 기울이고, 몸소 참여하여 국민정신을 계발하고 학술문화를 창달시켜 수많은 연구 업적을 출간하였다. 그리고 『한국민족문화 대백과사전』의 편찬 사업을 본궤도에 올려놓아 빛을 볼 수 있도록 기초를 다져놓은 일 등은 도원으로서는 가장 정명正名으로 제격에 맞는 원장으로 일생일대의 포부를 펼칠 호기好機였음이 틀림이 없었다. 그밖에 국내에서는 물론 중국·일본·미국·독일·불란서 등 국세회의에서의 학술 발표는 타의 추종을 불허할 지경이다. 한 개인에게서 이렇듯 초인적인 활동이 가능할 수 있는 이유 근거가 어디에 있는 것인가를 생각해 보면 한편 신비스럽기까지 하다.

그러나 도원에게는 다른 특별한 점이 있다. 원래 가정적으로 내력이 있는 깨끗한 선비 집안의 출신으로, 내가 알기에는 도원가道原家에서 본래 효우孝友와 정직正直을 가정의 교훈으로 삼고 있음은 물론이지만, 한 가지 유별난 것은 도원 내외분의 각별한 부부애이다 『시경』에 "금슬우지琴瑟友之 …… 종고낙지鐘鼓樂之"라 하였음과 같이, 두 분의 금슬은 그야말로 바늘 가는 데 실 가는 격으로 공적인 어떤 부득이한 때를 빼놓고서는 언제 어느 곳에서나 항상 원앙이요 혼자 있는 때를 발견하기가 어렵다. 자녀 사랑 또한 각별하시다. 세상에 누가 제자식을 귀애貴愛하지 않겠으리오만, 도원 내외분의 경우는 참말로 지극 정성이시다. 학문의 성취와 사회의 봉사와 가정의 충실은 류박사 댁에서라야 볼 수 있는 정삼각형일까 한다.

큰 영식 인모仁模 씨는 독일 괴팅겐 대학에서 형법과 정보법학情報法學을 전공하여 박사학위를 받고 계속 연구 중이며, 따님 영모暎模 씨는 서울대 대학원에서 미학을 전공하여 대학에서 강의를 하고 있으며, 아직 미취未娶한 차남 신모信模 군은 미국 워싱턴대 대학원에서 사회학 및 정치학을 전공하고 있다. 국내의 학부에서 공부하고 다시 국제적인 시야에서 학문을 성취코자 함을 우리는 부럽게 생각한다. 실로 그의 가정은 학문과 교육의 집안임을 알 수 있다. 그러나 오늘의 류박사의 다복多福한 성취는 명지대 영문과 교수이며 나의 아내와 대학 선후배 사이인 부인 김순희金順姬 여사의 슬기와 헌신적 내조가 있음으로써 가능한 것이었음을 밝히지 않을 수 없을 것이다.

류박사는 또 다른 면에서 다복한 분이다. 그의 회갑 때 『동방사상논고東方思想論攷』라는 매우 방대한 기념논문집을 증정 받아 놀라움을 샀는데, 이제 고희를 당하여 문인 제자들이 다시 한국철학과 중국철학에 걸쳐 박사학위 논문의 내용을 중심으로 하여 기획된 『동방철학사상연구』라는 천면에 달하는 연구 논문집을 제작하여 헌정獻呈케 되었으니, 특히 인문과학의 학술 출판이 어렵고 인정이 메마른 세태에 비추어 볼 때 쉽지 않은 일로서, 이는 필경 류박사의 학덕으로 말미암아 이루어지는 것이라 하겠다. 이는 학계의 성사盛事요 도원 일생의 복락福樂이라 아니 할 수 없다.

끝으로 도원 박사는 지금도 넘치는 젊음으로 연구와 교육에 종사하여, 대학원 강의와 논문 지도를 계속하여 박사학위를 배출하고 있는 줄 안다. 최근 재단법인 동방문화연구원을 창설, 원장으로 취임하여 온 바 있으매, 앞으로도 동방의 도를 밝히는 일에 계속 종사하여 만년의 나날을 더욱 장엄하게 빛내주시기를 기원하면서 내내 만수무강하시기를 바라마지 않는다.

(『동방철학사상연구』, 賀辭, 1992)

찾아보기

[ㄱ]

[ㄴ]

[ㄷ]

[ㄹ]

[ㅁ]

[ㅂ]

[ㅅ]

[ㅇ]

[ㅈ]

[기타]

류승국 柳承國

충청북도 청원 출생. 성균관대학교 문학부 동양철학과 졸업, 동 대학원 동양철학과 수료. 서울대학교 대학원 철학과 및 동국대학교 대학원 불교학과 이수. 1975년 성균관대학교 대학원에서 철학박사 학위 취득.

충남대학교 전임강사, 성균관대학교 유학과 · 한국철학과 교수 및 유학대학장, 도서관장, 박물관장 역임, 대한민국학술원 정회원, 한국정신문화연구원 원장, 방송위원회 상임위원, 경희대학교 평화복지대학원 원장, 재단법인 동방문화연구원 대표이사, 율곡문화원 원장 역임.

주요 저역서로 『한국민족사상사 대계 개설편』(공저), 『동양철학논고』, 『한국의 유교』, 『유학원론』(공저), 『동양철학연구』, 『한국사상과 현대』, 『벽위편闢衛篇』 등이 있다.

도원철학산고

1판 1쇄 발행 2010년 2월 28일
1판 2쇄 발행 2010년 8월 31일

지은이 | 류승국
펴낸이 | 서정돈
펴낸곳 | 성균관대학교 출판부
등　록 | 1975년 5월 21일 제 1-0217호
주　소 | 110-745 서울특별시 종로구 명륜동 3가 53
대표전화 | (02) 760-1252~4
팩시밀리 | (02) 762-7452
홈페이지 | http://press.skku.edu

값 25,000원
ISBN 978-89-7986-829-6 94150
978-89-7986-493-9 (세트)

* 잘못된 책은 구입한 곳에서 교환해 드립니다.
* 저작권자와의 협의에 따라 인지는 생략합니다.